Produktivität und Menschlichkeit

Organisationsentwicklung
und ihre Anwendung in der Praxis

Horst Becker · Ingo Langosch

3., unveränderte Auflage

Ferdinand Enke Verlag Stuttgart 1990

Dr. Horst Becker
Heidenbachswald 32
D-5901 Wilnsdorf 5

Dr. Ingo Langosch
Löhbergstraße 23
D-5905 Freudenberg

CIP-Titelaufnahme der Deutschen Bibliothek

Becker, Horst:
Produktivität und Menschlichkeit : Organisationsentwicklung
und ihre Anwendung in der Praxis / Horst Becker ; Ingo
Langosch. — 3., unveränd. Aufl. — Stuttgart : Enke, 1990
    ISBN 3-432-94133-1
NE: Langosch, Ingo:

Dieses Buch trägt – mit Einverständnis
des Georg Thieme Verlages, Stuttgart –
die Bezeichnung

flexibles Taschenbuch

© 1984, 1990 Ferdinand Enke Verlag, P.O.Box 10 12 54, D-7000 Stuttgart 10
    Printed in Germany

Satz: Composersatz Heinrich-Jung, D-7120 Bietigheim-Bissingen
Druck: Maisch + Queck, D-7016 Gerlingen   5 4 3 2

Vorwort zur 3. Auflage

Produktivität und Menschlichkeit – sind das nicht Gegensätze? Ist die Kopplung von beiden nicht ein schier unlösbares Problem: die Quadratur des Kreises? – Diese Frage wurde vor einigen Jahren, als dieses Buch erschien, noch so gestellt. Heute weiß man: Es geht um ein neues Leitbild vom Unternehmen.

Produktivität und Menschlichkeit schließen einander nicht aus; sie bedingen sich wechselseitig und stehen in engem Zusammenhang mit den Veränderungen unserer wirtschaftlichen und gesellschaftlichen Umwelt.

Viele Menschen streben heutzutage nach Selbstverwirklichung. Und Firmen bemühen sich um „Corporate Identity". Der Begriff „Unternehmenskultur" hat Hochkonjunktur. Auch Firmen, so hat man den Eindruck, sind auf der Suche nach Selbstentfaltung, auf der Suche nach höherer Wirksamkeit.

Der Ansatz der Organisationsentwicklung setzt sich durch. Die betrieblichen Anwendungsformen – Zusammenarbeit in Gruppen, Qualitätszirkel, Problemlösungs-Workshops – haben weite Verbreitung gefunden. Diese Maßnahmen sind jedoch auf Dauer zum Scheitern verurteilt, wenn sie nicht in ein umfassendes Konzept eingebunden sind. Die Erkenntnis, daß in den Unternehmungen viele Kräfte brachliegen, die freigesetzt und mobilisiert werden können, genügt nicht. Durch das Arrangieren anderer Bedingungen zur gemeinsamen Problemlösung und zielorientierten Zusammenarbeit kann ein Lern- und Veränderungsprozeß innerhalb einer Organisation eingeleitet werden, der zur persönlichen Entfaltung der Menschen ebenso beiträgt wie zur erfolgreichen Entwicklung der Organisation.

Hierzu soll dieses Buch einen Beitrag leisten. Die Tatsache, daß nach wenigen Jahren schon eine zweite und jetzt die dritte Auflage erforderlich wird, spricht dafür, daß uns dies gelungen ist. Wir freuen uns darüber.

Februar 1990   *Horst Becker*
                                              Ingo Langosch

Vorwort zur 1. Auflage

Sinnerfüllte Arbeit für das Individuum und höhere Effektivität für die Organisation sind Schlüsselprobleme unserer Zeit. Organisationsentwicklung (OE) will beides — Produktivität und Menschlichkeit — in Einklang bringen. Das geschieht in einem planmäßigen Entwicklungsprozeß, in dem alle Beteiligten lernen, im Miteinander ihre Probleme selbständig zu lösen.

Ziel des Buches ist es, den umfassenden Veränderungs- und Problemlösungsprozeß, wie er sich bei der OE vollzieht, in seinen Zusammenhängen transparent zu machen. Dazu müssen das Konzept, die wissenschaftlichen Grundlagen, die Vorgehensweisen und die Anwendungsmöglichkeiten in der Praxis eingehend behandelt werden.

Dieses Buch soll eine Art Kompendium für den Praktiker sein, der bereits eigene Erfahrungen bei der Entwicklung von Organisationen gesammelt hat und diese kritisch reflektieren möchte. Es wendet sich an diejenigen, die als Führende in Organisationen und Institutionen Verantwortung tragen, um ihren Blick für die vorhandenen Probleme zu schärfen, die Ursachen-Vielfalt zu erkennen und die Möglichkeiten planmäßiger Veränderung zu nutzen. Für den Forscher und für Studierende soll die Verknüpfung zwischen Theorie und Praxis nachvollziehbar werden.

Das Buch soll das relativ neue und weite Gebiet der OE überschaubar machen und Anstöße für die weitere Systematisierung und die Umsetzung der Strategien und Methoden in die Praxis liefern.

Hieraus ergibt sich der Aufbau dieser Schrift.

Im ersten Teil werden die konzeptionellen Grundlagen dargestellt: Was ist OE? Warum wird OE betrieben? Wie wird OE praktiziert? Was kann OE leisten? Das Gesamtkonzept wird in den Bestandteilen und Zusammenhängen dargestellt und analysiert.

Im zweiten, mehr theoretisch ausgerichteten Teil werden die wissenschaftlichen Erkenntnisse und Methoden, die bei der OE eine Rolle spielen, eingehender untersucht.

Im dritten, mehr methodologisch ausgerichteten Teil werden die Anwendungsmöglichkeiten der OE beschrieben: unternehmensspezifische Ansatzpunkte, Problembereiche, Maßnahmen und Methoden. Hier handelt es sich um Analysen und Anleitungen für Wissenschaftler und Praktiker, die OE betreiben, betrieben haben oder betreiben wollen.

Horst Becker
Ingo Langosch

Sommer 1984

Inhalt

Nachweise:

Teil A: Konzeptionelle Grundlagen

Einleitung

In diesem ersten Teil des Buches wird das Gesamtkonzept der OE dargestellt. Das geschieht auf folgende Weise:

Zunächst wird der Leser – wie auf einem Erkundungsgang – allmählich an die Sache herangeführt, so daß er eine ungefähre Vorstellung davon bekommt, was „OE" überhaupt ist (Kapitel 1). Anschließend wird das Konzept der OE in seinen Bestandteilen und Zusammenhängen beschrieben: Der Leser kann mehr und mehr in die Sache einsteigen. Er erfährt, worum es geht und worauf es bei OE ankommt (Kapitel 2). Er kann die Anwendungsmöglichkeiten und die Probleme erkennen, mit denen man es bei OE zu tun hat (Kapitel 3). Er lernt die Vielfalt der möglichen Maßnahmen und einige der Schwierigkeiten kennen, die in der Praxis eine Rolle spielen (Kapitel 4). Nach dieser eingehenden Entdeckungsfahrt durch das Gebiet der OE, die mit einer Art „Landvermessung" verbunden ist, schließt sich eine Reflexionsphase an. OE wird – gewissermaßen von außen – aus gehöriger Distanz betrachtet (Kapitel 5). Der Leser steigt sozusagen um in ein Flugzeug und betrachtet die ganze Landschaft der OE aus der Vogelperspektive. Er gewinnt dadurch einen Überblick und einen Orientierungsrahmen, der ihm den Zugang zu den weiteren Teilen des Buches, zu den wissenschaftlichen Erkenntnissen und Methoden (Teil B) und zur Anwendung von OE in der Praxis (Teil C) erleichtert.

1. Begriff und Begründung der Organisationsentwicklung

1.1 Was ist Organisationsentwicklung?

In den letzten Jahren ist im Zusammenhang mit den sich rasch verändernden Anforderungen der Umwelt und den daraus resultierenden sozialen und organisatorischen Veränderungen in den Unternehmen viel von „OE" die Rede.

Der aus dem Amerikanischen kommende Begriff „Organization Development" weist, leicht mißverständlich, auf einen Problemkreis hin, der im rein Organisatorischen vermutet werden kann. Dieses Mißverständnis liegt offenbar darin begründet, daß unter dem Begriff „Organisation" − speziell im deutschen Sprachgebrauch − Verschiedenes verstanden wird.

„Organisation" im engeren Sinn ist die Koordinierung und die innere Ordnung eines Systems, die ein einwandfreies Funktionieren gewährleisten soll. Ein Unternehmen *hat* eine Organisation, d.h. eine Gliederung oder eine Struktur, eine Aufbau- und Ablauforganisation, um deren Regelung sich die Geschäftsleitung selbst oder eine von ihr beauftragte Organisationsabteilung kümmern muß.

„Organisation" im weiteren Sinn ist ein soziales System, z.B. ein Industriebetrieb oder eine Institution, die auf dem Markt und in der Gesellschaft ein gewisses Eigenleben führt. Ein Unternehmen *ist* eine Organisation.

Wenn von OE gesprochen wird, wird Organisation in diesem umfassenden Sinn verstanden als ein sozio-technisches System, das sich mit den Gegebenheiten der Umwelt − Markt, Technik, Gesellschaft usw. − auseinandersetzen muß.

OE ist ein neuer Weg zur Entwicklung von Organisationen, z.B. eines Industrieunternehmens, mit dem Ziel einer aktiven und flexiblen Anpassung an die Herausforderungen einer sich ständig wandelnden Umwelt. Es ist eine Entwicklung im Sinne höherer Wirksamkeit der Organisation und größerer Arbeitszufriedenheit der beteiligten Menschen.

Wie entstand die Organisationsentwicklung?

Maßnahmen, die man heute rückblickend als erste Ansätze von OE beschreiben könnte, wurden vor über 30 Jahren in den USA von emigrierten deutschen Sozialwissenschaftlern ergriffen. Das Ziel dieser Maßnahmen war es − vereinfacht ausgedrückt − Mitglieder von Organisationen in die Lage zu versetzen, ihre Probleme selbst zu erkennen, die zwischenmenschlichen Beziehungen zu erproben und selbst Bedingungen zu gestalten, die den eigenen Bedürfnissen und den Leistungserfordernissen der Organisation angemessen sind.

Dabei hoffte man zunächst, daß der kürzeste Weg zu diesem Ziel darin besteht, die zwischenmenschliche Kompetenz zu steigern, Menschen in die Lage zu versetzen, sich selbst und andere besser zu erkennen und so adäquater miteinander umzugehen.

Gruppendynamisches Training in Selbsterfahrungs-Gruppen sollte zu einer humaneren und effektiveren Organisation führen. Tatsächlich änderte sich das Verhalten der Trainierten – allerdings nur in der Trainings-Situation. Kehrten sie zurück an den Arbeitsplatz, wo sich nichts verändert hatte, so war auch ihr Verhalten bald wieder das alte. Also bemühte man sich zunehmend, nicht nur die zwischenmenschlichen Beziehungen, sondern auch die strukturellen und technologischen Bedingungen gemeinsam zu „diagnostizieren" und sodann gemeinsam zu einer „Therapie" zu gelangen, die nicht verordnet, sondern schrittweise gemeinsam erprobt wird. Man vermeidet dabei sowohl das Konzept „Menschen ohne Organisation" als auch das der „Organisation ohne Menschen" (*Rosenstiel* 1980 u. 1981).

Definitionsversuche

Um möglichen Mißverständnissen vorzubeugen, soll zunächst herausgestellt werden, *was OE nicht ist:*

− OE ist keine rein organisatorische Frage, keine Angelegenheit, die nur Organisationsabteilungen angeht. OE darf nicht mit Organisationsplanung verwechselt werden.

− OE ist auch kein neues Management-Modell wie das „Harzburger Modell", auch kein Management-System wie „Management by Objectives" oder andere Systeme, die erfolgreiches Führen verbürgen sollen.

− OE ist auch keine neue Technik oder eine Methode, durch die man andere Menschen beeinflussen kann, wie z.B. bestimmte Techniken der Gesprächs- und Verhandlungsführung.

− OE ist auch nicht identisch mit Human Relation, Industrial Engineering, Ergonomie oder Arbeitsstrukturierung.

− OE darf auch nicht mit Personalentwicklung verwechselt werden, wo nur ausgewählte Einzelindividuen etwas lernen, ohne Berücksichtigung der organisatorischen Strukturen, in denen sie sich bewegen.

Die wohl allgemeinste Begriffsbestimmung von OE gibt *R. Beckhard* (1972, S. 24):

„Organisationsentwicklung ist ein Verfahren, das
1) planmäßig
2) betriebsumfassend

3) von der Organisationsleitung gesteuert
4) zum Zweck der Verbesserung von Wirksamkeit und Gesundheit der Organisation
5) durch geplantes Eingreifen mit Hilfe von Erkenntnissen aus den Verhaltenswissenschaften
angewandt wird."

Diese Definition ist insofern problematisch oder unvollständig, als zwei Komponenten in ihr nicht enthalten sind, die − zumindest im deutschen Verständnis von OE − wichtig erscheinen:

1) die Tatsache, daß die Erneuerung *unter aktiver Beteiligung der Organisationsmitglieder* erfolgen muß, und
2) die Tatsache, daß die Veränderungsbemühungen *prozessual und langfristig* gesehen werden müssen.

Bennis (1972, S. 26 f.) definiert OE folgendermaßen:

„1) OE ist eine Bildungsstrategie, die dafür eingesetzt wird, geplante Organisationsveränderungen herbeizuführen.
2) Zweitens ist charakteristisch, daß die angestrebten Veränderungen unmittelbar mit den Notwendigkeiten und Problemen zusammenhängen, die die Organisation zu lösen versucht.
3) Drittens beruht Organisationsentwicklung auf einer Bildungsstrategie, welche Verhaltensweisen betont, die aus der Erfahrung stammen.
4) Viertens gehören die die Veränderungen zustandebringenden Personen (change agents) meist nicht dem Klienten-System (also der Organisation selbst) an.
5) Fünftens setzt Organisationsentwicklung ein kooperatives Verhältnis zwischen dem „change agent" und dem Klienten voraus, das auf einer gemeinsamen gesellschaftlichen und sozialen Philosophie beruht."

Der von *Bennis* − in Übereinstimmung mit dem amerikanischen Sprachgebrauch − als „change agent" bezeichnete Berater ist immer ein Verhaltenswissenschaftler, der „die menschliche Seite" in einem Unternehmen betont.

Eine dritte, noch etwas andere Definition geben *French* und *Bell* (1977, S. 31) in ihrem Standardwerk über OE, wenn sie schreiben:
„Organisationsentwicklung ist eine langfristige Bemühung, die Problemlösungs- und Erneuerungsprozesse in einer Organisation zu verbessern, vor allem durch eine wirksamere und auf Zusammenarbeit gegründete Steuerung der Organisationskultur − unter besonderer Berücksichtigung der Kultur formaler Arbeitsteams − durch die Hilfe eines OE-Beraters oder Katalysators und durch Anwendung der Theorie und Technologie der angewandten Sozialwissenschaften unter Einbeziehung von Aktionsforschung."
Wichtig ist hier vor allem der Begriff der „Organisationskultur". „Kultur" in dieser Definition wird verstanden als die „vorherrschenden Muster von Tätigkeiten, Interaktionen, Normen, Empfindungen,

Einstellungen, Überzeugungen, Werten und Produkten". (*French* und *Bell* 1977, S. 32).

Durch die Einbeziehung von „Produkten" wird die Technologie in diese Definition mit eingeschlossen, weil zwischen der Technologie (mit ihren Maschinen, Einrichtungen und Arbeitsabläufen) und dem Verhalten der Menschen (mit ihren Einstellungen, Handlungen und Erlebnissen) ein Zusammenhang besteht. OE-Maßnahmen beziehen das „formale System" einer Organisation zwar mit ein, konzentrieren sich aber mehr auf das „informale System", das meist unsichtbar bleibt wie der Teil des Eisbergs, der unter der Wasseroberfläche liegt. Traditionsgemäß wird dieser „unsichtbare Bereich", die Einstellungen und Gefühle der Organisationsmitglieder, entweder überhaupt nicht oder nur teilweise untersucht, obwohl er für die Wirksamkeit einer Organisation von ausschlaggebender Bedeutung ist.

Eine weitere, scheinbar erschöpfende Definition schließlich, die versucht, das Wesentliche zusammenzufassen, gibt die Gesellschaft für Organisationsentwicklung (GOE) e.V., die 1980 gegründet wurde und in der sich namhafte Berater, Anwender und Wissenschaftler aus Deutschland, Österreich und der Schweiz zusammengeschlossen haben, um die „Philosophie" und die Anwendung von OE zu verbreiten.

„Die GOE versteht Organisationsentwicklung als einen längerfristig angelegten, organisationsumfassenden Entwicklungs- und Veränderungsprozeß von Organisationen und der in ihr tätigen Menschen. Der Prozeß beruht auf Lernen aller Betroffenen durch direkte Mitwirkung und praktische Erfahrung. Sein Ziel besteht in einer gleichzeitigen Verbesserung der Leistungsfähigkeit der Organisation (Effektivität) und der Qualität des Arbeitslebens (Humanität).

Unter „Qualität des Arbeitslebens" bzw. „Humanität" im Arbeitsbereich versteht die GOE nicht nur materielle Existenzsicherung, Gesundheitsschutz und persönliche Anerkennung, sondern auch Selbständigkeit (angemessene Dispositionsspielräume), Beteiligung an den Entscheidungen sowie fachliche Weiterbildungs- und berufliche Entwicklungsmöglichkeiten."

Eine Übersicht über 50 unterschiedliche Definitionen der OE gibt *Trebesch* (1982).

An den verschiedenen Definitionsversuchen wird deutlich, wie schwierig es ist, dem Konzept der OE begrifflich beizukommen, offenbar auch, weil es vielfach noch an der erforderlichen Anschauung fehlt.

Manche sagen sogar: „OE läßt sich nicht definieren. OE muß man erleben. Wir können die Arbeit in Organisationen nur verändern, indem wir uns selber verändern. Und umgekehrt: Wir selber können

uns nur verändern, wenn wir unsere Arbeit verändern: die Art und
Weise des Arbeitens und die Form der Zusammenarbeit." Demnach
wäre „OE" eine Art Lebensanschauung, eine Grundhaltung, eine
Konfession, eine Bewegung.

Andere meinen demgegenüber, OE sei nur „eine neue Sozialtech-
nologie, die Organisationen effizienter machen soll". *Herzberg*, der
Begründer einer eigenen Motivationstheorie, bemerkt sogar bissig,
OE sei nichts anderes als die Suche einiger Verhaltenswissenschaftler nach einer neuen Disziplin.

Für uns ist OE zwar ein neues Konzept, zugleich aber auch ein
Sammelbegriff für den koordinierten Einsatz sozialwissenschaftlicher
Erkenntnisse und Methoden in Organisationen, um diese durch die
in ihnen tätigen Menschen und damit auch die Arbeit dieser Menschen selbst humaner und effektiver zu machen. OE ist für uns so
etwas wie eine Arbeitshypothese, die sich in der Praxis und durch
die Praxis noch verifizieren muß.

1.2 Warum wird Organisationsentwicklung betrieben?

Wie kommt es, daß diese Fragen des organisatorischen und sozialen
Wandels heute so bedeutsam sind und allgemein diskutiert werden?

Die Bedeutung von OE ist vor allem in der Tatsache begründet,
daß der gegenwärtige Zustand in einer Organisation meist nicht befriedigend ist. Die bestehenden Schwierigkeiten in der Organisation,
im Informationsfluß und in der Zusammenarbeit der Menschen werden vielfach als gegeben hingenommen. Von denen, die unter den
Auswirkungen zu leiden haben, werden sie als Probleme zwar wahrgenommen, aber – aus verschiedenen Gründen – meist totgeschwie-
gen, vertuscht oder einfach verdrängt. Viele denken: „Man kann
nichts daran machen." Und so werden die innerbetrieblichen Reibungsverluste immer größer und die Schwierigkeiten und Verlust-
quellen weiter mitgeschleppt.

In der Industrie läßt sich folgendes beobachten:

In wirtschaftlich ruhigen Zeiten, als der Markt noch aufnahme-
fähig war, wurden betriebliche Schwachstellen und Konflikte, früher
vielleicht auch weniger gewichtig als heute, auf dem Hintergrund
eines guten Betriebsergebnisses leichter verkraftet. Heute, wo mit
allen Mitteln um Marktanteile gekämpft wird, die Technologie rasch
fortschreitet und auch die Bedürfnisse der arbeitenden Menschen
sich verändert haben, wird der Druck der Umwelt auf die Unternehmen so stark, daß der Vollzug oder Nichtvollzug von Veränderungen
zur Existenzfrage wird.

Wenn nach den Gründen gefragt wird, die den geplanten Wandel beinah zwangsläufig erscheinen lassen, so stößt man auf drei Probleme:

Das 1. Problem: Veränderungen der Umwelt
Das 2. Problem: Bürokratische Organisationen
Das 3. Problem: Motivation und Kooperation

Diese Probleme sind nicht isoliert voneinander zu betrachten und bedingen sich gegenseitig.

Anlaß für notwendige Veränderungen der Organisation sind in der Regel die Konstellationen in der Umwelt, für die und in der die Organisation tätig ist. Die Anpassung an diese Konstellationen, die mit neuen Anforderungen verbunden sind, wird erschwert durch die relative Starrheit vieler Organisationen, die nach bürokratischem Muster strukturiert sind. Diese Organisationsstruktur prägt auch das Verhalten der in ihr tätigen Menschen. Sie hemmt oder verhindert die notwendige Kooperation und Motivation. Gerade diese sind aber die unabdingbare Voraussetzung für ein wirkungsvolles Funktionieren der Organisation im Hinblick auf die sich ständig verändernden Umweltkonstellationen. Hier schließt sich der Teufelskreis, den es gerade zu durchbrechen gilt.

Problem Nr. 1: Veränderungen der Umwelt

Die Erfüllung des Zweckes einer Organisation hängt nicht allein von ihr selbst ab. Neben der sinnvollen inneren Strukturierung ist zu beachten, daß die Organisation in eine Umwelt gestellt ist, auf die sie sich ständig neu einstellen muß.

Die wesentlichen Veränderungen der Umwelt lassen sich stichwortartig wie folgt zusammenfassen:

● Neue wissenschaftliche Erkenntnisse
● Technischer Fortschritt
● Veränderungen des Marktes
● Verschärfter Wettbewerb
● Verknappung von Rohstoffen und Energie
● Kürzere Lebensdauer von Produkten
● Verbesserte Informationsverarbeitung
● Neue Gesetze und Verordnungen
● Veränderung der menschlichen Bedürfnisse.

Diese Veränderungen gilt es zu bewältigen, nicht passiv, im Sinn einer reaktiven Anpassung, sondern aktiv, gestaltend — im Aufgreifen dieser Veränderungen, die damit, weil sie als Herausforderungen verstanden werden, durch eigene Einflußnahme neue Entwicklungsmöglichkeiten eröffnen.

Um aber für solche Entwicklungen offen zu sein, müssen Organisationen in sich anpassungs- und wandlungsfähig werden. Das ist nur möglich durch zielorientiertes und koordiniertes Handeln der in der Organisation tätigen Menschen.

Das aber gerade wird erschwert durch einige Bedingungen, unter denen die meisten Unternehmen heute arbeiten.

Problem Nr. 2: Bürokratische Organisationen

Bürokratische Organisationen sind gekennzeichnet durch folgende Merkmale:

- Eindeutige, unverrückbare Machtverteilung
- Arbeitsteilung und Spezialisierung
- Autoritative Führung und hierarchisches Denken
- Zentrale Planung und Kontrolle
- Begrenzte Kompetenzen auf unteren Ebenen

Hieraus ergeben sich eine Reihe möglicher Schwächen:

- Mangelnde Zielorientierung und ungenügende Information der Mitarbeiter
- Zersplitterung der Leistungen
- Mehrgleisiges Arbeiten an gleichen Projekten
- Zerstörerisches Konkurrenzdenken
- Absicherndes, taktierendes Verhalten
- Entscheidungsschwierigkeiten
- Mangelnde Flexibilität bei der Wahrnehmung neuer Aufgaben
- Verantwortungsscheu, mangelnde Initiative
- Faule Kompromisse.

Die auftretenden Schwierigkeiten wirken sich personell in einer Reihe von Folgeerscheinungen aus: Krankenstand und Absentismus, Fluktuation, Arbeitsstörungen, Unfälle und Konflikte jedweder Art.

Der aufgezeigte Problemzusammenhang wird von *Argyris* (1962) unter dem Begriff des bürokratischen, „pyramidalen" Wertesystems zusammengefaßt (vgl. auch *Schein* 1980).

Der fatale Wirkmechanismus in diesem System besteht darin, daß die bürokratischen Normen „Autorität, Rationalität, Spezialisierung und Kontrolle" Verhaltensweisen provozieren, die auf Gehorsam und Abhängigkeit, auf Vorsicht, Zurückhaltung, Mißtrauen, Konformismus und geringe Risikobereitschaft hinauslaufen. Das bürokratische Wertsystem belohnt konformistische Anpassung und bestraft Offenheit, Initiative und Spontaneität, also gerade solche Verhaltensweisen, die für eine konstruktive Problemlösung wünschenswert oder sogar notwendig sind.

Problem Nr. 3: Motivation und Kooperation

Mit den vorher genannten mehr oder weniger institutionellen Problemen hängen — auf individueller Ebene — Erscheinungen zusammen, die man allgemein als „menschliche Probleme im Betrieb" bezeichnen könnte. Beobachtbar sind folgende Symptome:

1) Man beobachtet heute ein zunehmendes *Desinteresse,* eine wachsende Gleichgültigkeit und Demotivation, bei der Arbeit und auch im mitmenschlichen Bereich, nicht nur in den Betrieben, auch in den Schulen, an den Hochschulen, in allen Institutionen. Es mag sein, daß dieses Desinteresse — vor allem bei einem Teil der jüngeren Generation — weitgehend außenbedingt ist. Bei den Älteren war das anders; sie mußten etwas aufbauen. Für die Jüngeren ist das nicht nötig, oder — wie sie sagen: Es bringt nichts! Es ist alles schon da. Der Wohlstand ist selbstverständlich.

Das NC-Syndrom — der Numerus Clausus — ist nur eine Chiffre des gleichen Symptoms. Die Einsatzbereitschaft, der Mut, eine Sache voll verantwortlich zu übernehmen, weil man sie für sinnvoll hält, diese Leistungsbereitschaft hat nachgelassen. Die Freude an der Arbeit ist geringer geworden. Die Zahl derjenigen, die weniger oder nichts mehr leisten wollen, hat zugenommen. Sie wollen *sich* etwas leisten. Das ökonomische Prinzip regiert. Der Betrieb ist zweckrational organisiert: Es gilt, mit geringem Aufwand möglichst viel zu erreichen. Wen wundert es, wenn schon Kinder und Jugendliche so denken. Wozu soll ich mich anstrengen, sagen sie, es geht ja auch so.

Aber auch bei älteren Mitarbeitern und Führungskräften in Organisationen sind ähnliche Symptome zu beobachten. *Höhn* (1983) spricht sogar von der „inneren Kündigung" im Unternehmen: zu beobachten sind schwindendes Engagement, Konformismus und Flucht in die Routine.

2) Das zweite Problem betrifft die Bereitschaft zur Kooperation, zur fairen und vertrauensvollen Zusammenarbeit. Man beobachtet ein zunehmendes Ich-Denken, ein *Konkurrenzdenken* mit starken Absicherungstendenzen, verkrampftes Taktieren anstelle offener Kommunikation. Und das, obwohl die Notwendigkeit zur Zusammenarbeit im Betrieb, auch die Zusammenarbeit zwischen verschiedenen Bereichen, immer dringender wird. Auffallend ist, daß Ressort-Rivalitäten zunehmen, daß ein hierarchisches Denken und die damit verbundene Hackordnung triumphiert. Komplizierte Dienstwege, Beamtenmentalität, viel Papierkrieg und verschleppte Entscheidungen sind die Folge. Oft wird nur an den eigenen Vorteil gedacht. Das liegt natürlich auch an den eigenen Lebens- und Arbeitsumständen. Wir sind von Kindheit und Schulzeit daran gewöhnt, in der Ich-Form zu denken und zu handeln. Die Einzelleistung wird belohnt. Das „Wir"-Denken ist unterentwickelt.

3) Das dritte Problem, das sich mit dem ersten und zweiten berührt und eine fatale Klammer bildet, ist eine schwer zu beschreibende *Existenzangst,* eine uneingestandene Unsicherheit. Dieses Gefühl, schwer faßbar und wenig bewußt, ist etwas, was viele nicht wahrhaben wollen. Es wird — psychoanalytisch gesprochen — einfach verdrängt. Dieses Gefühl ist vielleicht auch eine unbewußte Angst, irgendwann zu versagen, die Angst, zu verlieren (als ob es nur Gewinner und Verlierer gäbe) oder die Angst, das was man hat, zu verlieren. *Fromm* (1976) spricht in diesem Zusammenhang — mit dem Titel seines Buches — vom Gegensatz: Haben oder Sein. Tatsache ist, daß die meisten Menschen am einmal Erreichten festhalten wollen, etwas haben und behalten wollen, als ob das Festhalten am Wohlstand weiteres Wohlergehen verbürge. Diese Angst, nicht man selbst, sondern Opfer der Umstände zu sein, ist vielleicht nicht ganz unbegründet, erklärlich als ein Reflex auf die von den beherrschenden Institutionen verordnete Ohnmacht. Das Gefühl der Ohnmacht ist gekoppelt mit einer Verunsicherung der eigenen Identität, einer gewissen Orientierungslosigkeit. Woran soll man sich halten, wo beinahe nichts mehr Bestand hat, ein Gefühl, nahe verwandt dem Erleben der Sinnlosigkeit überhaupt. Da ist es kein Wunder, wenn Ausflüchte gesucht werden (Alkohol, Drogen, Flucht in Religiosität, in die Sekten).

Das sind drei gewichtige Probleme, charakteristisch für unsere Zeit:

— Desinteresse
— Konkurrenzdenken
— Existenzangst

Bemerkenswert scheint, daß diese Probleme als Symptome ambivalent sind.

Dem Desinteresse, der Demotivation und der Gleichgültigkeit entspricht eine untergründige Sehnsucht nach Engagement. Es entspricht ihr der unausgesprochene Wunsch, ein Ziel zu haben, für das der Einsatz sich lohnt.

Dem Konkurrenzverhalten, dem Ich-Denken, dem ständigen Schielen nach dem eigenen Vorteil entspricht eine verborgene Sehnsucht nach Gemeinschaft und Gemeinsamkeit, ein uneingestandener Wunsch, sich in einer Gruppe geborgen zu fühlen, auf individuelle Vorteile ganz zu verzichten, ein starkes Bedürfnis, mit anderen einig zu sein und gemeinsam zu handeln.

Die Existenzangst schließlich, die allgemeine Verunsicherung, hat auch ihre Entsprechung: Es ist der Wunsch, einen festen Halt zu finden, eine Orientierung. Das ist zutiefst mit der Wertfrage verknüpft, sogar — wenn man so will — mit der Suche nach dem Sinn.

Die Frage stellt sich: Wozu bin ich überhaupt da? Wofür arbeite ich? Wofür lebe ich überhaupt?

Tatsache ist, daß diese ursprünglichen Bedürfnisse

— die Sehnsucht nach Engagement
— der Wunsch nach Gemeinschaft
— die Suche nach Sinn

heute notgedrungen verkümmern. Sie werden durch die Bedingungen, unter denen viele Menschen heute üblicherweise arbeiten, eher verdrängt als gefördert. Auch *Cooper, Morgan* u.a. (1979) weisen nach, daß die Unzufriedenheit am Arbeitsplatz in den USA in den letzten Jahren zugenommen hat. Ähnliche Beobachtungen berichten *Ulich* (1982), *Rosenstiel* (1983) und *Berkel* (1983).

Organisatorische Hintergründe

Der Mensch verhält sich den Bedingungen der Umwelt gemäß und fügt sich den betrieblichen Bedingungen. Die Arbeitssituation, in der jemand lebt, prägt den Menschen.

Es hat den Anschein, als seien viele Organisationen heute weder in der Lage, den veränderten Anforderungen der Umwelt noch den beschriebenen Bedürfnissen ihrer Mitglieder gerecht zu werden. Es ist vielmehr so, daß bürokratische Organisationen dazu tendieren, den sie bedrängenden Außendruck an ihre Mitglieder weiterzugeben. Das geschieht wiederum, wie beschrieben, in einer reaktiven, dem bürokratischen Wertesystem entsprechenden Weise. Die Mitglieder der Organisation werden nicht zu aktiver Mithilfe aufgerufen und zu neuen konstruktiven Problemlösungen ermuntert, sondern zunehmend kontrolliert und eingeengt. Dadurch geraten sie — ebenso wie die Organisation — immer mehr in die Defensive.

Ein Beispiel soll diesen Sachverhalt verdeutlichen:

Durch eine verschärfte Marktsituation gerät ein Unternehmen in wirtschaftliche Schwierigkeiten. Wenn ein Unternehmen Existenzsorgen hat, werden diese häufig — auch unter Rationalisierungsmaßnahmen — in die Belegschaft projiziert. Eine Organisation, die sich als Opfer der Umstände erlebt, macht ihre Mitglieder selbst zu Opfern, mehr noch: sie ist sogar bereit, einzelne Mitglieder aufzuopfern. Da ist es nicht weiter verwunderlich, wenn die Organisationsmitglieder eigene Überlebensstrategien entwickeln, die nun kaum noch auf die Bewältigung der externen Schwierigkeiten des Unternehmens ausgerichtet sind, sondern auf die Bewältigung der unternehmensinternen Schwierigkeiten, denen sie sich ausgesetzt fühlen. Jeder ist bemüht, die eigene Position zu sichern, koste es, was es wolle. Beobachtbar sind folgende Verhaltensmuster: Sich-Einigeln, Vogel-Strauß-Taktik, Devisen wie „Heiliger Sankt Florian, verschon mein Haus, zünd andere an!" . . . .

Durch diese interne Dynamik werden die externen Schwierigkeiten konserviert und potenziert. Die Organisationsmitglieder haben dann nicht mehr die Unternehmensziele vor Augen, sondern nur noch ihre eigenen Ziele, die mit dem Unternehmensziel nicht mehr konform sind. Wenn aber das Außenziel, für das ein Unternehmen tätig ist, wegfällt, genauer: Wenn die Einsicht der Menschen in die Notwendigkeit dieser Zielsetzung schwindet, dann besteht Gefahr, daß ein Unternehmen erstarrt, sich selbst verwaltungsmäßig am Leben erhält, ohne den Anforderungen der Umwelt gerecht zu werden, und schließlich zugrunde geht.

Die Notwendigkeit von Veränderungen

Aus alledem wird deutlich, warum Unternehmen nach außen so schwerfällig reagieren und nach innen immer bürokratischer werden, und daß die im Unternehmen arbeitenden Menschen mehr und mehr die Lust verlieren, sich für Dinge einzusetzen, die von der Organisation letztlich doch nicht entsprechend honoriert werden.

Wenn man das Unternehmen als ein sozio-technisches System, als ein offenes System begreift, das mit der Umwelt in Wechselwirkung steht, werden die internen Schwierigkeiten als Reflexe einer starren Organisation bei veränderten Umweltanforderungen verständlich.

Dabei böten sich — bei einer anderen Art von Führung und Zusammenarbeit in der Organisation — vielfältige Gelegenheiten, die beschriebenen Schwierigkeiten in Chancen zu verwandeln, die der arbeitende Mensch auch nutzen würde, wenn die organisatorischen Bedingungen es ihm erleichtern würden. Die Kernfrage ist die der Partizipation. Es spricht vieles dafür, daß der arbeitende Mensch sich mehr engagieren würde, daß er gern mit anderen zusammenarbeiten möchte und daß er einen Sinn in seiner Arbeit finden würde, wenn er wirklich beteiligt werden könnte.

Hier wird die Notwendigkeit erkennbar, ein Unternehmen durch Aktivierung des menschlichen Potentials sozusagen aus sich selbst heraus zu erneuern und es im Hinblick auf die Anforderungen der Umwelt zu höherer Wirksamkeit zu entwickeln. Es kommt darauf an, die Arbeitssituation in eine Lernsituation zu verwandeln. Der entscheidende Gesichtspunkt ist der, daß die Änderungsbedürfnisse einer Organisation und die Lernbedürfnisse ihrer Mitglieder kontinuierlich ineinandergreifen und einander verstärkend wirksam werden.

Die neue Erkenntnis ist, daß durch gemeinsame Arbeit an konkreten Problemen Lernprozesse ausgelöst werden, die dazu beitragen können, produktive Fähigkeiten der Menschen, die unter den gegenwärtigen Lebens- und Arbeitsumständen vielfach verdrängt sind, zu fördern, zu entwickeln und zu entfalten.

Die einzelnen Bestandteile, die dem Konzept der OE zugrunde-
liegen, sollen in den folgenden Kapiteln näher beschrieben werden.
Erst danach kommen wir zu einer kritischen Analyse, an die sich
eine Darstellung der wissenschaftlichen Grundlagen und der praktischen Anwendung anschließen soll.

2. Das Konzept der Organisationsentwicklung

Einleitung

Das Gebiet der OE erscheint vielen als ein weites, schwieriges und unübersichtliches Terrain: als eine Mischung von humanistischen Zielen, strategischem Denken, sozialwissenschaftlichen Methoden und partizipativen Bemühungen mit einem weithin noch uneingelösten pragmatischen Anspruch. Das der OE zugrundeliegende Konzept erschließt sich einem am ehesten anhand folgender Fragen:

1) Was sind die Ziele und die dahinter stehenden Grundannahmen und Wertvorstellungen?
2) Was sind die wesentlichen Kriterien und Prinzipien, die beachtet werden müssen?
3) Was kennzeichnet die Vorgehensweise und den ganzheitlichen methodischen Ansatz?
4) Welche Methoden spielen bei der Anwendung eine Rolle?

Diese Fragen sollen in den folgenden Kapiteln systematisch untersucht und beantwortet werden. Damit sind alle für Organisationsentwicklung wesentlichen Merkmale erfaßt. Die verschiedenen Modelle und Maßnahmen, die später dargestellt werden, sind Umsetzungen und Varianten dieses Grundkonzepts.

2.1 Ziele und Leitbild der Organisationsentwicklung

OE intendiert einen langfristigen Veränderungsprozeß im Sinne höherer Wirksamkeit einer Organisation (Produktivität, Effektivität) und stärkerer Beteiligung und Entfaltung der Organisationsmitglieder (Motivation und Kooperation, Qualifizierung und Arbeitszufriedenheit).

Arbeitshypothese der OE ist die (nicht bewiesene, aber auch nicht widerlegte) Annahme, daß Leistungsoptimierung und Humanisierung der Arbeit einander nicht ausschließen, sondern sich wechselseitig bedingen und in engem Zusammenhang mit bestimmten (gegenwärtigen und zukünftigen) Veränderungen der gesamtgesellschaftlichen Umwelt stehen.

2.1.1 Ziele der Organisationsentwicklung

Das Ziel der OE besteht darin, die Organisation so zu verändern, daß sie den veränderten und sich weiter verändernden Anforderungen der Umwelt im weitesten Sinne gerecht werden kann.
Diese Zielsetzung hat zwei Seiten:

Sie ist einerseits nach außen gerichtet: auf eine äußere Umwelt, von der jede Organisation ihre Daseinsberechtigung und ihre Legitimation erhält. Diese Zielsetzung ist nahezu identisch mit dem Unternehmenszweck, z.B. Versorgung des Marktes mit Produkten, die einem wirtschaftlichen Zweck dienen (Industrieunternehmen) oder Versorgung der Menschen mit bestimmten Dienstleistungen, die seinem Wohlleben oder seiner Gesundheit dienen (z.B. Banken, Behörden, Krankenhäuser usw.). Ihr formales, ausdrückliches Ziel läuft auf Optimierung dieses Zweckes hinaus. Es heißt ,,Effektivität`` (oft auch umschrieben als ,,Produktivität`` oder − bei gewinnorientierten Wirtschaftsunternehmen − als ,,Rentabilität``).
Die Zielsetzung ist andererseits nach innen gerichtet: auf eine innere Umwelt, d.h. auf die ,,Binnenwelt`` der Organisation, nämlich auf die Menschen, die diese Organisation verkörpern und beleben. Diese sind nicht ohne weiteres austauschbar, ebensowenig wie die äußere Umwelt, die Kunden. Diese Menschen − und alle durch sie bewegten Güter, Rohstoffe, Anlagen, Leistungen − stellen die internen Ressourcen dar, von denen ein Unternehmen lebt. In grober Verkürzung könnte man sagen: Ein Unternehmen lebt *für* den Markt, aber es lebt *von* den Menschen, die in ihm tätig sind. Dialektisch läßt sich das Verhältnis natürlich jederzeit umkehren, weil es sich um jeweils wechselseitige Abhängigkeiten handelt. Das Unternehmen − könnte man sagen − lebt auch *vom* Markt, den es beliefert, *für* die Menschen, denen es eine Existenzgrundlage schafft.
Ebenso wie das Unternehmen die Bedürfnisse des Marktes befriedigen muß, um existieren zu können, muß es auch die Bedürfnisse der im Unternehmen tätigen Menschen befriedigen.
Bemerkenswert ist, daß sich die Ziele einer Organisation und die Bedürfnisse der Organisationsmitglieder keineswegs diametral widersprechen, sondern daß sie sich wechselseitig entsprechen, in Grenzfällen sogar kongruent werden können. D.h., hohe Effektivität der Organisation nach außen sollte gute Arbeitsbedingungen für die Menschen nach innen sichern und umgekehrt. Auch der Arbeitsvertrag beruht auf dem Äquivalenz-Prinzip: gute Bezahlung für gute Leistung usw. Daß diese Forderung nicht immer erfüllt ist, ist eine andere Sache.
OE hat also eine doppelte Zielsetzung: Einmal die Verbesserung der Produktivität des Unternehmens und zum anderen die Verbesse-

rung der Arbeits- und Entfaltungsmöglichkeiten der in diesem Unternehmen tätigen Menschen. Diese Zielsetzungen – das ist eine Grundannahme der OE – sind gleichrangig und interdependent. Ohne Produktivität gibt es keine menschlich befriedigende Arbeitswelt und ohne zufriedene und engagierte Mitarbeiter gibt es, zumindest längerfristig, keine Produktivität in der Wirtschaft.

Nun wäre es in der Tat zu einfach, die postulierte Wechselwirkung zwischen den Leistungszielen einer Organisation und den individuellen Zielen und Bedürfnissen der beteiligten Menschen im Sinne einer „prästabilisierten Harmonie" zu interpretieren. Die in vieler Hinsicht bestehenden oder immer wieder neu auftretenden Interessengegensätze zwischen den Zielen oder daraus sich ergebenden Regelungen einer Organisation und den persönlichen Bedürfnissen der Organisationsmitglieder sind einfach nicht zu leugnen und lassen sich auch nicht wegdiskutieren. Das simpelste Beispiel für einen solchen Interessengegensatz liegt auf der Hand: Was für den Mitarbeiter in einem Unternehmen sein Arbeitsentgelt ist – sein Lohn oder Gehalt –, das bedeutet für das Unternehmen, das ihn beschäftigt, einen ertragsmindernden Aufwand, also Kosten. An Konflikten mangelt es nicht. Die vielfach gewünschte Übereinstimmung zwischen Organisationszielen und persönlichen Bedürfnissen gleicht einer Quadratur des Kreises.

Trotzdem erscheint die schwierige, aber doch plausible Forderung, die berechtigten Wünsche der Mitarbeiter mit den Interessen des Unternehmens in Einklang zu bringen, durch OE im Licht neuer Realisierungsmöglichkeiten.

Ein wesentliches Ziel der OE liegt in der Tat darin, den Gegensatz zwischen Individuum und Organisation abzubauen (vgl. *Argyris* 1960, *Kieser* 1980), und zwar in einer Form, die sowohl dem Individuum als auch der Organisation nützt. Die Art und Weise, in der dies geschieht, ist nämlich ebenso entscheidend wie das Ziel; befriedigende Veränderungsmaßnahmen können nur in einem kontinuierlichen Entwicklungsprozeß unter hoher Partizipation der Beteiligten durchgeführt werden. Entscheidend ist weiter, daß sowohl die Personen als auch die Situationen, in denen sie handeln, also die Arbeitsabläufe und Organisationsstrukturen, in den Veränderungsprozeß einbezogen werden. Dabei ergeben sich Veränderungen auf allen induzierten Ebenen: in der Einstellung und im Verhalten der Organisationsmitglieder, in der Art der Zusammenarbeit und schließlich auch im Verhalten der Organisation ihrer Umwelt gegenüber.

Hier werden Wechselwirkungen zwischen Form und Inhalt erkennbar. Die Art des Vorgehens und die Ziele der OE hängen eng zusammen. Auf die Vorgehensweise und die methodischen Gesichtspunkte der OE werden wir im nächsten Kapitel näher eingehen.

Unter Wissenschaftlern und Praktikern, die sich mit OE eingehend beschäftigen, gibt es Meinungsunterschiede in der Antwort auf die Frage, was denn das wichtigere Merkmal von OE sei — das Ziel (Inhalt) oder die Vorgehensweise (Methode). Die einen meinen: entscheidend sei vor allem, *was* durch OE erreicht wird. Die anderen meinen: entscheidend sei vor allem, *wie* dabei vorgegangen wird.

Dieser Meinungsstreit hat sogar praktische Konsequenzen. Wer sich nur auf die Ziele einläßt und die partizipative Vorgehensweise vernachlässigt, der läuft Gefahr, mit Macht oder manipulativen Methoden die Organisation umzukrempeln und den Mitarbeitern „Mitwirkungsrechte" und „freien Handlungsspielraum" zu verordnen, den diese gar nicht wollen. Und umgekehrt: Wer nur die partizipative Vorgehensweise praktiziert, OE also nur als Methode versteht und die wesentlichen Ziele — produktive Veränderung der Organisation und Kreativität der Mitarbeiter — außer acht läßt, dem kann es passieren, daß die Beteiligten — auf ihre Kompetenzen pochend, sich selbst bescheidend oder sich selbst bestätigend — die Organisation unproduktiv verändern in Richtung auf noch mehr Bürokratie und hierarchische Abhängigkeiten.

Die anfangs genannten Ziele der OE

1) Verbesserung der Leistungsfähigkeit der Organisation (Effektivität) und
2) Verbesserung der erlebten Arbeitssituation der beteiligten Menschen (Humanität)

lassen sich in entsprechende Feinziele gliedern und differenzieren:

Zu 1)

Verbesserung der Produktivität der Organisation im weitesten Sinne bedeutet:
— Erhaltung oder Steigerung der Flexibilität
— Förderung der Innovationsbereitschaft
— Förderung der Lernfähigkeit des Systems

Zu 2)

Verbesserung der Arbeitssituation der beteiligten Menschen im weitesten Sinne bedeutet:
— mehr Entfaltungs- und Entwicklungsmöglichkeiten
— mehr Handlungs- und Entscheidungsspielraum
— mehr Mitwirkung an Beratungs- und Entscheidungsprozessen.

Da die genannten Ziele interdependent, aber — wie bereits erläutert — keineswegs immer kongruent sind, ist die integrative Verwirklichung dieser Ziele nur in einem langfristig angelegten Entwicklungs- und Veränderungsprozeß der Organisation und der in ihr tätigen Menschen zu erreichen.

Wenn man sich fragt, welche Bedingungen erfüllt sein müssen, damit dieser Prozeß erfolgreich verläuft, ergeben sich eine Reihe von Unterzielen, die folgendermaßen umschrieben werden können (*Bennis* 1972, *Gebert* 1974, *Sievers* 1978, u.a.):

1) Es soll ein offenes Klima geschaffen werden, in dem Probleme offen diskutiert und gelöst werden können.
2) Es soll ein Klima des Vertrauens geschaffen werden.
3) Es soll eine zielorientierte Organisationsstruktur geschaffen werden.
4) Es soll erreicht werden, daß sich alle Mitglieder der Organisation mit den Zielen der Organisation identifizieren.
5) Es soll Kooperation und Wettbewerb um die Festlegung von Arbeitszielen geschaffen werden.
6) Es soll erreicht werden, daß die Verantwortung für die Entscheidungen und für die Problemlösung an die Informationsquellen gelegt wird.
7) Es soll mehr Selbstkontrolle und weniger Fremdkontrolle erreicht werden.
8) Es soll Statusautorität abgebaut und die Autorität der Fähigkeiten und Kenntnisse stärker betont werden.

Nur die ersten beiden dieser Teilziele sind eindeutig personenbezogen. Die anderen Unterziele sind strukturbezogen. Die Mitglieder der Organisation und die formale Organisationsstruktur werden mithin als Elemente eines Systems verstanden, die in gegenseitiger Abhängigkeit stehen. Änderungen der Organisationsstruktur sind nicht ohne Änderungen der Organisationsmitglieder möglich, und Änderungen im Verhalten der Organisationsmitglieder können sich nur in einem veränderten Verhalten der Organisation gegenüber der Umwelt ausdrücken, wenn auch die Organisationsstruktur verändert wird. Daher wird hier von einem Systemkonzept der OE gesprochen.

Die wechselseitigen Abhängigkeiten zwischen dem Verhalten der Menschen und den Verhältnissen, in denen sie leben, ist einer der wichtigsten Aspekte der OE. Aber: Jede Veränderung vollzieht sich in der Zeit! Und die Interdependenz zwischen Weg und Ziel, zwischen Form und Inhalt ist ein ebenso wichtiger Aspekt. Die Zielsetzung intendiert bereits eine bestimmte Vorgehensweise. Und die Vorgehensweise beeinflußt rückwirkend die Zielsetzung. Das hängt damit zusammen, daß OE nicht statisch, sondern als ein dynamischer Prozeß verstanden werden muß. Die Art und Weise, in der die Ziele verwirklicht werden, hat selbst einen normativ-zielsetzenden Akzent.

Die dadurch aktualisierten Subziele der OE lassen sich treffend durch einige Stichworte charakterisieren, die durch den Club of Rome im Bericht für die achtziger Jahre als die Merkmale „innova-

tiven Lernens" beschrieben und gefordert wurden (*Botkin* u.a. 1979).
Es geht um dreierlei, um

1) Antizipation

d.h. Ausrichtung aller Bemühungen zur Lösung der Probleme an
den Anforderungen der Zukunft. Antizipation ist die Fähigkeit,
sich neuen, möglicherweise noch nie dagewesenen Situationen
zu stellen.

2) Partizipation

d.h. aktive Mitwirkung der Betroffenen an allen Problemen, die
ihre betriebliche Arbeit betreffen. Partizipation ermöglicht besse-
res Verständnis, Identifikation und Zugehörigkeit.

3) Emanzipation

d.h. wachsende Mündigkeit der Beteiligten durch den gemeinsamen Lernprozeß im Sinne von verantwortungsbewußter Selbst-
und Mitbestimmung. Emanzipation bedeutet gesellschaftliche
Autonomie und kulturelle Identität. Sie ist eine Waffe, um nicht
überwältigt zu werden, und zugleich ein Schlüssel zur Integration
in übergreifende Zusammenhänge.

Wenn man die Ziele der OE im Zusammenhang sieht und auf
einen Nenner bringen will, läßt sich folgendes feststellen: Ziel der
OE ist letzten Endes, die Arbeit für alle Beteiligten *sinnvoll* zu ma-
chen.
Die große Frage ist:
Wie läßt sich dieses Ziel erreichen?

2.1.2 Leitbild und anthropologische Grundannahmen

Wenn man die Ziele der OE auf ihre wissenschaftlichen Wurzeln
und die in ihr wirksamen Grundannahmen hin untersucht, so stößt
man auf zwei Bereiche:
Eine Wurzel der OE liegt im Pragmatismus, der seit eh und je
als eine besondere Stärke der Amerikaner herausgestellt wird. Dieser „Pragmatismus" hat eine philosophische Tradition, die im wesentlichen auf *John Dewey* (1933) zurückgeht. Nach *Dewey* lassen sich
5 Phasen des reflektierenden Denkens unterscheiden, die auch das
wissenschaftliche Vorgehen bestimmen, wie es im amerikanischen
„Funktionalismus" sichtbar wird.

Mit seinen Denkansätzen schuf *Dewey* die Basis, auf der OE entstehen konnte. Die von ihm identifizierten Phasen und ihre wissenschaftstheoretischen Konsequenzen sind:

1) Anstoß ⟶ Problem oder Schwierigkeit gegenüber einer neuen Idee oder Erfahrung
2) Gedankliche Vertiefung ⟶ Identifizieren und Nachdenken über das Problem
3) Hypothesen- bildung ⟶ Vermutete Ursachen über das Problem formulieren
4) Folgerungen ⟶ Überdenken der Konsequenzen der Hypothese
5) Hypothesen- Überprüfung durch Aktion ⟶ Beobachten, Prüfen und Experimentieren, um zu sehen, ob die Hypothese bestätigt oder widerlegt wird.

Diese Schritte der wissenschaftlichen Methode nehmen wesentliche Bestandteile der „Aktionsforschung" vorweg.

Die „pragmatische Grundhaltung" ist ein charakteristisches Merkmal der OE.

Eine zweite Wurzel der OE liegt in bestimmten Annahmen und
Wertvorstellungen, im Menschenbild der sog. Humanistischen Psychologie, wie es sich von *Lewin, Maslow, McGregor, Argyris* u.a. her-
leiten läßt.

Die Bezeichnung „Humanistische Psychologie" stellt zunächst
einfach die buchstäbliche Übersetzung des amerikanischen Wortes
„Humanistic Psychology" dar. Dieses Wort bezeichnet in Nordame-
rika nicht nur eine psychologische Schulrichtung, sondern gleichzeitig ein Konzept für eine auf Persönlichkeitsentwicklung zielende Le-
benseinstellung und darüber hinaus eine ganze Bewegung, nämlich
des „Human Potential Movement". In diesem Konzept verbinden
sich Traditionen der phänomenologischen Philosophie *Edmund
Husserl*s mit denen der Tiefenpsychologie *Freud*s und den Auffassungen der modernen Verhaltenstheorie und der Sozialpsychologie
aus dem Umkreis von *Kurt Lewin*. Die Bezeichnung „Humanistic
Psychology" wurde auf einem Kongreß 1962 unter Vorsitz von
Abraham Maslow als Programmbegriff bestimmt. Neben *Maslow*
sind *McGregor, Rogers, Bühler, Koestler, Fromm, Perls, May* zu
nennen.

Die Annahmen, von denen die Humanistische Psychologie ausgeht, lassen sich anschaulich an dem Konzept von *McGregor* verdeutlichen, der zwischen der „Theorie X" und der „Theorie Y"
unterscheidet (*McGregor* 1960).

Die „Theorie Y" ist – in allen möglichen Varianten – zur Grundannahme der Humanistischen Psychologie und zugleich zu einer Art

„Leitbild" der OE geworden. Die Konsequenzen für Mensch und Organisation liegen auf der Hand.

Huse (1975) hat in Anlehnung an *French* und *Bell* (1973) die wesentlichen Annahmen wie folgt zusammengestellt:

Annahmen über den einzelnen als Individuum

1) Die meisten Menschen in unserer Gesellschaft haben das Bedürfnis nach Entwicklung und das Bedürfnis, sich selbst zu verwirklichen.
2) Die meisten Menschen haben das Bedürfnis nach mehr Verantwortung und haben ein echtes Interesse daran, einen größeren Beitrag zur Realisierung der Ziele einer Organisation zu leisten als ihnen normalerweise in der Organisation eingeräumt wird.

Annahmen über den einzelnen in Gruppen

1) Gruppen haben grundsätzlich eine große Bedeutung für den einzelnen, wobei die Arbeitsgruppe in besonderem Maße für die Befriedigung von Bedürfnissen in Frage kommt.
2) Arbeitsgruppen sind in der Regel neutral; sie können jedoch je nach Lage als besonders dienlich und nützlich, aber auch als negativ und schädlich für eine Organisation sein.
3) Kooperatives anstelle von kompetitivem Verhalten kann sehr wesentlich die Effizienz von Arbeitsgruppen erhöhen. Der formale Führer einer Gruppe kann nicht alle Führungsfunktionen zu jeder Zeit und in allen Situationen ausüben; die Mitglieder einer Gruppe können ihre Effizienz erhöhen, wenn sie sich gegenseitig unterstützen.

Annahmen über den einzelnen in Organisationen

1) Da man eine Organisation als System begreifen muß, haben die Änderungen in einem Teilsystem Auswirkungen auf andere Teilsysteme.
2) Das Verhalten von Mitarbeitern in einer Organisation wird von ihren Emotionen und Einstellungen beeinflußt; das Klima bei den meisten Organisationen läßt jedoch nicht zu, daß man seine Emotionen und Gefühle zum Ausdruck bringt. Die Unterdrückung von Emotionen wirkt sich nachteilig auf die Arbeit im Unternehmen und auch auf die eigene Entwicklung aus.
3) In den meisten Organisationen ist der Grad der gegenseitigen Unterstützung und Zusammenarbeit sowie des gegenseitigen Vertrauens wesentlich geringer als es notwendig und wünschenswert ist.
4) Obwohl „Gewinner-Verlierer-Strategien" für manche Situationen als geeignet erscheinen, sind die meisten Gewinner-Verlierer-Situationen für die Mitarbeiter und für das Unternehmen in gleicher Weise als nachteilig einzuschätzen.

5) Viele Konfrontationen und Zusammenstöße zwischen einzelnen Mitarbeitern und Gruppen im Unternehmen werden durch die Art und Weise des Organisationsaufbaus und des Organisationsablaufs verursacht und weniger durch die davon betroffenen Mitarbeiter.
6) Wenn die Emotionen der Mitarbeiter als wichtige Daten akzeptiert werden, ergeben sich neue Möglichkeiten für Kommunikation, Zielsetzung, Zusammenarbeit zwischen Gruppen und die Arbeitszufriedenheit des einzelnen.
7) Wenn zur Lösung von Konflikten eine offene Aussprache gewählt wird, ergibt sich daraus ein positiver Effekt sowohl für die Entwicklung des einzelnen als auch für die Erreichung der organisatorischen Ziele.
8) Struktur und Ablauf einer Organisation sowie die Gestaltung des Arbeitsfeldes können so modifiziert werden, daß sie den Bedürfnissen des einzelnen, einer Gruppe und der gesamten Organisation eher entsprechen.

Diese psychologischen Annahmen führen im Hinblick auf die praktische Umsetzung des OE-Konzepts zu folgenden *Schlußfolgerungen:*

● Unternehmen sind sozio-technische Systeme, die sich in Auseinandersetzung mit den Anforderungen einer sich ständig verändernden Umwelt dynamisch weiterentwickeln (müssen!).
● In jeder Organisation gibt es lebenswichtige Probleme, die von den Mitgliedern der Organisation, insbesondere vom Management, gelöst werden müssen („müßten!").
● Die in der Organisation tätigen Menschen besitzen mehr Problemlösungspotential (Kenntnisse, Fähigkeiten, Kreativität und Leistungsbereitschaft) als wirklich genutzt wird, weil die herkömmlichen organisatorischen Bedingungen dem entgegenstehen.
● Die Mitglieder einer Organisation − nicht nur die Manager − wären auch bereit, sich für die Ziele der Organisation einzusetzen und die anstehenden Probleme zu lösen, wenn sie verantwortlich mitwirken könnten und dadurch einen individuellen (nicht nur materiellen) Nutzen haben würden.
● Durch das Arrangieren anderer Bedingungen zur gemeinsamen Problemlösung und zielorientierten Zusammenarbeit der beteiligten Menschen wird ein Lern- und Veränderungsprozeß innerhalb der Organisation eingeleitet, der zur persönlichen Entfaltung der Organisationsmitglieder ebenso beiträgt wie zur Entwicklung der Organisation.

2.2 Kriterien der Organisationsentwicklung

Die Auswertung vieler bisher erfolgreich durchgeführter Organisationsentwicklungsprojekte hat gezeigt, daß bei der Durchführung eine Reihe von Gesichtspunkten beachtet werden müssen, die noch näher zu erläutern sind.

Das Verhalten der Menschen und die Verhältnisse, unter denen sie arbeiten, dürfen nicht getrennt voneinander, sie müssen im Zusammenhang gesehen werden. Wenn überhaupt etwas verändert und verbessert werden kann, dann nur durch die am Arbeitsprozeß beteiligten Menschen selbst. Diese können aber, wie die Erfahrung zeigt, allein und auf sich gestellt wenig machen. Daher stammt wohl auch ein Teil jener Ohnmacht, jener Verdrossenheit und Gleichgültigkeit, die heute so viele Menschen erfaßt hat. Wir können *auch* wenig machen, wir – damit sind diesmal die Manager gemeint und alle, die sich verantwortlich fühlen. Wir können wenig für andere machen. Wir wissen nicht einmal, ob das, was wir für andere planen, auch wenn wir es selbst für gut halten, von den anderen überhaupt gewünscht wird. Und erst recht nicht, wie es sich auswirkt.

Die Einführung von Neuerungen und dauerhaften Veränderungen können heute nicht mehr durch Anweisungen vom grünen Tisch aus durchgesetzt werden, auch nicht durch eine neue, besonders raffinierte Management-Strategie, die einseitigen Interessen dient, eine Strategie, die einige mehr oder weniger Sachkundige einbezieht und die Gesamtheit der Betroffenen ausschließt oder sie letztlich doch manipuliert. Dadurch werden nur neue Unsicherheiten und Widerstände aufgebaut, gerade aus Angst vor der verordneten Veränderung. Ergebnis: Die im Ansatz vielleicht wirklich gut gemeinten Maßnahmen werden von den Mitarbeitern einfach unterlaufen oder – den Auswirkungen nach zu urteilen – ins Gegenteil verkehrt. Das bekannteste Beispiel: Gespart muß werden, egal was es kostet.

Was aber können wir tun? Die Frage, vor die wir uns immer wieder neu gestellt sehen, heißt: Ertragen oder Verändern?

„Mach dir nichts draus!" ist der Ratschlag, der einem über Schwierigkeiten hinweghelfen soll. „Mach was draus!" müßte es heißen, weil Schwierigkeiten, als Herausforderung verstanden, positive Veränderungen möglich machen. Dieser Ansatz, sofern er nicht auf den einzelnen beschränkt bleibt, sondern Gruppen und ganze Betriebe umfaßt, ist der Kerngedanke der OE.

OE wird in der Praxis nur durch eine Reihe von methodischen Schritten möglich, nämlich dadurch,

1) daß die Menschen eigene Schwierigkeiten als Herausforderung erleben und als gemeinsames Problem erkennen (gemeinsames Problembewußtsein)
2) daß die Menschen durch einen Außenstehenden angeregt und ermutigt werden, diese Probleme aufzugreifen und selbständig zu lösen (Mitwirkung eines Beraters)
3) daß die Probleme gemeinsam aufgegriffen werden und die Betroffenen an der Erarbeitung von Maßnahmen zur Problemlösung aktiv mitwirken (Beteiligung der Betroffenen)
4) daß sämtliche das Problem bedingenden Faktoren, die sachlichen Ursachen ebenso wie die persönlichen und zwischenmenschlichen Hintergründe und Konflikte, geklärt und bearbeitet werden (Klärung von Sach- und Beziehungsproblemen)
5) daß durch die intensive Auseinandersetzung mit den sachlichen und persönlichen Problemen kreative Fähigkeiten geweckt, neue Erkenntnisse gewonnen und andere Einstellungen und Verhaltensweisen entwickelt werden (erfahrungsorientiertes Lernen)
6) daß dies alles in einem gemeinsamen Prozeß geschieht, der von allen getragen, immer wieder neu reflektiert und kontinuierlich weitergeführt wird (prozeßorientiertes Vorgehen)
7) daß ausdrücklich alle Einflußkomponenten im Systemzusammenhang berücksichtigt und die als wirksam erkannten Kräfte in den Problemlösungsprozeß einbezogen werden (systemumfassendes Denken).

Dadurch werden Entwicklungen möglich, die zu *Veränderungen der Verhaltensweisen und der Verhältnisse* führen.

Aus dieser programmatischen Aufgliederung lassen sich die wesentlichen Kriterien der OE leicht ableiten:

1) Gemeinsames Problembewußtsein

Ausgangspunkt von Maßnahmen zur OE ist meist eine gewisse Unzufriedenheit mit den bestehenden Verhältnissen, die den Wunsch nach Veränderungen weckt.

2) Mitwirkung eines Beraters

In aller Regel kann ein Organisationssystem mit den beteiligten Menschen sich nicht — wie Münchhausen — am eigenen Schopf aus dem Sumpf herausziehen. Als „Change-Agent" wird ein OE-Berater in Anspruch genommen. Diese „Einwirkung von außen" wird methodisch meist als „Prozeßberatung" (im Gegensatz zur Fachberatung) oder — wissenschaftlich anspruchsvoller — als „Aktionsforschung" beschrieben.

3) Beteiligung der Betroffenen

Die Entwicklung und Veränderung der Organisation muß unter aktiver Mitwirkung der betroffenen Organisationsmitglieder erfolgen. Der Problemträger wird zum Problemlöser. Durch gemeinsame Bemühung aller Beteiligten um eine konstruktive Lösung wächst das Engagement, die Kompetenz und die Identifikation mit dem, was man selber mitgestaltet hat.

4) Klärung von Sach- und Beziehungsproblemen

Bei der OE geht es um konkrete Probleme der täglichen Zusammenarbeit und der gemeinsamen Zukunft. Dabei werden nicht nur Sachprobleme, sondern auch Kommunikationsprobleme behandelt. Außerdem kommen nicht nur die internen Angelegenheiten der beteiligten Gruppe, sondern auch ihre Beziehungen nach „außen" zur Sprache.

5) Erfahrungsorientiertes Lernen

Der Mensch ändert seine Einstellung und sein Verhalten nur durch praktische „Erfahrung am eigenen Leib", im direkten Kontakt mit anderen Menschen und in der direkten Auseinandersetzung mit konkreten Problemen, von denen er selbst betroffen ist. Offene Information und aktive Mitwirkung der Betroffenen in Arbeitsgruppen spielen deshalb in der OE eine zentrale Rolle bei der Lösung der konkreten betrieblichen Probleme.

6) Prozeßorientiertes Vorgehen

Veränderungsbemühungen dürfen nicht statisch, sie müssen dynamisch — als ein gemeinsamer Entwicklungsprozeß — begriffen werden. Nicht nur Ergebnisse sind wichtig, sondern auch die Art und Weise des Vorgehens. Dabei besteht eine enge Wechselwirkung zwischen Weg und Ziel. Das „Wie" bestimmt oft über das „Was". Die Planung erfolgt von Schritt zu Schritt aufgrund von Auswertung und Reflexion der jeweils erzielten Ergebnisse.

7) Systemumfassendes Denken

Kennzeichnend für das Vorgehen der OE ist der systemtheoretische Ansatz: Individuum, Organisation, Umwelt und Zeit müssen ganzheitlich, d.h. in ihren Wechselwirkungen und Systemzusammenhängen gesehen werden. Bei der Veränderung einzelner Elemente oder Subsysteme einer Organisation sind die Konsequenzen für andere Elemente und für das Gesamtsystem zu berücksichtigen. Wünschenswerte Verhaltensänderungen müssen mit entsprechenden Strukturveränderungen einhergehen — und umgekehrt. Den jeweiligen Machtkonstellationen ist besondere Beachtung zu schenken. Außerdem darf die Zeitperspektive nicht vernachlässigt werden: Organisationen haben — ebenso wie Individuen — ihre eigene Geschichte und eine eigene Identität. Die lebendige Vergangenheit ist bei der Zukunftsplanung zu berücksichtigen.

2.2.1 Gemeinsames Problembewußtsein

> Ausgangspunkt von Maßnahmen zur OE ist meist eine gewisse Unzufriedenheit mit den bestehenden Verhältnissen, die den Wunsch nach Veränderungen weckt.
>
> Die entscheidende Frage lautet:
> Was sind unsere Ziele? Was sind unsere Probleme? Was muß bei uns anders werden, damit wir in Zukunft unsere Ziele besser erreichen als in der Vergangenheit?

Auslösende Bedingung für OE-Prozesse ist fast immer ein mehr oder weniger stark ausgeprägtes Problembewußtsein bei einer oder mehreren verantwortlichen Personen in einer Organisation. Oft ist es ein vages Unbehagen, eine Unzufriedenheit mit den gegebenen Verhältnissen, die irgendwelche Veränderungen als wünschenswert erscheinen lassen. Dabei brauchen die Verhältnisse objektiv nicht einmal schlecht zu sein. Entscheidend ist das Bewußtsein und der Impuls der Verantwortlichen oder der Sich-Verantwortlich-Fühlenden, irgend etwas zu verändern: die Organisation effektiver und die Arbeit sinnvoll zu machen. Anlaß ist die Wahrnehmung irgendwelcher Störungen in der Zusammenarbeit, im Arbeitsablauf, in der Zielerreichung oder Unklarheit über die zu erreichenden Ziele.

Nicht das Problem an sich — die Ausgangssituation, in der die Organisation steht — ist entscheidend für geplante Entwicklungsprozesse (wie auch immer man derartige Projekte bezeichnen oder beschreiben will), sondern das Erleben der Organisationsmitglieder, das zur Motivation für Veränderungen wird.

Manche Autoren sprechen in diesem Zusammenhang von einem ,,Leidensdruck'', der die Menschen in einer Organisation — vor allem die verantwortlichen Manager — für Veränderungen empfänglich macht.

Wir bezeichnen diese auslösende Bedingung für OE-Prozesse mit „Betroffenheit".

Betroffenheit ist ein unmittelbarer Ausdruck für die Wahrnehmung von Geschehnissen, von Planungs- oder Entscheidungsprozessen, deren Auswirkungen einem emotional bedeutsam erscheinen (*Rambaek* 1978). Betroffenheit ist der intensive Eindruck von Geschehnissen, die befremdend, bedrohlich oder auch beglückend erlebt werden.

Dabei muß, streng genommen, zwischen einer „objektiven" und „subjektiven" Betroffenheit unterschieden werden. Die Analyse von Planungsprozessen in Städten und Gemeinden hat beispielsweise gezeigt, daß Menschen von „höhererorts" ausgearbeiteten Plänen, z.B. Verkehrsnutzungs- und Bebauungsplänen, sofern diese zur Ausführung kamen, in ihrer Wohn- und Lebenssituation unmittelbar berührt waren. Sie waren objektiv betroffen, aber subjektiv keineswegs beunruhigt, also ohne ein Problembewußtsein. Demgegenüber gibt es aber auch Menschen, die von den zu erwartenden Auswirkungen zwar nicht objektiv betroffen, aber durch die Wahrnehmung dieser Planungs- und Entscheidungsprozesse, vom „Unverstand der Ämter und Organe" so irritiert, entsetzt und aufgebracht waren, daß sie ihren Unmut äußerten und zu Aktionen aufgerufen haben. Diese Menschen waren in hohem Maße subjektiv betroffen.

Diese subjektive Betroffenheit, die in der Regel allerdings meist mit der objektiven Betroffenheit zusammenhängt, ist entscheidend für die Auslösung von Veränderungsimpulsen, für das Bewußtwerden und die Wahrnehmung der eigenen Interessen und für die allmählich wachsende Bereitschaft, auf die Planungsprozesse selbst Einfluß zu nehmen, sich zu beteiligen und sich zu engagieren. Hier liegt auch die Wurzel für viele Bürgerinitiativen.

Damit die Betroffenheit wirksam wird, sind drei Bedingungen wichtig:

1) Die Betroffenheit darf nicht im Emotionalen stecken bleiben, sondern muß die realen Zustände erkennen, die Probleme als Problem wahrnehmen, also wirklich zum *Problem-Bewußtsein* führen.
2) Die Betroffenheit muß sich artikulieren, sie muß ausdrücklich werden. Sie muß sich mitteilen und andere einbeziehen, andere zu Verbündeten machen, kurz: sie muß zu einem *gemeinsamen* Problembewußtsein werden. Das gilt selbst dann, wenn nur einer sich äußert. Er spricht dann, sozusagen stellvertretend, für andere mit.
3) Die Betroffenheit muß — aus dem gemeinsamen Problembewußtsein heraus — in den *Wunsch* einmünden, *etwas zu unternehmen,* damit die Verhältnisse sich ändern. Die Schwierigkeiten werden als

Herausforderung erlebt, als Chance zu einer Neuorientierung, die weitere Entwicklungen möglicht macht. Der Veränderungsimpuls führt zu einer „koordinierten Suchhaltung". Das „Was können wir tun?" und „Wie gehen wir vor?" orientiert sich an dem, was „ist", im Hinblick auf das, was „sein soll".

Eine weitere Voraussetzung für die Lösung der Probleme im Sinne der OE liegt darin, daß die Probleme nicht auf andere abgeschoben oder eine Lösung von anderen erwartet werden darf, sondern daß der Problemträger die Lösung der Probleme aus eigener Kraft — natürlich unter Nutzung aller möglichen Umstände — versuchen muß.

Zur Veranschaulichung dessen, was gemeint ist, können Sinnbilder weiterhelfen.

Der Frosch in der Milch

Zwei Frösche waren in ein Milchglas gefallen. Der eine versuchte, den Glasrand raufzuklettern, rutschte aber immer wieder ab und fiel zurück in die Milch. Er gab schließlich auf und ertrank. Der andere Frosch schwamm hin und her. Er strampelte und strampelte. Dadurch schlug er die Milch allmählich zu Butter. Er konnte Tritt fassen und sprang heraus.

Der „Rumpelstilzchen"-Effekt

In dem Märchen der Gebrüder Grimm war der jungen Königin von einem Zwerg ihr Kind geraubt worden. Die Königin, der König und das ganze Volk waren beunruhigt. Der Zauber des Zwerges war erst gebannt, als die Königin seinen Namen wußte: Rumpelstilzchen. Als der Zwerg das hörte, riß er sich mitten entzwei.

In Problemsituationen, die Angst auslösen, kann man der Beunruhigung nur dadurch Herr werden, indem man die Störfaktoren wirklich benennt, um sie „dingfest" zu machen. In diesem Sinne sprechen wir vom Rumpelstilzchen-Effekt. Unbekanntes macht unsicher. Es ist in der Tat so, daß der Kobold, auch der im eigenen Innern, nur so lange tanzt, wie man seinen Namen nicht kennt.

Das „Mutabor"-Syndrom

Es gibt ein Märchen von *Wilhelm Hauff*, das Märchen vom Kalifen Storch, der das Wort „Mutabor" kennen mußte, um sich zu verwandeln, der aber — einmal zum Storch geworden — den Zauberspruch vergessen hatte und sich nicht mehr zurückverwandeln konnte, so sehr er sich auch bemühte. Erst durch die Hilfe der Eule, des weisen alten Vogels, wurde er darauf gebracht, die Zauberer bei einer ihrer Zusammenkünfte zu belauschen, als sie sich alle ihre Tricks erzählten. So erfuhr er die Formel, mit der die Rückverwandlung möglich wurde: Mutabor. D.h. verändere dich! Wir aufgeklärten Mitteleuropäer würden hier, was die Eule angeht, von der Mitwirkung eines Beraters oder, was die Runde der Zauberer angeht, vom Erfahrungsaustausch der Experten sprechen und, was das Lauschen des Kalifen Storch betrifft, vielleicht von Wirtschaftsspionage.

2.2.2 Mitwirkung eines Beraters

In aller Regel kann ein Organisationssystem mit den beteiligten Menschen sich nicht – wie Münchhausen – am eigenen Schopf aus dem Sumpf herausziehen. Als „Change-Agent" wird ein OE-Berater in Anspruch genommen. Diese „Einwirkung von außen" wird methodisch meist als „Prozeßberatung" (im Gegensatz zur Fachberatung) oder – wissenschaftlich anspruchsvoller – als „Aktionsforschung" beschrieben.

Die entscheidende Frage lautet:
Was und auf welche Weise kann ein Außenstehender dazu beitragen, daß die Organisation und die in ihr tätigen Menschen nicht in ihren Schwierigkeiten steckenbleiben, sondern erkennen und erfahren, (1) daß sie ihre Probleme wirklich selbst lösen können, (2) wie sie dabei vorgehen müssen und (3) was letzten Endes dadurch erreicht wird?

Bei allen Organisationsentwicklungsprozessen, die sich – wie wir erkannt haben – anfangs immer als Problemlösungsprozesse darstellen, kommt dem OE-Berater besondere Bedeutung zu. Er ist es, der wesentlich dazu beiträgt, daß die Probleme, die eine Organisation hat, klar angesprochen werden und dabei – wenigstens prinzipiell – als lösbar erscheinen. Er ist es, der in enger Zusammenarbeit mit dem Auftraggeber für die künftige Entwicklung gewissermaßen die Weichen stellt. Andererseits kann der OE-Berater nicht „Changer", sondern nur „Change Agent" sein, wie diese Funktion mit einem amerikanischen Fachausdruck umschrieben wird. Die deutschen Bezeichnungen – Innovationsagent, Begleitforscher, Entwicklungshelfer, Moderator, Veränderungsstratege, Prozeß-Begleiter – meinen im Grunde das gleiche.

Die Rolle eines OE-Beraters ist prinzipiell anders als die eines Unternehmensberaters.

Der Unternehmensberater kommt – anders als der OE-Berater – mehr oder weniger als Fachberater, als Experte, der über einen in ähnlichen Fällen bewährten Erfahrungsschatz verfügt und mit fertigen Lösungsvorschlägen (Empfehlungen) aufwarten kann oder zumindest in der Lage ist, durch Analysen in dem angesprochenen Klientensystem relativ selbständig, wenn auch in engem Kontakt

mit dem Auftraggeber (und nur diesem verpflichtet) bestimmte Lösungsvorschläge zu erarbeiten. Gegebenenfalls bietet sich der Unternehmensberater dann noch an, dem Klienten bei der Durchführung
dieser Lösungsvorschläge behilflich zu sein. Die Regel ist die: Die
Verantwortung für den Vorschlag trägt der Experte, die Verantwortung (und das Risiko) für die Durchführung trägt der Klient.

Anders die Rolle des OE-Beraters. Die Hauptaufgabe des OE-Beraters liegt darin, daß er dem Klienten hilft, die eigenen Probleme
selbst zu lösen. Er ist in seiner Funktion einem Trainer vergleichbar,
der neue Impulse auslöst für eine Vielzahl von Verbesserungen und
Veränderungen. Auf die sachlichen Probleme selbst geht er jedoch
nicht ein. Natürlich ist der OE-Berater in gewisser Weise auch Experte, nämlich Fachmann für organisatorische und psychologische
Probleme, Träger und Vermittler von wissenschaftlicher Information
und methodischem Know-how. Er ist kompetent für Fragen der
Kommunikation und der Kooperation. Er ist kompetent für zwischenmenschliche Probleme und für das Arrangieren von Situationen, die
dem Prozeß der Lösung von Problemen angemessen sind. Nur: Er
bietet keine Empfehlungen und keine Lösungen an.

Der OE-Berater kann also, wenn er für ein Unternehmen tätig
wird, kein fachlich legitimiertes Arbeitsfeld vorweisen. Dieses entwickelt sich erst aus der Beziehung zu dem Klienten und zu dem
Klientensystem. Insofern ist die Wirksamkeit des OE-Beraters weniger von fachlichen Aufgaben, sondern mehr von seiner Person bestimmt. Er vermittelt keine Rezepte, sondern Konzepte. Er bietet
keine Vorgaben, sondern ,,Suchhilfe'' an.

In der Betriebspraxis ist das schwer einzusehen: Man erwartet
konkrete Lösungen, Vorschläge für bestimmte Maßnahmen. Wenn
ein Problem vorliegt, soll der OE-Berater — meistens ein Psychologe — doch sagen, was da zu tun ist. Dazu, meint man, ist er doch
da. Erwartet werden praktische Ratschläge, die den Ratsuchenden
der Mühe des weiteren Nachdenkens entheben. Im Regelfall tut der
OE-Berater das genaue Gegenteil. Er problematisiert die Frage,
klärt Voraussetzungen, macht auf Konsequenzen aufmerksam, zeigt
Zusammenhänge auf, weist darauf hin, was alles beachtet werden
muß. Er wirkt wie ein Katalysator. Er wirkt weniger als Macher,
eher schon als ,,Möglich-macher''. Seine Berater-Aufgabe ist als eine
,,Erziehungsfunktion'' zu verstehen, indem ,,Hilfe zur Selbsthilfe''
angeboten wird.

Der Unterschied zwischen dem herkömmlichen Unternehmensberater, der Fachwissen und Lösungen anbietet, und dem Entwicklungs-
berater, der den Menschen dazu verhilft, selbst neue Lösungen zu
suchen, kann durch folgende fernöstliche Parabel deutlich werden,
durch die Geschichte vom Wassermelonenjäger (*Kopp* 1979, S. 16).

Es war einmal ein Mann, der sich verirrte und in das Land der Narren kam. Auf seinem Weg sah er die Leute, die voller Schrecken von einem Feld flohen, wo sie Weizen ernten wollten. „Im Feld ist ein Ungeheuer", erzählten sie ihm. Er blickte hinüber und sah, daß es eine Wassermelone war.

Er erbot sich, das „Ungeheuer" zu töten, schnitt die Frucht von ihrem Stiel und machte sich sogleich daran, sie zu verspeisen. Jetzt bekamen die Leute vor ihm noch größere Angst, als sie vor der Melone gehabt hatten. Sie schrien: „Als Nächstes wird er uns töten, wenn wir ihn nicht schnellstens loswerden", und jagten ihn mit ihren Heugabeln davon.

Wieder verirrte sich eines Tages ein Mann ins Land der Narren, und auch er begegnete Leuten, die sich vor einem vermeintlichen Ungeheuer fürchteten. Aber statt ihnen seine Hilfe anzubieten, stimmte er ihnen zu, daß es wohl sehr gefährlich sei, stahl sich vorsichtig mit ihnen von dannen und gewann so ihr Vertrauen. Er lebte lange Zeit bei ihnen, bis er sie schließlich Schritt für Schritt jene einfachen Tatsachen lehren konnte, die sie befähigten, nicht nur ihre Angst vor Wassermelonen zu verlieren, sondern sie sogar selbst anzubauen.

Hieran wird deutlich, daß „Wahrheiten" allein nicht weiterhelfen. Einstellungen werden nicht durch Tatsachen verändert. Durch „richtige Ratschläge" werden noch keine Handlungen ausgelöst. Und wenn Handlungen erfolgen, bewirken sie nicht ohne weiteres das, was erwünscht ist.

Die Aufgabe des OE-Beraters ist dadurch gekennzeichnet, daß er — in enger Zusammenarbeit mit dem Auftraggeber — pädagogische Situationen arrangiert, in denen die an den Problemen einer Organisation Beteiligten zu bestimmten Erkenntnissen und Entschlüssen kommen, die Neuentwicklungen möglich machen.

Dazu muß der OE-Berater die Unternehmenssituation, die wünschenswerten Ziele und die Motivationslage der beteiligten Menschen recht genau kennen, ohne selbst in die Probleme mit verstrickt zu sein.

Der OE-Berater hat, zumindest was die Einführung von OE-Programmen angeht, gewissermaßen eine Stabsfunktion, die ihm einerseits eine gewisse Unabhängigkeit, andererseits aber auch einen direkten Zugang zur Organisationsleitung garantiert. Nicht selten ist der „Change Agent" ein Exponent des Bildungswesens, der seine Funktion in enger Zusammenarbeit mit versierten externen Fachleuten wahrnimmt. Insofern vermittelt er zwischen „Drinnen" und „Draußen" mit dem Ziel, die Mitglieder der Organisation in die Lage zu versetzen, mit eigenen Mitteln den permanenten Prozeß der Durchleuchtung und Anpassung ihrer Organisation an die Anforderungen der Umwelt vollziehen zu können.

Dazu muß der Berater sich verschiedener Strategien bedienen, um die für die Organisation wirklich wichtigen Probleme zu erkennen und — auch mit Hilfe externer Kollegen — das bei den Organisationsmitgliedern vorhandene Problemlösungspotential zu aktivieren.

In der Praxis findet man häufig — beinah idealtypisch — die Situation, daß ein interner und ein externer Berater bei der Durchführung von OE-Programmen eng zusammenarbeiten.

Außerdem sorgt der OE-Berater — das ist geradezu kennzeichnend für die Qualität seiner Arbeit — für die Beachtung der genannten Ziele und Kriterien der OE. Er tut es beispielhaft, indem er sich selbst nach diesen Kriterien richtet. Er tut es methodisch durch das Arrangieren von Lernsituationen, die im Klientensystem einen offenen Informations- und Meinungsaustausch ermöglichen, die Zusammenarbeit verbessern und das Lösen von Problemen erleichtern. Soweit die Beteiligten merken, daß ihnen diese Vorgehensweise und diese Art des Umgangs miteinander selbst Vorteile bringt, verändern sich die wirksamen Normen im Sinn der anfangs beschriebenen Ziele. So kann — zumindest potentiell — jeder der Beteiligten zum ,,Entwicklungshelfer" der anderen werden. Für den OE-Berater heißt das, daß bei erfolgreich verlaufenden OE-Projekten sein Ziel letztlich darin bestehen muß, sich selbst überflüssig zu machen.

2.2.3 Beteiligung der Betroffenen

Die Entwicklung von Veränderungen der Organisation muß unter aktiver Mitwirkung der betroffenen Organisationsmitglieder erfolgen. Der Problemträger wird zum Problemlöser. Durch gemeinsame Bemühung aller Beteiligten um eine konstruktive Lösung wächst das Engagement, die Kompetenz und die Identifikation mit dem, was man selber mitgestaltet hat.

Die entscheidende Frage lautet:
Wie können die von Veränderungsprozessen direkt betroffenen Mitglieder einer Organisation an der Lösung der Probleme verantwortlich mitwirken, so daß sie durch die gemeinsam erarbeiteten Problemlösungen sich selbst und die Organisation produktiv weiterentwickeln?

Die Betroffenen zu Beteiligten machen! Das ist die Kurzformel, die den Prozeß der OE so gut charakterisiert, daß manche meinen, damit sei alles gesagt. Diese Formel entspricht auch dem Demokratieverständnis unserer Zeit. Sie klingt wie ein Patentrezept für all diejenigen, die glauben, ihre eigenen Ideen durch Beteiligung der anderen besser durchsetzen zu können. Sie entspricht auch der Erwartungshaltung mancher Unternehmensberater, die mit ihren Klienten die Erfahrung gemacht haben, daß all ihre Bemühungen scheitern, wenn sie ihre Beratungsvorschläge dem Klientensystem nicht „beibringen" können. Diese Formel birgt eine große Gefahr: die Verführung zur Manipulation. Das im Partizipationsprozeß angelegte Konfliktpotential wird meist übersehen. Wenn die Partizipation bei Problemlösungen nur vorgeschoben wird, wird sie von den Beteiligten im Laufe des Prozesses meist als „Mittel zum Zweck" durchschaut und als „Motivation durch Manipulation", als „Motipulation" gebrandmarkt. Die „Scheinpartnerschaft" wird abgelehnt.

Andererseits ist es eine Erfahrungstatsache, daß Menschen sich für eine Sache nur dann voll einsetzen, wenn sie sie einsehen und daran beteiligt sind. Niemand wird sich für eine Sache engagieren, die er nicht versteht und die ihm keinen Nutzen bringt. Für Organisationen bedeutet das: Die beste technische oder organisatorische Lösung würde nichts nützen, wenn die Menschen, die sie einführen oder diejenigen, die danach arbeiten müssen, sie nicht akzeptieren oder sogar boykottieren, weil sie an ihrem Zustandekommen nicht beteiligt sind.

Bei der OE geht es immer um Veränderungen, um Problemlösungen, um die Einführung von Neuerungen. Bei derartigen Prozessen — die Vernunft gebietet es und die Erfahrung beweist es — kommt es auf die aktive Mitwirkung der Betroffenen an. Mitwissen ist nur eine Voraussetzung für das Mitwirken. Grundlage hierfür ist eine offene Information. Und genau hier setzt die OE an mit der für viele Menschen neuen These: Probleme können nicht stellvertretend für andere, sondern durch die Betroffenen selbst am besten gelöst werden. Der Problemträger wird zum Problemlöser.

Diese These hat praktische Konsequenzen.

Wenn die Betroffenen zu Beteiligten werden sollen, setzt das voraus — oder es hat zur Folge: daß anstehende Probleme *mit* den Betroffenen oder *von* den Betroffenen *gemeinsam* aufgegriffen und bearbeitet werden. Das bedingt Arbeit in überschaubaren Gruppen, direkte Mitwirkung, unmittelbare Kommunikation in und zwischen Gruppen. Nur so und nicht anders ist eine Beteiligung der Betroffenen an der Meinungs- und Entscheidungsbildung möglich. Dadurch wird nicht nur Solidarität geweckt, Teamarbeit praktiziert, Befriedigung individueller Bedürfnisse im Vollzug des Mitgestaltens ermöglicht, sondern auch eine Art „kommunikativer Konsens" erreicht und eine Identifikation mit dem, was man selber mitgestaltet hat.

Allerdings stehen diesem Ziel, das man beinah als frommen Wunsch bezeichnen kann, eine Reihe von Bedingungen entgegen, die bei allen Partizipationsprozessen zu beachten sind und die Realisierung erschweren.

Zunächst stellen sich folgende Fragen:

1) *Können* die von einem Problem Betroffenen überhaupt an der Problembearbeitung und an der Problemlösung beteiligt werden?

Die Beantwortung dieser Frage hängt nicht nur von der Art der zur Lösung anstehenden Probleme (probleminhaltliche Begrenzung), sondern auch von der Anzahl der Betroffenen (quantitative Begrenzung), von der Befähigung der Betroffenen (qualitative Begrenzung), von der Motivation der Betroffenen (intentionale Begrenzung) und nicht zuletzt von den zu erwartenden Auswirkungen ab (resultative Begrenzung).

2) *Wollen* die von einem Problem Betroffenen überhaupt an der Problembearbeitung und an der Problemlösung beteiligt werden?

Die Beantwortung dieser Frage hängt primär von der Motivation der Betroffenen, indirekt natürlich auch von ihrer Qualifikation, ihren Interessen und Fähigkeiten ab, aber nicht zuletzt eben auch von den objektiven Bedingungen, die sich im Partizipationsprozeß mit den absehbaren Aussichten auf die erreichbaren Resultate und für ihren persönlichen Nutzen ergeben. Es ist nicht zu übersehen, daß die Mitwirkung der Betroffenen an der Bearbeitung gemeinsamer Probleme ein gewisses Maß an Lernfähigkeit und Lernbereitschaft erfordert. Umgekehrt: Man muß damit rechnen, daß es immer Mitarbeiter geben wird, die gleichgültig reagieren oder sich der Mitwirkung, der Mitverantwortung und damit verbundenen Konfliktaustragung entziehen (passiver Widerstand).

Die Fragen: Wer soll mitmachen? Und: Wer macht mit? — erhalten im OE-Prozeß eine eminent große Bedeutung.

Im Zusammenhang damit steht die nicht weniger bedeutsame Frage: *Wie* kann und soll dieser Partizipationsprozeß verlaufen?

Auch ein partizipativ eingestelltes Management ist häufig unsicher in der Frage, ab welchem Stadium und in welcher Form es die betroffenen Mitarbeiter in Problemdiskussionen, Planungs- und Entscheidungsprozesse einbeziehen soll.

Unbeantwortet ist auch die Frage, wie die mit der umfassenden Beteiligung aller Betroffenen jeweils verbundene hohe Komplexität und Kontingenz der Prozesse und Interessen noch gesteuert und die Handlungsfähigkeit des Systems garantiert werden kann.

Bei hohem „Partizipationsgrad" in einer Organisation kann es leicht zu Situationen kommen, wo in Teamsitzungen lange „partnerschaftliche" Diskussionen geführt werden, wo um Problemlösungen gerungen und partizipative Entscheidungen getroffen werden, die aber — nach dem Gefühl der beteiligten Mitarbeiter — eigentlich im Management schon lange vorbereitet, wenn nicht gar schon gefällt worden sind.

Rieckmann (1981, S. 165 ff.) hat diese Schwierigkeiten im Prozeß einer Werksneugründung anschaulich beschrieben. Er spricht
— aus der Sicht des partizipativ eingestellten Managements — von
einem „Entscheidungstrilemma":

„Das „Trilemma" bestand darin, daß — auf welcher Stufe auch immer die Mitarbeiter in den Prozeß der Problemlösung „eingeschaltet" werden würden — in jedem Fall mit einer hohen Produktion
von Komplexität, Konflikt, Unsicherheit und Unzufriedenheit zu
rechnen ist:

1) Entschied sich das Management, das Prozeß- und Strukturdesign
eigenständig zu erarbeiten und den Mitarbeitern als fertigen Beschluß zu präsentieren, so daß die *Betroffenen nur noch Einfluß
auf Implementationsdetailfragen hatten,* so konnte dadurch zwar
die Prozeßkomplexität zunächst erheblich reduziert werden. Anschließend würde jedoch die Prozeßkomplexität durch Implementa-
tionswiderstände, Interessenkonflikte, Kontrollprobleme etc. wiederum deutlich zunehmen, so daß dadurch letztlich „nichts zu gewinnen" war. Darüber hinaus war bei dieser Vorgehensweise mit hohen
Identifikations- und Vertrauensverlusten gegenüber dem Ideal part-
nerschaftlicher Zusammenarbeit zu rechnen.

2) Ließ man hingegen *die Mitarbeiter auf den Prozeß der Gestaltung des nachfolgenden Implementationsprozesses Einfluß nehmen,*
so würde mit hohen Planungs- und Diskussionszeiten zu rechnen
sein und der vom Management erwartete Prozeß der Umgestaltung
würde selbst wiederum abhängig vom laufenden Prozeß werden, also wiederum neue systeminterne Komplexität produzieren. Hinzu
kam die Gefahr, daß ein Einstieg dieser Art von den Mitarbeitern
als Scheinpartnerschaft und Prozeßtrick abqualifiziert werden würde: Das Management wolle durch Pseudoeinflußnahme bei den Betroffenen das Gefühl der Identifikation vermitteln und die Möglichkeit erreichen, bei eventuellen Fehlentwicklungen später sagen zu
können, daß die Mitarbeiter es ja selber so mitgewollt hätten. . . .

3) *Wenn man bei der „Stunde 0" anfangen würde, also schon bei
der Problemartikulation alle Betroffenen Einfluß nehmen lassen*
(Entwicklung von Möglichkeits- und Rahmenbedingungen, unter
denen der Prozeß der Strukturierung des Problemlöseprozesses ab-
zulaufen hätte), so käme eine solche Entscheidung zwar dem Parti-
zipations- und Gemeinschaftsgedanken des „Offenen Systems" sehr
nahe, schien andererseits jedoch die Organisation mit einen derartigen Grad an Überkomplexität zu überfordern, daß das Rationalitäts-
prinzip wirtschaftlichen Handelns vollends in Frage gestellt würde.
Die vom Management sicherzustellende Handlungsfähigkeit des Sy-

stems wäre dadurch gänzlich abhängig vom laufenden Prozeß und käme somit einer totalen „Auslieferung" gleich. Hinzu kam die (nicht unberechtigte) Furcht des Managements, daß auch unter diesen Bedingungen Mitarbeiter Protest erheben würden, nämlich, „daß das Management offensichtlich nicht wisse, was es wolle — und dieses Problem nun auch noch auf den Rücken der Mitarbeiter abzuwälzen versuche — sie ihrerseits jedoch schon genug Arbeit hätten . . . Außerdem sei Planung und Planung der Planung eine Aufgabe des Managements. Dafür würden sie schließlich bezahlt und dafür hätten sie ja auch die Zeit. . .

Eine Lösung dieses Trilemmas erwies sich als außerordentlich diffizil. Seine Schwierigkeit beruhte zum einen auf dem Basiskonflikt unterschiedlicher Interessen, Rollen, Informationen und Bedürfnisse von Mitarbeitern und Managern. Zum anderen wurzelte das Trilemma in der erwähnten Problematik, *wie* die mit multipersonalen, partizipativen Prozessen einhergehende und mitproduzierte Komplexität und Kontingenz sowohl für die Problemlösung kreativ genutzt und entfacht, als auch wiederum so reduziert und gesteuert werden könnte, daß die Handlungs- und Leistungsfähigkeit der Organisation sichergestellt bleiben würde." (S. 167).

In einem längeren und konfliktreichen Prozeß wurde als Situationsdiagnose ein „Entscheidungskontinuum" erarbeitet, das sich zwar als „letztlich unbefriedigend", aber doch als „praktikabel" erwies (Abb. 1).

„Eine weitere Diskussion dieser Situation und die Erarbeitung einer Meta-Entscheidung hinsichtlich der Vorstrukturierung von Prozessen partizipativer Entscheidungsfindung erschien im Rahmen von „Parlamentssitzungen" als nicht durchführbar. . . . Die Grenzen „totaler". aber auch „repräsentativer" Partizipation wurden deutlich. . . (S. 170). Mitarbeiter wie Manager trafen inoffiziell und formal *un*ausgesprochen eine Art „Vereinbarung", nämlich die partizipative Einflußnahme auf das „Wie" der Ausführungsfragen und auf das „Was" gestaltungsinhaltlicher Probleme *nur noch im Rahmen der Grenzbedingungen des Managements* stattfinden zu lassen. Dieser Partizipationsgrad wurde als macht- und interessenpolitisch akzeptable und informationsverarbeitungsmäßig praktikable Form angesehen." (S. 173).

Hierbei ist festzuhalten, daß sich die Beteiligung der Betroffenen üblicherweise auf verschiedenen Ebenen einer Organisation abspielen wird. Vom Problembezug her gibt es Entscheidungsprozesse, die sich auf der Gesamtunternehmensebene, auf Werksebene, auf Betriebsebene oder unmittelbar am Arbeitsplatz abspielen.

	C „totale Partizipation":	B „repräsentative Partizipation":	A „autoritäre Ausübung des Direktionsrechts seitens des Manage- ments":
Inhalte und Konsequenzen	1. Involvierung alle Betroffe- nen 2. Konsens als Ent- scheidungsbasis 3. Zahlreiche Rück- kopplungen not- wendig 4. Hoher Zeitauf- wand 5. Entscheidungs- fähigkeit: sehr fragwürdig	1. Rätesystem ähnlich Ent- scheidungsfin- dung mit Dele- gierten und Rück- kopplungen zur Basis (Teams) 2. Bevollmächtigung des Parlaments, Entscheidungen zu treffen 3. Entscheidungs- basis: Abstim- mungsverfahren, Mehrheit ent- scheidet 4. Machtkonflikte erschweren Handlungsfähig- keit	1. Basierend auf eige- nen Analysen 2. Teams haben nur Anhörungs- und In- formationsrecht (input) 3. Lediglich der Be- triebsrat hat, ba- sierend auf dem Betriebsverfas- sungsgesetz, Mit- bestimmungs- möglichkeiten

Abb. 1 Kontinuum alternativer Gestaltung des Entscheidungsprozesses

Zwischen den Entscheidungsinhalten und dem Entscheidungsspielraum auf verschiedenen Ebenen einer Organisation muß klar unterschieden werden.

Es wäre beispielsweise wenig sinnvoll, in einem Großunternehmen
mit mehreren 1000 Beschäftigten die Frage einer möglichen Kooperation mit einem anderen Unternehmen — vielleicht auch die Frage einer Fusion zwischen beiden Unternehmen — mit allen Beschäftigten
des Unternehmens durchzudiskutieren. Obwohl, auch das muß man
sehen, von den Entscheidungen der Führungsspitze letztlich doch alle
Beschäftigten des Unternehmens direkt oder indirekt betroffen sein
werden. Wichtig ist vor allem, daß in dem Planungs- und Entschei-

dungsprozeß die für alle Beschäftigten relevanten Aspekte angemessen berücksichtigt werden. Gerade hierin aber liegt das Problem.

Andererseits hat sich bei der Auswertung von norwegischen Experimenten mit teilautonomen Arbeitsgruppen gezeigt, daß „Versuche mit selbststeuernden Arbeitsgruppen dann erfolgreich verlaufen, wenn Arbeiter an den Entscheidungen über Ziele und Mittel zur Zielerreichung im Bereich des Arbeitsplatzes beteiligt werden. Wird das Konzept dagegen in verwässerter Form als Sozialtechnik mit Pseudo-Beteiligung eingesetzt, so ist langfristig mit Widerständen der Betroffenen zu rechnen, weil die manipulative Absicht in der täglichen Arbeitspraxis erfahren wird." (*Steinmann*, zitiert nach *Rieckmann* 1981).

Bei der Förderung partizipativen Verhaltens ist also das Autonomie-Kriterium ebenso zu beachten wie die von unterschiedlichen Systemebenen bestimmten Entscheidungsinhalte.

Das in Abb. 2 dargestellte Schema von *Rieckmann* (1981, S. 91), das auf *Rohmert/Weg* (1976) zurückgeht, differenziert zwischen Entscheidungsinhalten, die auf unterschiedlichén Einfluß- und Systemebenen angesiedelt sind (Dimension 1) und zwischen kontinuierlich abgestuften Autonomiegraden von Macht- und Willensausübungen (Dimension 2, Skalierung von 0 bis VI). Mit Hilfe dieser beiden Dimensionen lassen sich dann die in der Praxis üblichen betrieblichen und politischen Entscheidungsprozesse nach ihrem Autonomieumfang klassifizieren (A bis E).

Autonomie, darauf muß in diesem Zusammenhang noch hingewiesen werden, darf hier nicht verstanden werden als „der Grad, in dem eine Gruppe unabhängig von anderen Gruppen ist" (*Hemphill*, 1969, S. 225), sondern als der Grad des „partizipativen Entscheidungsspielraums" im vorgegebenen System.

Abschließend und zusammenfassend ist darauf hinzuweisen, daß eine stärkere Beteiligung der Betroffenen an Problemlösungs-, Planungs- und Entscheidungsprozessen keineswegs auf eine Minimierung von Konflikten hinausläuft. Das Gegenteil ist richtig: „Je mehr Partizipationsmöglichkeiten für die Organisationsmitglieder bestehen, d.h. je größer das Ausmaß an Partizipation ist, desto häufiger treten Konflikte auf." (*Naase* 1978, S. 112 f.). Die Erklärung hierfür ist naheliegend: Ein hohes Ausmaß an Partizipationsmöglichkeiten für Gruppenmitglieder an Entscheidungen ist der Artikulation von bestehenden Ziel- und Interessenkonflikten förderlich. Diese Konflikte müssen aber durchaus nicht destruktiv sein. Außerdem kann durch ein hohes Ausmaß von Partizipation zwar nicht die Häufigkeit, wohl aber das Ausmaß solcher Konflikte vermindert werden.

Je größer das Ausmaß an Partizipation ist, desto eher besteht für die Beteiligten die Chance, Konflikte auszutragen und nach Wegen

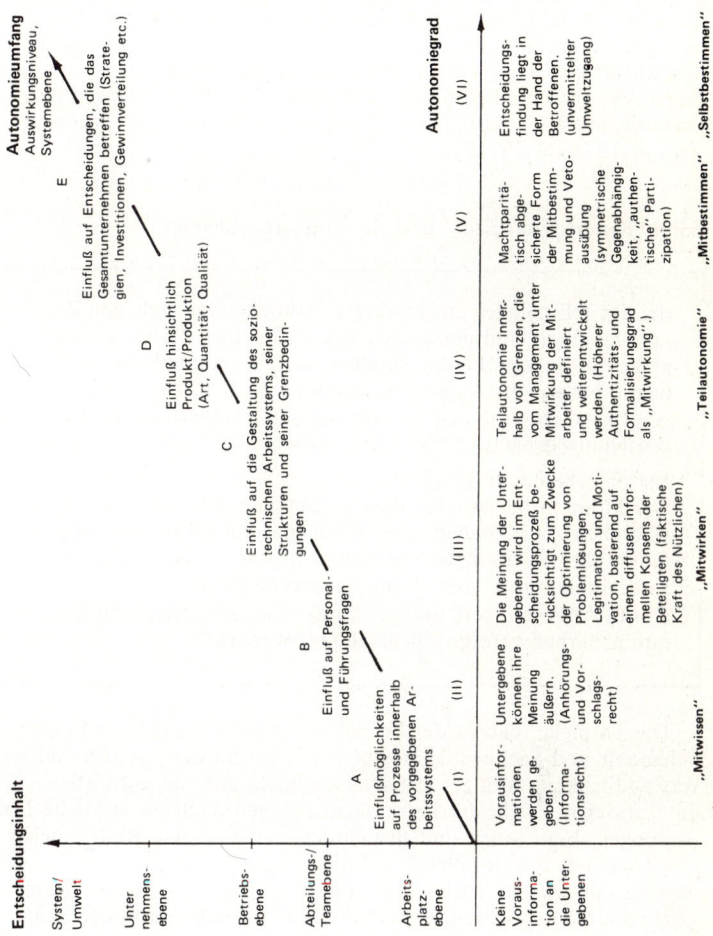

Abb. 2 Autonomiekontinuum (*Rieckmann* 1981, S. 91)

zu ihrer Lösung zu suchen. Partizipation verhindert die Unterdrük-
kung von Konflikten. Je mehr Partizipationsmöglichkeiten den Gruppenmitgliedern zugestanden werden, desto stärker wird das Gefühl
der Machtlosigkeit abgebaut und desto stärker werden die Ziele und
Interessen der Beteiligten berücksichtigt. Über die Förderung der
persönlichen Ziele wird die Kooperation in der Gruppe verbessert.
(*Naase* 1978, S. 203 f.).

2.2.4 Klärung von Sach- und Beziehungsproblemen

Bei der OE geht es um konkrete Probleme der täglichen Zusammenarbeit und der gemeinsamen Zukunft. Dabei werden
nicht nur Sachprobleme, sondern auch Kommunikationsprobleme behandelt. Außerdem kommen nicht nur die internen
Angelegenheiten der beteiligten Gruppe, sondern auch ihre
Beziehungen nach ,,außen" zur Sprache.

Die entscheidende Frage lautet:
Wie können die den Problemen und den Veränderungs-
wünschen zugrundeliegenden Ursachen und Einflußgrößen,
die in aller Regel nicht nur Sachprobleme, sondern auch
Kommunikations- und Verhaltensprobleme sind, klar erkannt, offen erörtert und im Sinne einer konstruktiven Zusammenarbeit erfolgreich bearbeitet werden?

Die Tatsache, daß in der betrieblichen Arbeit sachliche Fragen
behandelt und Sachprobleme gelöst werden müssen, ist eine Selbstverständlichkeit. Weniger selbstverständlich, aber unbestreitbar ist
die Tatsache, daß in der betrieblichen Arbeit auch menschliche Einstellungen, Emotionen und Beziehungsprobleme eine Rolle spielen.
Diese werden aber in aller Regel nicht angesprochen. Allenfalls wird
darüber ,,getuschelt". Über ,,so etwas" spricht man nur, wenn man
,,über andere" spricht. Die Verhaltensweisen und die Einstellung
einzelner Menschen und ihrer Beziehungen zueinander werden mehr
als ,,Störfaktoren" behandelt und sind eher Gegenstand des betrieblichen Tratsches als daß sie offen erörtert und konstruktiv bearbeitet
werden.
    Das hat Gründe: In unserer Zivilisation, erst recht in der ratio-
nalen Sphäre eines Wirtschaftsunternehmens, gilt Sachlichkeit als sozial erwünscht. Es wird übersehen, daß auch die Forderung nach
strenger Sachlichkeit die Gefühlswelt nicht ausklammern kann. Wer

sagt: „Jetzt lassen Sie uns einmal ganz sachlich sein", löst gewöhnlich gerade damit bei einem Gesprächspartner mit anderer Einstellung zur Sache heftige Emotionen aus. Man muß sich — auch in der Industrie — eines klarmachen: Gefühle und Einstellungen sind kein zu negierender Bereich, sondern bestimmen das Verhalten der Menschen im Betrieb und schlagen sich deshalb auch betriebswirtschaftlich unter dem Strich in harten Zahlen nieder.

Die Schwierigkeiten bestehen auch darin, daß es vielen Menschen offenbar schwer fällt, Gefühle zu äußern, zu sagen, was einem nicht paßt, anderen zuzuhören und mitzukriegen, wie ihnen zumute ist. Die Gefühle werden im Arbeitsleben normalerweise zurückgehalten. Wenn sie einmal geäußert werden, geschieht dies meist unter Hochdruck, also als Emotion, als Eruption. Das ist dann eher schädlich als nützlich.

Wenn aber solche Gefühle, die nicht selten auf verzerrten Wahrnehmungen beruhen, einmal ausgesprochen werden, ruhig und ohne Vorbehalt, dann ist das meist hilfreich, weil dann den Beteiligten Situationen und Reaktionen ohne Zwang und ohne Sanktionen verständlich werden.

Allerdings ist dies nur bei strukturell „guter Zusammenarbeit" möglich. Und umgekehrt: Die Klärung sachlicher und zwischenmenschlicher Probleme ist wiederum Voraussetzung für gute Zusammenarbeit.

Deshalb sollte, meist eingeleitet durch einen Berater oder Moderator, eine andere Art der Verständigung zwischen den am Arbeitsprozeß beteiligten Menschen entwickelt werden, die es möglich macht, in annehmbarer Weise auch Hintergründe im täglichen Arbeitsablauf zur Sprache zu bringen, sozusagen die „Tatsachen hinter den Tatsachen". So wird es möglich, in einer angstfreien Atmosphäre, in einem Klima der Offenheit und des gegenseitigen Vertrauens Gefühle ansprechbar zu machen, Mißverständnisse aufzuklären und Konflikte zu lösen. Es zeigt sich, daß man den anderen, wenn dessen Sichtweise einem klar und einsichtig geworden ist, wirklich besser versteht, daß man ihn akzeptiert, so wie man selber verstanden und in seiner Eigenart akzeptiert werden möchte. Hier gewinnt die „Metakommunikation" — die Reflexion über die Kommunikationsprozesse — eine entscheidende Bedeutung.

Bei der Analyse von Problemen muß deshalb darauf geachtet werden, daß es prinzipiell zwei Formen von Konflikten gibt, nämlich Inhaltskonflikte, die sich tatsächlich auf die unterschiedliche Beurteilung von Sachproblemen richten, und Beziehungskonflikte, die in Wahrheit die Schwierigkeiten im Umgang miteinander zum Inhalt haben.

Meist ist es so, daß nur die Sachprobleme gesehen werden, obwohl sie vorgeschobene Erscheinungsweisen darstellen für einen versteckten Beziehungskonflikt. Bei jeder Probleminventur ist es deshalb erforderlich, nach diesen beiden Kriterien die Probleme zu sichten und zu analysieren.

In der Regel gilt, daß Sachprobleme gar nicht zu lösen sind, wenn nicht die damit verbundenen Beziehungskonflikte zuvor gelöst werden. Die Erfahrung zeigt auch, daß dann — wenn nach der Beziehungsebene entsprechende Klärungen stattgefunden haben — manche Sachprobleme wie von selbst verschwinden. Dies macht die Problemlösungsfrage einfach und kompliziert zugleich. Der Begriff „einfach" bezieht sich hier auf die Sachprobleme, die — wie gesagt — häufig genug abgeleitete Probleme sind und sich von selbst erledigen können.

Kompliziert wird die Sache dadurch, daß die Konflikte und Probleme auf der Beziehungsebene in aller Regel eine historische Dimension haben, also in einem langen Entwicklungs- und Sozialisierungsprozeß des einzelnen erworben worden sind, daß sie nicht nur arbeitsplatz- und arbeitsfeldbezogen sind, also auch induziert werden von sozialen Bedingungen außerhalb der Organisation, und daß sie oft eine größere Zeitspanne erfordern, um überhaupt bearbeitet werden zu können.

Um zwischenmenschliche Konflikte als Voraussetzung für Sachkonflikte erkennen zu können, ist ein offener Umgang in der Organisation notwendig. Je größer die Freiheitsgrade des Verhaltens sind und je mehr Spontaneität die Verhaltensweisen des Menschen kennzeichnen, desto eher ist es möglich, Beziehungskonflikte offen anzusprechen.

Organisationen haben oft ein sehr formalisiertes System der Kommunikation. Die Menschen in einer Organisation bedienen sich oft einer speziellen Fachterminologie, die Kommunikation ist auch oft vermittelt durch Medien wie Telefon, Fernschreiber, Schrifttext, Formulare usw. Dies alles erschwert die Wahrnehmung und erst recht die Bearbeitung von Beziehungskonflikten. Hinzu kommt das Problem, daß die Verweildauer in der Organisation beschränkt ist, daß der Mensch sich aber ganzheitlich mit seinen Bedürfnissen und Erfahrungen auch in die Organisation einbringt.

Es ist hier also zu achten auf den gegenseitigen Transfer von Beziehungskonflikten aus der Arbeitswelt in die private Sphäre und umgekehrt. Wer zum Beispiel einen privaten Partnerschaftskonflikt hat, wird das auch in seinem Verhalten innerhalb der Organisation nicht unterdrücken können. Und umgekehrt: Wer zum Beispiel unter dem Führungsverhalten seines Vorgesetzten leidet, wird diese Erfahrung auch mit nach Hause und in den Umgang mit seinen Kindern hineinnehmen. Inwieweit Beziehungskonflikte im Rahmen der Organisation erfolgreich bearbeitet werden können, ist abhängig vom Stärkegrad dieser Konflikte und vom Reifegrad der Organisation, von der „Kultur" des Betriebes.

Eine personen- bzw. bedürfnisorientierte Führung kann viel dazu beitragen, daß der Mitarbeiter das Gespräch mit dem Vorgesetzten oder auch mit dem Kollegen sucht und auf diese Art und Weise Beziehungen klären kann.

Die Institution der Arbeitsbesprechung oder Dienstbesprechung oder auch der „jour fix" können Instrumente sein, durch die auch Beziehungsklärungen in der Organisation möglich werden. In schwierigen Fällen wird es sogar zweckmäßig sein, daß ein spezielles Konfliktlösungstraining für den jeweiligen Problembereich der Organisation durchgeführt wird. Solche Veranstaltungen haben dann nicht selten einen therapeutischen Anspruch und bedienen sich der Instrumente der Gruppendynamik und der Gruppenpädagogik. Präventiv kann eine Organisation am ehesten die Entstehung von Beziehungskonflikten vermeiden oder bestehende Beziehungskonflikte in ihrer Wirkung neutralisieren, wenn sie ein ausgewogenes Maß an persönlicher Freiheit und sachlicher Bindung gewährleistet und wenn die Kommunikation von „Offenheit" und „Vertrauen" bestimmt wird.

2.2.5 Erfahrungsorientiertes Lernen

Der Mensch ändert seine Einstellung und sein Verhalten nur durch praktische „Erfahrung am eigenen Leib", im direkten Kontakt mit anderen Menschen und in der direkten Auseinandersetzung mit konkreten Problemen, von denen er selbst betroffen ist. Offene Information und aktive Mitwirkung der Betroffenen in Arbeitsgruppen spielen deshalb in der OE eine zentrale Rolle bei der Lösung der konkreten betrieblichen Probleme.

Die entscheidende Frage lautet:
Wie können die verborgenen Fähigkeiten der in der Organisation tätigen Menschen so zur Entfaltung gebracht werden, daß sie kompetenter an der Lösung von Problemen mitwirken können und durch neue Einsichten und Erfahrungen ihre Einstellung und ihr Verhalten ebenso verändern wie die durch sie geprägten Verhältnisse?

Lernen heißt in der Psychologie: Verhaltensänderung durch Auseinandersetzung mit der Umwelt. Wir können davon ausgehen, daß fast immer ein Lernprozeß vorliegt, wenn wir bei einem Menschen eine bestimmte Einstellungs- und Verhaltensänderung beobachten. Lediglich Reifungsprozesse und Verhaltensveränderungen, die auf temporären Ausnahmezuständen beruhen oder auch auf angeborenen Reaktionstendenzen, sind hiervon ausgeschlossen.

Dies zeigt, daß wir heute von einem sehr weitgehenden Lernbegriff ausgehen müssen, der keineswegs beschränkt ist auf die Fähigkeit, bestimmte Fakten und Daten auswendig zu lernen, wie es das Bild vom „Nürnberger Trichter" nahelegt. Zum Lernbegriff gehören heute vor allem auch das „Soziale Lernen" und das Problemlösungsverhalten.

Aber nicht nur in der Auffassung des Lernbegriffs, sondern auch in der Frage, wie die Aneignung von Erfahrungen am besten geschieht, gibt es heute neue Einsichten. Zum beherrschenden Prinzip in der Erwachsenenbildung wurde das erfahrungsorientierte Lernen, das „learning by doing". In der Psychotherapie, die ebenfalls sehr stark auf Lernprozesse angewiesen ist, gilt der Satz: Jeder Mensch ist für sich selbst der beste Experte. Hiermit ist gemeint, daß jeder Mensch am ehesten lernt, wenn er auf seine eigenen Erfahrungen zurückgreifen kann und wenn die neue Situation verständlich wird auf dem Hintergrund eigener Erfahrungen und Erlebnisse.

Der Vorteil des erfahrungsorientierten Lernens ist aber nicht nur die starke Individualisierung von Lernprozessen, sondern vor allem auch die große Akzeptanz, die diese Art des Lernens für den einzelnen mit sich bringt. Fremdbestimmtes Lernen hat immer das Problem, daß die Lernanforderungen, die von außen kommen, vom einzelnen nicht immer akzeptiert werden können. Es gibt einen gewissen Widerstand, den manche Menschen nur sehr schwer überwinden. Das mag mit ein Grund dafür sein, warum das schulische Lernen so unbeliebt ist.

Schließlich gibt es noch so etwas wie ein genetisches Primat des erfahrungsorientierten Lernens. Bereits das kleine Kind, ja der Säugling lernt seine ersten Reizreaktionsverbindungen über eigene Erfahrungen. Beim Erwachsenen werden die Reize schwächer. Die Gewöhnungstendenzen nehmen zu. Wir laufen Gefahr, unser Verhalten nach nicht realitätsgerechten Informationen auszurichten.

Neben dem positiven Effekt von Erfahrungen im Zusammenhang mit Lernen gibt es nämlich eine Kehrseite der Medaille. Erfahrungen können auch Lernhemmungen sein, nämlich dann, wenn Erfahrungen zu festgefügten Wahrnehmungs- und Entscheidungsrastern führen. In diesem Fall ist es nötig, daß Erfahrungen aufgebrochen werden, daß neue Erfahrungen gemacht werden, die gewissermaßen dem Denken eine neue Chance geben, also divergente Denkgewohnheiten neu entstehen lassen. In vielen Fällen kommt es zur Lösung von Problemen oder zu kreativen Prozessen, wenn es den Menschen gelingt, ihre bisherigen Erfahrungen in neue Zusammenhänge zu bringen. Sehr gut kann man dies an bestimmten Denksportaufgaben demonstrieren, wie z.B. bei der Lösung des sog. Neun-Punkte-Problems (*Wertheimer* 1957, *Watzlawick* 1974).

Lernen hat aber auch immer mit der Strukturierung kognitiver Elemente zu tun, d.h. die neu erworbenen Einsichten müssen eingeordnet werden in die vorhandene kognitive Struktur. Auch darin liegt eine besondere Anforderung der OE. Lernerfahrungen werden nur dann zum kreativen Bestandteil der eigenen individuellen Fähigkeiten, wenn die bereits vorhandenen kognitiven Strukturen so weit aufgebrochen werden können, daß neue Inhalte überhaupt einzubeziehen sind. Auch beim Aufbrechen solcher kognitiver Strukturen spielen Erfahrungen wieder eine besondere Rolle. Appelle an die Einsicht eines Menschen nützen meist gar nichts. Lediglich die eigene Erfahrung, daß etwas anders ist als man bisher gedacht hat, bringt einen Menschen dazu, neu über die Dinge nachzudenken.

Das bedeutet praktisch, daß der Mensch am meisten lernt (und seine Fähigkeiten dabei entwickelt), wenn er sich bewußt auf die Auseinandersetzung mit der Umwelt einläßt – und das ist am ehesten möglich in einem kontinuierlichen Prozeß des Problemlösens in der Gruppe – an Problemen, von denen er selbst direkt betroffen ist. Dieser Problemlösungsprozeß muß jedoch ausdrücklich organisiert werden. Das ist durch OE möglich. Hier wird – in der Kleingruppe – ein neues Terrain erschlossen und ein neuer Weg gebahnt, der es uns ermöglicht, existentiell neue Erfahrungen zu machen und zwar ähnlich intensive Erfahrungen, wie wir sie sonst nur aus den „Primär-Gruppen" (Familie, Freundeskreis) kennen. Wir ändern unser Verhalten in der Regel deshalb nicht, weil wir in gewohnten Rollen leben, die wir womöglich zeitlebens beibehalten, obwohl andere Umstände längst ein anderes Rollenverständnis und andere Verhaltensweisen erfordern und wir uns vielleicht sogar nach einem anderen Leben sehnen. Unser Verhalten und die Wirkung unserer Verhaltensweisen auf andere ist uns selbst nur teilweise bekannt. Bei fast allen Menschen ist der „blinde Fleck", wie sie bei anderen ankommen, sehr groß. Auch über die eigenen Fähigkeiten macht man sich meist wenig Gedanken, sondern handelt so, als ob sie das einzig mögliche, fast unabänderliche „Handwerkszeug" im Umgang mit Menschen darstellen. Tatsächlich verfügt jeder von uns über weit mehr Kommunikationspotential als er im Alltag nutzt. In Problemlösungsprozessen, wie sie die OE ermöglicht, können durch sog.

Feedback-Übungen kommunikative Erfahrungen gewonnen, reflektiert und aufbereitet werden, die zu einer Ausweitung der eigenen Möglichkeiten führen, vor allem im Hinblick auf die verkümmerten sozialen Verhaltensweisen wie „Zuhören-Können", Hinhören, Anteil nehmen oder „etwas wahrnehmen", ungetrübt wahrnehmen, ohne sogleich zu werten oder zu beurteilen, also ohne daß sofort die alten Vorurteile wirksam sind.

Zum erfahrungsorientierten Lernen gehört aber nicht nur das emotionale, sondern auch das verstandesmäßige, das „kognitive" Element.

„Um aus Erfahrung zu lernen, genügt es nicht, allein etwas zu erleben; man muß auch die Erfahrung reflektieren. Die Organisationsmitglieder machen in ihrer alltäglichen Arbeit bestimmte Erfahrungen und reflektieren dann diese Erfahrungen, um so aus dem Erlebten zu lernen und Generalisierung abzuleiten. Viele OE-Interventionen sehen von vornherein eine Reflektionsphase im Anschluß an bestimmte Ereignisse vor, in der die Mitglieder folgende Fragen untersuchen können: Welche Kausalbeziehungen fanden wir in dieser Aktivität? Was haben wir anscheinend bei dieser Aufgabe richtig gemacht? Was hat uns beim Erreichen unseres Zieles gehindert? Was können wir aus dieser Erfahrung für zukünftige Aufgaben lernen? Durch dieses fortwährende Fragen und Nachdenken verbessern die Menschen ihre Fähigkeit *zu lernen, wie man lernt.* Wesentlich ist dabei, daß die Menschen zu allen ihren Erfahrungen eine experimentelle Haltung einnehmen, daß sie fortwährend ihre eigenen Erfahrungen untersuchen, um aus ihnen zu lernen und sich zu verändern und zu entwickeln." (*French/Bell* 1977, S. 82).

Erfahrungsorientiertes Lernen — so können wir zusammenfassend feststellen — bedeutet konstruktive Auseinandersetzung mit der eigenen Umwelt. Es bedeutet zugleich das Entwickeln und Einüben von Fähigkeiten und Entfaltung der eigenen Persönlichkeit. Erfahrungsorientiertes Lernen bedeutet eine Erweiterung des Informationsstandes und des geistigen Horizontes. Das Erfahrungslernen sichert Einsicht in die Zusammenhänge, oft auch Einsicht in die Notwendigkeit bestimmter Abläufe, die man zuvor selbst kritisiert hat. Und schließlich sichert das erfahrungsorientierte Lernen den kommunikativen Konsens mit anderen und die Identifikation mit dem, was man selbst mitgestaltet hat.

2.2.6 Prozeßorientiertes Vorgehen

Veränderungsbemühungen dürfen nicht statisch, sie müssen dynamisch — als ein gemeinsamer Entwicklungsprozeß — begriffen werden. Nicht nur Ergebnisse sind wichtig, sondern auch die Art und Weise des Vorgehens. Dabei besteht eine enge Wechselwirkung zwischen Weg und Ziel. Das „Wie" bestimmt oft über das „Was". Die Planung erfolgt von Schritt zu Schritt aufgrund von Auswertung und Reflexion der jeweils erzielten Ergebnisse.

Die entscheidende Frage lautet:
Wie können Veränderungsbemühungen, die üblicherweise auf ein bestimmtes Ziel ausgerichtet sind und ausschließlich ergebnisorientiert sind, durch die Art und Weise des Vorgehens, durch schrittweise Erprobung und fortschreitende Planung in einen kontinuierlichen Lernprozeß für alle Beteiligten verwandelt werden, wobei die Art der Realisierung ebenso wichtig wird wie die zu erreichenden Ziele?

Veränderungsbemühungen dürfen nicht statisch, sie müssen dynamisch — als ein Entwicklungsprozeß — begriffen werden. Nicht nur Ergebnisse sind wichtig, sondern auch die Art und Weise des Vorgehens. Dabei besteht eine enge Wechselwirkung zwischen Weg und Ziel. Das „Wie" bestimmt oft über das „Was" und wirkt als „normative Kraft".

Wir sind — gerade in einem Wirtschaftsunternehmen — in aller Regel einseitig auf ein Ergebnis fixiert. Auch eine Bilanz, die sich ja üblicherweise auf das abgelaufene Geschäftsjahr bezieht, verleitet dazu, das gute oder schlechte Bilanzergebnis ursächlich auf die Aktivitäten eben dieses Jahres zurückzuführen. Dabei wird allzu leicht übersehen, daß dies Ergebnis oft nur die Auswirkung von Aktivitäten oder Inaktivitäten darstellt, die meist Jahre zurückliegen. „Die Beweglichkeit des Tankers" ist kennzeichnend für diesen komplexen Sachverhalt. Auch ein Unternehmen ist eher einem schwer zu manövrierenden Konvoi vergleichbar als einem Mietshaus, das Einnahmen abwirft und gelegentlich renoviert oder umgebaut werden muß. Die Mechanik lehrt uns: Aus der Bewegung heraus sind Veränderungen leichter möglich.

Die zweite — nicht minder verhängnisvolle — Fixierung ist die auf einen einmal gefaßten Plan, insbesondere die Fixierung auf die sogenannte „strategische Planung". Dabei werden — in der Regel

nach aufwendigen Vorbereitungen — umfassend und langfristig loh-
nende Ziele gesetzt und ganz bestimmte Wege zur Zielerreichung vorgeschrieben. Die Kalamität dieser Planung läßt sich durch ein bana-
les Sprichwort umschreiben: „Erstens kommt es anders. Und zweitens als man denkt!". Der britische Staatsmann *Benjamin Disraeli*
hat es etwas anspruchsvoller ausgedrückt: „Was wir voraussehen,
tritt selten ein. Was wir am wenigsten erwarten, das geschieht meistens."

Damit soll nicht gesagt sein, daß strategische Planung falsch oder
überflüssig wäre — das Gegenteil ist der Fall. Wohl aber kann das
bedeuten, daß bei sich schnell verändernden Umweltkonstellationen
die strategischen Pläne oft nicht durchzuhalten sind oder mit Rücksicht auf die „taktische Lage" abgewandelt werden müssen.

Strategische Planung ist „Planung in Prosa" (*Götzen* und
Kirsch 1979). Dabei sind immer Alternativpläne oder Modifi-
kationen angebracht. Entscheidend ist, dabei „antizipatorisch" zu
denken, d.h. verschiedene mögliche „Zukünfte" vorauszusehen und
auch die Folgen eigener Handlungsweisen planspielerisch vorwegzu-
nehmen. Die Konsequenz dieses strategischen Denkens ist ein im
wahrsten Sinne des Wortes „zuvorkommendes" Handeln, eine Hand-
lungsweise nämlich, bei der die erwarteten Umstände ebenso wie die
voraussichtlichen Reaktionen anderer Akteure, z.B. das Verhalten
der Kunden, der Konkurrenten, der Zulieferanten, der Gewerkschaften und der gesetzgebenden Stellen, mitberücksichtigt werden müssen.

Erfolgversprechend ist ein flexibles, undogmatisches, pragmati-
sches Vorgehen, ein „experimentelles Vorgehen". Die Planung erfolgt „von Schritt zu Schritt". Neue Maßnahmen werden zuerst in
kleinerem Umfang entwickelt und erprobt und nach gründlicher Auswertung und Reflexion der jeweils erzielten Resultate weitergeführt,
ausgeweitet oder abgewandelt.

Diese Haltung, die sich einerseits nicht begnügt mit dem, was ist,
sondern immer etwas Neues anstrebt, die andererseits aber auch das,
was sein könnte, immer wieder an der Wirklichkeit überprüft, diese
Haltung ist nicht weit verbreitet.

Die entscheidenen Leute im Unternehmen halten sich für nahezu
unfehlbar und haben oft die Angewohnheit, schon im vorhinein Annahmen darüber zu treffen, wo die „wirklichen" Probleme stecken
und wie man ihnen beikommen kann.

Die Ursachen hierfür liegen tiefer: Die meisten Menschen neigen
dazu, vorschnell zu urteilen, d.h. auch *die* Dinge von ihrer rein theoretischen Überlegung her zu entscheiden, die man nur induktiv, von
praktischen Versuchen her entscheiden kann (*Poppelreuter* 1929).

Beispiel:

Man kennzeichnet das mittelalterliche Denken dadurch, daß die Gelehrten über die Zahl der Zähne eines Pferdes stritten, ohne daß es auch nur einem eingefallen wäre, dem Gaul ins Maul zu gucken und einmal nachzuschauen.

Wer die Praxis in den Betrieben kennt, weiß, daß wir das Mittelalter noch längst nicht überwunden haben. Die meisten Menschen hängen so in ihren Vorurteilen fest, daß es ihnen nicht einmal einfällt, andere Wege als die gewohnten auch nur zu erproben.

Dieses Verhalten ist in Krisenzeiten besonders verhängnisvoll, weil es nicht weiterführt, da es unter den einengenden Umständen bei den gewohnten Wegen keinen Ausweg gibt. Auch gewaltige Anstrengungen bei den gewöhnlichen Bemühungen helfen nicht weiter. „Wer mit dem Kopf durch die Wand will" − ein Aphorismus des polnischen Satirikers *Stanislaw Lec* −„der landet schließlich in der Nachbarzelle".

Wer Veränderungen will, erreicht sie am leichtesten durch die Veränderung der Prozesse. Sonst stellen sich − wie bei vielen Reorganisationen im Unternehmen − gleichsam unter der Hand die alten Zustände und Schwierigkeiten wieder ein. *Kirsch* (1979) vergleicht derartige rein ziel- und zweckbestimmte Reorganisationen mit der Strategie des Bombenwurfs und untersucht die entsprechenden Aktions-Reaktions-Verläufe.

Viele Organisationen denken vorwiegend zielorientiert und verdrängen damit die Tatsache, daß Weg und Ziel immer eine Einheit bilden müssen. Ein Ziel kann nicht erreicht werden, wenn nicht zugleich auch der Weg dorthin, die Vorgehensweise, geklärt wird. Vor allem aber können neue Ziele nicht erreicht werden, wenn nicht auch Rechenschaft gegeben wird über den Weg zu den Zielen.

Ziele sind eigentlich nur Weg-Markierungen, Orientierungspunkte und Stationen, wünschenswerte Ergebnisse, die antizipiert, vorweggenommen werden. In der Praxis werden nicht erreichte oder nicht erreichbare Ziele oft korrigiert, meist ohne daß die Bedingungen hinreichend analysiert werden, welche die Zielerreichung verhindert haben. Ziele sind nur angenommene Ergebnisse; sie sind also statisch. Mit der Prozeßorientierung kommt eine neue Dynamik ins Spiel, die oft auch neue Perspektiven eröffnet und nicht vorhersehbare Auswirkungen und Neben-Effekte haben kann, sogar die Erreichung von „Meta-Zielen" ermöglicht, die bedeutsamer sind als das, was ursprünglich beabsichtigt war.

Ein chinesisches Sprichwort sagt: „Wenn Du einen Menschen einmal satt machen willst, gib ihm einen Fisch. Wenn Du einen Menschen auf Dauer sättigen willst, so lehre ihn das Fischen."

Durch prozeßorientiertes Vorgehen, wie es die OE intendiert, können Lern- und Entwicklungsprozesse der Organisation und der in ihr tätigen Menschen in Gang gesetzt werden, die zu immer besseren Ergebnissen führen und Wege zur kontinuierlichen Weiterentwicklung erschließen.

Auf die Wechselwirkung zwischen „Weg" und „Ziel" und auf das Dilemma bei einer Fixierung auf einen dieser beiden Aspekte wurde bereits im Kapitel 2.1 (Ziele der OE) eingegangen.

2.2.7 Systemumfassendes Denken

Kennzeichnend für das Vorgehen der OE ist der systemtheoretische Ansatz: Individuum, Organisation, Umwelt und Zeit müssen ganzheitlich, d.h. in ihren Wechselwirkungen und Systemzusammenhängen gesehen werden. Bei der Veränderung einzelner Elemente oder Subsysteme einer Organisation sind die Konsequenzen für andere Elemente und für das Gesamtsystem zu berücksichtigen. Wünschenswerte Verhaltensänderungen müssen mit entsprechenden Strukturveränderungen einhergehen – und umgekehrt. Den jeweiligen Macht-Konstellationen ist besondere Beachtung zu schenken. Außerdem darf die Zeitperspektive nicht vernachlässigt werden: Organisationen haben – ebenso wie Individuen – ihre eigene Geschichte und eine eigene Identität. Die lebendige Vergangenheit ist bei der Zukunftsplanung zu berücksichtigen.

Die entscheidende Frage lautet:
Wie können bei geplanten Organisationsveränderungen alle wichtigen Einflußfaktoren in ihren wechselseitigen Abhängigkeiten erfaßt und die als wirksam erkannten Kräfte so berücksichtigt werden, daß der gesamte Entwicklungsprozeß in der gewünschten Weise gefördert wird?

Organisationen – das gilt mittlerweile als gesicherte Erkenntnis der Betriebswirtschaft *und* der Verhaltenswissenschaften – werden gemeinhin verstanden als zielgerichtete, mehr oder weniger formalisierte und offene soziotechnische Systeme, die sich durch eine Grenze von ihrer Umwelt abheben und mit dieser in Austausch stehen (*Luhmann* 1964, *Thompson* 1967, *Maurer* 1971, *Pfeiffer* 1978).

Die Systemtheorie hat die Zusammenhänge, die Austauschbeziehungen und die Regulierungsvorgänge in Organisationen eingehend untersucht. Während ältere Ansätze sich auf die Analyse der inneren Ordnung (Struktur) des Systems beschränkten („closed-system-model"), tritt in der modernen Systemtheorie das Verhältnis von System und Umwelt in den Vordergrund („open-system-model"). Das System und seine innere Ordnung werden gesehen vor dem Hintergrund des Problems der Bestandserhaltung in einer veränderlichen, unsicheren und fluktuierenden Umwelt, deren Einwirkungen verarbeitet und kompensiert werden. Die Austauschbeziehungen zwischen Organisation und Umwelt lassen sich als „Input-throughput-output-Prozeß" darstellen, d.h. bestimmte materielle und immaterielle Eingaben werden durch die Arbeit der Organisationsmitglieder umgewandelt und an die Umwelt abgegeben. Dieser Prozeß des Austauschs ist in Aktions-Reaktions-Modellen im Sinne eines kybernetischen Regelkreises vielfach rückgekoppelt (*Pfeiffer* 1981, S. 287).

Versuche zur Entwicklung einer umfassenden Konzeption sozialer Systeme wurden von *Parsons* (1951) und *Luhmann* (1970, 1975) unternommen. Ausgangspunkt ist die Bestimmung der Besonderheit sozialer Systeme als sinnhafter Zusammenhang von Handlungen: „Unter sozialem System soll ein Sinnzusammenhang von sozialen Handlungen verstanden werden, die aufeinander verweisen und sich von einer Umwelt nicht dazugehöriger Handlungen abgrenzen lassen." (*Luhmann* 1970, S. 115).

Nach *Pfeiffer* (1981) steht die Frage nach der „intersubjektiven Konstitution von Sinn angesichts des Problems übermäßiger Komplexität" im Mittelpunkt soziologischer Systembetrachtung. Man fragt sich: „Wie können die unterschiedlichen Handlungen, Perspektiven, Motivationslagen etc. von Menschen so aufeinander abgestimmt werden, daß geordnete Interaktion möglich wird? Die Antwort hierauf lautet: durch Strukturbildung. *Parsons* zufolge besteht die Struktur eines Handlungssystems aus den Mustern normativer Kultur, die im sozialen System institutionalisiert sind, und die durch Internalisierung (Verinnerlichung) im Zuge von Lernprozessen zu Bestandteilen der Motivationsstruktur des Individuums werden. Kulturelles, soziales und personales System durchdringen sich somit wechselseitig (Interpenetration) zur Bildung eines einheitlichen Gesamtmusters. Auch *Luhmann*s Begriff von Struktur als Komplex generalisierter Verhaltenserwartungen zielt bei allen Unterschieden zu *Parsons* im einzelnen in die gleiche Richtung normativer Arrangements (Programme) der Verhaltenssteuerung." (*Pfeiffer* 1981, S. 349).

Damit wird der Strukturbegriff — das ist ein für die OE eminent wichtiger Aspekt — auf die wechselseitigen Verhaltenserwartungen der Organisationsmitglieder reduziert, wobei allerdings — hierauf wird von marxistischen Autoren besonders hingewiesen —

die nicht-normativen Elemente (ökonomische Verhältnisse) keineswegs ignoriert werden dürfen.

Von hierher gesehen erscheinen auch die Bemühungen der OE, die auf eine Veränderung der Wahrnehmungsweisen und Einstellungen der Organisationsmitglieder hinauslaufen, keineswegs aussichtslos. Denn die formale Organisation eines Unternehmens ist nur insoweit wichtig und wirksam, als sie von den beteiligten Menschen — von Außenstehenden und Organisationsmitgliedern — akzeptiert wird. Die Organisationsstruktur eines Unternehmens wäre demnach, wenn man von den Organisationsplänen und anderen Vorschriften absieht, nichts als die sich wiederholenden und dadurch üblich gewordenen Verhaltensweisen der Organisationsmitglieder. Provokativ und beinah paradox könnte man sagen: Struktur erscheint als Verhalten. Und: Verhalten gibt Struktur.

Hier liegt auch der wesentliche Grund, weshalb die Wesenselemente einer Organisation — Struktur/Verhalten/Normen — bei allen Veränderungsmühungen stets im Zusammenhang gesehen werden müssen. Struktur und ,,Kultur" einer Organisation stehen in enger Wechselwirkung zueinander und können deshalb nicht losgelöst voneinander beeinflußt und verändert werden.

Außerdem muß bei allen Veränderungsbemühungen die Zeitachse beachtet werden, und zwar nicht nur die Gegenwart und die Zukunft, sondern auch die Vergangenheit mit ihren Prägungen und Traditionen, ihren normativen und Gewohnheiten bildenden Kräften. Auch Unternehmen haben ihre eigene Geschichte und ihre eigene Identität, die nicht ohne weiteres von heute auf morgen verändert werden kann. Betriebliche Traditionen sind nicht ,,erledigte Vergangenheit", sondern so etwas wie ungeschriebene Gesetze, den Außenstehenden und ,,New-comern" meist unbekannt, aber deshalb nicht weniger wirksam. Darum werden auch durch abrupte Eingriffe ,,von oben" meist mehr neue Probleme geschaffen als alte gelöst. Organische Entwicklung setzt voraus, daß die Mitglieder einer Organisation unter Berücksichtigung ihrer besonderer Vergangenheit in der Gegenwart gemeinsam ihre Zukunft planen. Das bedeutet zugleich, daß jeder Betrieb seine eigenen Wege zu neuen und besseren Formen der Zusammenarbeit finden muß.

Systemumfassendes Denken bedeutet auch, daß Individuum, Gruppe, Organisation und Umwelt im Zusammenhang betrachtet werden müssen. Interventionen beispielsweise, die nur der ,,Binnenwelt" eines Unternehmens Beachtung schenken, z.B. die technisch-organisatorischen Arbeitsabläufe und die Interaktion der Produktionsarbeiter verbessern, können daran scheitern, daß die Marktsituation — die Reaktion der Kunden auf die eigenen Produkte — total vernachlässigt wird.

Uns ist − durch den Bericht eines schweizerischen Beraters − ein OE-Projekt von einem großen Krankenhaus bekannt, das im wesentlichen die Beseitigung der Spannungen zwischen der Ärzteschaft, dem Pflegepersonal und der Verwaltung zum Inhalt hatte. Das Ergebnis: Nach einem Entwicklungsprozeß von fast 2 Jahren − mit Problemdiagnose, Konfrontationstreffen und planmäßiger Teamentwicklung − stellte man fest, daß alle sich prächtig verstanden. Nur eines war nicht in der Ordnung: das „Krankengut" − die Patienten und deren Wohlbefinden − hatte man in dem Prozeß total vergessen.

Andererseits kann auch die einseitige Orientierung an der „Außenwelt" des Unternehmens für die Organisation sehr schädlich sein. *French/Bell* (1977) weisen darauf hin, daß die Konzentration auf den Finanz- und Investitionsbereich (Input) oder das Marketing (Output) unter Vernachlässigung der Leistungsfähigkeit der soziotechnischen Organisation verheerende Folgen haben kann. Sie berichten davon, „wie ein Firmenleiter seine Organisation fast dadurch zerstörte, daß er beinahe alle seine Energien auf externe Vorgänge konzentrierte und die Qualität der internen Kommunikation und Verwaltung vernachlässigte" (*French* und *Bell* 1977, S. 102).

Wir haben − bei kleineren Projekten − die Erfahrung gemacht, daß auch die Einflüsse der betrieblichen Hierarchie für den erfolgreichen Verlauf der Entwicklungsprozesse von hoher Bedeutung ist, und zwar selbst dann, wenn es sich nur um die Bearbeitung betriebsinterner Probleme − eine Teamentwicklung an der Basis − handelt. Die „Verdrahtung" des Projekts über drei bis vier Ebenen, die Information auch der übergeordneten Vorgesetzten bis zur Werksleitung ebenso wie die Einbeziehung des Betriebsrates waren Rahmenbedingungen, die den Erfolg des Projekts entscheidend beeinflußt haben. Insofern ist der Kontext, in dem sich ein OE-Projekt abspielt und den es mit zu berücksichtigen und zu beeinflussen gilt, oft ebenso wichtig wie das eigentliche Projekt selbst.

Systemumfassendes Denken bedeutet, daß sowohl bei der Diagnose und bei der Analyse von Problemen als auch bei der Planung von Maßnahmen zu deren Lösung alle wichtigen Einflußfaktoren in ihren wechselseitigen Abhängigkeiten berücksichtigt werden. Die GOE (1980) spricht in diesem Zusammenhang von der „Ganzheitlichen Perspektive":

„In der OE werden Individuum, Organisation, Umwelt und Zeit ganzheitlich, d.h. in ihren Wechselwirkungen und Systemzusammenhängen betrachtet:

a) Individuum
Um sich in eine soziale Gemeinschaft integrieren zu können, muß das menschliche Individuum sich in seinen körperlichen, geistigen und seelischen

Bedürfnissen ernst genommen und mit seinem kulturellen Hintergrund sowie mit seinen persönlichen Werten akzeptiert fühlen.

b) Organisation

Gegenstand von Diagnose, Reflektion und möglichen Entwicklungen sind sowohl technische und organisatorische Strukturen und Abläufe als auch zwischenmenschliche Kommunikations- und Verhaltensmuster sowie die in der Organisation herrschenden Normen, Werte und Machtkonstellationen.

c) Umwelt

Probleme im Zusammenhang mit einzelnen Personen, Gruppen oder Betrieben werden nicht isoliert, sondern immer in ihren Wechselwirkungen mit den Einflüssen oder organisatorischen, ökonomischen und gesellschaftlichen Umwelt untersucht und behandelt.

d) Zeit

Die Planung von Veränderungen in der Gegenwart erfolgt unter Berücksichtigung sowohl der besonderen historischen Entwicklung der Organisation in der Vergangenheit als auch einer weitblickenden Vorausschau in deren mögliche Zukunft."

Dieses Denken in Systemzusammenhängen, der Umgang mit Komplexität und Zeitstrukturen, die Berücksichtigung vielfältiger Bedingungen und Einflußfaktoren im Prozeßverlauf, dieses systemumfassende Denken ist ein wichtiges Kriterium für die Arbeitsweise der OE.

2.3 Vorgehensweise der Organisationsentwicklung

Organisationen und die in ihnen tätigen Menschen befinden sich — gewollt oder ungewollt — in einem Prozeß ständiger Veränderung. Die Einflußnahme auf die Gestaltung und Entwicklung der Organisation beginnt bei den Fragen und Problemen der Organisationsmitglieder und erfolgt mit diesen gemeinsam als ein bewußt geplanter Prozeß in einem fortwährenden Zyklus von Diagnose, Planung, Realisierung und Auswertung.

Die Vorgehensweise ist durch dreierlei gekennzeichnet:

- durch das planmäßige Vorgehen bei der Problembearbeitung (Systematik: Diagnose, Planung, Aktion, Auswertung);
- durch die Art und Weise des Vorgehens, wobei die Ziele und die Methode zueinander passen und die einzelnen Schritte im Prozeßablauf überprüfbar sein müssen (Aktionsforschung und „Survey Feedback");

− durch die Beachtung bestimmter Gesetzmäßigkeiten im Prozeßverlauf, die den Lern- und Entwicklungsprozeß begünstigen oder
ihn sogar erst ermöglichen (Phasen-Modell von *Kurt Lewin*).

Diese drei Gesichtspunkte der Vorgehensweise ergänzen sich gegenseitig. Sie werden anschließend näher beschrieben.

2.3.1 Systematik: Diagnose, Planung, Aktion, Auswertung

Die Vorgehensweise wird, wie im Kapitel 2.2 bei den Kriterien bereits
beschrieben, vorwiegend vom Berater gesteuert − immer in enger
Zusammenarbeit mit dem Klienten. Methodisch vollzieht sich die OE
als ein geplanter Prozeß in mindestens vier Schritten. Die Mitglieder
einer Organisation sollen unter Anleitung eines Beraters

1) Probleme erkennen und analysieren
   (Diagnose)
2) Lösungen suchen: d.h. Ziele setzen und Möglichkeiten zur Bearbeitung der Probleme erkunden, Maßnahmen zur Veränderung
   entwickeln und in Handlungsschritte umsetzen
   (Planung)
3) Maßnahmen durchführen: Veränderungen erproben, schrittweise
   einführen und absichern
   (Aktion)
4) Ergebnisse und Verfahrensweisen überprüfen
   (Auswertung).

Dieser Prozeß verläuft zyklisch, d.h. nach der Auswertung werden die erzielten Ergebnisse gemeinsam reflektiert und durch diese
neue Problemerhebung wird wiederum ein neuer Einstieg in den beschriebenen Zyklus ermöglicht.

Die einzelnen Schritte der Problembearbeitung im Prozeß der OE
folgen dem soeben dargestellten Schema:

1. Die Diagnose

Ausgangspunkt der OE sind immer die konkreten Probleme in einer
Organisation. Welche Vorgänge überhaupt als Probleme empfunden
werden, hängt von den in der Organisation beschäftigten Mitarbeitern ab. Deshalb wird der Berater zu Beginn seiner Tätigkeit weniger
die besonderen Strategien der OE dem Klienten darstellen, sondern
vielmehr die Probleme, wie sie der Klient sieht, zu erkunden suchen.

Der erste Schritt einer Diagnose ist also die Erfassung der Situation. Vor allem werden es unstrukturierte Interviews sein, die zuerst
nur eine vage Problembeschreibung zulassen. Von diesen ersten Be-

funden ausgehend werden dann je nach Lage so systematisch wie
möglich weitere Daten eingeholt, wobei die verschiedensten Verfahren angewendet werden können. So kommt es zu einer Problembestandsaufnahme, an die sich dann eine Analyse zur Klärung der Ursachen anschließt. Die Präzisierung der Problembeschreibung kann
in systematischer Form durch ein Problemanalyseverfahren gesteuert
werden, wie es z.B. in der Analysetechnik nach *Kepner-Tregoe* zur
Verfügung steht. Andere Verfahren, z.B. durch Anwendung der Mo-
deratorentechnik (Kartenabfrage usw.) sind ebenso üblich. Im Anschluß darauf kommt es darauf an, die wirklichen Ursachen für die
aufgedeckten Probleme herauszufinden. Dabei ist es wichtig, daß
aus den zur Verfügung stehenden wissenschaftlichen Theorien die
für die Probleme passenden Erklärungsansätze gewählt und mit dem
Klienten gemeinsam für das Erkennen der Ursachen benutzt werden.
Ein Konzept zur Gestaltung des Gesamtablaufs für das Zusammenwirken von Berater und Klient kann die ,,Aktionsforschung" bieten.

2. Die Planung

Hat man Probleme analysiert und erklärt, kann der nächste systematische Schritt erfolgen: die Planung. Probleme können als eine Abweichung des Ist-Zustands von einem Soll-Zustand verstanden werden. Es ist deshalb notwendig, im nächsten Schritt erst einmal die
Soll-Vorstellungen transparent zu machen, d.h. man muß die Ziele
formulieren. Dabei sind verschiedene Abstraktionsniveaus von Ziel-
formulierungen möglich. Je abstrakter ein Ziel formuliert ist, um so
mehr kann es von verschiedenen Seiten interpretiert werden. Man
unterscheidet verschiedene Abstraktionsniveaus: Richt-, Grob- und
Feinziele. Ein weiterer Gesichtspunkt ergibt sich aus der Bewertung
der Zielsetzungen, z.B. bei der Festlegung von Prioritäten für die
Problembearbeitung. Anhaltspunkte für ein solches Bewertungssy-
stem stellt die Systemtechnik zur Verfügung, z.B. bestimmte Verfahren zur Entscheidungsanalyse.

Manchmal muß schon bei der Problemanalyse mit gruppendynamischen Interventionen gearbeitet werden, um z.B. Wahrnehmungsmuster, Vorurteile, Stereotypen aufzutauen oder abzubauen. Wichtig ist, für jeden der Beteiligten die Vorstellungen transparent zu
machen.

Geht es dann um die Entwicklung von Lösungsansätzen, wird
man kreative Verfahren anwenden müssen, um sich von den grad-
linigen Denkgewohnheiten zu lösen. Es kommt vor allem darauf an,
daß das vorhandene Wissen der Beteiligten für das Entwickeln von
Problemlösungsansätzen kreativ genutzt werden kann. Innovationen
werden nur dann möglich sein, wenn neue Erkenntnisse gewonnen
werden oder schon bekannte Ideen in neuen Kombinationen wirk-

sam werden können (divergentes Denken). Insofern kommt – gerade
in dieser Phase der Problembearbeitung – den kreativen Techniken
eine instrumentelle Bedeutung zu.

Bei der Anwendung solcher Verfahren wird man in der Regel zunächst nur recht vage Lösungsansätze produziert bekommen. Im
weiteren Verlauf der Problembearbeitung gilt es, diese Ansätze in
Verbindung mit den formulierten Zielsetzungen zu bewerten und
weiter zu entwickeln. Hat man sich für bestimmte Lösungen entschieden, kommt es darauf an, die Umsetzung entsprechend zu planen. Die einzelnen Schritte zur Verwirklichung des Vorhabens und
ihre Zeitfolge müssen festgelegt werden. Diese Festlegung kann bei
komplexen Lösungsstrategien durch entsprechende Verfahren, wie
Netzplantechnik usw. erfolgen. Dabei sollte man allerdings auch
nicht vergessen, potentielle Probleme bei der Realisierung der Planung vorher zu berücksichtigen (*Kepner-Tregoe*-Methode).

3. Die Aktion

Ist die Planung abgeschlossen, erfolgt die Aktion. Die Bedeutsam-
keit der Beteiligung aller von den Veränderungen Betroffenen wird
spätestens bei der Realisierung deutlich werden. Ist es nämlich nicht
geschehen, wird man mit entsprechenden Widerständen bis hin zur
Blockierung der Aktionen rechnen müssen. Dies war bisher immer
ein kritischer Punkt in der traditionellen Organisationsberatung. Die
Vorschläge konnten noch so zutreffend sein und die Schlußfolgerungen aus den angestellten Untersuchungsergebnissen noch so einleuch-
tend sein, es tauchten in der Praxis immer wieder neue Schwierigkeiten auf, wenn die von anderen entwickelten Vorstellungen realisiert werden sollten. Die strikte Ausrichtung nach den Bedürfnissen
und Kenntnissen der Klienten fällt den der Tradition verhafteten Beratern in der Regel schwer.

4. Die Auswertung

Aus diesen Gründen bekommt der letzte Schritt der Problembearbeitung eine besondere Bedeutung: die Auswertung. Nach den durchgeführten Aktionen müssen die Veränderungen festgestellt und beurteilt werden. Die Bewertung muß sich nach den aufgestellten Zielen richten. Es sind also bestimmte Beurteilungsverfahren zu entwickeln, die es ermöglichen, den jeweiligen Stand der gemeinsamen
Bemühungen im Hinblick auf die angestrebten Ziele festzuhalten.
Entsprechend den Ergebnissen müssen dann weiterhin Überlegungen
angestellt werden, wie man das eine oder andere Ziel besser erreichen
kann. Oft ist auch nicht nur die Zielerreichung zu überprüfen, sondern auch die Wege, die zu ihrer Lösung führten (Manöverkritik).

Hier kommt der Prozeßanalyse und der Meta-Kommunikation besondere Bedeutung zu. Diese ist sogar unerläßlich, wenn zwischenmenschliche Probleme aufgearbeitet werden müssen, um Störungen und Behinderungen zu beseitigen.

Schaubildartig läßt sich die Systematik zur Problembearbeitung
im Prozeß der OE folgendermaßen darstellen:

Methodisches Vorgehen zur Problemlösung

1.   *Diagnose*
1.1 Problemerhebung
1.2 Problemanalyse
1.3 Auswertung der Analyse

2.   *Planung*
2.1 Zielklärung
2.2 Problemlösungsansätze
2.3 Aktionsplanung

3.   *Aktion*
3.1 Einführung und Erprobung von Maßnahmen
3.2 Überprüfung durch Zwischenergebnisse
3.3 Durchführung bis zur Institutionalisierung

4.   *Auswertung*
4.1 Neue Bestandsaufnahme
4.2 Ergebniskontrolle und Prozeßanalyse
4.3 Schlußfolgerungen, neue Planung

2.3.2 Andere Formen des Vorgehens bei Organisationsentwicklungs-Projekten

Die beschriebene Vorgehensweise stellt sich aus der Sicht eines OE-
Beraters noch etwas anders dar, zumal hier die Fragen der Beziehungen zwischen dem Berater und dem Klienten mehr im Mittelpunkt der Betrachtung stehen. Außerdem spielen Aspekte der Aktionsforschung hier eine Rolle, die im nächsten Kapitel kurz behandelt werden sollen.

Sievers (1980) unterscheidet in seinem prototypisch dargestellten
Verlaufsmodell der OE folgende acht Phasen:

1. Phase: Kontakt
Erste gegenseitige Orientierung und Vorentscheidung über eine mögliche Zusammenarbeit.
2. Phase: Vorgespräche
Abwehr vorschneller Lösungsvorschläge des Klienten durch den Berater; Klärung der anzuwendenden Methoden, der Ziele des Klienten und der Rolle des Beraters
3. Phase: Vereinbarung
Entwicklung einer gemeinsamen Arbeitsbeziehung und eines „Kontraktes"; erste Problemsicht; Auswahl der Datensammlungs- und -feedbackmethoden
4. Phase: Datensammlung
Aufnahme des Ist-Zustandes durch entsprechende Methoden der Datenerhebung (im wesentlichen Befragung)
5. Phase: Datenfeedback
Rückgabe der aufbereiteten Daten an das Klientensystem zur Diskussion und Diagnose
6. Phase: Diagnose
Einsicht in die derzeitige „innere Verfassung" der Organisation (Stärken, Defizite und Probleme)
7. Phase: Maßnahmenplanung und -durchführung
Entwicklung spezifischer Maßnahmenpläne, die eine Entscheidung darüber einschließen, wer die Pläne ausführt und wie der Erfolg gemessen und bewertet werden kann. Ausführung der erarbeiteten Veränderungsstrategien.
8. Phase: Erfolgskontrolle
Bewertung der Effektivität/Ineffektivität der durchgeführten Maßnahmen. Entscheidung über Abschluß oder Weiterführung des Projektes.

Von anderen Vertretern der OE werden ähnliche, in der Phasen-Folge aber durchaus unterschiedliche Ansätze favorisiert.

Lippitt (1972 u. 1973) beschreibt folgende Phasen des Vorgehens:

1) Entwicklung eines Bedürfnisses nach Veränderung
2) Herstellung der Beziehung Berater–Organisation
3) Identifikation des Ziels
4) Prüfung von Alternativen
5) Erprobung von Wandlungsansätzen
6) Stabilisierung und Generalisierung des Wandels
7) Beendigung der Beziehung Berater–Organisation bzw. Formulierung einer neuen Beziehung.

Das Modell von *Glasl* und *de la Houssaye* (1975) umfaßt folgende Stufen:

1) Orientierungsphase: Aufbau der Beziehung zwischen Berater und Organisation, erste Problemerhebung
2) Zukunftskonzeption und Situationsdiagnose: Aufzeigen von Soll-Ist-Diskrepanzen
3) Operationelle Zielsetzung und Analyse:
Die Konzeptionen der zweiten Phase werden konkretisiert

4) Planen von experimentellen Projekten und Situationen:
Ablauf, Ort und Finanzierung erster Teilprojekte werden festgelegt
5) Realisierung und Auswertung: Einführung der Maßnahmen, Auswertung
und Berücksichtigung der Zwischenergebnisse beim weiteren Vorgehen.

In einer Veröffentlichung des Bundesverbandes junger Unternehmer (1978) wurden 4 Phasen unterschieden:

— Analysephase
— Konzeptionsphase
— Durchführungsphase
— Kontrollphase,

die dann wiederum in Arbeitsstufen untergliedert sind. In einem
Schaubild (Abb. 3) sind die wichtigsten OE-Maßnahmen — ausgewählte „Instrumente" — den genannten Phasen des Vorgehens zugeordnet (BJU 1978, S. 115).

Planungsphase	Arbeitsstufe	Ausgewählte Instrumente
Analysephase	1. Soll-Ist-Vergleich	— Kommunikationstechniken — Problemlösungstechniken — Ist-Aufnahme und Analyse-technik — Organisationstechniken — Gruppendynamische Trainingsmethoden — Teamentwicklung — Gruppenarbeit — Survey-Feedback-Methode — Konfrontationstreffen — Rollenanalysetechnik
	2. Diagnose	— Problemlösungstechniken — Analysetechniken — Kommunikationstechniken — Organisationstechniken — Prognoseverfahren — Teamentwicklung — Gruppenarbeit — Survey-Feedback-Methode — Konfrontationstreffen — Rollenanalysetechnik

(Fortsetzung nächste Seite)

Planungsphase	Arbeitsstufe	Ausgewählte Instrumente
Konzeptions- phase	3. Zielsetzung	— Kommunikationstechniken — Problemlösungstechniken — Zielfindungsmethoden — Gruppenarbeit
	4. Strategie- und Maß- nahmeent- wicklung	— Kommunikationstechniken — Problemlösungstechniken — Systems Engineering — Entscheidungs- und Bewertungs- technik — Operations Research Methoden — Wirtschaftlichkeitsrechnung — Teamentwicklung — Gruppenarbeit — Rollenanalysetechnik — Lebens- und Laufbahnplanung — Arbeitsstrukturierung
Durchführungs- phase	5. Realisierung	— Kommunikationstechniken — Problemlösungstechniken — Organisationstechniken — Operations Research Methoden — Gruppendynamische Trainings- methoden — Teamentwicklung — Gruppenarbeit — Rollenanalysetechnik — Lebens- und Laufbahnplanung — Arbeitsstrukturierung
Kontrollphase	6. Über- wachung	— Kontrolltechniken — Gruppenarbeit — Survey-Feedback-Methode — Konfrontationstreffen — Rollenanalysetechnik

Abb. 3 Phasen und Instrumente des OE-Prozesses

2.3.3 Aktionsforschung und „Survey-Feedback"

Bei der Vorgehensweise der OE spielt nicht nur die bereits beschriebene Systematik der Problembearbeitung eine Rolle, sondern auch
die Art und Weise, wie die Organisation und der Berater sich zueinander verhalten.

In diesem Zusammenhang ist immer wieder von der sog. Aktionsforschung die Rede, die — ebenso wie die von ihr favorisierte „Survey-Feedback"-Methode — in ihren Ansätzen auf *Collier* (1945) und *Lewin* (1946) zurückgeht. Den Wissenschaftlern, die sich schon damals als Berater der Praxis verstanden, ging es nicht nur um das Erforschen des sozialen Umfelds, z.B. der Geschehnisse in Gruppen und Institutionen, sondern auch um die Veränderung dieses sozialen Umfelds. Sie gingen von der seinerzeit neuen, heute aber kaum noch bestrittenen Erkenntnis aus, daß der Wissenschaftler bei der Erforschung sozialer Prozesse diese durch seine Eingriffe nicht unberührt läßt, sondern sie unausweichlich beeinflußt, und sie — da er ohnehin nicht umhin kommt, zu beobachten, Auskunft zu geben und zu beraten — dies ausdrücklich bejaht, auch aus dem Bewußtsein heraus, daß er der Praxis ebenso wichtige Erkenntnisse vermitteln kann wie er sie durch Erforschung der Praxis gewinnt. Insofern trägt die Aktionsforschung der — von *Marx* verkündeten und von *Horkheimer* und *Adorno* empirisch ausgewiesen — Erkenntnis Rechnung, daß die Wissenschaft nicht nur dazu da sei, die Wirklichkeit so, wie sie ist, zu erforschen, sondern auch dazu, sie zu verändern.

Durch diese Vorgehensweise wird die Brücke von der Theorie zur Praxis geschlagen, wobei durch den Austausch von Erkenntnissen und Handlungen ein wechselseitiger Lernprozeß in Gang kommt. Handeln, Forschen und Erziehen (Lernen) werden von *Lewin* als ein Dreieck betrachtet, das den gegenseitigen Bezug ausdrücken soll (*Lewin* 1963).

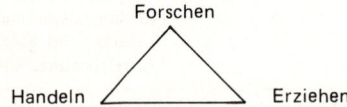

Die Aktionsforschung ist also dadurch charakterisiert, daß der Berater — meist ein Wissenschaftler — die Probleme in der Praxis erforscht und die Praxis dadurch verändert, dies aber wiederum reflektiert, wodurch sich — den Anforderungen der Praxis entsprechend — auch die Forschung verändert. Da diese, so verändert, wiederum Einfluß auf die Praxis nimmt, entsteht hieraus ein Regelkreis, der zu immer neuen Erkenntnissen führt und diese für die Praxis nutzbar macht.

Die Aktionsforschung sieht den Forschungsgegenstand, in diesem Fall: den Menschen, nicht als Objekt, sondern als Subjekt. Das bedeutet konkret, daß der Klient bei der Forschung mitbestimmt. Der Klient entscheidet nicht nur darüber, ob Forschung stattfindet, sondern er arbeitet konkret mit und entscheidet letztlich, was und wie etwas durchgeführt werden soll. Dies hat maßgeblichen Einfluß auf den Einsatz von empirischen Methoden. Der Berater selbst bekommt dadurch eine andere Funktion.

Außerdem trägt diese Vorgehensweise der schon erwähnten Forderung Rechnung , daß der Klient seine Probleme selbst lösen muß. Der Berater kann ihm nur Mittel zur Verfügung stellen, mit denen er sein Problem besser lösen kann.

Diese Verfahrensweise schließt bestimmte Zielsetzungen ein, die schon *Lewin* fordert. Es war sein Anliegen, Probleme innerhalb und zwischen Gruppen auf „demokratische" Art und Weise zu lösen.

Nach Auffassung von *Pauls* und *Walther* (1979) beinhaltet die Feldtheorie *Lewin*s das Grundprinzip der echten wechselseitigen Abhängigkeit. Eigene Bedürfnisbefriedigung, Selbstentfaltung sollte gemeinsam mit anderen geschehen und niemals auf Kosten anderer. Handeln in einer Situation, „hier und jetzt", vollzieht sich in Kenntnis eigener und gemeinsamer Ziele sowie aus der Verantwortung für sich und andere. Das Handeln soll durch eigene Antriebe gesteuert sein: Selbst-, nicht Fremdbestimmung.

So kennzeichnen auch *Cremer* u.a. (1977, S. 174) die Ziele der Aktionsforschung folgendermaßen:

– „Die Problemdefinition orientiert sich an gesellschaftlichen Bedürfnissen der am Forschungsprozeß Beteiligten. Diese sind diskursiv zu erheben und nicht etwa durch wissenschaftliche Erkenntnisziele zu „überstimmen".
– Der Forschungsprozeß wird als Analyse eines gesamten Feldes betrachtet, in dem einzelne Variable nicht isoliert werden können.
– Die grundlegende Forschungsabsicht besteht einerseits darin, theoretische Aussagen zu gewinnen, andererseits konkret verändernd in das jeweilige soziale Feld einzugreifen."

Das beeinflußt auch den Einsatz von Forschungsmethoden. So sollte nach *Moser* (1978) die Datensammlung folgenden Kriterien genügen:

– *Transparenz.* Der Ablauf, der Einsatz von Methoden muß für die Beteiligten nachvollziehbar sein.
– *Stimmigkeit.* Ziele und Methoden müssen miteinander vereinbar sein. Dies bedeutet auch, daß z.B. der Einsatz von Fragebögen vorher abgestimmt sein muß und die Ergebnisse nachher miteinander diskutiert werden (Berater/Klient).
– *Einfluß des Forschers.* Der Berater muß sich bemühen, daß kein von ihm verursachter verzerrender Einfluß in den Forschungsprozeß hineingetragen wird.

Jeder methodische Schritt muß also gemeinsam besprochen, geplant und umgesetzt werden. Die Auswertung und Rückmeldung der Daten ist von vornherein zu sichern. Konsequent beschreibt *Moser*

(1978) deshalb auch die Methoden unter dem Gesichtspunkt der Klientenbeteiligung.

Die Begriffe „Aktion" oder „Handlung" betonen das Prozeßartige dieser Vorgehensweise, wobei der Prozeß aus bestimmten Handlungselementen besteht: Zustandsbeschreibung der beim Klienten vorliegenden Situation, Erstellung von Annahmen und Hypothesen zur Deutung der Situation, Entwicklung von Veränderungsmaßnahmen gemeinsam mit dem Klienten, Durchführung dieser Maßnahmen und Analyse ihrer Wirkungen. Dieses Vorgehen deckt sich im Ansatz mit OE-Interventionen. Auch der Zyklus, das Wiederholen dieses Prozesses, ist in dem Modell eingeschlossen. Ein solches Projekt besteht nämlich darin, fortlaufend Daten zu sammeln, zu analysieren und die Ergebnisse in die Organisation zurückzukoppeln, um Verhaltensänderungen in Gang zu setzen (*Whyte* u. *Hamilton* 1964).

Das Modell der Aktionsforschung im Hinblick auf die OE ist in dem folgenden Schaubild (Abb. 4) dargestellt.

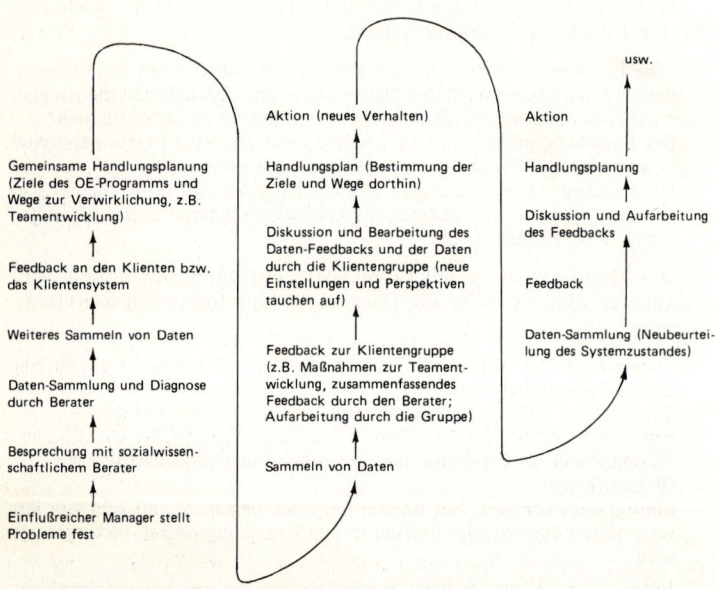

Abb. 4 Diagramm des Aktionsforschungsprozesses (*French* u. *Bell* 1977, S. 112)

An diesem Modell wird schon deutlich, daß die Aufnahme des Ist-Zustandes einer Organisation durch den Berater, die Sammlung von Daten und ihre Aufbereitung sowie die Erörterung dieser Daten mit dem Klienten von entscheidender Bedeutung ist für die Einleitung und Steuerung möglicher und wünschenswerter Veränderungen.

Diese „*Survey-Feedback*"-*Methode* ist demnach eine sehr wichtige Vorgehensweise im OE-Prozeß, die zuerst in der amerikanischen Sozialforschung angewandt und auch beschrieben wurde (*Bowers* 1973). Sie erzielte dort für den Veränderungsprozeß im Vergleich mit anderen Methoden die höchste Effektivität.

Survey Feedback besteht aus 3 Komponenten:

1) Erhebung des Ist-Zustandes einer Organisationseinheit unter besonderer Berücksichtigung des Systemkultur-Zustandes mit Hilfe eines standardisierten Fragebogens oder durch Interviews.
2) Rückkopplung der aufbereiteten Daten (gewichtete Darstellung der Probleme, z.B. detaillierte Problemlandkarte bzw. Ermittlung statistischer Mittelwerte und Abweichungsanalysen bei Verwendung des Fragebogens) an die Mitglieder der untersuchten Organisationseinheit.
3) Diskussion der Ergebnisse, Ableiten von Folgerungen und Beschluß der Maßnahmen.

Die Ist-Erhebung und ihre Auswertung wird von internen oder externen Organisationsberatern durchgeführt. Dabei hat die Erhebung durch einen standardisierten Fragebogen den Vorteil für die Betroffenen, sich wirklich anonym äußern zu können. Dies ist bei Fragen zum Systemkultur-Zustand von Bedeutung. Die Daten werden so aufgelistet, daß jeweils jeder Vorgesetzte die zusammengefaßten Daten seiner ihm unmittelbar Unterstellten erhält.

Bei der Rückkopplung können verschiedene Wege beschritten werden:

a) Rückkopplung an Vorgesetzte und Mitarbeiter gleichzeitig,
b) zunächst Unterrichtung des Vorgesetzten, dann Rückkopplung an die Mitarbeiter.

Die Rückkopplung kann auch stufenweise erfolgen: Zuerst Feedback an die übergeordneten Stellen, dann an die nachgeordneten Stellen.

Survey Feedback ermöglicht eine Konfrontation mit den von der untersuchten Organisationseinheit selbst wahrgenommenen Problemen. Durch die Aufbereitung und Rückkopplung der erhobenen Daten wird eine gewichtete Problemsicht geboten, und die sich anschließende Diskussion und Aufarbeitung der Probleme ist ein Beitrag zur Nutzung des eigenen Problemlösungspotentials der betroffenen Organisationseinheit.

Voraussetzung dazu ist die Akzeptanz der partizipativen Vorgehensweise für eine Veränderungsstrategie durch die Unternehmensleitung.
Die Schwierigkeit der Durchführung von Survey-Feedback liegt in
der Anforderung an das Konfliktbewältigungspotential der betroffenen Organisationseinheit.
Die damit verbundenen Aufgaben im Berater-Klienten-Verhält-
nis sind in einem Schaubild von *Swartz* und *Lippitt* (1975) übersichtlich dargestellt (Abb. 5).

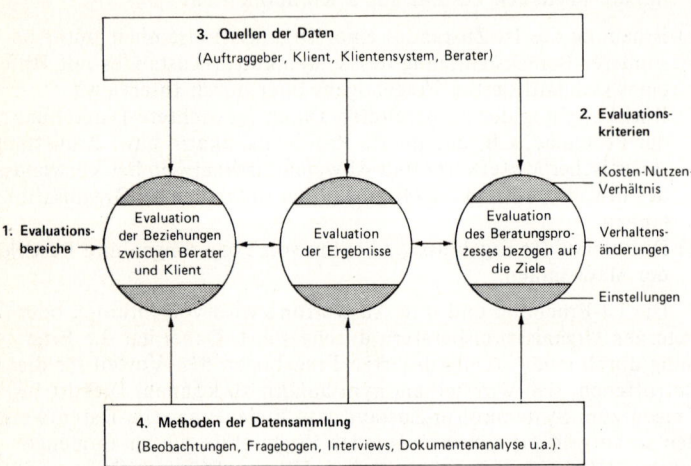

Abb. 5 Evaluation des Beratungsprozesses (*Swartz* u. *Lippitt* 1975, S. 310)

2.3.4 Das Phasen-Modell von Kurt Lewin

Ein weiterer methodischer Gesichtspunkt, der für die Vorgehensweise bei der OE wichtig ist, liegt in der Beachtung bestimmter Gesetzmäßigkeiten im Prozeßverlauf, die den Lern- und Entwicklungsprozeß begünstigen oder ihn sogar erst ermöglichen.
Lewin sieht das Verhalten in einem institutionellen Rahmen nicht
als feste Gewohnheit oder als statisches Muster, sondern als dyna-
mische Balance zwischen Kräften, die im sozial-psychologischen
Raum der Institution in einander entgegengesetzter Richtung wirksam sind, z.B. als Balance zwischen Leistung und Leistungszurück-
haltung bei Akkordarbeit (*Lewin* 1947 a).

Man weiß, daß auf Änderungen in einer Organisation häufig eine Reaktion in Richtung auf das frühere Muster erfolgt — eine Reaktion, die dann einsetzt, wenn der Änderungsdruck nachläßt.

Will man ein Subsystem oder einen Teil von ihm ändern, dann muß man die relevanten Aspekte seines Umfeldes ebenfalls ändern.

Schließlich vollziehen sich Änderungen — auch darauf hat *Lewin* hingewiesen — immer im Zusammenhang mit emotionalen Widerständen und Stabilisatoren, die erst „aufgeweicht" und labilisiert werden müssen, ehe bestimmte Einstellungs- und Verhaltensänderungen möglich werden.

Diese Zusammenhänge werden im 3-Phasen-Modell von *Kurt Lewin* deutlich (Abb. 6).

Phase 1: *unfreezing*
auftauen, in Frage stellen, Motivation für Änderung wecken

Phase 2: *moving*
verändern, in Bewegung setzen, neue Verhaltensweisen und Arbeitsabläufe entwickeln

Phase 3: *refreezing*
einfrieren, veränderte Verhaltensweisen und veränderte Verhältnisse stabilisieren und integrieren

Abb. 6 Das Phasen-Modell von *Kurt Lewin*

Dies ist u.E. das wichtigste Modell für den Ablauf von OE-Prozessen, das — als die „klassische" Verlaufsform — in immer neuen Varianten wieder auftaucht.

Ein Verfasserteam (*Bald, Beloch, Bothe, Krämer, Leicht* u.a.) des Bundesverbandes Junger Unternehmer hat das Phasen-Modell von *Lewin* als Verlaufsform für die sozialpsychologischen Prozesse aufgefaßt, denen „planungslogische Phasen" zuzuordnen sind, die sich wiederum in bestimmte Arbeitsstufen gliedern lassen (BJU 1978, S. 145). In diesem Sinne ist Abb. 7 als vergleichende Zusammenfassung und Orientierungshilfe zu verstehen.

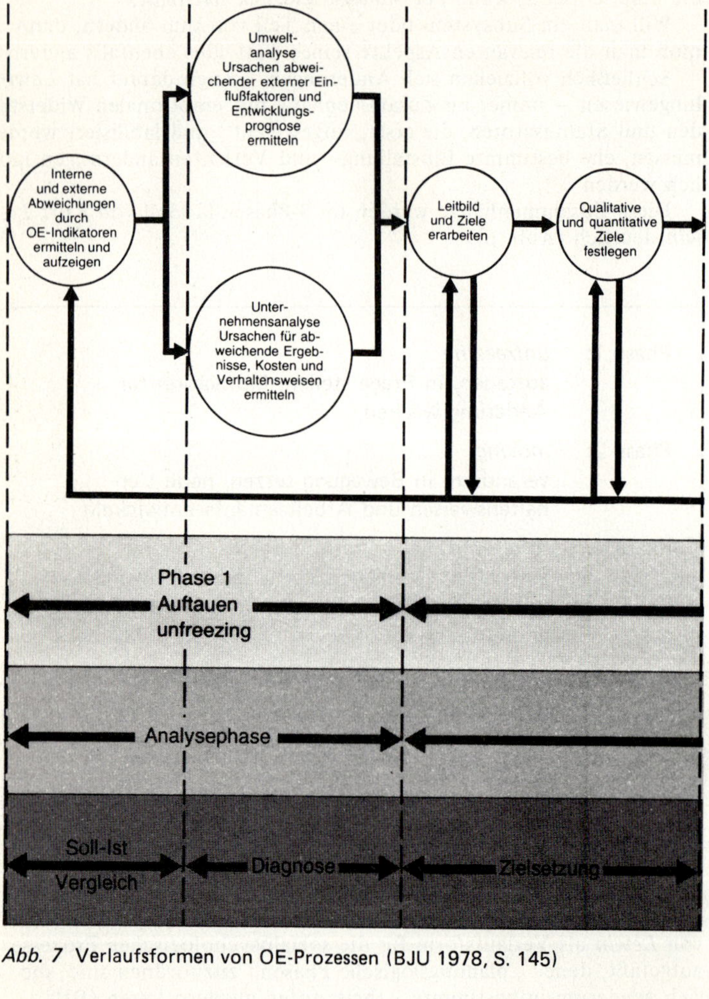

Abb. 7 Verlaufsformen von OE-Prozessen (BJU 1978, S. 145)

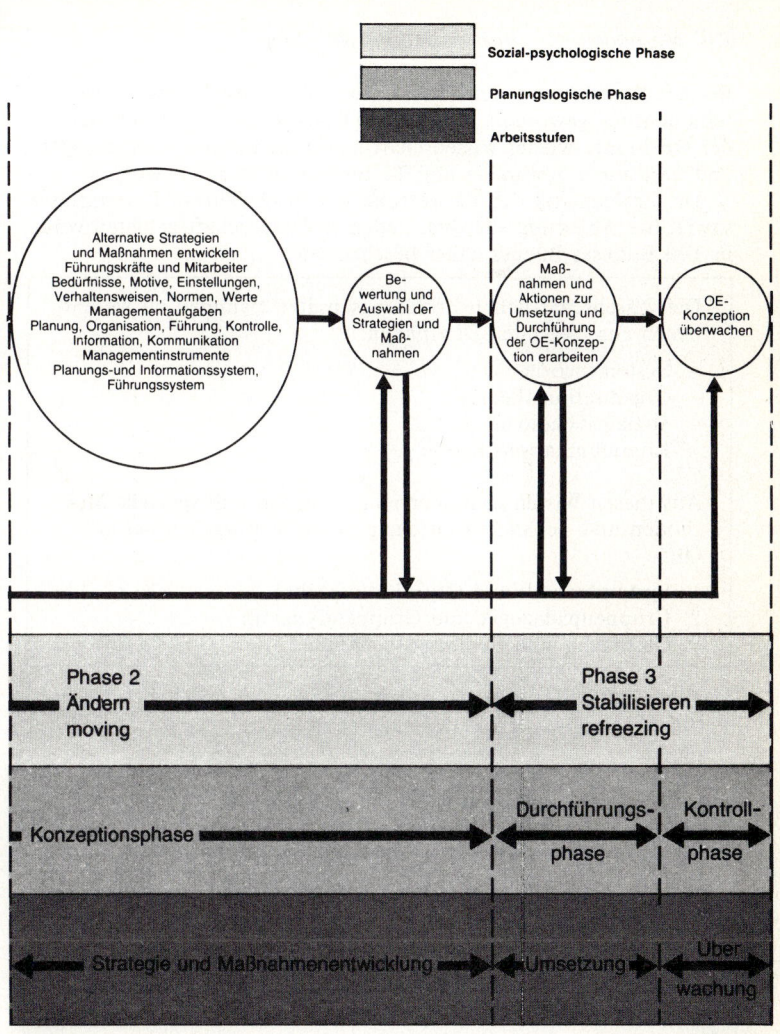

2.4 Methoden der Organisationsentwicklung

Bei der Beschreibung der Kriterien und der Vorgehensweise ist bereits deutlich geworden, daß für die Bearbeitung von Problemen in der OE immer wieder wissenschaftliche Erkenntnisse herangezogen und bestimmte Methoden und Techniken angewendet werden.

Die Problematik der Verwertung wissenschaftlicher Erkenntnisse sowie ihre Ableitung aus verschiedenen Wissenschaftsgebieten wird in Teil B dieses Buches näher beschrieben.

Die wissenschaftlichen Erklärungsansätze stammen im wesentlichen aus folgenden Disziplinen:

— Systemtheorie
— Organisationstheorie
— Sozialpsychologie
— Kommunikationstheorie.

Aus diesen Wissenschaftsbereichen ergeben sich spezielle Methoden und Techniken für das praktische Vorgehen bei der OE:

1. Systemtechnik und Organisationslehre
2. Gruppenpädagogik und Gruppendynamik
3. Gesprächs- und Beratungstechniken.

Die angewandten Methoden sollen im folgenden näher beschrieben werden:

2.4.1 Systemtechnik und Organisationslehre

Die Systemtechnik hat in erster Linie die Aufgabe, Probleme möglichst effizient zu lösen. Dabei ist es vom Prinzip her gleichgültig, um welche Art Probleme es sich handelt. Üblicherweise geht es um sehr komplexe Probleme, meistens sogar darum, vorhandene Systeme neu zu gestalten und auch die unmittelbare Systemumgebung zu berücksichtigen, möglicherweise sogar mitzugestalten. Dabei ist zu beachten, daß die realisierten Systeme wirklich funktionstüchtig sind (*Dreger* 1980).

Die Systemtechnik ist eine sehr junge Wissenschaft. Es ist daher nicht verwunderlich, daß ihr Begriffsinhalt nicht einvernehmlich definiert wird und daß noch keine scharfe Abgrenzung gegenüber anderen Disziplinen wie der Kybernetik oder der herkömmlichen Organisationslehre existiert. Die Entwicklung der Systemtechnik begann etwa um 1960 in den USA. Der auslösende Anlaß bestand in den Schwierigkeiten bei der Planung und Steuerung von Großprojekten im Bereich der Rüstung sowie der Luft- und Raumfahrtindustrie (Nichteinhaltung von Terminen, Budgetüberschreitungen, Scheitern von Großprojekten in Milliardenhöhe, die sich nachträglich als „nicht machbar" erwiesen). Bemerkenswert ist, daß es gerade die Methoden der Systemtechnik waren (Komplexe Planung, Risiko-Minimierung, Analyse potentieller Probleme), die den Erfolg der großen, z.T. sogar spektakulären Weltraumprojekte erst ermöglichten.

Bei der Anwendung der Systemtechnik auf Fragen der OE kommt den Methoden zur Problemanalyse und zur Entscheidungsanalyse (z.B. *Kepner-Tregoe* 1967 u. 1971), den Kreativitätstechniken, den Methoden zur Prioritätensetzung und den Bewertungsverfahren sowie den Methoden der Projekt-Planung (z.B. Netzplantechnik usw.) besondere Bedeutung zu.

Neben der Systemtechnik sind bei OE-Projekten auch die herkömmlichen Methoden der Organisationslehre zu berücksichtigen, wie z.B. die Organisationsanalyse. Darüber hinaus liegen hier bereits Ansätze der Survey-Feedback-Methode, die mit der Datenerhebung eine Rückkopplung der aufbereiteten Daten an die Mitglieder der untersuchten Organisationseinheit verbindet und schließlich die Diskussion der Ergebnisse in neue Planungsüberlegungen einmünden läßt.

2.4.2 Gruppenpädagogik und Gruppendynamik

Die Gruppenpädagogik und Gruppendynamik spielt in der OE eine ganz entscheidende Rolle, weil Veränderungsprozesse immer auch als Interaktionsprozesse zwischen den beteiligten Menschen vollzogen werden und weil es wesentlich darauf ankommt, die Beteiligten selbst zu aktivieren, ihre Probleme in eigener Zuständigkeit zu lösen.

Besondere Bedeutung hat die Gruppendynamik beim Erkennen und Bearbeiten von zwischenmenschlichen Konflikten, aber auch in der Vertiefung der Kommunikation sowie in der Aufklärung von Kommunikations- und Entscheidungsprozessen. Eine eingehende Prozeßanalyse als Metakommunikation ist vielfach unerläßlich, um die wirksamen Verhaltensmuster und die Beziehungen der Beteiligten untereinander bewußt und bearbeitbar zu machen.

Die Gruppendynamik ist dabei in zweifacher Hinsicht wichtig (*Becker* 1975):

1) als wissenschaftliche Erkenntnisquelle und Methode zur Deutung von Vorgängen in und zwischen Gruppen, und

2) als bewußte Anwendung dieser Erkenntnisse und Methoden in Organisationen und Institutionen, also im Arrangieren von Lernsituationen nach gruppendynamischen Gesichtspunkten.

Daß das Lösen von Problemen in Gruppen besonders erfolgreich ist, läßt sich durch zahlreiche Beispiele belegen (*Franke* 1975, *Rüttinger* 1977 u.a.). Dabei kann der gezielte Einsatz der Gruppendynamik über die Förderung des Prozesses der Problemlösung noch mehr bewirken, und zwar:

1) bessere Selbst- und Fremdwahrnehmung statt der üblichen Beurteilungen, die häufig Vorurteile enthalten;
2) bessere Kommunikation statt der üblichen „Einbahnstraßen" der Information, wo die Rückkopplung fehlt, falls nicht überhaupt nur Weisungen erteilt oder Auskünfte gegeben werden;
3) bessere Kooperation statt des üblichen Konkurrenzdenkens. Wir sind von Kindheit und Schulzeit an daran gewöhnt, in der Ich-Form zu denken und zu handeln. Das „Wir"-Denken ist unterentwickelt und kann geübt werden.

Der größte Lerneffekt, der von Teilnehmern an Trainingsgruppen immer wieder hervorgehoben wird und der auch von Mitarbeitern und Kollegen am Arbeitsplatz bestätigt wird, ist der, daß die Kommunikation in aller Regel freier, runder und offener wird. Hemmungen werden abgebaut. Man gewinnt Einsicht in Gruppenprozesse, entwickelt ein Gespür für die Gefühle und Bedürfnisse der anderen und ein gesteigertes Verständnis für die eigene Rolle und für die Auswirkungen des eigenen Verhaltens.

Es ist jedoch wichtig zu bemerken, daß die Gruppendynamik als Methode nur eine unterstützende Wirkung haben kann.

2.4.3 Gesprächs- und Beratungstechniken

Ein drittes „Fach" im „Instrumentenkasten" der OE stellen die Gesprächs- und Beratungstechniken dar, die sich aus der Verbindung der Kommunikationstheorie und der Sozialpsychologie im Hinblick auf praktische Anwendungen ergeben haben. Es sind im wesentlichen drei Varianten, die hierbei eine Rolle spielen:

1. die klientenzentrierten Beratungsmethoden,
2. die Moderationsmethode,
3. die Techniken der Gesprächsführung.

2.4.3.1 Die klientenzentrierten Beratungsmethoden

Diese gelten zunächst für die Beziehung zwischen dem OE-Berater und dem Klienten bzw. den Mitgliedern des Klientensystemes, darüber hinaus aber als Problemlösungshilfe bei allen Interaktionsprozessen und zur Förderung der gegenseitigen Zuwendung. Zu nennen sind in diesem Zusammenhang die nondirektive Gesprächsführung, das aktive Zuhören, die Fragetechnik usw. Wesentliche Hinweise für die klientenzentrierte Beratung finden sich bei *Rogers* (1945, 1973, 1976) und *Gordon* (1955, 1979).

2.4.3.2 Die Moderationsmethode

Hier handelt es sich um die ursprünglich von den Gebrüdern *Schnelle* (o.J.) in Quickborn als Metaplan-Technik entwickelte Methode zur Aufbereitung und Darstellung von Problemen, Meinungen, Prozessen und Ergebnissen bei Zusammenkünften mehrerer Menschen. Es handelt sich um eine Mischung aus Frage- und Antwort- und Bewertungstechniken sowie um die Nutzung vieler Möglichkeiten zur Visualisierung von Äußerungen der Teilnehmer.

Die Moderationsmethode wird daher auch bei Gruppenarbeiten verschiedenster Art, bei Workshops, Konferenzen, Tagungen und Trainings in zunehmendem Maße angewandt. Der Erfolg dieser Methode hängt im wesentlichen von der Rolle des Moderators ab.

Der Moderator versteht sich als Katalysator im Lern- und Entscheidungsprozeß einer Gruppe. Sein Verhalten soll eine eigenständige Entwicklung der Gruppe ermöglichen und zu ihrer Selbststeuerung beitragen.

Zu seiner Funktion gehört es u.a., durch Einsatz bestimmter Methoden (z.B. Visualisierungstechnik, Gruppen-Fragetechnik) die Gruppenmeinung transparent zu machen, zur Reflektion des Gruppenprozesses anzuregen, eine gelockerte und kommunikationsfördernde Atmosphäre aufzubauen, bei der Aufdeckung latenter Konflikte zu helfen und die kreative Energie der Gruppe zu mobilisieren.

2.4.3.3 Die Techniken der Gesprächsführung

Diese beziehen sich sowohl auf formale Aspekte bei der Vor-und Nachbereitung von Gesprächen und Arbeitsbesprechungen als auch auf deren methodische Durchführung und auf das Kommunikationsverhalten der Beteiligten. Zu den Techniken der Gesprächsführung gehören z.B. das Verhalten des Besprechungs- oder Diskussionsleiters im Sinne der nicht-direktiven Gesprächsführung, der Einsatz von Medien, Hilfsmitteln oder Techniken zur Auflockerung und Ideenfindung wie z.b. Brainstorming, Kleingruppenarbeit und Gruppen-Fragetechniken sowie die Beachtung von Verhaltensregeln, etwa für den Umgang mit Konflikten und Feedback durch die Gesprächsteilnehmer.

Dabei geht man von der Erkenntnis aus, daß neben der sachlichen Inhaltsebene auch die emotionale Ebene, d.h. die Beziehungen zwischen den Gesprächsteilnehmern für den Gesprächsverlauf und die Problem- bzw. Konfliktlösung von Bedeutung sind und gleichermaßen im Gruppenprozeß beachtet werden müssen.

Insgesamt liegt dieser instrumentellen Variante das Konzept der „Themenzentrierten Interaktion" (TZI) der Psychoanalytikerin *Ruth Cohn* (1975) zugrunde. Danach beeinflussen sich in einem zielorientierten Gruppengespräch der einzelne (Ich), die Gruppe (Wir) und das Thema (Es). Alle drei Faktoren sollten in einem lebendigen Gespräch in Ausgewogenheit zueinander stehen. Das theoretische Modell wird bildlich durch die Form eines Dreiecks dargestellt. Dieses Dreieck ist in eine Kugel (Umwelt) eingebettet, die situative, historische und soziale Gegebenheiten ausdrückt (Zeit, Ort, Anlaß etc.).

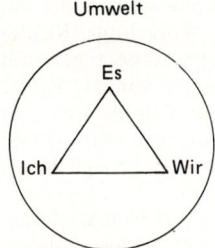

Abb. 8 Das TZI-Modell *(Cohn* 1975)

Die TZI versteht den Menschen als eine Einheit aus Fühlen, Denken und Handeln. Der Mensch ist gleichzeitig selbständig und von anderen Personen abhängig. Diese Sachverhalte führen jeden Menschen in Konflikte und stellen ihn vor die Aufgabe, für sein inneres und äußeres Gleichgewicht zu sorgen.

Von diesen Grundannahmen ausgehend werden für Gespräche nach der TZI-Methode eine Reihe von Grundforderungen und Regeln aufgestellt, die den Teilnehmern an solchen Gruppengesprächen vermittelt werden und die hier nur verkürzt angeführt werden sollen (*Cohn* 1975):

1. Versuche, in dieser Sitzung das zu geben und zu empfangen, was Du selbst geben und empfangen möchtest!
2. Sei Dein eigener Chairman! Bestimme, wann Du reden oder schweigen willst und was Du sagst!
3. Es darf nie mehr als einer auf einmal reden. Wenn mehrere Personen auf einmal sprechen wollen, muß eine Lösung für die Situation gefunden werden.
4. Unterbrich das Gespräch, wenn Du nicht wirklich teilnehmen kannst, z.B. wenn Du gelangweilt, ärgerlich oder aus einem anderen Grund unkonzentriert bist. . . (Störungen haben Vorrang).
5. Sprich nicht per „man" oder „wir", sondern per „ich"!
6. Es ist beinahe immer besser, eine persönliche Aussage zu machen, als eine Frage an andere zu stellen . . .
7. Beobachte Signale aus Deiner Körpersphäre und beachte Signale dieser Art bei den anderen Teilnehmern!

Ruth Cohn vertritt die Auffassung, daß nur eine feste Struktur Freiheit ermöglicht. Dennoch ist das Verfahren offen für ergänzende Techniken oder Übungen wie z.B. Psychodrama (*Moreno* 1959), Gestalttherapie (*Perls* 1974) oder Encountertechniken (*Rogers* 1974) u.a.

3.   Anwendungsfelder der Organisationsentwicklung

3.1 Probleme von Organisationen und in Organisationen

Nachdem die Ziele, Kriterien, Vorgehensweise und Methoden der
OE beschrieben worden sind, stellt sich die Frage nach den Anwen-
dungsbereichen: den Anlässen, Themen oder Problemfeldern, die
Frage nach dem „Objektbereich" der OE.

Die Themen, mit denen es die OE zu tun hat, sind naheliegender-
weise „Probleme von Organisationen". Das können Probleme sein,
die eine Organisation durch die Auseinandersetzung mit ihrer Umwelt
hat, aber auch solche, die sie durch Auseinandersetzung mit den in
der Organisation tätigen Menschen hat, also mit Bereichen, Gruppen
oder Personen.

Man kann den Standpunkt vertreten, daß es einen Objektbereich
„Organisation" gar nicht gibt. Das Vorhandensein vieler, sehr unterschiedlicher Organisationen mache eine Theorie „der" Organisation
unmöglich. Es sei, so wird behauptet, etwas grundsätzlich anderes,
ob man als Organisation eine Unternehmung oder eine Gewerkschaft,
eine Universität, eine Partei, ein Krankenhaus oder einen Jugendver-
band untersucht. Hier ist das unterschiedliche Abstraktionsniveau zu
beachten. Man kann dieser These recht geben und muß sie sogar
noch verschärfen, weil es konkret immer nur eine ganz bestimmte
Organisation geben kann, die zu untersuchen und zu behandeln ist.
Bei dieser Art der Betrachtung gibt es nicht nur grundsätzliche Unterschiede etwa zwischen wirtschaftlichen und sozialen Organisationen, mehr noch: auch das „Unternehmen A" in einer ganz bestimmten Branche (z.B. ein Kleinbetrieb der Werkzeugindustrie) ist etwas
anders als ein „Unternehmen B" in einer anderen Branche (z.B. ein
Großbetrieb der chemischen Industrie).

Trotzdem scheint es gerechtfertigt, die Phänomene zu untersuchen, die mehr oder weniger für alle Organisationen gelten. Unter-
suchungsgegenstand ist *die* Organisation im allgemeinen.

Was ist unter „der" Organisation zu verstehen? „Organisationen
können definiert werden als soziale Systeme mit einem angebbaren
Mitgliederkreis, einer kollektiven Identität und Verhaltensprogram-
men, die der Erreichung spezifischer Ziele dienen." (*Ziegler* 1967,
S. 237).

Als Erklärungsansätze für das Verhalten von Organisationen und
in Organisationen sind in der Organisationstheorie zwei Richtungen
zu unterscheiden: der strukturelle Ansatz und der personale Ansatz.
Beide Ansätze sind interdependent. So sind beispielsweise die Größe

und Komplexität einer Organisation, die Art der Arbeitsabläufe, ihre Gliederung, ihre „Verwaltung" ebenso wichtig wie das Verhalten von Personen und Gruppen. Umgekehrt ist alles, was in Organisationen vor sich geht, also auch die Regelung der Arbeitsabläufe, ein Ergebnis der Entscheidungen und Handlungen von Personen, die in sozialen Beziehungen zueinander stehen und bestimmte Verhaltensweisen und Praktiken des Umgangs miteinander entwickeln. Es ist u.E. wenig sinnvoll, beide Seiten ein und derselben Sache — eben der Organisation — getrennt voneinander zu behandeln. Eine solche jeweils einseitige Betrachtungsweise verstellt die Probleme, die es gerade zu untersuchen gilt.

„Probleme von Organisationen" oder „Probleme in Organisationen" sind also immer sowohl strukturelle als auch psychologische Probleme.

Um welche Art von Problemen handelt es sich, die bei der OE eine Rolle spielen?

Die Probleme, die zum Anlaß für Programme zur OE werden können, sind außerordentlich vielfältig und unterschiedlich. Ausgangspunkt der OE ist immer die konkrete Arbeitssituation, die — gemessen an den Zielen der Organisation und den Wünschen der Beteiligten — Schwierigkeiten erkennen läßt. Phänomene wie Absatzeinbußen, Qualitätsmängel, Kundenreklamationen, sinkende Produktivität, Fehlplanungen, Ausfallzeiten, Fluktuation, Unfälle, Krankenstand, Konflikte zwischen verschiedenen Abteilungen etc. werden als Störungen, als Probleme wahrgenommen. Sie sind auslösend für irgendwelche Veränderungsprozesse. Diese Probleme sind nie nur objektiv. Durch die Wahrnehmung — durch die Art der Wahrnehmung und Problemverarbeitung — sind es zugleich auch psychologische Probleme. Hier wird das „Problembewußtsein" wirksam, das wir als erstes Kriterium der OE beschrieben haben.

In diesem Zusammenhang ist darauf hinzuweisen, daß es sich bei den wahrgenommenen Problemen, die für OE-Projekte auslösend sein können, nicht unbedingt um negative Sachverhalte, um offensichtliche Mißstände handeln muß. Maßgeblich ist die Wahrnehmung und das Anspruchsniveau derjenigen, die über die Zielerreichung oder mögliche Veränderungen zu befinden haben. Es ist eine Erfahrungstatsache, daß OE-Programme oft gerade von solchen Managern eingeführt oder angeregt werden, deren Arbeit von anderen als „problemlos" und „unproblematisch" oder sogar als besonders „erfolgreich" und „fortschrittlich" angesehen wird. Offenbar sind bestimmte Manager für Innovationen besonders aufgeschlossen und sensibilisiert, sei es, daß die Wahrnehmung bestimmter Symptome für sie ein Anlaß ist, etwas „noch besser zu machen", sei es, daß sie an bestimmten Symptomen schon Anzeichen für mögliche künftige Schwie-

rigkeiten erkennen, denen sie durch geplante Veränderungen vorbeu-
gen wollen.

3.2 Problembereiche einer Organisation

Welche Bereiche sind es nun, denen sich die für OE relevanten Probleme zuordnen lassen?

Bei der Klassifikation der Probleme lassen sich, der Problement-
stehung nach, drei Bereiche unterscheiden:

Es gibt:

1) *Probleme, welche die Organisation als Ganzes berühren,* also die
   Auseinandersetzung mit der Umwelt und die Strukturbedingun-
   gen betreffen.. Dieser Bereich — Probleme der Gesamtorganisation — ist die erste Ebene für eine Analyse und eine Intervention.
2) *Probleme, die die sozialen Beziehungen der Organisationsmitglieder betreffen,* also Probleme der Zusammenarbeit in bestimmten
   Bereichen, Abteilungen oder Gruppen. Dieses — Probleme *in* und
   zwischen Gruppen — ist die zweite Ebene, an denen die Analyse
   ansetzen kann.
3) *Probleme, die das Organisationsmitglied — also das Individuum —
   betreffen.* Dies ist die dritte Ebene.

Die drei Bereiche, in denen Probleme auftreten können, beeinflussen selbstverständlich einander. Es versteht sich auch, daß auf
den verschiedenen Ebenen, also in jedem der drei Bereiche, sowohl
strukturelle als auch psychologische (personelle) Faktoren in Wechselwirkung eine Rolle spielen.

Das vorgestellte Analyse-Modell — Determinanten von Problemen
in einer Organisation — berührt sich mit einem von *Fürstenberg*
(1964) entwickelten Schema zur Klassifikation innerbetrieblicher
Konfliktursachen.

Fürstenberg unterscheidet drei Sektoren:

— institutionelle Rahmenordnung,
— soziales Interaktionsgefüge
— Individuum.

Jeder dieser Sektoren kann als Entstehungsbereich von Konflikten betrachtet werden. In diesen Bereichen ist nach Konfliktdeter-
minanten zu suchen. Durch Kombination jedes Sektors mit jedem
anderen kommt *Fürstenberg* zu folgendem Schema von Typen innerbetrieblicher Konfliktursachen (Abb. 9).

Entstehungs- sektor	Beeinflußter Sektor der Sozialstruktur		
	Institutionelle Rahmenordnung	Soziales Inter- aktionsgefüge	Individuum
Institutionelle Rahmen- ordnung	Widersprüche in der Organisation, z.B. Kompetenz- streitigkeiten	Kommunika- tionsprobleme („Abteilungs- zäune") Mangelnde Kontaktmög- lichkeiten Mißachtung sozialer Tat- bestände durch einseitig tech- nisch-ökonomische Orientierung	Loyalitätsprobleme Normenkonflikte Übermäßiger „Be- triebszwang" oder zu wenig bzw. un- klare Anweisun- gen
Soziales Interak- tionsgefüge	Spannungen zwischen for- malen und in- formalen Ver- haltensnormen Spannungen zwischen Grup- penzielen und Betriebsziel Widerstand gegen Be- triebsordnung	Gruppenrivali- täten Spannungen zwischen Inter- essengruppen	Rollenkonflikte Spannungen zwischen formalen und informalen Verhaltensanforde- rungen
Individuum	Anpassungs- probleme durch vorgeprägte Werthaltungen, Motivations- strukturen, so- ziale Vorurteile (z.B. Mißach- tung von Vor- schriften)	Anpassungspro- bleme durch Verhaltensab- weichungen und soziale Vorurteile (z.B. soziale Isolierung)	Persönliche Rivali- tät, persönliche Feindschaft, per- sönliche Abwehr- haltungen auf der Grundlage sozialer Vorurteile

Abb. 9 Typen innerbetrieblicher Konfliktursachen (*Fürstenberg* 1964, S. 129)

Abgesehen von der Einengung der Problemfelder auf Konflikt-
determinanten, die wir jedoch — ohne auf die Unterschiede einzugehen — hier für zulässig halten, kann uns das dargestellte Schema
als Bezugsrahmen für die Analyse und für die Entwicklung spezifischer OE-Maßnahmen dienen.

OE-Programme können sich, gemäß dem dargestellten Raster, auf
die drei Sektoren erstrecken. Sie beziehen sich auf

1) *die Gesamtorganisation (institutionelle Rahmenordnung)*
durch eine stärkere Sensibilisierung in bezug auf Veränderungen der
Umwelt. Die möglichen Instrumente und Maßnahmen reichen von
verfeinerten Methoden der Beobachtung solcher Veränderungen bis
zu besserer organisatorischer und personeller Ausstattung der Abteilungen, die in Verbindung mit der Umwelt stehen. Darüber hinaus
ergeben sich fast immer tiefgreifende strukturelle Veränderungen in
der Organisation: technische, organisatorische und häufig auch personelle Veränderungen. Diese zielen nicht nur dahin, sich der veränderten Umwelt anzupassen, sondern auch dahin, die Umwelt aktiv zu beeinflussen (Öffentlichkeitsarbeit, Einfluß auf Verbände, Parteien, Parlamente). Die Bemühungen können sogar auf die Antizipation von Umweltänderungen und auf entsprechende Maßnahmen
zur Beeinflussung der erkennbaren Trends hinauslaufen und zu einer
völligen Neuorientierung der Unternehmenspolitik an den Anforderungen der Zukunft führen. Das ist häufig gekoppelt mit einer stärkeren Divisionalisierung, der Entwicklung leistungsfähiger Suborga-
nisationen, der Einführung dezentral gesteuerter, eigenverantwort-
licher Unternehmensbereiche und einer Enthierarchisierung der Or-
ganisationseinheiten. Dabei werden meist team-orientierte Strukturen
geschaffen (*Likert* 1972). Die Organisation besteht dann aus inein-
andergreifenden Gruppen. Rangniedrigere Gruppen sind durch Ver-
bindungsleute (,linking pin') mit der ranghöheren Gruppe verbunden.
Dadurch wird eine Einflußnahme von ,,unten nach oben" gewährleistet, d.h. das Ausmaß an Partizipation wird erhöht. Durch eine
derartig vermaschte Gruppenstruktur werden die Voraussetzungen
für eine konstruktive Austragung und Reduzierung von Konflikten
in und zwischen Gruppen verbessert (*Krüger* 1972). Durch eine
Reduzierung von Machtunterschieden werden Machtverteilungskon-
flikte reduziert. Die OE-Maßnahmen zur Veränderung der institutionellen Rahmenordnung setzen in aller Regel bei eingehenden Be-
ratungsrunden mit und zwischen dem Top-Management ein, das damit zum Träger solch weitgreifender Veränderungsprozesse wird.

2) *die sozialen Beziehungen der Organisationsmitglieder*
durch ,,Trouble-Shooting", Entwicklung von Teamarbeit, Herbeiführung von Kontakten zwischen verschiedenen Gruppen zur Beseiti-

gung von Interessenkonflikten und Rivalitäten, gemeinsame Trainings
zur Verbesserung der Kommunikation und Kooperation, Entwicklung von ,,Spielregeln" für die Zusammenarbeit, Vereinbarung anderer Arbeitsabläufe, die Konflikte vermeiden helfen usw. Wichtig ist
vor allem der Abbau negativer Fremdbilder zwischen verschiedenen
Abteilungen oder Funktionsbereichen oder zwischen verschiedenen
Mitgliedern einer Gruppe. Wichtig ist auch die Anerkennung übergeordneter Ziele zwischen verschiedenen Gruppen und verschiedenen
Gruppenmitgliedern, notfalls durch die Hinzuziehung eines ,,Schieds-
richters". Auch hier ist die Mitwirkung eines oder mehrerer OE-Berater praktisch unerläßlich.

3) *das Individuum*
durch die Intergration und Förderung des einzelnen in entsprechenden Gruppen der Organisation, d.h. durch die Berücksichtigung
seiner Bedürfnisse, Fähigkeiten und Interessen im Hinblick auf die
Ziele der Organisation und die betrieblichen Erfordernisse. Dabei
geht es im wesentlichen um das Arrangieren partizipativer Lernprozesse, um die Überbrückung von Zielkonflikten und das Ausagieren
von Rollenkonflikten, die in jeder Funktion innerhalb einer Organisation beinah unvermeidlich angelegt sind. Durch die Einbindung
des einzelnen in Gruppenbeziehungen und die Überwindung beste-
hender Kommunikationshindernisse können neue (soziale) Fähigkeiten geweckt, Konflikte entschärft und die Motivation für bestimmte
Arbeitsaufgaben gefördert werden. Besondere Beachtung ist dem Informationsfluß, dem Führungsstil und der Aufgabenverteilung zu
schenken. Ein allmählicher Abbau allzu großer Spezialisierung, ein
Abbau hierarchischer Machtstrukturen und bürokratischer Kontrollen führt zur Verminderung der Abhängigkeit des Individuums, zur
Reduzierung latenter Konflikte und -- bei zielorientierter Zusammenarbeit aller Beteiligten – zu einer stärkeren Persönlichkeitsentfaltung.
Beiträge der OE liegen im Arrangieren von Maßnahmen zur Personalentwicklung, zur Laufbahnberatung, zur Arbeitsgestaltung (job
design), insbesondere in der Arbeitsbereicherung (job enrichment)
und in der Förderung des Fähigkeitspotentials der Organisationsmitglieder durch entsprechende Trainings. Derartige Bemühungen werden
in jüngster Zeit häufig durch Projekte wie ,,Qualitätszirkel" (*Engel*
1981) oder ,,Lernstatt" (*Riegger* 1983) im Produktionsbereich realisiert.

4   Die Umsetzung von Organisationsentwicklung durch Maßnahmen

4.1 Modelle und Interventionen

Welche Strategien und „Interventionstechniken" zur OE in der Praxis angewandt werden, hängt von der Art der zu lösenden Probleme,
von den Bedingungen in der Organisation, von der Motivation der beteiligten Organisationsmitglieder und nicht zuletzt von den OE-Beratern ab, die bestimmte Modelle als erfolgversprechend favorisieren.
Die Vielfalt der möglichen Maßnahmen ist entsprechend groß.
Auch an Klassifizierungsversuchen hat es nicht gefehlt. *Gebert* (1974)
differenziert zwischen „strukturalen" und „personalen" Vorgehensweisen. Der bekannteste Gliederungsversuch stammt von *Friedländer*
und *Brown* (1974), die zwischen überwiegend „technisch-strukturel-
len" Ansätzen einerseits und „human-prozessualen" Ansätzen andererseits unterscheiden. Sie haben die Verschränkung beider Ansätze
in einem Schema deutlich gemacht (Abb. 10).

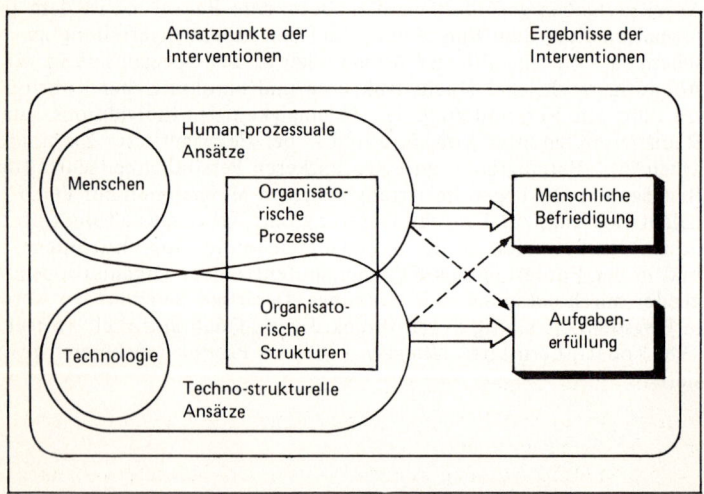

Abb. 10 Darstellung der OE-Ansätze (*Friedländer* und *Brown* 1974, S. 315)

In der Praxis sind unter dem Etikett „OE" sehr unterschiedliche Vorgehensweisen und Maßnahmen üblich. Bekannt geworden sind besonders:

— das Grid-Modell von *Blake* und *Mouton,*
— das Strategie-Konzept von *Greiner,*
— das Kontingenz-Modell von *Lorsch* und *Lawrence,*
— die Prozeßberatung nach *E. Schein,*
— das NPI-Modell nach *Glasl* und *de la Houssage.*

Diese Modelle sind an anderer Stelle eingehend beschrieben worden. Darüber hinaus sind zahlreiche Varianten und vielerlei spezifische Interventionstechniken üblich. Eine ziemlich umfassende Darstellung geben *French* und *Bell* in ihrem Standardwerk „Organisationsentwicklung" (1977), wobei sie in ihrem Klassifikationsschema die OE-Interventionen nach solchen unterscheiden, die mehr auf das Individuum zugeschnitten sind und anderen, die mehr auf Gruppen zugeschnitten sind.

Vorwiegend auf das Individuum zugeschnittene Maßnahmen sind z.B.:

— Rollen-Analyse (Role Analysis),
— Förderung und Beratung (coaching and counseling),
— Karriere-Planung,
— Gruppendynamik (T-Group und Sensitivity-Training),
— Grid-OE-Phase 1,
— Transaktionale Analyse,
— Arbeitsbereicherung,
— Management by Objectives (MbO).

Vorwiegend auf Gruppen ausgerichtete Maßnahmen sind z.B.:

— Strukturell-technologische Veränderungen,
— Survey-Feedback,
— Teamentwicklung,
— Intergruppen-Aktivitäten,
— Konfrontationstreffen,
— Prozeßberatung,
— Management by Objectives (MbO),
— Grid-OE-Phasen 2 und 3,
— Strategische Planung.

Dabei gibt es vielfältige Überschneidungen. Die *French-/Bell*-Liste läßt sich beliebig erweitern.

Als grobe Übersicht über die Maßnahmen zur OE bietet sich ein von *Porter, Lawler* und *Hackman* (1975) entwickeltes Gliederungsschema an, das von uns weiterentwickelt wurde (Abb. 11). Hier er-

Bezugsebene für Änderungen	Typische Interventionstechniken	Angestrebte Ziele	Implizierte Annahmen
Individuum	– Selbsterfahrungsgruppen – Laboratoriumstraining – Encounter-Gruppen – Skill-Training	– soziale Wahrnehmung – Belastbarkeit – Teamfähigkeit – Befähigung für Problemlösungen	Personen bilden und prägen die Organisation und das Verhalten der Organisationsmitglieder
Soziale Beziehungen der Organisationsmitglieder	– Survey-Feedback – Team-Training für Arbeitsgruppen – Prozeßberatung – Konfrontationssitzungen	„Spielregeln" der Zusammenarbeit: – Vertrauen – Offenheit – Kooperation – Konfliktberatung	„Klima" der Beziehungen bestimmt die Organisation und das Verhalten der Organisationsglieder
Technologische und organisatorische Struktur	Veränderung von technologischen Bedingungen und organisatorischen Regelungen, z.B. – andere Arbeitsabläufe – Arbeitsstrukturierung – systematische Gruppenarbeit – „Humanisierung" der Arbeitsbedingungen	Schaffen von (dauerhaften) Bedingungen, in denen Kooperation honoriert und individuelle Bedürfnisse berücksichtigt werden	Organisation und situative Bedingungen bestimmen das Verhalten der Organisationsmitglieder

Abb. 11 Klassifikation von Organisationsentwicklungsmaßnahmen (Quelle: in Anlehnung an *Porter, Lawler, Hackman* 1975, S. 440)

geben sich auch Berührungspunkte mit dem von *Fürstenberg* (1964) entwickelten Raster zur Typologie innerbetrieblicher Konfliktursachen, das uns zur Ableitung erster Ansätze für die Entwicklung spezifischer OE-Maßnahmen dienlich war (vgl. S. 78: Problembereiche einer Organisation). Schließlich ist in diesem Zusammenhang auch auf die in Kap. 2.3 gegebene Übersicht zu verweisen, bei der die Maßnahmen („Instrumente") den Phasen des OE-Prozesses zugeordnet sind.

4.2 Bedeutung der Diagnose: Probleme und Erklärungsfallen

Bei der Darstellung der OE-Maßnahmen kommt allerdings, wie uns scheint, der diagnostische Aspekt in der Regel zu kurz, weil sich die Maßnahmen („Interventions") − von der „survey-research"- und „survey-feedback"-Methode abgesehen − mehr auf die Art der Veränderungen als auf die Art der Analyse konzentrieren.

Deswegen ist hier ausdrücklich darauf hinzuweisen, daß am Anfang aller OE-Maßnahmen eine umfassende Problemerhebung und eine klare Diagnose stehen muß. Dabei ist immer wieder zu fragen

1) nach dem Anlaß und den Ursachen für die Entstehung betrieblicher Probleme,
2) nach den zu erreichenden Zielen und den Möglichkeiten zur Problemlösung,
3) nach den Maßnahmen zur Realisierung der angestrebten Lösung,
4) nach den Auswirkungen der durchgeführten Maßnahmen und den daraus abzuleitenden Konsequenzen.

Die Beantwortung der ersten Frage wird stark bestimmt durch den Zugang, der zur Analyse der Probleme gewählt wird.

Verschiedene Wissenschaften und die von ihnen beeinflußten Berater konzentrieren sich bei der Untersuchung ein und desselben Phänomens auf jeweils verschiedene Ursachenkomplexe bzw. verschiedene Faktoren, die Konflikte bedingen und sie in ihrem Verlauf beeinflussen. Dieser Sachverhalt soll durch ein an *Bernard* (1957) angelehntes Schaubild verdeutlicht werden (Abb. 12).

Das zu untersuchende Phänomen sei in unserem Beispiel ein Konflikt zwischen zwei verschiedenen Abteilungen in einem Unternehmen, zwischen der Verkaufsabteilung und dem Produktionsbetrieb. Der Konflikt manifestiert sich in einem anhaltenden Streit zwischen den beiden Abteilungsleitern, greift aber verständlicherweise auf die in den beiden Abteilungen beschäftigten Mitarbeiter über. Diese kurze Beschreibung mag als Zustandsschilderung genügen. Jede zusätzliche Information würde weitere Fragen provozieren. Das

Phänomen: Streit zwischen zwei Abteilungen	Individualpsychologisch (Eigenschaften)	Sozialpsychologisch (Interessen)	Betriebswirtschaftlich (Kosten)
Anlaß und Ursache des Konflikts	– Charakterliche Verschiedenheiten der Chefs (der eine ist impulsiv und großzügig, der andere kleinlich und genau)	– Unterschiedliche funktionsspezifische Zielsetzung (z.B. Verkauf und Produktion) – Machtkämpfe	– Verteilungskampf um Budget – Behandlung von Kundenreklamationen – Rationalisierungsdruck
Bedingungen für die Verschärfung des Konflikts	– häufige gemeinsame Besprechungen – strikte Trennung der Abteilungsbereiche (Dienstweg einhalten)	– Konkurrenzsituation – mangelndes Verständnis für die Situation des anderen	– ungünstige Geschäftsentwicklung – zu hohe Autonomie der beiden Abteilungsbereiche
Erklärungsansatz	– charakterliche Eigenarten – individuelle Vorurteile – Projektionen	– unterschiedliche Interessen – Rollenkonflikte – Zielkonflikte	– unzweckmäßige Aufbauorganisation – unklare Kompetenzen
Lösungsvorschlag	– Arbeitsplatzwechsel des einen oder anderen Stelleninhabers	– Rollentausch durch Intergruppentraining – Versuch, Einstellungen und Motive zu ändern	– Kosten-/Nutzen-Analyse – Änderung der Strukturorganisation

Abb. 12 Drei Zugänge zu einer Analyse sozialer Konflikte (in Anlehnung an *Bernard* 1957)

Abstraktionsniveau gebietet hier Verzicht auf weitere Einzelheiten.

Die Hypothese ist die, daß verschiedene Wissenschaften zur Analyse und Lösung dieses Konflikts jeweils verschiedene Erklärungsmodelle verwenden, daß also schon bei der Diagnose, bei der Problemdefinition und bei der Frage nach den Ursachen unterschiedliche Wahrnehmungsmuster und Deutungsansätze eine Rolle spielen. Jeder Wissenschaftler (und fast jeder OE-Berater) tendiert dazu, *die* Determinanten aufzuspüren, die ihm den Zugriff zur Realität erleichtern, und den Lösungsvorschlag zu favorisieren, der seinem Erklärungsmodell am meisten entspricht.

Das ist *ein* Grund dafür, daß so viele Bemühungen zur Konfliktlösung erfolglos bleiben. Das ist aber auch ein Grund dafür, daß OE möglichst multikausal ansetzen und interfakultativ sein sollte.

Der OE-Berater muß sich – bei aller Vielseitigkeit – seiner „eigenen Brille" bewußt sein und sich bei der Komplexität sozialer Phänomene immer wieder bemühen, alle wichtigen Einflußkräfte bei der Problemanalyse und bei der Problemlösung zu berücksichtigen. Hier können bestimmte Probleme, so wie der Klient sie vorträgt und damit bestimmte Ursachen und Lösungsvorschläge schon impliziert, gerade zu Erklärungsfallen werden, in die ein unerfahrener Berater hineintappt, ohne es zu bemerken.

Ein Beispiel:

Von der Leitung eines mittleren Unternehmens der Bekleidungsindustrie wurde ein Organisationspsychologe herangezogen, um ein Training zur Teamentwicklung für die im Produktionsbetrieb beschäftigten Mitarbeiter und Mitarbeiterinnen durchzuführen. Der Psychologe verstand sich als Berater und erkundigte sich nach den Gründen für das Trainingsvorhaben. Dabei wurde ihm erklärt, daß es unter den im Produktionsbetrieb tätigen Arbeiterinnen ständig zu Streitereien käme und daß die Maschineneinrichter und Meister in diese Streitereien mit hinein verwickelt würden. Die Ursache für den Streit läge, so meinte der Betriebsleiter, in den bei Frauen „nun mal üblichen" Rivalitäten in den zwischenmenschlichen Beziehungen untereinander, aber auch in den Rangeleien um die Gunst des Vorgesetzten. Und deshalb – so der Betriebsleiter – müßten die gegenseitigen Aversionen einmal aufgearbeitet und durch ein kooperationsförderndes Training beseitigt werden.

Der Psychologe äußerte den Wunsch, zunächst eine Bedarfsanalyse zur Ermittlung der Trainingsinhalte durchzuführen. In den Gesprächen mit den Arbeiterinnen, Einrichtern und Meistern gewann er den Eindruck, daß die Rivalitäten unter den Arbeiterinnen sehr reale Hintergründe hatten. Bei Störungen an den Maschinen waren sie auf die Hilfe der Einrichter angewiesen, die diese Störungen beseitigen mußten. Da die Verlustzeiten den Arbeiterinnen „kein Geld brachten", waren alle an einer schnellen Behebung der Störungen interessiert. Die Einrichter hingegen seien den Arbeitsgruppen nur locker zugeordnet und würden die Störungen „nach Gutdünken" beheben, d.h. mal die eine, mal die andere Arbeitsgruppe bevorzugt bedienen. Die hieraus entstehenden Streitereien würden vom Meister immer so geschlichtet, daß die Gruppe mit den voraussichtlich höchsten Produktionsausfällen bevorzugt wurde, daß also die größtmögliche Effektivität gewährleistet war. Das war jedoch vor allem von *den* Arbeiterinnen nicht einsehbar, die nun, weil der betriebliche Schaden bei ihnen weniger hoch war, auf die Behebung der Störung länger warten mußten und dadurch gewisse Verdienstausfälle hatten.

Eine genauere Analyse zeigte dann, daß der Arbeitsablauf nicht optimal organisiert war. Außerdem stellte sich heraus, daß es an den Maschinen zwar viele kleine Störungen, aber ganz selten größere Störungen gab. Eine Untersuchung der kleinen Störungen zeigte, daß die Arbeiterinnen nach entsprechender Anleitung durchaus in der Lage waren, die meisten dieser Störungen selbst zu beheben. Ferner zeigte sich, daß einige der Arbeiterinnen für bestimmte Arbeiten, die sie ausführen mußten, weniger geeignet waren und deshalb mit zur Verursachung der Störungen beitrugen. Dafür konnten sie andere Arbeiten, z.B. in der Qualitätskontrolle, einwandfrei ausführen. Alles in allem ergab die Analyse eine Vielzahl von Verbesserungsvorschlägen.

Die Ursachen für das Problem, das durch ein Training gelöst werden sollte, waren also, wie sich herausstellte, überwiegend arbeitsorganisatorischer Art. In dieser Richtung waren dann auch die zur Lösung geeigneten Maßnahmen zu suchen. Nach Änderung der Arbeitsabläufe, Umsetzung einiger Mitarbeiterinnen, Zuordnung der Einrichter zu den neu gebildeten Arbeitsgruppen, gezielten Anlernmaßnahmen usw. konnte auf das ursprünglich geforderte Teamtraining ganz verzichtet werden.

Zwei weitere Beispiele für die Bedeutung der Diagnose finden sich bei *Doppler* und *Voigt* (1981 S. 350 ff.).

„Im Rahmen der mehrjährigen wissenschaftlichen Begleitung eines umfänglichen Modellprojekts war es unsere Aufgabe, in dezentralen Teilsystemen einer Institution sozialmedizinischer Dienste Teamtrainings durchzuführen mit dem Ziel, die Bewältigung einer gesetzlichen Reform und deren praktische Umsetzung effektiver leisten zu können.

Zur Vorbereitung der Trainings standen uns von den Teilnehmern vorher ausgefüllte Fragebogen zur Problemanalyse zur Verfügung. Als Hauptprobleme wurden darin nahezu durchgängig benannt: Konflikte untereinander, zwischenmenschliche Störungen, Reibungsverluste in der persönlichen Zusammenarbeit – also Probleme auf der Beziehungsebene.

Erst nach einer Reihe von Trainings wurde uns klar, daß diese Analyse am eigentlichen Problem völlig vorbeiging, ja daß in Wahrheit genau das Gegenteil zutraf.

Wir hatten anfangs – in bester Selbsterfahrungsmanier – in Richtung Teambuilding interveniert, Beziehungskonflikte bearbeitet und zu klären versucht, bis wir merkten, daß diese Lösung das eigentliche Problem war. Oder: Das Ei war diesmal vor dem Huhn da. Wir erkannten zunehmend, daß in diesen relativ kleinen Teams von 4 bis 15 Leuten nahezu keine formalen Strukturen oder Vereinbarungen vorhanden waren. Die Ideologie war: Wir sind ein Team, alle sind gleich und jeder macht alles. Das führte mangels konkreter Arbeitsverteilung, abgegrenzter Arbeitsbereiche und Vereinbarungen über Notwendigkeit und Grenzen der Zusammenarbeit zu einer Überstrapazierung von

Beziehungen, über die allein Zusammenarbeit geregelt und Konflikte gelöst wurden.

Nach dieser Erkenntnis wechselten wir Interventionsebene, -stil und -fokus völlig. Ab jetzt ging es um die Schaffung klarer Kompetenzbereiche, klarer Zeitabsprachen, das Festlegen von Kommunikationssträngen und das verbindliche Vereinbaren von Entscheidungswegen.

Erst die damit garantierte Sicherheit von Verhaltenserwartungen reduzierte das Konfliktpotential auch zwischen einzelnen Mitarbeitern. Erst die Entproblematisierung der Basis der Zusammenarbeit – durch das „Einziehen" klarer, verbindlicher Strukturen – brachte den Erfolg, daß sich das Klima deutlich verbesserte, die Personalfluktuation sank und starker Zuwachs von Patienten engagiert und ideenreich bewältigt werden konnten.

Genau umgekehrt lag das Problem in einer großen öffentlichen Verwaltung. Hier bestand das typische und problematische Konfliktregelungsmuster darin, neue formale Regelungen auszuarbeiten. So wurden zwischenmenschliche Spannungen, aktuelle Rivalitäten und traditionsreiche Konkurrenzhaltungen nicht angesprochen, sondern um sie herum ein offizielles Netz von Regelungen, Dienstanweisungen und Aktenvermerken angelegt, bis der Gesamtapparat nahezu handlungsunfähig, zumindest aber hochgradig ineffektiv war. Ein Großteil der Verwaltungsenergie war dadurch gebunden, mit Macht den Deckel auf einem Topf zu halten, über dessen brodelnden Inhalt in der Kantine und auf den Fluren – also im informellen System – ganz offen gesprochen wurde.

Gegen viel Widerstand weigerten sich die Trainer hier, den Auftrag „kooperative Arbeits- und Entscheidungstechniken" weiterhin als Lernziel zu akzeptieren; wir schlugen vielmehr vor, die Situation der Zusammenarbeit und die Unterschiede zwischen formaler Organisation und informellem Geschehen zum Thema und damit die Ebene informeller Beziehungen zur öffentlichen Arbeitsebene zu machen, um dann anschließend aus einer gemeinsamen Problemsicht durch tragfähige Vereinbarungen die bürokratischen Wehrhecken zu stutzen. Hierarchie- und ressortübergreifendes Aushandeln sollte an die Stelle formaler Dienstanweisungen treten.

Der Anfangswiderstand in beiden Situationen stieß uns auf ein Werte- und Normproblem, eine Art Ideologie der Organisationskultur:

– Sie hieß im ersten Fall, grob formuliert: Wichtig sind unsere Beziehungen. Wenn wir wirklich wollen, brauchen wir keine formalen Strukturen und Regelungen; wir sind ein Team. Jeder, der es anders sieht, ist ein Bürokrat.

– Im anderen Fall ließ sich die Ideologie auf die Kurzformel bringen: Ein gutes Regelungs- und Anweisungsgefüge schließt „persönliche" Konflikte und Störungen aus. Über Persönliches darf in der Organisation ohnehin nicht gesprochen werden. Es darf es eigentlich nicht geben.

Im ersten Fall war das Resultat eine Verleugnung der Steuerungs- und „Entlastungsfunktion" formaler Organisation und eine Personalisierung aller Konflikte. Hinter der Angst vor Bürokratisierung verbarg sich eine existentielle Angst vor Beziehungsverlust und letztlich vor Einsamkeit durch Entfremdung.

Im zweiten Fall war das Resultat eine Verleugnung der Beziehungsaspekte in der komplexen Steuerung des Organisationsverhaltens mit einer gleichzeitigen Pseudoversachlichung aller Konflikte. Hinter der Angst, über „Persönliches", also über Gefühle, Beziehungen, Interessen und Befürchtungen zu sprechen, stand die Angst, angesichts einer jedermann bekannten blühenden Beziehungsunterwelt in einem unentwirrbaren Chaos sich zu verlieren.

In den beiden geschilderten Beispielen wurde uns vom Klientensystem eine Problemdefinition geliefert und von uns eine entsprechende Problemlösung per Arbeitsauftrag erwartet, die – angesichts der eben dargestellten Diagnose – nur zur Verfestigung und Verlängerung des Ausgangsproblems hätte führen können. Das heißt: Die gewünschte Problemlösung war in beiden Fällen das Problem selber!"

Diese Beispiele bestätigen eine alte Erkenntnis: Eine wirksame Therapie setzt eine richtige Diagnose voraus. Was am Anfang eines OE-Projekts bei der Analyse falsch gemacht oder versäumt wird, z.B. eine unsaubere Problemdefinition durch ungenügende Ortung oder falsche Einschätzung der Problemursachen (und der beteiligten Personen), kann zu völlig falschen Maßnahmen führen.

Was der Klient anfangs als Beschwerden vorbringt oder an Wünschen äußert und was der Berater auf Anhieb in Erfahrung bringen kann, reicht meistens nur für eine „Vor-Diagnose". Es kommt vor, daß diese das eigentliche Problem mehr verschleiert als aufdeckt („Wasch mir den Pelz, aber mach mich nicht naß!"). Oft ist das, was zu Anfang erkannt wird, auch nur die Spitze des Eisbergs, den es zu schmelzen gilt. Deshalb ist eine genaue Datensammlung durch den Berater und eine gründliche Analyse der erhobenen Daten für eine klare Diagnose unerläßlich. Daß diese Diagnose später ergänzt und korrigiert werden kann, versteht sich von selbst.

5 Zusammenfassung und Analyse des Gesamtkonzepts der OE

In den vorangegangenen Kapiteln sind die konzeptionellen Grundlagen der OE eingehend beschrieben worden. OE — soviel ist deutlich geworden — ist eine komplexe Veränderungs- und Problemlösungsstrategie, die einerseits an den Aufgaben und Zielen der Organisation und andererseits an den Bedürfnissen und Fähigkeiten der in ihr tätigen Menschen orientiert ist und darauf abzielt, das Verhalten der Menschen in einer Organisation und damit die Effektivität der Organisation ihrer Umwelt gegenüber zu verbessern. Bei der Durchführung werden gewisse Prinzipien und Kriterien beachtet, sozialwissenschaftliche Erkenntnisse und Methoden angewandt und bestimmte Vorgehensweisen favorisiert.

Trotz aller Erklärungsversuche und trotz (oder gerade wegen) der vielen methodischen Aspekte, die bei der OE eine Rolle spielen, fragt man sich immer wieder, was OE denn „eigentlich" sei.

Ist OE — so fragt man sich — letztlich nicht doch ein Konglomerat unausgegorener sozialwissenschaftlicher Erkenntnisse und Methoden, soweit sie für die Arbeit in Betrieben und Institutionen brauchbar sind? Ist OE nicht nur eine schwer zu durchschauende Mischung von mehr oder weniger abgesicherten Hypothesen („Glaubenssätzen") über das Verhältnis von Mensch und Umwelt, optimistischer Bemühung um „Veränderungen" und „Lebensqualität", systemtechnischem Instrumentarium und gruppendynamischen Techniken, getragen von einem unverhohlenen Schielen auf wirtschaftlichen Erfolg (für Klienten und Berater)? Ist OE nichts als eine „Schönwetter-Strategie" mit einem Schuß Sozialromantik oder sogar nur eine wissenschaftlich garnierte Utopie?

Die Skepsis ist berechtigt. Hieraus ergibt sich die Notwendigkeit, die „OE" gründlicher zu untersuchen auf die ihr zugrunde liegenden Annahmen, Prinzipien und Methoden, auf ihre Anwendungsmöglichkeiten. Es gilt also, alle Bestandteile in ihrem systematischen Zusammenhang zu analysieren.

Eine derartige Analyse der OE ist längst überfällig, u.W. noch nirgendwo geleistet, aber dringend notwendig für das Verständnis und die praktische Wirksamkeit der OE.

Wir fragen uns: *Was sind die wesentlichen Komponenten der OE und wie lassen sie sich einander zuordnen?* Wie kann man das Durcheinander von Annahmen, Prinzipien und Methoden überschaubar machen?

Die folgende Beschreibung der Komponenten von OE ist das Ergebnis einer gründlichen Analyse, die den wissenschaftlichen Ansprüchen in gleicher Weise gerecht zu werden versucht wie den Anforderungen der Praxis. Es kommt uns darauf an, einen Bezugsrahmen zu schaffen und die Zusammenhänge zu klären. Die verschiedenen Komponenten sollen zunächst nur begrifflich unterschieden, kurz beschrieben und später näher erläutert werden.

Kennzeichnend für die OE sind:

1) ein bestimmtes *humanistisches Leitbild und eine pragmatische Grundhaltung.* Hieraus erklären sich die Definitionen, die Ziele, die Annahmen und Wertvorstellungen, die bei OE eine Rolle spielen. Es ist die ,,philosophy'' der OE.
2) eine ganzheitliche Perspektive, ein Denken in Systemzusammenhängen und *die Berücksichtigung einiger maßgeblicher Prinzipien,* die damit zu Kriterien für das praktische Vorgehen werden (Betonung des Prozeßdenkens, Mitwirkung eines Beraters, Beteiligung der Betroffenen usw.). Es ist das, was im Amerikanischen die ,,policy'' genannt wird;
3) *eine systematische Vorgehensweise,* die bei allen Veränderungs- und Problemlösungsprozessen durchgehalten wird und die in der Gesamtplanung der zu steuernden Prozesse ihren Ausdruck findet (,,strategy'');
4) *die methodischen Instrumente,* d.h. die Verwertung wissenschaftlicher Erkenntnisse (z.B. der Organisationslehre und der Sozialpsychologie) und die Anwendung wissenschaftlicher Methoden (Symstemtechnik, Gruppendynamik, Gesprächs- und Beratungstechnik). Es ist das ,,Instrumentarium'' der OE (,,methods'').
5) *die Anwendungsfelder,* von denen die OE ausgeht. Es sind bestimmte Anlässe und Probleme (,,Objektsbereiche''), die durch die Wechselwirkungen zwischen Individuen, Gruppen, Organisation und Umwelt gekennzeichnet sind (,,situations'').
6) *eine Vielzahl von Maßnahmen,* also bestimmte Interventionen, Strategien und Techniken, die sich aus der Vorgehensweise, den Anlässen und Problemen ergeben (,,operations'').

Diese Systematik findet in folgendem Schaubild ihren Niederschlag (Abb. 13).

Das Schaubild wird durch eine Tabelle erläutert, in der alle Bestandteile der OE, kategorial gegliedert, aufgelistet sind (Abb. 14).

Im folgenden sollen die genannten Komponenten, die bei der OE eine Rolle spielen, näher analysiert werden.

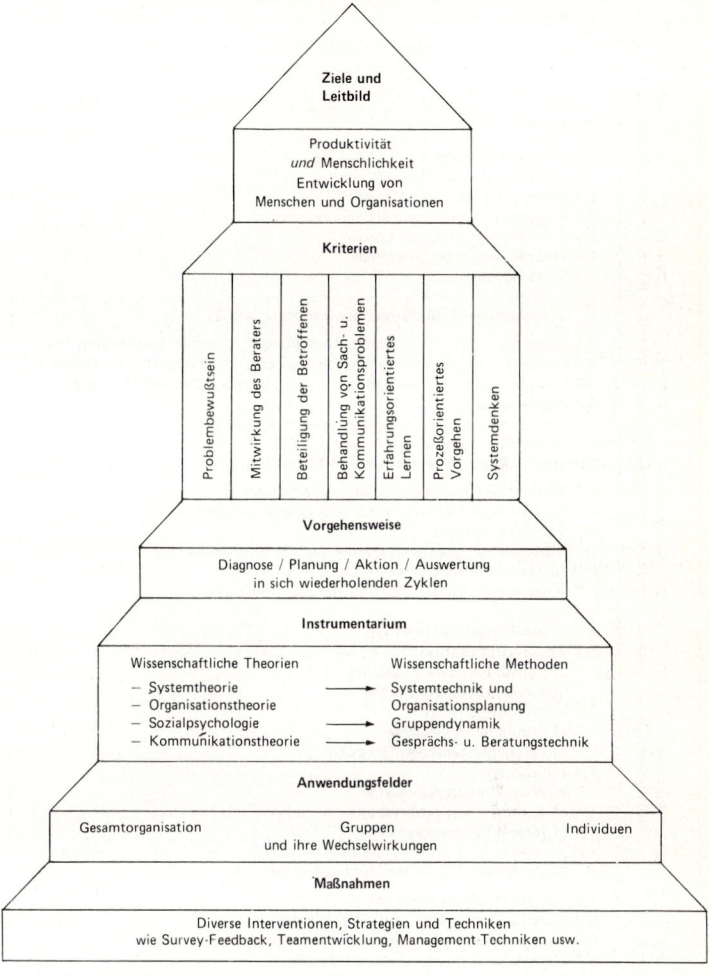

Abb. 13 Systematik aller Komponenten der OE

„philosophy" „Leitideen	**1. Ziele und Leitbild** a) Produktivität *und* Menschlichkeit b) Der Mensch ist ein sich entwickelndes und (durch vielerlei Umstände) lernendes Wesen
„policy" Prinzipien d. Handelns	**2. Kriterien** 2.1 Problembewußtsein 2.2 Mitwirkung eines Beraters 2.3 Beteiligung der Betroffenen 2.4 Klärung von Sach- und Beziehungsproblemen 2.5 Erfahrungsorientiertes Lernen 2.6 Prozeßorientiertes Vorgehen 2.7 Systemdenken
„strategy" Gesamtplanung	**3. Vorgehensweise** (im Sinne der Punkte 1 und 2) 3.1 Diagnose in Wechselbeziehung unter Anwendung wis- 3.2 Planung zwischen Klienten und senschaftlicher Erkennt- 3.3 Aktion Berater nisse und Methoden 3.4 Auswertung

„instruments" method. Anwendung	**4. Methoden**
	Wissenschaftliche Erkenntnisse und Methoden
	
	4.1 Systemtheorie und Organisationsforschung
	    Anwendung: Systemtechnik und Organisationslehre
	4.2 Sozialpsychologie
	    Anwendung: Gruppendynamik und Gruppenpädagogik
	4.3 Kommunikationstheorie
	    Anwendung: Gesprächs- und Beratungstechniken

„situations" Objektbereiche, Anlässe	**5. Anwendungsfelder von OE**
	5.1 Gesamtorganisation
	    a) umweltbedingte Probleme
	    b) strukturbedingte Probleme
	5.2 Soziale Beziehungen
	    a) Probleme in Gruppen
	    b) Probleme zwischen Gruppen
	5.3 Individuen
	    a) Wahrnehmungsprobleme
	    b) Kommunikationsprobleme
	    c) Interaktionsprobleme

„operations" Maßnahmen	**6. Maßnahmen, Techniken, Interventionen** 6.1 Survey-Feedback-Methode 6.2 Komplexitätsmodell und Kraftfeldanalyse 6.3 Beurteilungs- und Anreizsysteme 6.4 Organisationsinterne Einsatzberatung 6.5 Führungsverhaltensentwicklung 6.6 Management by objectives 6.7 Teamentwicklung 6.8 Intergruppen-Training 6.9 Transaktionsanalyse usw.

Abb. 14 Auflistung aller Komponenten der OE

1 Die „Leitideen" der OE: das humanistische Menschenbild und eine pragmatische Grundhaltung

Kennzeichnend für die OE ist ein bestimmtes Leitbild, eine Auffassung vom Menschen, eine Überzeugung, die besagt, daß „Produktivität" und „Menschlichkeit" einander nicht ausschließen, sowie die Annahme, daß der Mensch ein sich entwickelndes und (durch vielerlei Umstände) lernendes Wesen ist. Diese Wertvorstellungen sind in der humanistischen Psychologie verwurzelt. Dem philosophischen Ansatz nach liegt ihr Ursprung in einer Verschmelzung der deutschen idealistisch-humanistischen Tradition mit dem amerikanischen Behaviorismus. Das Menschenbild entspricht etwa dem, das *McGregor* (1960) als Übergang von Theorie X zur Theorie Y beschrieben hat. Insofern hat OE immer einen bestimmten und bestimmenden Werthintergrund, bei aller Unterschiedlichkeit der dahinter stehenden „Ideologien".

Die dem Leitbild zugrunde liegenden Erkenntnisse der angewandten Sozialwissenschaften sind von der „Gesellschaft für Organisationsentwicklung" (1980) wie folgt skizziert worden:

– Die Einstellungen und Verhaltensweisen des menschlichen Individuums sind nicht nur durch seine Erbanlagen, sondern in wesentlichem Maße auch durch physische, psychosoziale und geistige Einflüsse seiner Umwelt, d.h. durch seine frühere und aktuelle Lebens- und Arbeitssituation bedingt.
– Jeder Mensch besitzt ein nicht vorhersehbares individuelles Entwicklungspotential, dessen eigenverantwortliche Entfaltung unter den gegebenen Arbeits- und Lebensbedingungen oft erschwert oder unmöglich gemacht wird. Unter geeigneten sozialen und organisatorischen Voraussetzungen kann der Mensch nicht nur Wissen und Fertigkeiten, sondern auch emotionale Bedürfnisse und Einstellungen, soziale Verhaltensweisen und persönliche Werte „lernen" und „verlernen", d.h. verändern und entwickeln.
– Persönliche Entwicklung in diesem Sinne setzt Lernen durch Erfahrung „am eigenen Leib" voraus. Der Mensch lernt und entwickelt sich im direkten Kontakt mit anderen Menschen und in der direkten Auseinandersetzung mit konkreten Problemen, von denen er selbst in irgendeiner Weise betroffen ist.

Offene Information und aktive Mitwirkung der Betroffenen spielen deshalb in der Organisationsentwicklung eine zentrale Rolle bei der Lösung der konkreten betrieblichen Probleme."

Das von der OE vertretene Wertsystem ist idealtypisch auch von *Tannenbaum* und *Davis* (1969) beschrieben: Der Mitarbeiter braucht positive Bestätigung, Anregungen durch seine Umwelt, Entwicklungsspielraum. Interindividuelle Unterschiede sind zu akzeptieren und zu nutzen. Authentisches Verhalten ist zu fördern. Gefühle sollen nicht unterdrückt, sondern als wirksam anerkannt und geäußert werden. Organisatorische Macht und Status müssen aufgabenorientiert eingesetzt werden. Es geht um den Aufbau eines kooperativen Arbeitsklimas, um vertrauensvolle Zusammenarbeit, die offene Problemkonfrontation einschließen muß.

Gekoppelt mit solchen humanistischen Wert- und Zielvorstellungen und ebenso charakteristisch für die Philosophie der OE ist eine pragmatische Grundhaltung, d.h. eine Einstellung, die sich undogmatisch an der Realität orientiert und sich prinzipiell um ein sinnerfülltes Dasein bemüht. Die wissenschaftlichen Theorien sind nur hinsichtlich ihrer praktischen Verwertbarkeit bedeutsam. Die Vorgehensweise ist überwiegend empirisch, experimentell, stets offen für neue Erfahrungen. Die meisten Probleme werden im Ansatz als lösbar betrachtet (Tendenz: Es ist immer mehr möglich, als man gemeinhin denkt!).

2 Die „Prinzipien" der OE: die ganzheitliche Perspektive und ein Denken in Systemzusammenhängen

Kennzeichnend für die OE ist eine Betrachtungsweise, in der Individuum, Organisation, Umwelt und Zeit in ihren Wechselwirkungen und Systemzusammenhängen gesehen werden. Bei geplanten Veränderungsprozessen werden die Wechselwirkungen zwischen menschlichem Verhalten und den organisatorischen Strukturen ebenso berücksichtigt wie die (meistens ignorierte) Vorgeschichte einer Organisation in der Vorausschau auf ihre mögliche Zukunft. Dieses ganzheitliche Denken der OE ist einerseits von der Systemtheorie, andererseits von den Verhaltenswissenschaften beeinflußt.

Aus diesem Denkansatz ergeben sich eine Reihe von Prinzipien für das praktische Vorgehen, die wir als „Kriterien" der OE bezeichnet haben: gemeinsames Problembewußtsein, Mitwirkung eines Beraters, Beteiligung der Betroffenen, prozeßorientiertes Vorgehen usw. Diese Kriterien der OE sind in Kap. 2.2 beschrieben worden.

3 Die „Strategie" der OE: eine bestimmte systematische Vorgehensweise

OE verfolgt eine bestimmte Systematik des Vorgehens, die sich aus der Systemtechnik herleitet und von der Aktionsforschung ergänzt wird. Die einzelnen Schritte sind:

a) Erkennen von akuten und zukünftigen Problemen, Datensammlung und Analyse (Diagnose),

b) Entwicklung von Maßnahmen (Planung),
c) Durchführung dieser Maßnahmen (Aktion),
d) Wirkungskontrolle (Auswertung).

Da OE nicht allein auf die Problemlösung und die Änderung organisatorischer Strukturen ausgerichtet ist, sondern auf eine stärkere Beteiligung der betroffenen Organisationsmitglieder abzielt, stehen in den einzelnen Schritten aktivierende Lernmethoden zur Problemlösung im Vordergrund. Die Vorgehensweise wurde in Kap. 2.3 näher beschrieben.

4 Das „Instrumentarium" der OE: die Anwendung sozialwissenschaftlicher Erkenntnisse und Methoden

Bei der Vorgehensweise der OE werden ständig wissenschaftliche Erkenntnisse verwertet und sozialwissenschaftliche Methoden angewandt.

Die wissenschaftlichen Erklärungsansätze stammen im wesentlichen aus folgenden Disziplinen:

— Systemtheorie,
— Organisationstheorie,
— Sozialpsychologie,
— Kommunikationstheorie

Dementsprechend ergeben sich methodische Anwendungen aus folgenden Bereichen:

— Systemtechnik und Organisationslehre,
— Gruppenpädagogik und Gruppendynamik,
— Gesprächs- und Beratungstechniken.

Die bei OE-Projekten angewendeten Methoden sind in Kap. 2.4 näher beschrieben worden.

5 Die „Anwendungsfelder" der OE: Probleme in den Wechselbeziehungen von Organisation und Umwelt, Gruppen und Individuen

Die Anwendungsfelder sind — allgemein ausgedrückt — immer Probleme von Organisationen und in Organisationen. Von der Systematik her bietet sich folgende Aufgliederung an:

1. Gesamtorganisation
   a) umweltbedingte Probleme
   b) strukturbedingte Probleme
2. Gruppen in Organisationen
   a) Probleme in Gruppen
   b) Probleme zwischen Gruppen
3. Individuen in der Organisation
   a) Wahrnehmungsprobleme
   b) Kommunikationsprobleme
   c) Interaktionsprobleme.

Einzelheiten sind in dem vorangegangenen Kapitel 3 bereits beschrieben worden. Weitere Hinweise sind den entsprechenden Kapiteln von Teil C zu entnehmen (Anwendung der OE in der Praxis).

6 Die „Maßnahmen" der OE: eine Vielzahl von Modellen, Strate-gien und Interventionen

Aus den Zielen und dem methodischen Instrumentarium einerseits
und aus den Anlässen andererseits ergeben sich eine Vielzahl von
praktischen Maßnahmen, die entweder an der Gesamtorganisation
oder an Gruppenbeziehungen oder an Individuen orientiert sind. Diese Interventionen und Strategien sind in Kap. 4 schon dargestellt
worden.

Es handelt sich teilweise um mehr oder weniger straff systema-
tisierte Vorgehensweisen, wie z.B. das Grid-Modell (*Blake* u. *Mou-ton*), das 3-D-Modell (*Reddin*), das Kontingenz-Modell (*Lorsch* u.
Lawrence), die Prozeßberatung (*E. Schein*), das NPI-Modell (*Lieve-goed, Glasl, de la Houssaye*) oder um diskursiv anzuwendende Strategien und Verfahren, wie Survey-feedback, Kräftefeldanalyse, orga-
nisationsinterne Einsatzplanung, Teamentwicklung, Konfrontationstreffen oder Intergruppen-Training. Auch eine Strategie wie das
„Management-by-Objectives" gehört in diesen Zusammenhang.

Das Interventions-Spektrum bzw. der Katalog möglicher Maßnahmen ist sehr breit und wird in Theorie und Praxis ständig erweitert.
Es handelt sich sowohl um Analyse-Ansätze als auch um Planungen
und Aktionen, die meist in verschiedene Phasen gegliedert sind
und, mit den nötigen Erfolgskontrollen gekoppelt, aufeinander
folgen.

Teil B: Wissenschaftliche Erkenntnisse und Methoden

Einleitung

In diesem Teil wird nur ein Ausschnitt der OE betrachtet. Es geht vor allem um wissenschaftliche Erklärungen und die Strukturierung des Problemlösungsprozesses, der das verstehende Eindringen ermöglichen soll. Mit dem Eindringen in die Problematik soll auch eine Distanz erreicht und die Verarbeitung anderen mitteilbar gemacht werden.

Dies ist bei der Anwendung von Alltagswissen, common-sense-Denken nicht möglich. Naive Verhaltenstheorien, Menschenkenntnis, haben durchaus den Vorteil, daß man durch sie schnell Menschen einordnen und ihr Verhalten erklären kann; aber wie diese Einordnungen zustande kommen, ist nicht nachprüfbar. Die empirische Verankerung ist nicht präzise, so daß verbindliche Überprüfungen gar nicht möglich sind. Das hat auch zur Folge, daß Erklärungen solcher Art nicht widerlegbar sind. Fehlprognosen sind dadurch möglich. Dies ist dann nicht tragisch, wenn die abgeleiteten Maßnahmen oder Handlungsweisen keine weitreichenden Folgen haben.

Wissenschaftliche Erklärungen haben dagegen den Vorteil, daß die Theorien und Konstrukte in ihren Merkmalen bekannt sind. Die Erklärungen zu einem Problem können so von allen nachvollzogen werden. Die Einschränkungen durch die Theorie in ihren Erklärungsmöglichkeiten sind bekannt. Der Nachteil bei diesem Vorgehen liegt insbesondere im Zeitaufwand. Ein wissenschaftliches Forschungsprogramm kann sich über Jahre erstrecken. Dies kann man durch Kurzprognosen verkürzen, wie dies in der Medizin tägliche Praxis ist. Fehlorientierung vermeidet man durch einen eng geschlossenen Kreis zwischen „Prüfung-Handlung-Prüfung".

Ein prognostisch wenig gehaltvolles Wissen kann am Ende eines zirkulären Anwendungsprozesses in eine empirisch befriedigende Orientierungsleistung münden. Wenden wir dieses Verfahren im pädagogischen Bereich an:

Problem: Ein Schüler hat mangelhafte Leistungen in Deutsch.

Erklärung: „Der Schüler ist dumm." Wird Dummheit als angeboren verstanden, so erübrigt sich ein weiteres Vorgehen. Nehmen wir zugunsten des Lehrers an, daß er weitere Informationen einholt. Dabei stellt sich heraus, daß die Leistungen nur bei ihm schlecht sind.

Erklärung: „Das Verhältnis zwischen Lehrer und Schüler ist negativ, deshalb strengt sich der Schüler nicht an."

Maßnahme: Verschiedene Gespräche, in denen die Beziehung zwischen Lehrer und Schüler geklärt wird und sich entsprechend verändert.

Die Deutschleistungen des Schülers bleiben immer noch mangelhaft. Eine weitergehende Analyse des Lehrers führt dazu, daß er gravierende Leistungsausfälle feststellt.

Erklärung: „Das Wissen des Schülers in bestimmten Bereichen reicht nicht aus, um die geforderten Leistungen zu erbringen."

Maßnahme: Der Schüler muß sich durch spezielle Übungen das fehlende Wissen aneignen. Dies führt dann zum Erfolg.

Gesteuert wird das Vorgehen durch verschiedene Systematiken, die in den folgenden Kapiteln weiter besprochen werden.

Zum einen geht es um das Erklären von Verhaltensweisen eines Schülers. Warum hat der Schüler schlechte Leistungen? Wissenschaftliche Theorien und Konstrukte haben bekanntlich die Aufgabe, Erklärungen zu liefern. Dies ist der Gegenstand des 1. Kapitels.

Die Erklärung des Lehrers, der Schüler sei „dumm", ist allerdings vorwissenschaftlich, alltagsorientiert. In dem Begriff „dumm" wird nicht nur beschrieben, daß der Schüler die Leistungen in Deutsch nicht erbringt, sondern auch interpretiert, dies läge an der Intelligenz. Darüber hinaus wird auch die Person bewertet.

Ein Problem muß also vorher beschrieben werden. Man muß systematisch Informationen über den Schüler einholen (Befragungen, Intelligenztest etc.), erst dann kann man erklären. Auch die Ziele des Deutschunterrichts müssen klar als Maßstäbe formuliert sein, damit ein Vergleich stattfinden kann. Die Maßnahmen für den Schüler müssen dann geplant und ihr Erfolg erfaßt werden. Systemtechniken können dies in geordneter Form ermöglichen und dabei Transparenz schaffen. Im 3. Kapitel werden deshalb exemplarisch solche Techniken geschildert.

In den Erklärungen steckt aber noch mehr, nämlich die Anwendung von Erkenntnissen aus der Psychologie. Das Verhältnis zwischen Lehrer und Schüler kann tatsächlich die Leistung gravierend beeinträchtigen, aber auch fördern. Dies ist inzwischen allgemein bekannt. Wenn Vermutungen über Ursachen bei einer Problematik aufgestellt werden, können solche Kenntnisse hilfreich sein. Sie können aber auch in die Irre führen, s. Beispiel. Wenn wir Probleme lösen wollen, arbeiten wir mit Vermutungen. Sie sollten entsprechend dargestellt werden, um jedem die Möglichkeit des Eingreifens zu geben. Nur so können Vermutungen diskutiert, evtl. neue hinzugefügt werden, die es dann mittels vorliegender oder noch einzuholender Informationen zu überprüfen gilt.

Einige Erkenntnisse aus dem Bereich der Organisationslehre, der Sozialpsychologie und der Kommunikation werden in den Kapiteln 2.1 bis 2.3 dargestellt. Wissensbestände steuern den Verstehensprozeß, schränken ihn aber auch ein, weil nur noch bestimmte Ursachen einbezogen werden. Deshalb sollen möglichst viele Wissensbestände genutzt werden.

Ein eindringendes Verstehen in eine Problematik benötigt Zeit. Die Zeit kann allerdings unterschiedlich genutzt werden. Durch systematisches Vorgehen und Nützen von Wissensbeständen in einer Gruppe kann ein solcher Prozeß verkürzt werden. Die Vertiefung eines Verstehensprozesses kann aber auch durch Wiederholungen gewährleistet werden. Dies ist eine Sicherung, wenn beim ersten Mal die Maßnahmen nicht greifen. Das Ganze funktioniert allerdings nur dann, wenn der nächste Zyklus tatsächlich zu einem weiteren Eindringen in die Materie führt. Bleibt man im alltagsorientierten Verarbeiten der Situation, so ist die Folge, daß man Probleme nach dem Prinzip Versuch-Irrtum löst.

1 Die Verwertbarkeit wissenschaftlicher Theorien

Theorien und die Methoden zur Datengewinnung gestalten in der OE den Bereich der *Diagnose*. Die gewonnenen Daten aus Befragungen z.B. haben dabei die Funktion, die Probleme exakter zu beschreiben, aber auch vermutete Ursachen abzusichern. Beide Bereiche stehen in wechselseitiger Abhängigkeit. Je weniger Informationen vorliegen, um so vager fallen Problembeschreibungen und die vermuteten Ursachen aus.

In der traditionellen Wissenschaft haben die Theorien das Ziel, befriedigende Erklärungen zu formulieren für alles, was einer Erklärung zu bedürfen scheint. *Laucken* und *Schick* (1978) beziehen sich dabei auf *Popper*. Im folgenden gehen wir dem nach, was unter ,,Erklärungen'' und unter ,,befriedigend'' zu verstehen ist.

Erklärungen erster Ordnung sind regelhafte, voraussagbare Beziehungen zwischen Variablen, sogenannte Gesetze, z.B.: ,,*Wenn* Frustration, *dann* Aggression.'' Solche Gesetzmäßigkeiten haben allerdings die unangenehme Eigenschaft, daß sie in der Komplexität der Realität nur bedingt Voraussagen machen können. Gesetzmäßigkeiten kommen nur dann ihrer Erklärungsfunktion nahe, wenn sie in künstlichen Situationen – Experimenten – ablaufen. Dies gilt im übrigen nicht nur für die Verhaltenswissenschaft, sondern auch für die anderen empirischen Wissenschaften, z.B. Physik, Chemie etc.

	Unabhängige Variable Bedingungsvariable	Verknüpftungsart	Abhängige Variable Folgevariable
Gesetz	a	⟶	b
	nicht − a	⟶	nicht −b

a = Frustration/b = Aggression/   ⟶ = wenn, dann

Abb. 15 Bestandteile eines erfahrungswissenschaftlichen Gesetzes

Bei Erklärungen zweiter Ordnung werden die Gesetze selbst zu einem erklärungsbedürftigen Gegenstand. Es werden Annahmen formuliert, wie eine solche Verbindung zustande kommt. Diese Annahmen werden als Konstrukte oder Theorien formuliert und in Modellen veranschaulicht. Der Unterschied zwischen Konstrukt und Theorie besteht darin, daß bei Konstrukten ein kleinerer Verhaltensbereich erklärt wird (z.B. Intelligenz, Einstellung, Motivation etc.), bei Theorien (z.B. psychodynamische, kognitive Theorien, Feld-, Gestalttheorie) werden umfangreiche Verhaltensbereiche durch Erklärungsbegriffe, die untereinander verbunden sind, zu erklären gesucht. Erklärungsbegriffe werden als intervenierende Variable bezeichnet. (Vgl. *Laucken* und *Schick* 1978).

Unabhängige Variable beobachtbar	Intervenierende Variable erschlossen	Abhängige Variable beobachtbar
Situation Reize	Theorien Konstrukte	Verhalten Erleben
Beschreibungsbegriffe	Erklärungsbegriffe	Beschreibungsbegriffe

Abb. 16 Variable und Begriffsarten einer Theorie

Für den Bereich der Organisationspsychologie veranschaulicht ein Beispiel ein solches System (Abb. 17).

Nachdem der Begriff „Erklärungen" geklärt ist, muß jetzt noch die Beifügung „befriedigend" dargestellt werden. Die Erklärungsfunktion einer Theorie gilt nur dann als „befriedigend", wenn sie bestimmten Kriterien standhält. Sind diese erfüllt, so können mit einer

Unabhängige Variablen	Intervenierende Variablen	Abhängige Variablen
Art der Arbeits-teilung — Zentralisierung/ Dezentralisierung — Delegationsform — Machtverteilung — Kontrollspannen	Art der zwischen-menschlichen Bezie-hungen — zwischen Gruppen — in Gruppen — zwischen Vorge-setzten und Mit-arbeitern	Leistungsfähigkeit Produktivität Qualität Zufriedenheit Fehlzeiten Krankheitsstand Fluktuation
Art der Arbeit — Anforderungen, Grad der Schwierig-keit der Arbeit — Art der Entschei-dungsfindung — Zielsetzungen	Kommunikationsab-läufe Führungsstil Motivationsform	

Abb. 17 System der Variablen einer Organisation

Theorie wissenschaftliche Zielsetzungen erreicht werden: Verhaltens-weisen zu erklären bzw. vorauszusagen und zu beeinflussen.

Es handelt sich um folgende Kriterien:

Syntaktische Kriterien: Sie betreffen die Struktur der Theorie als Symbolsy-stem. Für dieses System wird Einfachheit und konzeptionelle Ökonomie gefor-dert. Hinzu kommt, daß eine interne Konsistenz vorhanden ist, d.h., daß das verwendete Begriffssystem, das zur Erklärung von Phänomenen dienen soll, keine Widersprüche aufweist.
Semantische Kriterien: Die Beziehungen zwischen dem Symbolsystem (Erklärungssystem) und dem Bereich von Beobachtungsdaten, mit denen die Theorie verknüpft ist, müssen ausformuliert sein. Erst dadurch wird es mög-lich, eine Theorie zu überprüfen und zu bestätigen. Voraussagen müssen mög-lich und nachprüfbar sein. Die verwendeten Begriffe müssen klar und eindeu-tig definiert sein (operationale Definition).
Pragmatische Kriterien: Eine Theorie sollte sich auf die Wissenschaft aus-wirken, zur Forschungsproktivität beitragen und theoretisch fruchtbar sein. (*Laucken* 1974, S. 193)

Die Wirkungen von Theorien im praktischen Bereich kommen aber nicht nur von der Erklärungsfunktion der Theorien her, son-dern auch von den anthropologischen Grundannahmen, die mit den Konzepten verbunden sind. Gerade die Veränderungen der Sicht-weise im Menschenbild setzten wesentliche Impulse, Probleme anders zu sehen und anders zu behandeln.

Im betrieblichen Bereich waren es vor allem die Konzepte und Forschungsergebnisse der sogenannten „Humanistischen Psychologie", die entscheidende Impulse für die Humanisierung der Arbeitswelt setzten. Als Beispiel kann die Bedürfnishierarchie von *Maslow* angeführt werden, der zu den Begründern der Humanistischen Psychologie gehört. In dieser Konzeption geht es um die Ziele der „Selbstverwirklichung, Selbstaktualisierung und Selbsterfüllung". Er geht in seinem Konzept von einer Hierarchie der Bedürfnisse aus. Grundlegend sind die physiologischen Bedürfnisse, die auch entsprechend gewichtig sind, insbesondere, wenn sie nicht angemessen befriedigt werden. Darauf aufbauend kommen die Sicherheits- und Wertschätzungsbedürfnisse sowie das Bedürfnis nach Selbstverwirklichung, das an der Spitze der Hierarchie steht. Die Selbstverwirklichung gehört zu den Wachstumsbedürfnissen, die zur Erweiterung der Persönlichkeit führen (*Maslow* 1973). *Neuberger* (1974) weist auf die unpräzisen Begriffe hin, die den Erklärungswert der Theorie von *Maslow* in starkem Maße einschränken. Es ist deshalb auch unmöglich, die Konzeption empirisch zu überprüfen und zu belegen (*Todt* 1977).

In den anthropologischen Grundannahmen der Theorien finden wir einen weiteren Faktor, der bei der Bearbeitung von Problemen und ihrer Wahrnehmung eine wichtige Rolle spielt. Es erscheint aber notwendig, daß man beim Benutzen von Theorien den Erklärungswert und den anthropologischen Wert einer Theorie trennt.

Wenn man im wissenschaftlichen Bereich arbeitet, ergeben sich einige Probleme überhaupt nicht. Man kann in einem Theoriesystem denken, damit Untersuchungen durchführen, ohne Grenzen überschreiten zu müssen. Organisieren aber vorliegende Probleme die Anwendung von Theorien, so ergeben sich verschiedene Schwierigkeiten.

Bei komplexen Problemen in Organisationen müssen meist verschiedene wissenschaftliche Gegenstände und verschiedene Theorien bzw. Konstrukte herangezogen werden. Vernachlässigt man einen Bereich, aus welchem Grund auch immer, so macht sich dies spätestens nach der Durchführung der Maßnahme bemerkbar. *Kubicek* u.a. (1979) kritisieren bei der OE u.a., daß oft der organisatorische Aspekt nicht berücksichtigt wird. Dies kann dazu führen, daß Innovationen nicht durch organisatorische Maßnahmen abgesichert werden. Der alte Zustand stellt sich dann schnell wieder ein. Auf die Verzahnung beider Strategien (betriebswirtschaftliche Organisationsveränderung und sozialwissenschaftliche OE) gehen *Haidekker* und *Langosch* (1975) ein. Sie beziehen dies nicht nur auf die *Diagnose,* sondern auch auf die Gesamtstrategie.

Für die Nutzung von Theorien in der Praxis müssen verschiedene Schritte durchgeführt werden. Ausgangspunkt sind die Problemdefinitionen und Problembeschreibungen.

Je nach Art der Probleme sind zuerst die Analyse-Aspekte zu bestimmen, unter denen die Probleme betrachtet und erklärt werden
sollen.

So können z.B. Theorien aus betriebswirtschaftlicher Organisationslehre, Organisationspsychologie, Gruppendynamik und Kommunikation herangezogen werden.

Im nächsten Schritt bestimmt in der Regel der Berater weiter,
welche Theorien bei der Ursachen-Darstellung benutzt werden. Die
abstrakten, noch nicht ausformulierten Theorien müssen durch die
vorliegenden Daten inhaltlich präzisiert und konkretisiert werden. Es
genügt nicht, daß man von informellen Beziehungen spricht. Die Art
der informellen Beziehungen ist zu beschreiben und ihre Wirkungen deutlich zu machen. So können informelle Beziehungen in Diskrepanz zu den formalen Beziehungen stehen.

Auf diese Weise konstruiert man ein Problem-Ursachen-Modell:

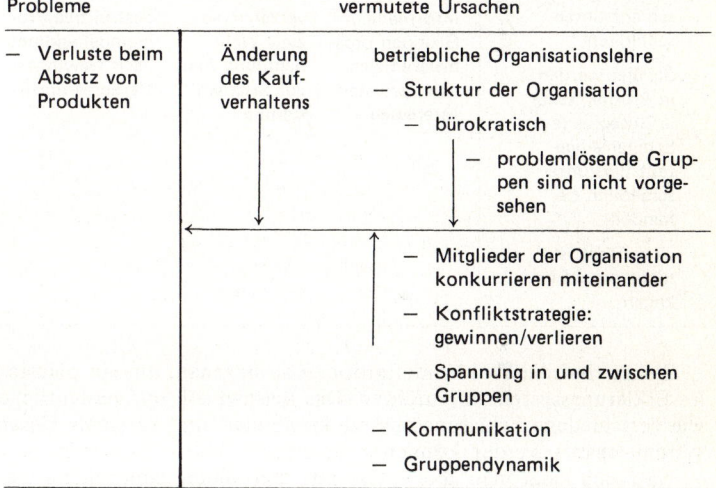

Probleme	vermutete Ursachen

— Verluste beim Absatz von Produkten	Änderung des Kauf- verhaltens	betriebliche Organisationslehre
		— Struktur der Organisation
		  — bürokratisch
		    — problemlösende Grup-
		    pen sind nicht vorge-
		    sehen

		— Mitglieder der Organisation konkurrieren miteinander — Konfliktstrategie: gewinnen/verlieren — Spannung in und zwischen Gruppen — Kommunikation — Gruppendynamik

Das folgende Beispiel stellt ein solches Modell noch etwas konkreter dar. Man stelle sich vor, in einer „normalen" Schule gibt es
zwischen den Lehrern kaum eine Zusammenarbeit. Es finden sich
höchstens Gruppen zusammen, die gleicher Auffassung sind, was aber
für die schulischen Probleme nicht allzuviel bringt. Probleme des
Unterrichtens und Probleme bei einzelnen Schülern bleiben weitgehend ungelöst.

Eine Problemanalyse führt zu verschiedenen Problemdefinitionen, die sich aus den vermuteten Ursachen erklären lassen:

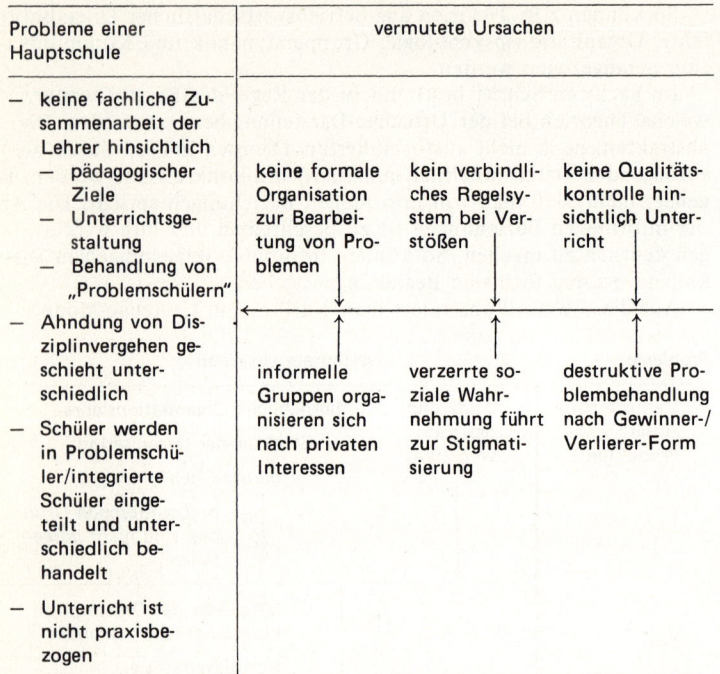

Probleme einer Hauptschule	vermutete Ursachen		

— keine fachliche Zusammenarbeit der Lehrer hinsichtlich
  — pädagogischer Ziele
  — Unterrichtsgestaltung
  — Behandlung von „Problemschülern"
	keine formale Organisation zur Bearbeitung von Problemen	kein verbindliches Regelsystem bei Verstößen	keine Qualitätskontrolle hinsichtlich Unterricht

— Ahndung von Disziplinvergehen geschieht unterschiedlich — Schüler werden in Problemschüler/integrierte Schüler eingeteilt und unterschiedlich behandelt — Unterricht ist nicht praxisbezogen	informelle Gruppen organisieren sich nach privaten Interessen	verzerrte soziale Wahrnehmung führt zur Stigmatisierung	destruktive Problembehandlung nach Gewinner-/Verlierer-Form

Sicher sind die Problemdefinitionen zu ungenau, um ein plausibles Erklärungssystem vorzuführen. Das Beispiel soll nur verdeutlichen, wie verschiedene Erklärungsansätze kombiniert und zu einem Gesamtsystem ergänzt werden können.

Natürlich kann man dieses Gesamtsystem noch dahingehend weiter bearbeiten, daß die Beziehungen zwischen den vermuteten Ursachen und die Relevanz der einzelnen Ursachen dargestellt werden.

2 Wissenschaftliche Erklärungsansätze und Methoden

2.1 Erkenntnisse der Organisationstheorie

Theorienbildungen sind nicht unabhängig von den jeweiligen gesell-schaftlichen Rahmenbedingungen, deren Problematiken sie aufzu-greifen suchen. Deshalb sind die Organisationstheorien bedingt durch die Zeitumstände entsprechend in ihren Tendenzen ausgerichtet. Dies spiegelt sich auch in den mit den Theorien verbundenen Menschen-bildern wider.

Als die Industrialisierung sich weiter entwickelte (um 1900), stand die Produktion von Gütern als Massenwaren im Mittelpunkt. Es fie-len vor allem Routinearbeiten an, die es möglichst effizient zu er-ledigen galt. *Taylor*, Begründer des „Scientific Management", führte die systematische Analyse zur Erhöhung der Produktivität ein. Dies wurde durch Arbeits- und Zeitstudien zu erreichen gesucht. Durch daran orientierte Rationalisierungen der Arbeitsabläufe sollte dann die Leistung optimiert werden. Stark ausgeprägte Arbeitsteilung und Spezialisierung waren die Folgen, wie sie sich noch heute in der Fließbandarbeit zeigen. Auch die Ausgestaltung des Arbeitsplatzes (Licht, Farbe, Raumgestaltung etc.) nimmt in diesem Modell einen wichtigen Platz ein. Man spricht auch deshalb von einem physiolo-gischen Ansatz (*Hill* u.a. 1974). Das dazugehörende Menschenbild wird als mechanistisch und autoritär beschrieben.

Bezogen auf das gleiche Menschenbild bildete sich die Theorie der Bürokratie aus, die Probleme der sich entwickelnden Verwaltun-gen aufgriff. *Weber* entwickelte sie in der Zeit von 1910 bis 1920. Auch hier ging es um die Effizienz von Arbeitsabläufen, deren kon-krete Gestaltung uns heute noch beschäftigt. Dies wird mit dem bürokratisch-administrativen Ansatz umschrieben.

Die gestalteten Arbeitsbedingungen führten mit den veränderten gesellschaftlichen Rahmenbedingungen zu neuen Problematiken, die zuerst in den USA durch neue Denkmodelle aufgegriffen wurden, was sicherlich kein Zufall war. In den Untersuchungen von *Mayo* zeigte sich die Relevanz zwischenmenschlicher Beziehungen. Dies geschah um 1930. Der Mensch mit seinen verschiedenen Bedürfnis-sen rückte in den Mittelpunkt organisatorischer Diskussionen. Der Arbeitsplatz hatte sich nun dem Menschen anzupassen, nicht umge-kehrt. Konkrete Auswirkungen hatte und hat dies in der Arbeits-platzerweiterung, bezogen auf Tätigkeiten und Verantwortung und auch auf die Personalpolitik, z.B. in der Formulierung neuer Füh-rungsleitlinien: Motivation durch Mitbeteiligung und Delegation von

Verantwortung. Namen wie *Maslow, McGregor, Likert, Argyris, Herzberg* sind mit diesen motivationsorientierten Ansatz verbunden. Die Arbeit soll auch Erfüllung und Selbstentfaltung ermöglichen. Der sozial motivierte Mensch prägt hier das Menschenbild.

Die kurz angeführten Theoriebildungen prägten lange die Betrachtungen über organisatorische Problematiken. Sie sind auch nicht abgelöst, sondern existieren recht konkret weiter.

Wesentliche Erweiterungen der Betrachtungsweise von Organisationen kamen durch den systemtheoretischen Ansatz. Sie beziehen sich einmal auf die Einbeziehung weiterer wissenschaftlicher Ansätze wie Kybernetik und Soziologie, aber zum anderen auch auf den Versuch, mehrere Aspekte zu integrieren. Organisation wird nun als ein umfassendes sozio-technisches System gesehen, in das die Umweltgegebenheiten miteinbezogen werden. Gerade der Gesichtspunkt, verschiedene wissenschaftliche Gegenstände mit ihren Theorien zusammenzubringen, wird das zukünftige Denken beeinflussen, nachdem man in den Wissenschaften immer differenziertere Theorien gebildet hat.

Dies wird auch den veränderten gesellschaftlichen Rahmenbedingungen gerecht. Schneller Wandel wie Strukturkrisen machen es notwendig, die Problemlösungen umfassender, rationaler zu gestalten.

Der Komplexität der Probleme ordnen sich Theorien zu, die in multivariablen Systemen dies nachzubilden suchen. Entsprechend bildet sich ein Menschenbild heraus, das als ,,complex man" bezeichnet wird.

Im folgenden soll das Ineinandergreifen von verschiedenen Wissensbeständen exemplarisch dargestellt werden. Dies wird auch noch einmal im Teil C mit der Darstellung verschiedener Analyse-Techniken aufgegriffen und konkretisiert.

Dabei soll deutlich werden, daß mit den neueren Ansätzen nicht gemeint ist, bei jedem Problem umfassende Erklärungen aufzubauen. Dies wäre nicht pragmatisch. Das Wesentliche besteht darin, daß es einem gelingt, den Problematiken die bedeutsamen Erklärungsansätze zuzuordnen.

Organisationen können nur existieren, wenn sie eine Legitimation besitzen und sie auch erhalten können. Eine solche Legitimation kann durch Gesetze erfolgen, z.B. Schulen, Krankenhäuser etc., oder muß durch die Abnehmer gewährleistet werden. Bei Strukturkrisen wird deutlich, daß sich die Grundlage für die Legitimation bestimmter Fabrikationszweige verändert hat. Das wäre der Fall, wenn sich z.B. die Bedürfnisse der Verbraucher geändert haben (*Hillmann* 1970). Es kann aber auch sein, daß sich die Arbeitsteilung international verändert hat. So werden z.B. in bestimmten Industriezweigen die Produktionsstätten in sogenannte Billigländer verlegt.

Veränderungen in der Umwelt wirken auf die Organisation ein, die sich auf diese Prozesse einstellen muß, will sie nicht ihre Legitimation verlieren. Konkret zeigt sich dies in geänderten Organisationsstrukturen, aber auch in der Form, wie Menschen miteinander umgehen, zusammen arbeiten.

Dies soll an einem Beispiel erläutert werden. Ganz offensichtlich sind die Veränderungen bei konsumorientierten Unternehmen. Als der Markt noch nicht mit Produkten abgesättigt war, richteten sich diese Unternehmen produktionsorientiert aus, d.h. organisatorischer Aufwand wurde vor allem in den technischen Bereichen vollzogen. In der nächsten Phase, als die produktionstechnischen Möglichkeiten vorhanden waren, unbeschränkt viele Artikel auf den Markt zu bringen, wurde es wichtig, die Distribution zu gewährleisten. Entsprechend wurden schlagkräftige Verkaufsorganisationen gebildet. Diese organisatorische Einheit weitete sich aus und differenzierte sich. Heute stehen die Unternehmen in einer starken Konkurrenzsituation. Der Markt ist weitgehend mit Produkten abgesättigt. Man muß sich nun auf den Verbraucher einstellen, um seine Produkte zu verkaufen. Spezifische Produkte werden für bestimmte Verbrauchergruppen geschaffen und mit entsprechenden Werbemaßnahmen sucht man den Verkauf zu fördern. Die Unternehmen richteten sich entsprechend aus, wurden verbraucherorientiert, bildeten Marketing-Abteilungen (*Bass* 1965).

Relevante Umweltsektoren	Organisations-Einheiten
Kunden und Konkurrenz	Marketing/Verkauf
Technologien und Angebote von Maschinenanlagen	Produktion
Wissenschaften und Verfahrensweisen	Forschung
Arbeitsmarkt	Personal
Finanzierungsorgane und Finanzierungsmöglichkeiten	Finanzen
Lieferfirmen	Einkauf
Gesetze, Verordnungen	Juristische Abteilung

Die relevanten Umweltsektoren bilden eine Komponente, die sicherlich für die Organisationsstruktur und die Dominanz von bestimmten Bereichen bedeutsam ist. Wesentlich sind aber auch die Umweltbedingungen, ob diese nämlich stabil sind, in der Weise, daß gleichförmige Einwirkungen von der Umwelt zu erwarten sind oder ob sie einem Wechsel unterliegen, auf den schnell reagiert werden muß. Damit ergibt sich eine wichtige Konstellation, wie sicher oder unsicher die bestehenden Verhältnisse sind. Entsprechend sind die Reaktionsformen organisatorischer Art. Einmal in der besprochenen Form der Differenzierung und Integration, also in der Bildung neuer Abteilungen und deren Einbeziehung in den arbeitsteiligen Prozeß einer Organisation. Allerdings wird man auch entscheiden müssen, inwieweit man eine Organisation hierarchisch oder gruppenorientiert aufbaut.

Gerade letzter Aspekt wird in unserer Zeit besonders wichtig, da Wechsel und Unsicherheit in der Umwelt vielfach gegeben sind, aber auch gesellschaftliche, soziale Veränderungen dahingehend einwirken, daß bürokratische Organisationen immer weniger in der Lage sind, Probleme zu bearbeiten. Eine generelle Spannung besteht zwischen dem bürokratischen Organisationsmodell und der heutigen demokratischen Gesellschaftsform (*Lauterburg* 1978). *Lindner* (1971) weist darauf hin, daß sich die bürokratische Organisation aus dem monarchistisch-aristokratischen Organisationsmodell entwickelte, einer Gesellschaftsform, die heute keine Rolle mehr spielt.

Verschiedene Organisationsformen: Typ A und B (Hill u.a. 1974):
Typ A: Die anfallenden Aufgaben können in Routinen erledigt werden. Es werden immer wieder die gleichen Faktoren verarbeitet, die dann entsprechend in die Produkte eingehen. Die einwirkenden Faktoren bleiben weitgehend konstant, entwickeln sich langsam und stetig. Ziele und Methoden sind ausformuliert und für die Organisationsmitglieder klar.

Das Problemlösungspotential kann entsprechend niedrig ausgeprägt sein. Veränderte Technologien spielen kaum eine Rolle, ein entsprechendes Wissen ist nicht notwendig.

Dies bedingt auch, daß das Ausbildungsniveau der Organisationsmitglieder nicht sehr hoch sein braucht. Eine starke Hierarchisierung gewährleistet eine hohe Handlungsfähigkeit, wird auch von anderen Organisationsmitgliedern als legitim erachtet. Unmittelbare Kontakte der Organisationsmitglieder untereinander sind in starkem Maße reduziert.

Es kommt also vor allem darauf an, daß eine hohe Produktionsleistung (Quantität) gesichert wird.

Kommen Veränderungen aus den relevanten Umweltfaktoren auf solche Organisationen zu, so sind sie in der Regel hilflos und haben große Schwierigkeiten, sich ihnen zu stellen.

Der heutige Trend geht nach einem anderen Organisationstyp, nämlich B-Organisationen. Routineaufgaben werden heutzutage durch entsprechende elektronische Datenverarbeitung automatisiert und

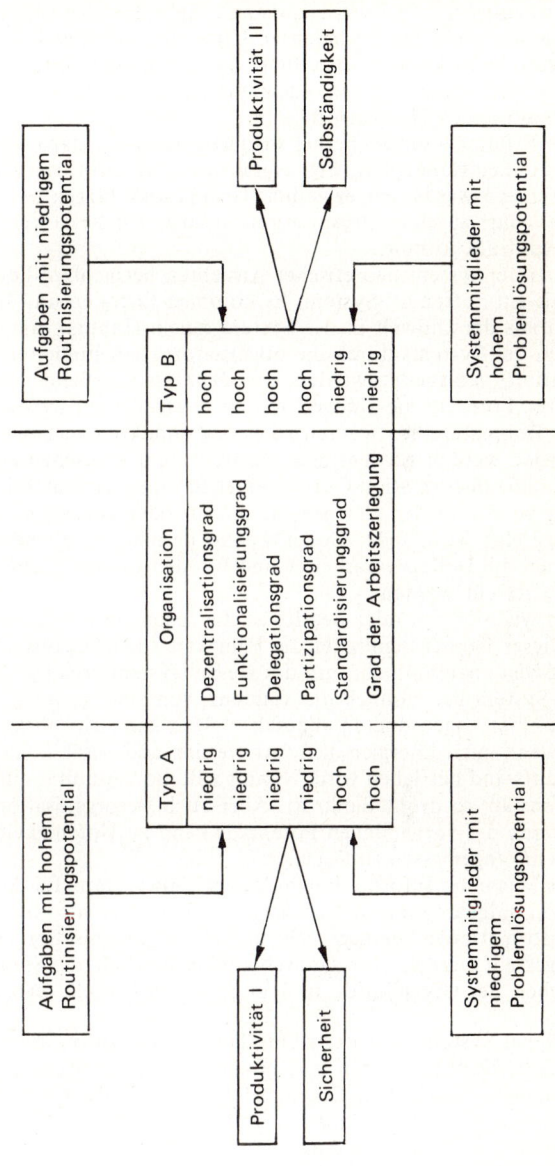

Abb. 18 Organisationsformen Typ A und B (*Hill* u.a. 1974, S. 397)

stellen keinen hohen Personalaufwand mehr dar. Die Organisationen müssen sich mehr mit turbulenten Umwelten auseinandersetzen und Probleme lösen können. Dies führt dazu, daß auch Mitglieder der Organisation einen höheren Ausbildungsstand haben, den sie für die Problemlösungen einsetzen müssen.

Die Erfüllung von Sicherheitsbedürfnissen führt dazu, daß immer mehr die Selbständigkeit, Eigenverantwortung gefordert wird. Statusunterschiede werden angezweifelt, Gruppenaktivitäten bevorzugt.

Dies führt zu einer Organisationsbildung, wie sie in der Abb. 18 zum Ausdruck kommt.

Vertreter systemtheoretischer Ansichten betrachten die Organisation als ein „offenes" System. Es kommen Energien und Informationen aus der Umwelt in das System hinein (Inputs), die dann innerhalb des Systems durch die organisatorischen Einheiten (Transformation) verarbeitet werden, um dann anschließend in veränderter Form an die Umwelt wieder abgegeben zu werden (Outputs). Rohmaterialien werden zu Fertigprodukten verarbeitet. Dienstleistungen werden zur Verfügung gestellt oder Menschen ausgebildet.

Input-Transformation-Output ergeben einen Gesamtzyklus, der immer wieder in der gleichen, ähnlichen oder abgewandelten Weise durchgeführt wird. Jeder Gesamtzyklus besteht aus kleineren Zyklen, in denen die Details verarbeitet und für den Gesamtzyklus zur Verfügung gestellt werden.

Ein weiterer zentraler Begriff ist die sogenannte negative Entropie. Dieser Begriff beinhaltet die Fähigkeit einer Organisation, Energiereserven anzusammeln, um das Gesamtsystem erhalten zu können. Jedes System hat nämlich die Tendenz, von einer geordneten Struktur zu einer ungeordneten abzufallen. Dies kann nur aufgehalten werden, wenn auch Energien aktiviert werden und zusätzlicher Erhaltungsaufwand betrieben wird. Nimmt z.B. die Liquidität eines Unternehmens ab, so droht Bankrott. Aber auch Desorganisation, Nichtausnutzen des vorhandenen Potentials kann zu Unfähigkeit führen, Probleme angemessen zu lösen.

Die Masse der Informationen aus der Umwelt muß für die Organisation aufgearbeitet, kodiert werden. Es müssen also die relevanten Informationen herausgesucht und für die Organisation zur Verfügung gestellt werden. Nur dadurch wird es möglich, die Stellung des Betriebes, der Organisation in dem gesamten Umfeld realistisch zu orten.

Offenes System bedeutet nicht, daß sich die Organisation ständig verändert. Dadurch wären kontinuierliche Verarbeitungsprozesse nicht mehr möglich. Jede Organisation strebt ein dynamisches Gleichgewicht an, d.h. die dynamischen Prozesse werden kanalisiert, um die Kontinuität zu gewährleisten.

Offene Systeme haben die Tendenz, ihre Binnenstruktur immer weiter zu differenzieren. Rollen und Funktionen werden dadurch weiter spezialisiert. Dies stellt eine spezifische Form des Wachstums dar, das *Bertalanffy* (1967) als „progressive Mechanisierung" bezeichnete.

Jedes offene System hat spezifische Ziele, orientiert sich an diesen und sucht sie durch interne Regulationsmechanismen zu erreichen.

In der gleichen Weise, wie ein Individuum einen spezifischen Lebensraum hat, ihn gestaltet und von diesem Lebensraum beeinflußt wird, kann das Verhältnis von Organisationen zu ihrer Umwelt gesehen werden.

Je nachdem, wie differenziert und komplex die Umweltgegebenheiten sind, wird man auch bei einer gesunden Organisation analoge Einheiten finden, z.B. Stabsabteilungen. Durch diese können die Gegebenheiten der Umwelt analysiert und in Handlungsstrategien umgesetzt werden.

Von dieser Sichtweise ausgehend kann man Kriterien bestimmen, die für das Funktionieren einer Organisation allgemein von Bedeutung sind (*Jahoda* 1958):

- *Anpassungsfähigkeit.* Fähigkeit, Probleme zu lösen und auf wechselnde Anforderungen der Umwelt flexibel zu reagieren.
- *Fähigkeit der Realitätsverarbeitung.* Fähigkeit, die realen Merkmale der Umgebung zu erforschen und sie richtig zu interpretieren.
- *Bewußtsein der Identität.* Wissen und Einsicht in der Organisation darüber, was sie ist, welche Ziele sie hat und was zu tun ist.
- *Integrationsstand.* Fähigkeit, die einzelnen Subsysteme zu einer identischen Orientierung zu bringen.

Betrachtet man die Organisation als ein geschlossenes System, in dem die Aktivitäten strukturiert sind, dann schlagen sich diese Strukturen in Organigrammen nieder, die den hierarchischen Aufbau beschreiben. Verteilung und Konzentration von Autorität und Kontrolle sind formal geregelt und oft in schriftlicher Form fixiert: Ziele, Kommunikationssysteme und Arbeitsabläufe sind in Plänen festgelegt.

Dies ist jedoch nur eine Seite der Organisation: rational, geplant, logisch. Doch der Versuch, zwischen dem rationalen Bewußtsein der Gruppen und den unbewußten Gruppenkräften organisatorisch zu trennen, wie dies in der bürokratischen Organisation versucht wurde, wird immer mehr zu einem Problem. Ein Netz von Regeln und Normen soll für eine solche Kanalisierung sorgen, die jedoch meist zu einem unkontrollierten Auswuchern von sogenannten „informalen" Beziehungssystemen führt (*Hillmann* 1970).

Organisationstheorien und ihre Hauptvertreter (traditionelle*/moderne = blank)	Implizite Annahmen über die Natur des Menschen, über seine Motivationen/Erwartungen	Prinzipien, die in diesen Theorien enthalten sind	Empfehlungen, Verwaltungs-Managementstrategien und Konzepte für das Indiv.-Org.-Verhältnis	Kritik an den Modellen/Problemen, Limitierungen
Technologische Theorie Taylor* (1911) Trist et al. (1963) Rice (1963) Woodward (1958/1965) Emery & Trist (1965)	Ökonomisch-materielle Belohnung ist einziger Motivator; Mensch-Maschine-System; Maschine kontrolliert Mensch und Mensch kontrolliert Maschine; Ergonomie.	Techniken, die helfen, die Ziele der Org. zu erreichen; enge Kopplung der materiellen Entlohnung an die Arbeitsleistung, um Leistung zu maximieren. Später: offenes System.	Organisationsleitung legt fest, wie die Aufgaben eingeteilt und untergliedert werden (Komponenten). Spezialisierung u. Kontrolle von Mensch und Maschine.	Keine Berücksichtigung der menschl. Natur u. der indiv. Persönlichkeit; nur enger Kreis von Variablen wird berücksichtigt und erforscht.
Klassische, Management-Theorie Fayol*[1] (1949) Goldstein (1952) Drucker (1955) Dahl (1959) Brown (1960)	Individuum ist unmotiviert, faul, irrational, unfähig zur Selbstdisziplin und zur Selbstverantwortung; nur auf Eigennutz bedacht.	Spezialisierung erhöht Effizienz; Übernahme der Verantwortung, der Planung, der Motivation durch die Organisationsleitung (Entscheidungen).	Motivation, Manipulation u. Kontrolle durch materielle Be- und Entlohnung; System von gewählten Repräsentanten/Autoritätssystem.	Basiert auf einem geschlossenen Org-System; Enthält allg. Prinzipien keine empirische Überprüfungen; Indiv. Bedürfnisse = unberücksichtigt.
Gruppen-, Human Relations-Theorie Mayo* (1933) Roethlisberger & Dickson (1939) Lewin (1943) Lewin et al. (1939) Coch & French (1948) Katz & Kahn (1951) Katz et al. (1950) Cartwright & Zander (1953) Likert (1961/67)	Strukturierte soz. Beziehungen am Arbeitsplatz sind Realität; Einfluß v. Gruppe auf indiv. Motivat. u. Arbeitszufriedenheit; Nichtfinanz. Entlohnung ist wichtiger als finanzielle.	Arbeitsgüte u. Qualität wird bestimmt von soz. u. Gruppennormen; Subjektive Wahrnehmung ist wichtig; erreichen von Kreativität, Interesse, Loyalität.	Kommunikation, Mitbestimmung in Entscheidungen, Partizipation; Leiter ist Vermittler, Koordinator, Zuhörer; Akzentuierung informaler Gruppen, Konzentration auf Individuum.	Limitierung der Arbeiten auf kleine Anzahl v. Variablen; Bias gegen formale Organisation; keine Bezieh. zw. Org.-Funktion und Gruppe; keine interindivid. Unterschiede.

Theorie / Vertreter				
Struktur-Theorie-Bürokratie Weber* (1922) Burns et al. (1961) Burns (1963)	Keine Berücksichtigung d. menschl. Attitüden/Erwartungen: Konformität zu soz. Erwartungen ist einzig effektiver Motivator; Konformität des Individuums auf Ziele u. Org.-Interessen	Effiziente Administration; Hierarchische Org.; Departmentalisation/Spezialisierung; Reglementierung; Legitimation der Verfügungs- u. Entscheidungsgewalt; Spezialisten-System	Schaffung eines Systems v. Regeln, Anordnungen, Normen; Unterteil d. Aufgaben; Hierarchie u. Kontrollen; Standardisierung der Verwaltung; Programmiert. System.	Unzureichende Motivationskonzeption; keine interindividuellen Unterschiede; unflexibles, starr. Org.-System; soziolog. Konzepte werden mit psychol. Konzepten erklärt; Validitätsprobleme.
Individual-Theorie Heron* (1954) March & Simon (1958) Brayfield & Crockett (1955) Fleishman (1953) Herzberg et al. (1959) Kahn (1960) Argyris (1957 a, b; 1960 a, b; 1964)	Bedürfnishierarchie n. *Maslow*: Suche nach Erfüllung intrinsischer Motivation: Individuum kann Entscheidungen fällen = Motivator; Individuum perzipiert/wählt zwischen Alternativen u. kalkuliert Konsequenzen.	Erforsch. des individ. Menschen am Arbeitsplatz; Faktoren, die die Arbeits- bzw. Entscheidungsprozesse beeinflussen; Antagonismus zw. Individ. u. Org.; Integration von Indiv. u. Org.	Breite Streuung von Einfluß und Macht; Fachliche Herausforderung/Möglichkeit zu intrinsischer Motivation; Selektion und Training; Rollenverhalten.	Persönlichkeit wird als Konstante aufgefaßt; Uniformität der Erwartungen; einseitige Konzentration auf individ. Persönlichkeit; schließt gruppendynamische u. soziale Faktoren aus.
Ökonomische Theorie Marshall* (1980) Robinson (1934) March & Simon (1958) Leibenstein (1960) Cyert & March (1963)	Verhalten ist determiniert von Motivationselementen; Interaktion v. persönl. Werten, Erwartungen- und Zielen; jedes Entscheiden u. Handeln muß motiviert sein; Indiv. besitzt Fähigkeit zum Entscheiden.	Maximierung des Org.-Ergebnisses; Personalisierung der Org.; Integration von Indiv. u. Org.; Entscheidungsfällen unter Verhältnissen der Unsicherheit; Motivation = Bindemittel der Org.; Sequenz v. Entscheid., Handlung, Konsequenzen.	Fokus der Org.-Prozesse ist der Markt; Rollensystem; Integration v. Indiv. und Org.; nur allgem. Kontroll- u. Autoritätsmechanismen; Erstreben v. Loyalität u. v. Interesse des Indiv.	Keine Betrachtung organisations-interner Probleme; Überbetonung wirtschaftlicher Aspekte; Rahmen ist zu breit, um ein Arbeitsmodell dafür zu erstellen.

Abb. 19 Zusammenfassung der Organisationstheorien, ihre wichtigsten Vertreter, die Kerngedanken dieser Theorien, ihre Annahmen und Prinzipien (*Weinert* 1981, S. 122 f)

Betrachtet man diesen Bereich der Organisation, so geht es um den tatsächlichen Einfluß in dem System: Wer verfügt über Macht? Wie läuft die Kommunikation wirklich ab? Welche informalen Systeme haben sich etabliert? Auch die Ziele, die Verhaltensregeln, die Einstellungen der Mitglieder werden dann Gegenstand von Analysen, um die Ursachen für bestimmte Probleme herauszufinden. Dabei werden verschiedene Themenbereiche deutlich: Umwelt – Organisation, formale und informale Organisation, Gruppe bis hin zum Individuum.

Bei der Analyse spielen verschiedene Betrachtungsweisen eine Rolle: die Organisation als geschlossenes oder als offenes System, die formale und die soziale Organisation, die Betrachtung der Organisation unter Gruppen- oder individuellen Gesichtspunkten. Außerdem läßt sich die Organisation unter technologischen oder ökonomischen Gesichtspunkten betrachten. Hier spielen verschiedene theoretische Ansätze hinein, die sich im Laufe der Zeit entwickelten, aber auch noch weiterhin wirksam sind. Eine Aufstellung soll dies verdeutlichen (Abb. 19).

Wesentlich bei dieser Aufstellung sind die Hinweise auf den Analysen-Bereich und den damit gegebenen Einfluß auf Lösungen. Dies wird besonders in der letzten Spalte deutlich, in der die Grenzen der Theorien aufgewiesen werden. Es gibt keine und es wird auch keine umfassende, perfekte Theorie geben. Die Zuordnung von Problemen zu den passenden Erklärungsansätzen bleibt der entscheidende Schritt.

2.2 Erkenntnisse der Sozialpsychologie

Es sollen hier nur einige Aspekte der Gruppendynamik angesprochen werden, die für OE-Programme relevant erscheinen. Heute versteht man unter diesem Begriff recht unterschiedliche Bereiche, die scheinbar losgelöst voneinander existieren. Einmal steht der Begriff für Gruppenvorgänge, Interaktionen. Ein anderes Mal wird unter diesem Titel ein Wissenschaftsgebiet abgehandelt, in dem es z.B. um die Strukturen von Gruppen, Beziehungen zwischen Gruppe – Individuum geht. Schließlich ordnet man diesem Gebiet alle möglichen gruppendynamischen Trainingstechniken zu wie T-Gruppe, Encounter, Sensitivity-Training (*Becker* 1975). In diesen letzten Bereich fallen auch ideologische Auffassungen, was mit solchen Techniken an individuellen bis gesellschaftlichen Zielsetzungen zu erreichen sei (*Cartwright* und *Zander* 1968). Selbstentfaltung und Emanzipation, Selbstbestimmung im Gegensatz zu Fremdbestimmung sind zentrale Thematiken in der Zieldiskussion (*Pauls* und *Walther* 1979).

Der Zugang zur Gruppendynamik ist am einfachsten über die Erkenntnisse des wissenschaftlichen Ansatzes, der Kleingruppenforschung. Die Bewältigung kann kognitiv erfolgen, Emotionen spielen eine geringe Rolle. Anders bei den Gruppendynamischen Techniken, gefühlsakzentuierte Beiträge dafür oder dagegen bestimmen meist die Diskussion. Dies hat verschiedene Ursachen, die noch dargestellt werden. Festzuhalten ist, daß solche gefühlsmäßigen Einordnungen mit in die Programmgestaltung einbezogen werden müssen. Dies gilt gerade für unser Land, in dem der psychologische Gegenstand kaum bekannt ist. Deshalb sollte man erst mit den Erkenntnissen und Theorien aus der Kleingruppenforschung anfangen, um die Bedeutung zwischenmenschlicher Prozesse im Arbeitsbereich zu klären.

Es ist noch nicht so lange her, daß erste Forschungsergebnisse auf die Relevanz dieser zwischenmenschlichen Beziehungen aufmerksam machten. Man setzt den Zeitpunkt mit den Hawthorne-Experimenten fest, die 1929 bis 1932 von *Mayo, Roethlisberger* durchgeführt wurden. Sie leiten die experimentelle Gruppenforschung im Betrieb ein, geben den Auftakt zur „Human Relations"-Bewegung (siehe *Scharmann* 1972). Die Erkenntnisse werden bei der Gestaltung von Arbeitsplätzen, bei der Ausformulierung der Personalpolitik berücksichtigt, finden Anwendung in den Fortbildungsveranstaltungen für Führungskräfte.

Hier sollen nur die verschiedenen Faktoren der Gruppe aufgeführt werden, die das Gesamtverhalten einer Gruppe bestimmen. Das hängt mit der obigen Bemerkung zusammen, daß der Zugang zu diesem Bereich für uns einfacher ist.

Das individuelle Verhalten bestimmt das Gruppengeschehen, das Mitglied einer Gruppe bringt seine Leistungen, Fähigkeiten ein. Es wird allerdings durch die Gruppe beeinflußt, so können z.B. informelle Normen das Individuum hindern, seine Leistungen voll für die Arbeit einzusetzen. Leistungen der Arbeitsgruppen können ebenso durch konflikthafte Beziehungen, bestimmte Strukturausbildungen (z.B. hierarchische), durch dysfunktionale Rollen von Mitgliedern etc. beeinträchtigt werden. (Abb. 20).

Die *Strukturen einer Gruppe* können durch verschiedene Methoden erforscht werden. Ein sehr flexibles Instrument ist die Soziometrie, die durch *Moreno* (1967) bekannt geworden ist. Man kann z.B. den Vertrauensstatus, Einflußstatus, die Beliebtheit eines Gruppenmitgliedes im Verband feststellen. Jedes Mitglied der Gruppe wird gefragt: Wem vertraust Du am meisten? Wer hat am meisten Einfluß? Wen magst Du in der Gruppe, wen nicht? Das Kriterium kann beliebig gewählt werden. Die Auswertung kann in der Darstellung eines Soziogramms, in Statuswerten, in Gruppenwerten erfolgen

Individuum	Gruppe
— Leistungsfähigkeit	Periphere Faktoren
— Erwartungen hinsichtlich der Arbeit	— Stellung und Funktion in der Organisation
— Einstellungen zur Firma	— erwartete rollen- und funktions-bezogene Leistungsbeiträge
— Bedürfnisse bezüglich der Arbeit	— Größe der Gruppe
	— offizielle Normen
	Zentrale Faktoren
	— formelle, informelle Gruppen-normen
	— Rollensystem in der Gruppe
	— Führungsstil
	— Konfliktregelungen

Gruppenverhalten

— Leistung

— Produktivität

— Kreativität

— Gruppenzusammenhalt

— Zufriedenheit

Abb. 20 Faktoren, die das Gruppenverhalten bestimmen

(*Dollase* 1973). Beim Soziogramm werden die Beziehungen zwischen den Gruppenmitgliedern graphisch dargestellt.

Durch die *Interaktionsanalyse* nach *Bales* (1950) kann die Kommunikationsstruktur einer Gruppe erfaßt werden. Daraus lassen sich dann Probleme in der Kommunikation ableiten, aber auch bestimmte Rollen der Gruppenmitglieder bestimmen.

Die *Rollen in einer Gruppe* können durch Beobachtungen, eventuell auch durch ergänzende Interviews festgestellt werden. In leistungsorientierten Gruppen hat man folgende Rollen gefunden (Abb. 21).

Bei einer Rollenanalyse sollten zuerst folgende Kriterien beschrieben werden: Status, Funktion, Verantwortung und Autorität.

Rolle	Beschreibung der Rolle

Auf den Leistungseffekt bezogene Rollen:

Ziel- u. aufgaben-bewußter Chef	setzt Ziele — verlangt Zusammenfassung und Übersicht — entscheidet, drängt zur Ausführung — „leistungsorientierter" Führer
Prüfer der Realität	übt sachliche Kritik — stellt Teilaufgaben — klärt und urteilt — um Objektivität bemüht
Fachmann	antwortet auf Sachfragen — kennt sich aus — gibt Auskünfte
Mann mit Ideen	hat Einfälle — „denkt laut" — schlägt Lösungen vor
Frager	verlangt Auskunft — verlangt Klärung
Stimmungsmacher	beeinflußt Stimmung der Gruppe positiv und negativ, jedoch stets mit Bezug auf die Aufgabe
Opponent	lehnt die Aufgabe ab — ist „grundsätzlich dagegen" — stellt alles in Frage, u.U. auch Versuch — lehnt Teamarbeit grundsätzlich ab
Ablenkender	verhält sich unsachgemäß
Mitarbeiter	arbeitet willig und unauffällig, aber ohne eigene Initiative, braucht Anweisung
Passiver Teilnehmer	Mitläufer — gleichgültig gegenüber Erfolg oder Mißerfolg — kein Verhältnis zur Aufgabe.

Auf den sozio-emotionalen Effekt bezogene Rollen:

Unterstützender	reagiert positiv auf Vorschläge — anerkennt andere — bestärkt andere, evtl. als „second man" — „emotionaler Führer" — appelliert an „Teamgeist"
Vermittler/Mittler	sucht Ausgleich — unterstützt Zusammenarbeit — vermindert Reibereien — vermittelt — beschwichtigt
Stimmungskanone	„Betriebsnudel" — Witzbold — es geht ihm überwiegend um die Befriedigung der sozioemotionalen Bedürfnisse, weniger um die Aufgabe
Ablehnender	lehnt Kontakt ab — wird aggressiv und u.U. „persönlich" — achtet nicht auf Vorschläge — gegen „Teamarbeit" — bewußter Einzelgänger
Gleichgültiger	ist an sozio-emotionalen Kontakten innerhalb der Gruppe nicht interessiert
Isolierter	kontaktscheu — findet keinen Anklang

Abb. 21 Rollen in leistungsorientierten Gruppen (*Scharmann* 1972, S. 116 f.)

Dann kann man die Rollen nach zwei Gesichtspunkten erforschen: Erwartungen des Individuums gegenüber der Bezugsgruppe und Erwartungen der Gruppe gegenüber dem Individuum. Außerbetriebliche Rollen können das Verhalten im Betrieb mehr oder weniger beeinflussen (*Scharmann* 1972, S. 116 f.).

Für die Analyse von *Führungsstilen* gibt es ebenfalls verschiedene Methoden, z.B. das *Grid*-Verfahren (*Blake* und *Mouton* 1969). Es werden zwei Dimensionen unterschieden: Betonung des Menschen, Betonung der Leistung. Die Ausprägungen reichen von 1 (niedrig) bis 9 (hoch). Fünf Führungsstile werden auf diese Weise beschrieben (1,1; 1,9; 91; 5.5 und 9,9 als optimaler Stil. *Fiedler* (1967) beschreibt den Führungsstil nach drei Dimensionen: affektive Beziehung zwischen Führer und Gruppe, Strukturiertheit der Aufgabe und Positionsmacht des Führers.

Viele dieser wissenschaftlichen Ansätze, die sich mit sozialen Veränderungen beschäftigen, beziehen sich auf *Lewin*. Dies gilt für die angewandte Gruppendynamik, die Institutions- und Organisationsberatung, die Handlungsforschung sowie für alle Bemühungen zur Humanisierung der Arbeit und der sozialen Umwelt (Humanistische Psychologie). Der Ursprung dieser Ansätze liegt in *Lewins* Feldtheorie, die die Wechselbeziehungen zwischen Individuum, Gruppe und Umwelt zu fassen sucht. Ein wichtiger weiterer Aspekt kam durch seine Forschungsmethoden hinzu. *Lewin* experimentierte als erster mit der Rückkopplung von Daten, um zwischenmenschliche Prozesse zu beeinflussen. Dies legte den Grundstein für die angewandte Gruppendynamik und die Handlungsforschung.

Für *Lewin* gehörten zwei Aufgabenbereiche der Forschung zusammen:

— Formulierung von Theorien, Modellen und Erklärungsbegriffen,
— Problemorientiertes Handeln mit Diagnose und Interventionen.

Als Beispiel kann die Untersuchung von *Lewin, Lippitt* und *White* (1939) über verschiedene Führungsstile und die Grade der Aggression und Produktivität beim Wechsel dieser Führungsstile verstanden werden.

Lewin stellte noch weitergehende Untersuchungen in der Industrie an, um die Zusammenhänge von Produktivität und Arbeitsmoral zu klären (*Lewin* 1947 a, 1947 b).

Auch das 1946 gegründete National-Training-Laboratory (NTL) for Group-Development in Bethel war mit *Lewin* durch seine Schüler noch eng verbunden. Doch hier bereits begann die Verselbständigung der Gruppendynamik und ihre Zersplitterung in verschiedenste anwendungsorientierte Trainingsformen. Was bei *Lewin* noch eine Einheit darstellte, die Verflochtenheit von Zielsetzungen, Theorie und Methoden in bezug zu Problemen und Klienten, hat sich in der Zeit auseinander bewegt und in verschiedene Richtungen zergliedert.

Die Entwicklung gruppendynamischer Techniken ging immer schneller voran. In England wurden 1957 vom Tavistok-Institut in Verbindung mit der Universität Leicester erste Versuche mit der Gruppendynamik unternommen. Der theoretische Hintergrund bezog sich einmal auf *Lewin,* zum anderen aber auf die psychoanalytische Tradition im Tavistok-Institut. Dieser Einfluß kam nicht von ungefähr, denn während des 2. Weltkrieges war das Institut ein Rehabilitationszentrum eines psychiatrischen Militärhospitals. Die Gruppe wird als Ganzheit betrachtet, die auf einer unbewußten Ebene handelt, wobei drei verborgene Grundannahmen diese Prozesse steuern (Abhängigkeit, Kampf und Flucht, Paarbildung). Eine unreife Gruppe schwankt in diesen verschiedenen Formen hin und her. Erst die reife Gruppe mobilisiert und nutzt produktiv die verschiedenen Gruppenkulturen. Solche Eingriffe geschehen für die Gruppe durch einen Berater, der insbesondere dann stützend eingreift, wenn es darum geht, daß die Gruppe Veränderungen durchstehen muß. Denn bei Veränderungen können Abwehrmechanismen aktiviert werden, die eine Veränderung verhindern. Darüber hinaus wurde durch Untersuchungen des Tavistok-Instituts in englischen Kohlebergwerken die verhaltensbeeinflussende Wirkung der technologischen Bedingungen festgestellt. Die Einführung neuer Anlagen führte zur Zerstörung von kleinen Arbeitsgruppen; dies wirkte sich negativ auf das soziale Klima und die Arbeitsleistung aus. Hier wurden die Wechselwirkungen zwischen der organisatorischen Struktur und dem Verhalten der Organisationsmitglieder nachgewiesen (Organisation als soziotechnisches System).

Später entwickelte sich durch *Rogers* (1974) ein weiterer wichtiger Zweig gruppendynamischer Trainingsformen, die Encounter-Bewegung. Sie grenzt sich von den anderen Verfahrensweisen dadurch ab, daß sie das Lernen insbesondere auf die Gefühlswelt bezieht. Der theoretische Rahmen ist dabei schwer auszumachen.

In diesem Bereich haben sich vielfältige Trainingstechniken breitgemacht, die auf die Beeinflussung von Gefühlen gerichtet sind. Die Kritik richtet sich vor allem gegen die Überbetonung des rein Emotionalen (*Bödiker* und *Lange* 1975).

Eine weitere Variante der Gruppendynamik liegt im Verhaltenstraining, das durch die behavioristischen Lerntheorien begründet wird. Bei diesen Trainingsformen geht es um die Einübung bestimmter Verhaltensweisen, z.B. Beherrschung von kreativen Techniken,

Anwendung von Planungs- une Entscheidungssystemen, aber auch Formen der Gesprächsführung und der konstruktiven Konfliktbewältigung.

In der folgenden Abbildung wird versucht, die verschiedenen theoretischen Einflüsse in Beziehung zu den gruppendynamischen Trainingsformen zu setzen (Abb. 22).

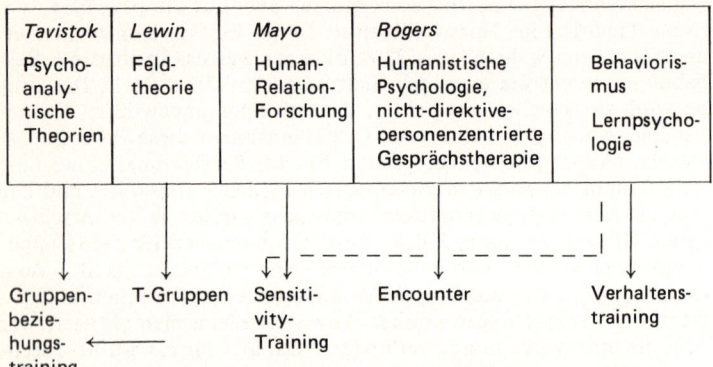

Tavistok	Lewin	Mayo	Rogers	
Psycho-analy-tische Theorien	Feld-theorie	Human-Relation-Forschung	Humanistische Psychologie, nicht-direktive-personenzentrierte Gesprächstherapie	Behavioris-mus Lernpsycho-logie
Gruppen-bezie-hungs-training	T-Gruppen	Sensiti-vity-Training	Encounter	Verhaltens-training

Abb. 22 Gruppendynamische Trainingsrichtungen und ihr theoretischer Bezugsrahmen (abgewandelt nach *Bödiker* und *Lange* 1975, S. 11)

Heute sind die praktizierten Formen der Gruppendynamik kaum mehr zu überschauen. Die sich entwickelnden Formen des gruppendynamischen Trainings kritisierte bereits *Sader* (1972):

1. Der Zusammenhang der gruppendynamischen Methoden mit dem gegenwärtigen Stand der Kleingruppenforschung ist schwach. Explizite Bezüge auf Theorie und Empirie sind selten.
2. Es handelt sich meist um ad-hoc-Erfindungen von gruppendynamischen Praktiken. Die Absicherung dieser Techniken wird vor allem in der praktischen Bewährung gesehen.
3. Systematische empirische Erfolgskontrollen fehlen fast völlig. Wesentliche Schwierigkeiten resultieren aus der Formulierung von Zielen, die sich nicht operationalisieren lassen.

Dies bedeutet für die OE, daß nur dann gruppendynamische Techniken einzusetzen sind, wenn sie den Zielsetzungen entsprechen und in Verbindung mit den Ursachen der Probleme notwendig werden.

2.3 Erkenntnisse der Kommunikationstheorie

Der Begriff „Kommunikation" wird so häufig und so ausgedehnt gebraucht, daß man sich ohne eine nähere zusätzliche Bestimmung darunter wenig vorstellen kann. Der Bereich ist groß und reicht von der Massenkommunikation bis hin zum Gespräch, von technischen Kommunikationssystemen bis hin zur Gestik. Er umfaßt verbale und nichtverbale Kommunikation: Bilder, Worte, Ausdruck, Mimik, Fernsehen, Zeitung, Telefon. Einer richtet sich an den anderen, einer an viele, viele an einen, viele an viele. Das alles hat mit Kommunikation zu tun, denn in jedem dieser Fälle geht es um den Austausch von Informationen zwischen zwei Instanzen vermittels eines bestimmten Informationsmediums.

Das Forschungsgebiet Kommunikation ist relativ jung. Es hat sich erst nach dem Zweiten Weltkrieg voll entwickelt. Allerdings wurde es dann von verschiedenen Wissenschaften aufgegriffen und zum Gegenstand des Erklärens gemacht, z.B. Technologie, Soziologie, Linguistik, Psychologie. Eine einheitliche Definition dieses Begriffes gibt es nicht. Insbesondere die Unterscheidung zu dem Begriff „Interaktion" ist unklar, beides wird miteinander vermischt.

Nur einige wenige Wissensbestände sollen aufgegriffen und dargestellt werden. Die Auswahl richtet sich auf das Problemgebiet der Gesprächsführung aus. Vorgänge wie der Austausch von Informationen und die Gestaltung des zwischenmenschlichen Bezuges sollen erklärend beschrieben werden. Dies wird dann auf die Moderation übertragen, in deren Techniken sich die dargelegten Grundgedanken wiederfinden.

Informationstheoretisches Modell der Kommunikation

Unter diesem Aspekt wird die Kommunikation als Austausch von Informationen betrachtet. Um die Vorgänge verständlich zu machen, wird die „Informationstheorie" benutzt. Bei der Informationsübermittlung macht man also eine Anleihe in einem anderen wissenschaftlichen Bereich, der Nachrichtentechnik, um den Austausch von Informationen transparent zu machen (*Wiener* 1969).

Das Modell

Es stehen sich zwei voneinander getrennte, bzw. nicht identische Einheiten oder Instanzen gegenüber. Diese Einheiten unterscheiden sich dadurch, daß die eine über zu wenig, die andere über genügend Information verfügt. Die Aufgabe des Informationsvorganges ist nun die Deckung des Informationsdefizits: Die Einheit, die über genügend

Information verfügt (Sender), gibt die Information an die andere Einheit (Empfänger) weiter.

Bei der Kommunikation kommt hinzu, daß Sender und Empfänger ständig ihre Rollen tauschen können. Information geschieht also gegenseitig. Der Prozeß läuft in beide Richtungen.

Information:

Sender   ———————————→   Inf.———————————→   Empfänger

Kommunikation:

Einheit 1   Einheit 2

empfängt ←——————————— Inf. 1 ——————— sendet

sendet ——————————— Inf. 2 ———————→ empfängt

Informationstheoretisches Modell der Kommunikation

Jede reale Kommunikation, bzw. Information kann als Variation dieses Modells gesehen werden. Dabei variieren die Einheiten (Individuum, Gruppe, Organisation . . .), der Inhalt der Informationen und das Übertragungsmedium (Buch, Zeitung, Telefon, Fernsehen, verbal, nichtverbal, etc.).

Anwendung beim Gespräch

Das Gespräch zeichnet sich besonders durch sein Medium aus: die Sprache. Worte besitzen Zeichencharakter. Sie meinen etwas, weisen auf etwas hin, das nicht notwendig vorhanden sein braucht. Worte sind Stellvertreter für Sachen. So sind mit Worten Vorstellungen verknüpft: von Sachen, Bildern, Tätigkeiten, Zuständen, etc. Das Wort ruft Geschehnisse in Erinnerung, bei denen es irgendwann in der individuellen Lebensgeschichte benutzt wurde.

Auf der Annahme, daß beim Gesprächspartner die gleichen Verknüpfungen und Vorstellungen bestehen, beruht die Möglichkeit sprachlicher Kommunikation. Man denke sich die Worte, Vorstellungen und spezifischen Verknüpfungen von Worten und Vorstellungen, über die ein Mensch verfügt, vereinigt zu einer Art Zeichenregister.

Wie wird dieses Zeichenregister in der sprachlichen Kommunikation angewendet?

Der Sender möchte eine bestimmte Vorstellung mitteilen. Er „sieht" in seinem Zeichenregister das Wort, das mit dieser Vorstellung verknüpft ist, und sendet es.

Der Empfänger sucht in seinem Zeichenregister die Vorstellung, die mit dem gesendeten Wort bei ihm verknüpft ist, und reagiert entweder in der vom Sender gewünschten Weise oder nicht. Das hängt davon ab, ob er die Information verstanden hat. Das Verständnis hängt von der Identität des Zeichenregisters ab, vorausgesetzt natürlich, er will überhaupt reagieren.

Das semantische Problem

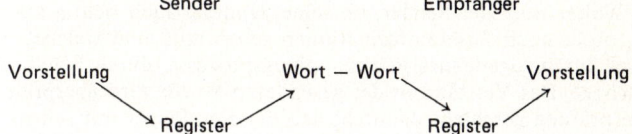

Die Verknüpfung von Worten und Vorstellungen wird gelernt, deshalb müssen nicht notwendigerweise Zeichenregister vollständig übereinstimmen (*Herrmann* 1972).

Es käme nun recht häufig zu beiderseitigen Verwirrungen im Gespräch, wenn es nicht ein Regulativ gäbe: die Redundanz.

Als Redundanz wird alles bezeichnet, was über den reinen Informationsgehalt bei der Übertragung hinaus geht. Es werden zusätzlich Informationen gegeben, die das Wortfeld bestimmen und den Zusammenhang, in dem das Wort beim Sender steht. Dadurch gelingt es meist, daß sich die Bedeutung des Wortes bei Sender und Empfänger weitgehend deckt.

Die positive Wirkung der Redundanz liegt in der Sicherheit und Eindeutigkeit, die sie vermittelt. Sie zeigt diese Wirkung allerdings

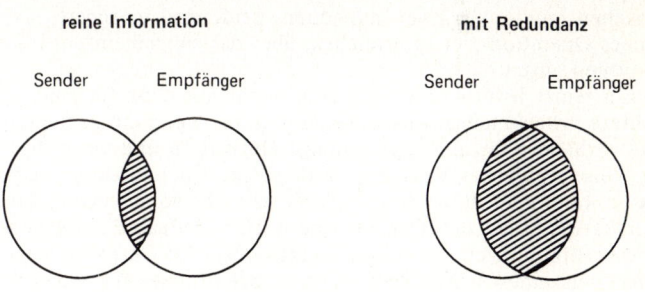

Übereinstimmung schraffiert

Abb. 23 Kongruenz und Inkongruenz von Informationen (Redundanz)

nur in einem „ökonomischen" Bereich. Zu wenig Redundanz läßt viele Fragen offen, zu viel Redundanz verwirrt und desorientiert: Das Umfeld ist zu groß, man kann die Bedeutung nicht mehr lokalisieren.

Feedback

Das Informationsmodell, wie es bisher besprochen wurde, ist kein eigentliches kybernetisches System. Es fehlt die Möglichkeit der Regelung: Woher weiß der Sender, ob seine Sendung auch richtig ankommt, ob er noch Zusatzinformationen geben muß und welche? Dies wird durch sogenannte Rückkopplungsprozesse, durch Feedback, gewährleistet. Das Verständnis der gesendeten Worte wird überprüft. Die Überprüfung geschieht dadurch, daß der Empfänger mit seinen Worten beschreibt, welche Vorstellungen die gesendeten Worte bei ihm auslösten. Der Sender bestätigt diese dann, wenn sie richtig sind oder korrigiert sie, wenn sie falsch sind (*Hoffstätter* 1957).

Kommunikation und Verhalten

Die Informationstheorie allein kann die menschliche Kommunikation nicht erklären, denn die Kommunikation steht in einem größeren Zusammenhang und bekommt von daher erst ihren Sinn. Dieser Zusammenhang ist die Gesamtheit des motivierten Verhaltens.

Der Information kommt jedoch im motivierten Verhalten eine wichtige Funktion zu. Das Individuum orientiert sich über die Lage und Art des Zielobjektes. Die Information darüber ist die Basis für ein zielgerichtetes Handeln. Bei der Erfolgskontrolle nach der Aktion werden wiederum Informationen eingeholt. In diesem Sinne ordnet sich das Informieren in einen übergeordneten Zusammenhang ein.

Kommunikation ist zunächst ein Austausch von Informationen zwischen mindestens zwei Individuen. Beide sind motiviert, ein identisches Operationsziel zu erreichen, über das sie gemeinsam Informationen austauschen.

Ein reiner Informationsaustausch reicht nur dann für eine zielgerichtete, zweckmäßige Zusammenarbeit aus, wenn ein gemeinsames Ziel vorhanden ist, d.h. gleichsinnige Motivation und ein in bestimmter Weise reguliertes Verhalten. Eine solche Übereinstimmung von Zielen kann man in der Regel allerdings nicht voraussetzen. Die Kommunikation erhält darum noch eine weitere Aufgabe, nämlich solche Übereinstimmungen erst einmal herzustellen. Im Gespräch versucht jeder, den anderen in seinem Sinne zu beeinflussen und dazu zu bringen, an seinen eigenen Zielen mitzuarbeiten.

Zielgerichtete, berechnete Beeinflussung basiert nicht zuletzt auf ausreichender Information über den zu Beeinflussenden, über seine

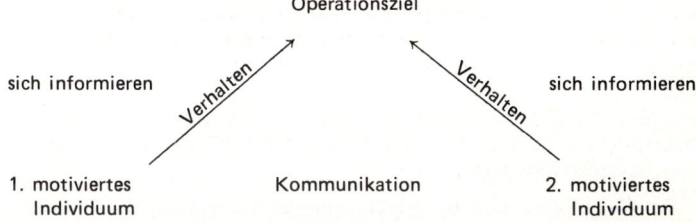

Operationsziel

sich informieren   Verhalten   Verhalten   sich informieren

1. motiviertes   Kommunikation   2. motiviertes
   Individuum   Individuum

Informationsaustausch zwischen mehreren Individuen im Hinblick auf ein Ziel

Bedürfnisse, Wünsche, Interessen und Neigungen. Eine Beeinflussung ist nur dann möglich, wenn man den Partner entsprechend intensiv kennenlernt, sich eine Interessengemeinschaft entwickelt und man ihn dazu bringt, in seinem Orientierungssystem bestimmte Handlungen vorzunehmen. Geschieht dies nicht, werden nur kurzfristig Umstimmungen erreicht, die aber meist nicht handlungsrelevant werden.

Kommunikation ist doppelschichtig

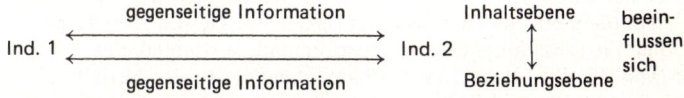

Ind. 1   gegenseitige Information   Ind. 2   Inhaltsebene   beein-
                gegenseitige Information   flussen
                                                                    Beziehungsebene   sich

Die Kommunikation ermöglicht eine zielgerichtete Zusammenarbeit, indem sie einseitige Informationsdefizite durch Informationsaustausch ausgleicht. In dieser Weise motiviert die Kommunikation und beeinflußt, bzw. reguliert gegenseitig das Verhalten.

Ein Gespräch ist nie nur rational. Wie bei jedem anderen Verhalten müssen auch irrationale, soziale und vitale Regulationen einkalkuliert werden. Dadurch können Kommunikationsvorgänge behindert werden, so daß eine Bedürfnisbefriedigung nicht möglich ist. Es kommt dann zu Frustrationen mit allen unerwünschten Folgeerscheinungen.

Insbesondere gegenseitige Beurteilung und Einordnung der Kommunikationspartner kann zu Störungen führen. Die Störung des kommunikativen Verhaltens wird durch die Tatsache zum Problem, daß das Verhalten des Partners nur in äußerst begrenztem Maße vorhersehbar ist. Hinzu kommen situative Einflüsse durch die Kommunikation selbst (*Watzlawick* u.a. 1974).

Wertet man die kurz dargestellten Gesichtspunkte für die Praxis aus, so kann dies in Beziehung zu verschiedenen Situationen geschehen. Die häufigste Form der Kommunikation sind Gespräche, die in recht verschiedenen Situationen ablaufen können, z.b. als Arbeitsbesprechungen, Konferenzen oder auch Beratungs-, Beurteilungs- oder Disziplinargespräche. Für die OE kommt der Gesprächsführung in Gruppen ganz besondere Bedeutung zu.

Bei Gesprächen und Besprechungen. gleich welcher Art, lassen sich drei Ebenen unterscheiden:

1. Der Gesprächsinhalt

In jedem Gespräch geht es um eine Sache, um ein bestimmtes Thema oder um mehrere Themen. Das ist der Inhalt des Gesprächs. Damit ist die Gedankenlinie gemeint, die sich wie ein roter Faden durch das Gespräch hindurch zieht. Sie besteht aus den geäußerten Ideen, Meinungen, Erfahrungen, Standpunkten in bezug auf das sich entwickelnde Thema. Bei „naiver" Gesprächsführung konzentriert man sich fast ausschließlich auf den inhaltlichen Aspekt des Gesprächs.

2. Die Interaktion

Unter der Interaktion versteht man die Wechselwirkung zwischen den Teilnehmern, die Art und Häufigkeit der Gesprächsbeiträge, ihre Qualität (zusammenfassend, zustimmend, vertiefend usw.). Bei der Analyse der Interaktion beobachtet man z.B. das Verhältnis zwischen Reden und Zuhören in der Gruppe, zwischen Dominanz und Unterordnung, zwischen konkreten und abstrakten Äußerungen. Man beachtet aber auch die emotionalen und affektiven Reaktionen, d.h. die „Beziehungen" der Gesprächsteilnehmer zueinander (Sympathie, Antipathie, Interessen, Wertvorstellungen, Konflikte usw.). Die Interaktion, der Beziehungsaspekt bleibt gegenüber dem Inhalt der Kommunikation meistens im Hintergrund und wird selten bewußt angesprochen.

Watzlawick (1974, S. 54) verdeutlicht den Unterschied von Inhalts- und Beziehungsaspekt an folgendem Beispiel:

„Wenn Frau A auf Frau B's Halskette deutet und fragt: „Sind das echte Perlen?", so ist der Inhalt ihrer Frage ein Ersuchen um Information über ein Objekt, nämlich die Perlenkette. Gleichzeitig aber definiert sie damit auch – und kann es nicht nicht tun – ihre Beziehung zu Frau B. Die Art, wie sie fragt (der Ton der Stimme, ihr Gesichtsausdruck, der Kontext des Gespräches usw.) wird entweder wohlwollende Freundlichkeit, Neid, Bewunderung oder irgendeine andere Einstellung zu Frau B. ausdrücken. Frau B. kann ihrerseits nun diese Beziehungsdefinition akzeptieren, ablehnen oder eine andere Definition geben, aber sie kann unter keinen Umständen – nicht einmal durch Schweigen – nicht auf Frau A's Kommunikation antworten.

Wichtig daran ist die Tatsache, daß dieser Aspekt der Interaktion zwischen den beiden nichts mit der Echtheit der Perlen zu tun hat (oder überhaupt mit Perlen), sondern mit den gegenseitigen Definitionen ihrer Beziehung, mögen sie sich auch weiter über Perlen unterhalten."

Wenn der Beziehungsaspekt einer Kommunikation zur Sprache gebracht wird, wenn also eine Kommunikation über die Kommunikation stattfindet, spricht man von Metakommunikation. Sie gibt Anleitungen, wie die inhaltliche Kommunikation aufzufassen ist. Dadurch werden Probleme der Selbst- und Fremdwahrnehmung bearbeitbar. So können Mißverständnisse, die oft auf Beziehungsstörungen beruhen, aufgeklärt werden.

3. Die Prozedur

Hier geht es um das Procedere, um die Vorgehensweise, um die Methode der Gesprächsführung. Man versteht hierunter die Form des Gesprächs (Planungs-, Informations-, Entscheidungs-, Vorbereitungs- oder Beschlußfassungs-Gespräche), den zeitlichen Rahmen, die chronologische Ordnung der besprochenen Punkte, ggf. auch die Verteilung bestimmter Aufgaben (Gesprächsleiter, Berichterstatter, Protokollant usw.). Wenn man ein Gespräch unter dem Prozedur-Aspekt betrachtet, interessieren nicht die inhaltlichen Fragen, sondern Fragen wie: In welcher Reihenfolge haben die Gesprächspartner das Problem behandelt? Welche Systematik hat der Aussprache zugrunde gelegen? Welche Organisation wurde für die Behandlung des Themas getroffen? Eine dem Thema angepaßte Prozedur ist für den Verlauf eines fruchtbaren Gruppengesprächs sehr wesentlich. Für eine dem Gesprächsziel dienliche, systematische Vorgehensweise fühlt sich meist nur der Gesprächsleiter verantwortlich.

Schaubildlich lassen sich die drei Ebenen eines Gesprächs folgendermaßen darstellen (Abb. 24).

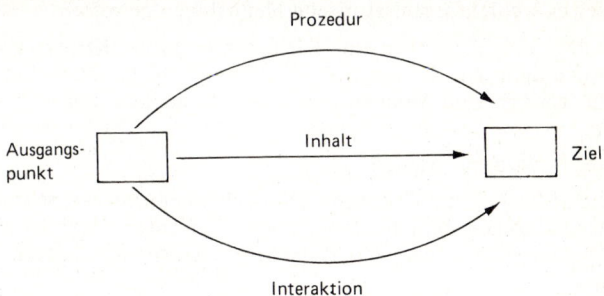

Abb. 24 Drei Ebenen eines Gesprächs

Inhalt, Interaktion und Prozedur eines Gesprächs bedingen und beeinflussen sich gegenseitig. Das gilt ganz besonders für Gruppengespräche, die ein bestimmtes Ziel verfolgen. So hängt die inhaltliche Kreativität eines Gesprächs in hohem Maße vom Zusammenspiel, von der harmonischen Interaktion ab. Eine zu starre Methodik beengt und stört die Interaktion, während eine allzu lockere Methodik zu einer chaotischen Interaktion führen kann.

Hier werden gruppendynamische Gesichtspunkte wirksam, die bereits im vorhergehenden Kapitel angesprochen wurden. Wichtig ist in diesem Zusammenhang auch die Person des Gesprächsleiters und seine Geschicklichkeit bei der „Moderation" von Gruppengesprächen.

Zur Förderung der Kommunikation in Gruppen oder in noch größeren Verbänden bedient man sich bestimmter Kommunikationstechniken. Durch diese Techniken wird gewährleistet, daß sich viele Menschen am Gespräch beteiligen können. Dies bedarf allerdings einer Leitung, die die Abläufe organisiert und bei Störungen interveniert (Moderation).

Moderation

Die Moderatoren haben verschiedene Aufgaben, um Kommunikation möglichst effizient ablaufen zu lassen. Auf den verschiedenen Ebenen stellen sie Techniken zur Verfügung, die den Kommunikationsfluß gewährleisten, z.B. Diskussionstechniken:

— Einführung von Regeln für den Diskussionsverlauf. Ein Teilnehmer darf nur 30 Sekunden ununterbrochen reden.
— Aussagen werden bildhaft veranschaulicht. Wichtige Aussagen werden auf einem Arbeitsblatt notiert.
— Thematiken werden gesammelt. Eine Übersicht wird erstellt, eventuell eine Rangreihe gebildet und die zeitliche Dauer für die Beschäftigung mit dem Thema festgelegt.

Oder es werden organisatorische Maßnahmen getroffen:

— Wechsel vom Plenum in eine Kleingruppe. In der Kleingruppe werden dann z.B. Lösungsvorschläge für Probleme erarbeitet. Hier können vom Moderator kreative Techniken eingefügt werden.

Oder es wird interveniert:

— Verdeutlichung der Gruppensituation bei emotionalen Störungen. Das emotionale Befinden kann abgefragt werden. Dazu kann man Kärtchen nehmen oder die Teilnehmer sich spontan äußern lassen.

Daraus ergeben sich folgende Aufgaben für den Moderator:

— Spielregeln bekanntgeben und kontrollieren!
— Sachlich verschleierte oder echte Sozialkonflikte innerhalb der Gruppen bewußt machen und auf die Sachebene zurückführen!
— Kreativität der Gruppe und ausgewogene Kommunikation zwischen den Teilnehmern fördern!
— Aktivitäten aller Teilnehmer anregen, ohne selbst Mittelpunkt der Gruppe zu werden!
— Entscheidungssituationen und Entscheidungszwänge schaffen!
— Ergebnisse und Konsequenzen festhalten (Problemplakat, Scenario) sowie Engagement für Folgeaktivitäten erzeugen (Tätigkeitskatalog)!
— Fragen stellen statt Antworten oder Lösungen zu geben!

(*Siemens* 1974, S. 227)

Ein Moderator nimmt also keinen direkten Einfluß auf die inhaltliche Gestaltung der Kommunikationsvorgänge. Er diskutiert nicht mit, verbalisiert auch nicht die Probleme einer Gruppe.

Es sind auch Kooperationsverfahren entwickelt worden, die sich auf die Großgruppe beziehen. Den Informationsmarkt kann man für Gruppen mit 20 Teilnehmern genauso durchführen wie für Gruppen mit 1000 Teilnehmern (*Schnelle* 1978).

2.4 Systemtechniken

Mit dem Komplexer-werden der Probleme, damit zusammenhängend der Erklärungsansätze, muß auch der gesamte Problemlösungsprozeß dieser umfassenden Ansätze gerecht werden. Die Menge der Daten, die vielen zu beachtenden Faktoren bei Planungsvorgängen können nur dann übersichtlich gemacht werden, wenn dafür Systematiken zur Verfügung stehen. Sonst fällt die gesamte Prozedur wieder auf einen vorwissenschaftlichen Stand zurück.

Bei der Systemtechnik werden verschiedene Verfahren aus unterschiedlichen Bereichen verarbeitet, angewendet. Die klassische Definition ist dem ,,US Air Force-Systems Command-Handbuch Nr. 375" zu entnehmen, zitiert nach *Dreger* (1980):

,,Systemtechnik ist die formalisierte und konzentrierte Anwendung ingenieurwissenschaftlicher, organisatorischer, aber auch philosophischer Gedanken und Methoden, die benötigt werden, ein zu schaffendes bzw. existentes Bedürfnis (eine Idee, einen Zielwunsch) in die Beschreibung der Leistungsanforderungen sowie die Erarbeitung der benötigten Lösungen zu transformieren. Dafür werden wiederholend durchzuführende Planungsprozesse notwendig, die sich von der Erfassung der Anforderungen durch den Systembenutzer über die Spezifi-

zierung der Zielsetzungen und die Ermittlung der Verträglichkeit ihrer Bestandteile bis zur Berücksichtigung aller materiellen und personellen Faktoren bei
den Umsetzungsprozessen erstrecken."

In diesem Zusammenhang soll nicht die Breite der Systemtechnik
berührt werden. Dieses Gebiet hat sich inzwischen so erweitert, daß
es ein selbständiges Lehrgebiet wurde und an der Universität vertreten wird. Hier soll nur von ausgewählten Verfahren berichtet werden,
die den Problemlösungsvorgang strukturieren helfen. Es werden also
dem Gesamtprozeß — wie vorher die Wissenschaften mit ihren Theorien — einige Systemtechniken zugeordnet.

Der Sinn dieser Verfahren liegt in verschiedenen Aspekten: Komplexe Problemsituationen lassen sich in übersichtliche Einheiten zergliedern, Aktivitäten im Problemlösungsprozeß werden sinnvoll zer-
legt, Spontanlösungen ohne rechtes Eindringen in die Problematik
verhindert, subjektive Gesichtspunkte beim Wahrnehmen, Interpretieren und Lösen von Problemen werden transparent gemacht.

Die Verfahrensweisen zwingen also die Benutzer, beim Problem-
lösen ganz bestimmte Schritte einzuhalten. Natürlich können die
Verfahren auch abgekürzt oder ausgelassen werden. Man muß sich dabei allerdings klar sein, daß dadurch Mißverständnisse, vielleicht auch
schlechtere Lösungen zustande kommen können. Dies kann man jedoch in Kauf nehmen, wenn man von vornherein den zyklischen Prozeßverlauf im Auge behält. Manchmal kommt es auf möglichst kurzfristig zu realisierende Lösungen an. Eine Präzision im diagnostischen
Bereich, in der Planung und in der Aktion wird nicht in der Ein-
maligkeit des Gesamtprozesses zu erreichen versucht, wie dies im
wissenschaftlichen Bereich geschieht, sondern durch das wiederholte
Durchlaufen dieser Prozeduren.

Der Gesamtprozeß läßt sich in folgende Phasen einteilen
(*Komarnicki* 1980):

1) Systemdefinition: Die Grenzen des Problembereiches werden
   festgelegt, dabei wird auch die Unterscheidung in eine interne
   und externe Umwelt vorgenommen.
2) Systemanalyse: In diesem Arbeitsschritt soll die Bedeutung aller
   Faktoren und ihrer Wechselwirkungen untereinander bestimmt
   werden. Dies wäre ein Ansatz, die Befunde der verschiedenen
   Analysen in einen Gesamtzusammenhang zu bringen. Dadurch
   könnten auch die Befunde von verschiedenen Wissenschaften
   integriert werden.
3) Planungsphase: Die wesentlichen Einflußgrößen werden erfaßt
   und geordnet, um davon ausgehend Alternativen zu entwerfen,
   die den gewünschten Systemzustand erreichen helfen. Zu dieser

Phase gehören auch Betrachtungen, die die zukünftige Entwicklung einschließen.

4) Entwicklungsphase: In ihr geht es um die Umsetzung der Planung in Lösungen, die möglichst schnell und wirtschaftlich produziert werden können. Konsequenterweise führt dies weiter in die Betriebs- und Endphase.

Diesen Phasen kann man entsprechende Systemtechniken zuordnen, die als Werkzeuge zu benutzen sind.

Aus der Vielzahl der Techniken sollen diejenigen näher beschrieben werden, die bei einem Problemlösungsprozeß eine Rolle spielen:

a) Problemaufbereitungsmethoden
   − Situationsanalyse
   − Problemanalyse
b) Planungsmethoden
   − Formulierung von Zielsetzungen
   − Entscheidungsanalyse
   − Netzplantechnik
   − Analyse potentieller Probleme
c) Suchmethoden
   − Funktionsanalyse
   − Morphologische Methode
   − Brainstorming
   − Methode 6 − 3 − 5
d) Bewertungsmethoden (Evaluierung)
   − Evaluierungsformen während des Problemlösungsprozesses
   − Evaluierungsformen nach dem Problemlösungsprozeß

a) Problemaufbereitungsmethoden

Die Methoden zur systematischen Aufbereitung von Problemen sind von *Kepner* und *Tregoe* (1971) beschrieben worden.

1) Situationsanalyse: Zergliedern von unübersichtlichen Situationen.
   Vielfach ist es nötig, komplexe, unübersichtliche Situationen in kleinere Einheiten (Unter-Situationen) zu zergliedern. Diese Unter-Situationen werden dann isoliert und getrennt bearbeitet. Nehmen wir uns z.B. ein Kommunikationsproblem heraus: Mitarbeiter klagen, daß sie wichtige Informationen für ihre Arbeit nicht erhalten. Beim Nachgehen dieses Problems lassen sich folgende Unter-Situationen feststellen:

- Mitarbeiter hatten Anweisungen mißverstanden.
- Änderungen der Geschäftsabwicklung wurden nicht allen bekannt-
gegeben.
- Manche Mitarbeiter halten Informationen zurück, um mehr Macht
auf andere auszuüben.
- Ein neues Abwicklungsverfahren wird als Kontrolle empfunden
und sabotiert.

Ergeben sich eine Anzahl von Unter-Situationen, so gilt es nun,
die Bedeutung und Dringlichkeit der einzelnen Unter-Situationen
zu bestimmen. Danach wird dann die Bearbeitungsreihenfolge festgelegt. Ebenfalls muß entschieden werden, wer die Aufgabe erledigen soll.

Hat man sich für die Bearbeitung einer Unter-Situation entschlos-
sen, ist weiter zu bestimmen, ob es sich um Probleme, Entschei-
dungsangelegenheiten oder potentielle Probleme bei der Realisierung
einer Planung handelt. Je nachdem wird verschiedenen Systematiken
gefolgt, um den Anforderungen dieser spezifischen Situation gerecht zu werden.

Ablauf der Situationsanalyse: Zergliederung der unübersichtlichen
Situation, Prioritäten setzen.

2) Problemanalyse: Systematische Beschreibung des Problems nach
                    Fragevorgaben
Unter Problem wird hier eine Abweichung des Ist-Zustandes von
einem gewünschten Soll-Zustand verstanden. Die Ursache der Abweichung ist nicht bekannt, sie soll herausgefunden werden. Nur in
diesem Sinne wird im weiteren der Begriff „Problem" benutzt. Z.B.:
Bei dem Produkt A ging der Umsatz in den letzten Monaten um
15% zurück. In der Produktionsabteilung II häufen sich die Krank-
meldungen seit vier Wochen. . .

Zur Problemanalyse werden folgende Schritte vorgenommen:
a) Zuerst wird das Problem in einem Satz umschrieben, wie dies
   bei den angeführten Beispielen der Fall ist.
b) Danach erfolgt die genaue Beschreibung des definierten Problems,
   indem folgende Fragen gestellt und beantwortet werden:

WAS   ist das Problem (Objekt, Defekt), was ist es nicht,
           hätte es aber sein können?
WO   beobachtet, aufgetreten, berichtet, usw., wo am
           Objekt, wo nicht?
WANN   berichtet, aufgetreten, etc., wann nicht?
WIEVIEL   Ausmaß des Problems; Tendenz: steigend, fallend,
           periodisch. . .

c) Welche Besonderheiten und Unterschiede gibt es hinsichtlich des Ist gegenüber dem Ist-Nicht?

d) Welche Veränderungen im Rahmen dieser Besonderheiten treten auf?

Natürlich werden bei der Beantwortung dieser Fragen auch die üblichen empirischen Methoden herangezogen. Die Beschreibung sollte aber erst dieser Systematik folgen und nicht von vornherein durch wissenschaftliche Gegenstände und Theorien gelenkt werden. Erst nach dieser Beschreibung sollten Vermutungen über die Ursachen gebildet werden, die dann mittels der zur Verfügung stehenden, angemessenen Theorien weiter geklärt werden. Nach der Beschreibung des Problems mit diesem problemanalytischen Verfahren kommen die Wissenschaften zum Zuge, um den diagnostischen Prozeß nach Ursachen weiterführen zu können. Zur Abklärung der Ursachen können weitere Informationen eingeholt werden, die aber mehr der Überprüfung der Hypothesen dienen. Damit ist der diagnostische Teil des Problemlösungsprozesses abgeschlossen.

b) Planungsmethoden

Hierbei geht es um Formulierung von Zielsetzungen, Entscheidungsanalyse, Netzplantechnik und Analyse potentieller Probleme.

1) Formulierung von Zielsetzungen
Zum Formulieren von Zielen können methodische Möglichkeiten der Lernplanung (Curriculum) benutzt werden. Dabei sind folgende Gesichtspunkte zu beachten:

— Die Zielbeschreibung bezeichnet ein beabsichtigtes Ergebnis und nicht einen inhaltlichen Umfang.
— Die Beschreibung soll möglichst konkret formuliert sein.
— Zu einer Beschreibung gehören Inhalts- wie Verhaltensaspekte.
— Wenn ein umfangreiches Programm mit Zielsetzungen beschrieben werden soll, ist es vorteilhaft, von allgemeinen Zielsetzungen auszugehen, die dann weiter untergliedert werden (Richtziele, Grobziele, Feinziele).

Gerade, wenn mit der OE bestimmte Lernvorgänge verbunden sind, eignet sich dieses System besonders für die Beschreibung von Zielsetzungen, weil damit die Beschreibung von Lernsituationen (wie die Ziele erreicht werden sollen) und die Lernkontrolle (ob die Ziele erreicht wurden) verbunden sind (*Möller* 1973).

2) Entscheidungsanalyse
Nachdem folgende systematische Schritte durchgeführt worden sind: Problemanalyse, Aufstellen der vermuteten Ursachen, Formu-

lieren der Ziele und das Entwickeln von Lösungen, geht es um die
Entscheidung für die beste Lösung. Dafür gilt es folgende Bereiche
zu bearbeiten:

— Klassifizierung und Gewichtung der Zielsetzungen: Die Ziele lassen sich in *Muß-* und *Wunsch-*Ziele einteilen. Muß-Ziele müssen unbedingt durch die Lösung abgedeckt werden. Erfüllt eine Alternative ein solches Ziel nicht, so wird sie von vornherein fallengelassen.
Wunsch-Ziele sind zwar auch wichtig, aber nicht unabdingbar. Man
kann auf sie verzichten, allerdings in verschieden hohem Maße. Deshalb ist es notwendig, die Wunsch-Ziele zu gewichten. Zur Gewichtung nehme man Zahlen von 1 bis 10. 1 bedeutet relativ wichtig,
10 bedeutet sehr wichtig.

— Beurteilung von Alternativen: In jeder Lösungsalternative müssen
die Muß-Ziele eindeutig erfüllt sein, erst dann sieht man sich die Erfüllung der Wunsch-Ziele an. Entspricht ein Punkt in der Alternative dem Wunsch-Ziel, dann wird dieser Punkt mit 10 gewertet; ist
dies jedoch nur in einem sehr geringen Maße der Fall, so wird der
Punkt mit 1 gewertet (Wertzahl). Je nachdem also, wie gut die Alternative das Wunsch-Ziel verwirklicht, vergibt man die Wertzahlen.
Beide Zahlen, Gewichtzahl (in bezug auf die Zielsetzung) und Wertzahl (in bezug auf die Verwirklichung) werden dann miteinander
multipliziert und addiert. Je höher die Summe ist, um so mehr
Wunsch-Ziele wurden in der Alternative verwirklicht.

Die Methode zwingt dazu, alle Gesichtspunkte, die eine Bewertung beeinflussen, offen darzulegen. Man ist nun schon einen Schritt
weitergekommen, hat sich aber noch nicht endgültig für eine bestimmte Maßnahme entschieden. Zunächst müssen erst noch die Auswirkungen der verschiedenen Lösungsalternativen ermittelt werden.
Es kann durchaus vorkommen, daß man eine hochbewertete Alternative fallenläßt, weil man negative Auswirkungen z.B. auf das Betriebsklima befürchtet.

Bewertung der Alternativen in bezug auf nachteilige Auswirkungen: Hat man durch das obige Verfahren verschiedene Alternativen
zur engeren Entscheidungswahl, so liegt es nahe, die Alternativen
noch einmal näher zu betrachten. Man fragt danach, ob

— die Quellen bzw. Informationen vertrauenswürdig sind,
— sich in irgendwelchen Bereichen negative Auswirkungen ergeben
  etc.

Hat man mögliche nachteilige Auswirkungen für jede Alternative
notiert, werden sie nach folgenden Gesichtspunkten bewertet:

— Wahrscheinlichkeit des Auftretens
— Tragweite

Auch hier werden je nach Ausprägung Bewertungen zwischen 1 und 10 vorgenommen. Die erhaltenen Bewertungen werden miteinander multipliziert und addiert. Man erhält für jede betrachtete Alternative eine Summe, die besagt, wie ausgeprägt mit Schwierigkeiten zu rechen ist (*Kepner-Tregoe* 1971).

3) Netzplantechnik.
Aufstellung eines Planes: Festlegung der Reihenfolge, was getan, gedacht und veranlaßt werden muß.

Zergliederung eines Planes: Festlegung von eindeutig voneinander abgrenzbaren Tätigkeiten und Teilschritten. Handelt es sich um sehr komplexe Vorgänge, so empfiehlt es sich, die Abfolge, bzw. die Verknüpfung von Tätigkeiten durch ein entsprechendes Verfahren darzustellen, z.B. Vorgangslisten mit Vorgangsbezeichnungen der Dauer, dem Anfang und dem Ende; Balkendiagramm: Vorgänge werden veranschaulicht, die Aufeinanderfolge und Überschneidungen von Teilaufgaben werden deutlich; Netzplantechnik: Vorgangspfeil-Netzplan, Vorgangsknoten-Netzplan oder Ereignisknoten-Netzplan (REFA 1974/75).

Ermittlung kritischer Bereiche und Erstellung einer Reihenfolge: In welchen Teilschritten können sich Probleme ergeben? Wie groß ist dabei die Gefahr? Ist die Kennzeichnung erfolgt, bringt man die Teilschritte in eine Reihenfolge, und zwar nach ihrer Bedeutung und Dringlichkeit für die Planerfüllung?

4) Analyse potentieller Probleme
Ermittlung der potentiellen Probleme: Es wird nun festgelegt, was schiefgehen kann und was die Planerfüllung (zeitlich, sachlich) am meisten gefährdet. Dabei ist die Wahrscheinlichkeit und Tragweite anzugeben.

Ermittlung der Ursachen: Welche Gründe lassen sich für das Schiefgehen angeben? Welches sind die wahrscheinlichsten Gründe? Man bildet eine Rangreihe nach der Wahrscheinlichkeit des Auftretens.

Festlegung vorbeugender Maßnahmen: In den Teilschritten für die Planverwirklichung werden Maßnahmen flankierender Art hinzugenommen, um analysierte Probleme nicht eintreten zu lassen. Falls keine Beseitigung der Probleme möglich ist, sollten Maßnahmen geplant werden, die die Schäden begrenzen.

Einrichtung eines Informations- und Meldesystems: Mit zur Planung gehört auch die Festlegung von Kontrollen, die über Erfolg von Maßnahmen und Entstehung von Problemen unterrichten. Gerade dieser Punkt wird dann noch einmal aufgegriffen, wenn verschiedene Evaluationsformen besprochen werden.

c) Suchmethoden

Eine Problemanalyse, so sorgfältig sie auch durchgeführt wurde, wirft noch keine Lösung ab. Es wäre irreführend, wenn man die Auffassung verträte, die nächstbeste Lösung, die einem einfällt, wäre auch die beste. Kurz, den ganzen Aufwand, Probleme zu analysieren, zu interpretieren, kann man sich sparen, wenn es einem nicht gelingt, das „kreative Potential" in einer Organisation für Lösungsansätze zu aktivieren. Während die Problemanalyse in ihrer strengen systematischen Form durchaus mit den traditionellen Organisationsformen korrespondiert, die ja auch logisch systematisch Arbeit organisieren wollen, gilt dies für die Kreativität nicht.

Lösungsansätze zu entwickeln bedeutet, aus gewohnten Denkbahnen auszubrechen. So ist bei einem kreativen Prozeß eine hohe *Flexibilität* notwendig, um vorhandene Denkkategorien, Begriffsschemata, Lösungsformen losgelöst von ihren inhaltlichen Bezügen verfügbar zu machen, neue Verbindungen zu stiften. Darin liegt auch die Originalität der Lösungsansätze. Es werden dadurch neue Möglichkeiten des Zuganges zu den Innovationsproblemen geschaffen.

Unter *Flüssigkeit* versteht man dann die Fähigkeit, möglichst viele Ideen zu produzieren, wodurch es wahrscheinlich wird, daß etwas Brauchbares dabei abfällt. Meist handelt es sich bei solchen kreativen Produktionen um Lösungsansätze, die dann erst noch weiter entwickelt werden müssen.

Guilford (1950) meint, daß solche Fähigkeiten eigentlich bei jedem Menschen mehr oder weniger vorhanden sind. Es gibt aber erfahrungsgemäß Menschen, die besonders einfallsreich sind. Hier spricht man dann von einer kreativen Persönlichkeit.

Eine solche Persönlichkeit läßt sich wie folgt charakterisieren (*Hoeffert* 1976):

— Offenheit gegenüber der Umwelt: kann sich selbst relevante Informationen beschaffen, vorgegebene Denkgewohnheiten verlassen.
— Entwickelt neue Anschauungen: ist zugleich kritisch und fähig, sich auf Problemsituationen einzustellen.
— Spontaneität, Flexibilität und Selbständigkeit sowie Leistungsorientiertheit sind Leitlinien dieser Persönlichkeit.
— Bevorzugt Komplexität und Vieldeutigkeit in der Umwelt sowie Irregularität.

Stimmen die Rahmenbedingungen, sind Personen mit kreativem Potential vorhanden, so kann man die kreativen Prozesse weiterhin dadurch fördern, daß man kreative Techniken einsetzt. Die kreativen Techniken haben alle gemeinsam, möglichst divergente Denkprozesse in Gang zu setzen.

Phasen bei der Lösung von Innovationsproblemen:
1) Empfinden einer Zwangslage: Es muß ein Problembewußtsein vorhanden sein, das zu einer Ausgangslage führt, sich näher mit dem Problem zu beschäftigen.
2) Problembeschreibung, Sammeln relevanter Informationen: Durch die Beschreibung der Ausgangssituation wird das Problem weiter präzisiert. Ein weiterer Schritt besteht darin, den Zielbereich genauer zu definieren. In diesem Zusammenhang wird auch begründet, warum die Notwendigkeit einer Problemlösung besteht. Diese Tätigkeiten haben zum Ziel, eine möglichst intensive Auseinandersetzung mit dem Problem zu gewährleisten; siehe hierzu auch Systemtechnik: Problemanalyse.

Bei dieser Bearbeitung sollten auch schon bekannte und denkbare Lösungen zusammengestellt werden. In diesem Zusammenhang sollten auch die bekannten oder denkbaren Schwierigkeiten mit der Aufstellung der Lösungen miterörtert werden. Außerdem sind die relevanten Kriterien für die Problemlösung mitauszuarbeiten.

In einem weiteren Schritt wird die Problembeschreibung erweitert, indem das Suchfeld aufgelockert wird. Dies kann durch folgende Tätigkeiten versucht werden:
Das zu lösende Problem soll . . .
— umformuliert werden,
— in synonymen Ausdrücken neu ausgedrückt werden,
— in fremde Sprachen übersetzt, zurückübersetzt werden,
— sachfremden Personen dargelegt und von ihnen zurückerzählt werden,
— von verschiedenen Aspekten her betrachtet werden,
— durch Symbole dargestellt werden,
— graphisch durch Fließdiagramme, Modelle veranschaulicht werden.

Durch dieses Vorgehen soll eine möglichst intensive Beschäftigung mit dem Problem erfolgen, es soll in die eigene Gedankenwelt übernommen, verarbeitet werden. Für diese intensive Beschäftigung mit dem Problem sollte man sich genügend Zeit nehmen.
3) Produzieren von Ideen, Einsatz von kreativen Techniken:
Solche Techniken lassen sich in verschiedene Bereiche einteilen (*Sand* 1979):
Logisch-systematische Techniken
— Funktionsanalyse
— Morphologische Methode
Intuitiv-kreative Techniken
— Brainstorming
— Methode 6 — 3 — 5.

4) Entwickeln von Lösungsansätzen: Die Lösungsansätze müssen erst einmal auf ihre Verwendbarkeit überprüft werden. Dies kann einmal unter der Benutzung der Zielsetzungen und zum anderen unter dem Gesichtspunkt der Realisierung erfolgen. Auf diese Weise werden sehr viele produzierte Lösungsansätze erfahrungsgemäß herausfallen. Die übriggebliebenen müssen dann weiter entwickelt werden, um sie praktisch auswerten und Entscheidungen über die Verwendbarkeit endgültig stellen zu können.

5) Entscheidungen über die entwickelten Lösungsansätze: Die Lösungsansätze, die verfolgt werden sollen, werden zur weiteren Verarbeitung freigegeben. Die Entwicklung der Lösungsansätze erfolgt dann wieder mit den traditionellen Denkformen in systematischer Weise.

Bestimmte Abschnitte bei diesem Prozeß sollte man sowohl personell als auch zeitlich trennen. Zusammen gehören die Abschnitte Definition und Analyse des Problems sowie der Einsatz von kreativen Techniken. Die anschließende Bewertung und Weiterentwicklung der Lösungsansätze kann und sollte durch eine andere Gruppe erfolgen, die dann systematisch weiterarbeitet. Diese Aufteilung läßt sich damit begründen, daß für einen kreativen Prozeß jegliche Bewertung absolut tödlich ist. Das Zerstören von Ideen durch solche Bewertungen kann auch langfristige Folgen haben, nämlich dann, wenn die Teilnehmer an einer kreativen Sitzung erleben, wie wenig von ihren Ideen tatsächlich verwendet wird. Man kann sich vorstellen, daß sie in Zukunft für solche Prozesse nicht mehr motiviert wären. Solche Dinge lassen sich vermeiden, indem man organisatorisch die Kreativitäts- und Bewertungsphase voneinander trennt.

Im übrigen sollte man darauf achten, daß nicht durch sogenannte „Killerphrasen" Ideen zerstört werden, z.B. sind das folgende Äußerungen:

- Das geht doch nicht.
- Das ist grundsätzlich richtig, aber bei uns nicht anwendbar.
- Denken Sie an unsere besondere Situation.
- Das kostet viel zu viel.
- Sehen wir uns doch das Problem im Detail an.
- Für die Frage sind wir nicht zuständig.
- Richtig, aber damit kommen Sie nicht durch.
- Haben schon andere probiert.
- Prüfen Sie das noch einmal gründlich, etc.

Ein weiterer Gesichtspunkt für die Förderung der Kreativität ist die Zusammensetzung der Gruppe, mit der man Ideen produzieren will. In der Regel wird sie fünf bis acht Leute umfassen. Dies richtet sich auch nach der eingesetzten kreativen Technik. Man sollte jedoch darauf achten, daß man hinsichtlich der Kenntnisse und Erfahrungen eine heterogene Zusammensetzung vorsieht.

Die Mitglieder der Gruppe sollten möglichst aus einer gleichen Hierarchieebene kommen. Auch soziologisch sollte die Zusammensetzung möglichst homogen sein, um keine Abhängigkeiten in der Gruppe entstehen zu lassen. Die Ausrichtung der Gruppenmitglieder nach einem Statushöheren wäre für die kreative Produktivität verhängnisvoll. Eine solche Ausrichtung ist jedoch zu erwarten, da die meisten Erfahrungen von den Mitgliedern einer Organisation in hierarchisch aufgebauten Gruppen gesammelt wurden. Einen Koordinator sollte allerdings die Gruppe haben, der die formalen Dinge erledigt und für einen Rahmen sorgt, der emotional positiv ist (entspannt) und keinen Druck erzeugt.

d) Bewertungsmethoden (Evaluierung)

Sind Ergebnisse zu beurteilen, so kommt es zuerst darauf an, daß Beurteilungskriterien erstellt werden. Die alleinige Feststellung, daß etwas gut oder schlecht ist, genügt nicht, weil hierbei die Kriterien nicht zugänglich sind. Man kann sie höchstens erschließen.

Gefordert wird aber eine Auseinandersetzung mit den Ergebnissen, die eine weiterführende Konzeptbildung erlaubt. Das kann aber nur geschehen, wenn klare Zielsetzungen ausformuliert wurden, mit denen die Ergebnisse verglichen werden können. Die Ergebnisse stellen dann Ist-Werte dar, die mit Soll-Werten konfrontiert werden. Dabei ist es möglich, Aussagen über den Grad der Zielerreichung zu machen.

Aber nicht nur die Endergebnisse können überprüft werden, sondern auch während des Prozesses des Problemlösens kann eine ständige Analyse erfolgen, ob die Bearbeitung in der gewünschten Richtung erfolgt. Deshalb wird Evaluation allgemein definiert als „Gewinnung von Information durch formale Mittel, wie Kriterien, Messungen und statistische Verfahren, mit dem Ziel, eine rationale Grundlage für das Fällen von Urteilen in Entscheidungssituationen zu erhalten" (*Stufflebeam* 1972). Wie nun diese Definition bei den einzelnen Projekten präzisiert wird, hängt von den normativen, wissenschaftstheoretischen Auffassungen, sowie von den Kontrollverfahren ab.

1) Evaluationsformen

Im folgenden werden verschiedene Evaluationsformen mit ihren unterschiedlichen Funktionen kurz dargestellt. Da man in der Literatur allein 15 verschiedene Evaluationsformen unterscheidet, wird hier versucht, diese Formen grob zu gliedern.

a) Evaluationsformen während des Prozesses

Kontext-Evaluation: Im Prinzip geht es hierbei um den ersten Abschnitt eines Prozesses, wobei gefragt wird, ob alle relevanten Bestandteile berücksichtigt wurden. In einer Organisation gibt es zahlreiche Probleme, deren Problematik unterschiedlich zu bewerten ist. Wenn man Probleme lösen will, so wird man sich auf die relevanten beschränken wollen. Welche Probleme als bedeutungsvoll angesehen werden, kann je nach Stellung in der Organisation verschieden sein. Es ist deshalb zu überprüfen, ob tatsächlich die wichtigen Probleme erfaßt wurden. Diese können sich auf das Aktionsfeld Organisation–Umwelt, auf die Bezüge innerhalb der Organisation beziehen, wobei hier nicht die Frage ausschlaggebend ist, wie und ob die Probleme miteinander in Beziehung stehen.

Formative Evaluation: In der Regel werden sich im Laufe des Bearbeitungsprozesses die Vorstellungen, Problemsichten, Zielsetzungen, etc. präzisieren. Es ist deshalb laufend zu überprüfen, ob noch die am Anfang festgesetzten Voraussetzungen gelten oder dem z.Z. bestehenden Erkenntnisstand angemessen sind. Solche ständigen Beurteilungsprozesse sollten durchgeführt werden, da es nicht zweckmäßig ist, starr an einer beschlossenen Sichtweise festzuhalten. Dadurch können einzelne Elemente, z.B. das Einbeziehen bestimmter Gruppen in der Organisation, eine Veränderung erfahren. Natürlich kann auch das Gesamtkonzept einer Modifikation unterzogen werden. Man stellt z.B. bei einer Analyse von zwischenmenschlichen Problematiken fest, daß formal organisatorische Probleme mit hineinspielen, die eigentlich nicht Gegenstand der Analyse waren.

Prozeß-Evaluation: Hier werden nicht die Inhalte des Problemlösungsprozesses zum Gegenstand des Reflektierens, sondern der Prozeß selbst: Die Kommunikationsstruktur, die Entscheidungsstrategie, die Verfahrenspläne, etc. werden zum Gegenstand der Beurteilung. Der Einsatz bzw. Nichteinsatz von bestimmten Systemtechniken wird zur Diskussion gestellt. So können z.B. Fragen auftreten: Sind die Probleme genügend genau beschrieben worden; sollte man die vorhandenen Daten noch von anderen Gesichtspunkten her (wissenschaftlichen Gegenständen, Theorien) interpretieren; sollte noch mehr Zeit aufgewendet werden, um alternative Lösungsansätze zu entwickeln.

b) Evaluationsformen nach dem Prozeß

Summative Evaluation: Sie zielt auf die Überprüfung und Beurteilung des Gesamtproduktes hinsichtlich seiner inhaltlichen Ergebnisse. Sind z.B. die ganzen geplanten Maßnahmen hinsichtlich der erstellten Zielsetzungen angemessen? Damit sollen Begründungen für den

Einsatz solcher Maßnahmen erstellt werden, ob sie nämlich den Problematiken angemessen sind. Dies kann z.B. eine Kosten-Nutzen-Analyse sein.

Ergebnis-Evaluation: Dies hebt ab auf die Effekte, welche die Maßnahmen auf die Klienten haben. Werden z.B. irgendwelche organisatorische Veränderungen beschlossen, so wird analysiert, wie die Mitglieder dieser Organisationseinheit mit dem neuen System zurechtkommen, welche Wirkungen das neue System hat.

Hierbei sollte insbesondere die Zeit als Variable betrachtet werden. Meinungen, Gefühle können vor, während und nach der Veränderung sehr verschieden ausgeprägt sein. Es wäre irreführend, wenn man annähme, nur die Effekte nach einem Zeitabschnitt wären wesentlich. Auch vor der Einführung ist die Erfassung der Lage bedeutsam, um entsprechende Veränderungen in der Einführungsstrategie vornehmen zu können. Dies wird besonders dann der Fall sein, wenn sich emotionale Widerstände durch die Erhebung anzeigen.

Intrinsische Evaluation: Die Analyse und Bewertung befaßt sich mit Elementen des Gesamtkonzepts, ohne daß die Auswirkungen auf die Betroffenen mitberücksichtigt würden. Eine solche Begrenzung der Evaluation wird in der Praxis notwendig sein, denn alle Bestandteile können sicherlich nicht reflektiert werden. Nur dann wird man sich mit einem Teil intensiv auseinandersetzen, wenn man vermutet, daß die Gesamtergebnisse hiervon in besonderem Maße beeinträchtigt wurden. So kann z.B. die Mitbeteiligung der Organisationsmitglieder im nachhinein noch einmal Gegenstand einer Auseinandersetzung werden, weil man bemerkte, daß die Veränderungen auf Widerstand stießen, nur in Abänderungen realisierbar waren. Dies kann natürlich auch durch die Art der Intervention vom Berater aus bedingt sein. Auf jeden Fall würde das Beteiligungssystem, die Rolle des Beraters zum Gegenstand einer Auseinandersetzung werden.

2) Evaluations-Design

Vergleichende Evaluation: Um die Veränderungen, den Grad der Abweichungen exakt erfassen zu können, vergleicht man häufig die Ergebnisse verschiedener Gruppen miteinander. In der Kontrollgruppe werden die alten Verfahren praktiziert, während in der Versuchsgruppe die Veränderungen eingeführt werden. Vor und nach der Veränderung werden die Leistungen der beiden Gruppen erfaßt und können dann miteinander verglichen werden. Natürlich ist es auch möglich, daß man verschiedene Methoden in Versuchsgruppen anwendet und miteinander kontrastiert. Dies ist eine sehr kosten- und zeitaufwendige Verfahrensweise, wird aber z.B. bei der Unterrichtsforschung durchaus angewandt, um gesicherte Daten zu erhalten, mit denen man eine begründete Entscheidung treffen kann.

Nicht-vergleichende Evaluation: Dieses Verfahren ist entsprechend definiert ohne Kontrollgruppe. Die Veränderungen werden direkt erfaßt, diskutiert. Eine Vorher- oder Nachher-Untersuchung ist aber auch hier von Nutzen, um die Veränderungen bei bestimmten Variablen erfassen zu können. Damit können genauere Aussagen darüber gemacht werden, welche Auswirkungen sich einstellen.

Für jede Evaluation stellen sich folgende Fragen:

1) Wer soll evaluieren?
2) Welche Prozeßbestandteile sollen berücksichtigt werden?
3) Welche Ergebnisse sollen erfaßt werden?
4) In welcher Form sollen die Daten gewonnen werden?
5) Wie sollen die gewonnenen Daten ausgewertet und dargestellt werden?

Zusammenfassung

Die besprochenen systematischen Bestandteile werden abschließend so zusammengestellt, wie es dem Ablauf eines Problemlösungsprozesses entspricht. Auf die Mitwirkung des Klienten und der sich daraus ergebenden Beraterrolle sei hier nur hingewiesen.

Das zyklische, wiederholte Durchlaufen einzelner sowie aller Abschnitte macht es möglich, daß man in der Praxis handlungsfähig bleibt. Man kann durch ein schnelles Durchlaufen der Abschnitte zu ersten Problemlösungen kommen. Sind sie nicht befriedigend, so können einzelne Abschnitte noch einmal sorgfältiger durchgearbeitet werden, z.B. durch eine neue Problemanalyse mit zusätzlichen Datenerhebungen.

Systematik des Problemlösens	*Verfahren aus dem Bereich*

DIAGNOSE

— Empfindung einer Problemlage	— Situationsanalyse
— Problembeschreibung	— Problemanalyse
— Informationssammlung	— Anwendung von Erhebungs- methoden
— Interpretation der Ergebnisse	— wissenschaftliche Erklärungen, Theorien, Modelle, Konstrukte

PLANUNG

— Zielbeschreibungen	— Curriculum: Zieldefinitionen
— Entwicklung von Lösungsan- sätzen	— kreative Techniken, Such- methoden
— Festlegung der Lösung	— Entscheidungsanalyse, Be- wertungstechniken
— Planung des Ablaufes	— Planungsmethoden
— Ermittlung potentieller Probleme	— Analyse potentieller Probleme

AKTION

— Experimentelle Projekte	— Projektmanagement
— Veränderungen der Organisations- struktur	— Realisierungsplanung
	— Projektüberwachung
— Einführung neuer Führungssysteme	— Organisationsgestaltung
— Veränderungen von Einstellungen und Verhaltensweisen	— Gruppendynamische Inter- ventionen
	— Verhaltenstraining

AUSWERTUNG

— Rückmeldungen während des Lösungsprozesses nach dem Lösungsprozeß	— Evaluationsverfahren mit ent- sprechenden Datenerhebungen mittels empirischer Methoden
— Interpretation (Soll-Ist-Vergleich)	

Teil C: Anwendung von Organisationsentwicklung in der Praxis

Einleitung

In diesem dritten Teil des Buches werden einige Schlußfolgerungen gezogen im Hinblick auf die Nutzanwendung von OE in der Praxis.

Im ersten Abschnitt, der in einzelne Kapitel untergliedert ist, werden die Ansätze, Bedingungen und Strategien zur Durchführung von OE dargestellt.

Im zweiten Abschnitt werden die verschiedenen Problembereiche näher untersucht und entsprechende Analyse- und Interventionstechniken beschrieben.

Die Methoden sind den Problembereichen zugeordnet, für deren Untersuchung oder Anwendung sie sich vornehmlich eignen, also den Bereichen: Organisation und Umwelt (2.1), Gruppen in Organisationen (2.2), Individuen in Organisationen (2.3). Das schließt nicht aus, daß einige der dargestellten Analyse- und Interventionstechniken durchaus für mehrere Problembereiche geeignet sein können.

Die Analyse- und Interventionstechniken werden mehr oder weniger prototypisch beschrieben. Dabei ist jede Anwendung an so viele Voraussetzungen und Bedingungen gebunden, daß es verhängnisvoll wäre, einen „Instrumentenkasten" der OE zusammenzustellen. So hat beispielsweise die unkritische Übernahme der in vielen Sammlungen und Handbüchern veröffentlichten gruppendynamischen Übungen schon Schaden genug angerichtet. Die hier angeführten Methoden, Fragebogen, Interview-Leitfäden und Anleitungen sind, selbst wenn sie manchmal wie einfache Handlungsanweisungen wirken, nur von erfahrenen OE-Beratern im Zusammenhang eines Projekts problembezogen und situationsadäquat anzuwenden.

1   Ansätze, Bedingungen und Strategien

1.1   Unternehmensspezifische Ansatzpunkte

1.1.1 Drei Wege zu OE

Für die Einführung oder für die Entstehung von OE in einem Unternehmen gibt es kein bestimmtes Schema. Die Ausgangssituation, die jeweiligen Problemstellungen und die Motivation der Beteiligten, die „OE" ermöglichen, sind so unterschiedlich wie die Unternehmen selbst. Die Erfahrung zeigt aber, daß in den Fällen, in denen Unternehmen OE praktizieren oder praktiziert haben, häufig drei Bedingungen entweder einzeln oder kombiniert, den Weg bereiteten:

Die Unternehmen kamen entweder

- von der Trainingsarbeit zur OE
  oder
- von der Organisationsarbeit zur OE
  oder
- von der Managementarbeit zur OE.

Abb. 25 Unternehmensspezifische Ansatzpunkte

Diese drei verschiedenartigen Ansatzpunkte können in der Praxis als die Wege zur OE betrachtet werden (Abb. 25).

1) Von der Trainingsarbeit zur OE

Unternehmen, die intensive Trainingsarbeit und gezielte Personalentwicklung (PE) betreiben, stoßen irgendwann darauf, daß es nicht genügt, den einzelnen Mitarbeiter zu schulen oder weiterzubilden, wenn sein Arbeitsfeld, in dem er das Gelernte anwenden soll, unverändert bleibt. Folgerichtig laufen die Bemühungen dann darauf hinaus, nicht nur den einzelnen, sondern die Gruppe, die Abteilung, den ganzen Betrieb zu „trainieren", und zwar nicht nur partiell, etwa hinsichtlich einer bestimmten fachlichen Fertigkeit, sondern umfassend, also im Hinblick auf eine höhere Arbeitseffektivität, auf eine bessere Zusammenarbeit und geordnete Arbeitsabläufe. Die Trainingsarbeit verändert sich; sie wird zu einer betriebsumfassenden „Lernstrategie". Der Trainingsleiter wird zum Berater. Aus „PE" entwickelt sich „OE".

2) Von der Organisationsarbeit zur OE

Es gibt Unternehmen, in denen sich die Arbeit der Organisationsabteilung in der Durchführung von Ist-Aufnahmen und im Zeichnen von Organisationsplänen erschöpft. Unternehmen jedoch, in denen aktive Organisationsplanung betrieben wird, wobei Reorganisationen unvermeidlich sind, stoßen irgendwann darauf, daß es nicht genügt, Arbeitsabläufe zu organisieren oder Organisationsstrukturen zu verändern, wenn die Menschen, die von diesen Regelungen und Veränderungen betroffen sind, diese nicht akzeptieren, sondern „mauern", opponieren oder die Anordnungen einfach unterlaufen. Wenn die Organisationsplanung die Betroffenen nicht einbezieht, wird die „OP" in der Tat zu einer Operation, die mehr schadet als nutzt. Die Beteiligung der Betroffenen jedoch, die Einbeziehung der Mitarbeiter in den Planungsprozeß führt zwangsläufig zu einer weitergehenden Information, zu Beratungen, zu offenen Aussprachen und zu flankierenden Trainingsmaßnahmen. Aus „OP" entwickel sich „OE".

3) Von der Managementarbeit zur OE

Es gibt Unternehmen, die ausgesprochen kooperativ geführt werden. Maßgeblich ist oft der Unternehmer selbst oder ein Team an der Spitze, dem es nicht liegt, selbstherrlich anzuordnen, zu planen und zu entscheiden. Die Mitarbeiter werden in Planungs- und Entscheidungsprozesse einbezogen. Es werden Arbeitsgruppen gebildet. Womöglich wird die Gruppenarbeit, da sie effektiv ist, ganz bewußt gepflegt. Es entwickelt sich so etwas wie eine partizipative Führung.

Sofern die Beteiligung der Mitarbeiter systematisch gefördert wird und in Verfahrensregeln ihren Niederschlag findet, kann man von einem „System-Management" (SM) sprechen. Die Mitarbeiter sind nicht mehr wie sonst meist üblich an ihren Vorgesetzten, sondern an den Arbeitszielen orientiert. Der Vorgesetzte wird zum Berater der Mitarbeiter. Aus „SM" entwickelt sich „OE".

1.1.2 Anlässe, Bedingungen und Auswirkungen von OE

1) Anlässe

Wenn man die an OE-Programmen direkt Beteiligten befragt: Wie kam es eigentlich zur Einführung von OE in Ihrem konkreten Fall? – so stellt sich heraus: OE entstand oft aus Zufall oder – anders ausgedrückt – durch das Zusammentreffen an sich nicht miteinander verbundener Umstände. Manchmal ist es eine Veränderung in der Unternehmensspitze, ein Generationswechsel, eine existentielle Notlage oder der Zwang, aus einer verfahrenen Situation einen Ausweg zu finden – fast immer sind es größere Schwierigkeiten und ein Veränderungsbedürfnis bei den Betroffenen, kombiniert mit einer menschlichen Begegnung und der Konfrontation mit einer neuen Erfahrung. Eine typische Äußerung für diese Situation: „Da merkte ich, daß es neben den klassischen Strategien zur Problemlösung noch andere, unkonventionelle Möglichkeiten gab. . ."

Schon die Umstände sind meist ungewöhnlich. Es scheint so, als setze OE immer einen Problemdruck und eine gewisse Lern- und Veränderungsbereitschaft voraus. Als dritte Komponente ist meist ein Außeneinfluß wirksam (Transfer eines Trainings, Ergebnis einer Diskussion, Begegnung mit einem Berater, Kenntnis von einem gelungen OE-Projekt). Die Anstöße sind situationsspezifisch und sehr unterschiedlich.

Der Zusammenhang zwischen den OE auslösenden Faktoren läßt sich am einfachsten durch ein Schaubild darstellen (Abb. 26).

In der Regel wird man unternehmenspolitische Probleme mit den herkömmlichen Strategien zu lösen versuchen. Je größer jedoch der Problemdruck wird (gleichgültig, ob es sich um externe oder um interne Probleme handelt), desto größer wird die Wahrscheinlichkeit, daß auch außergewöhnliche Vorgehensweisen zur Bewältigung der Probleme gewählt werden. Dies geschieht aber nur, und als erfolgversprechende Strategie wird nur dann OE gewählt, wenn die Lern- und Veränderungsbereitschaft der Organisation bzw. der Organisationsleitung relativ groß ist. Sonst werden andere Strategien verfolgt (z.B. Gemeinkosten-Wertanalyse oder verstärkte Rationalisie-

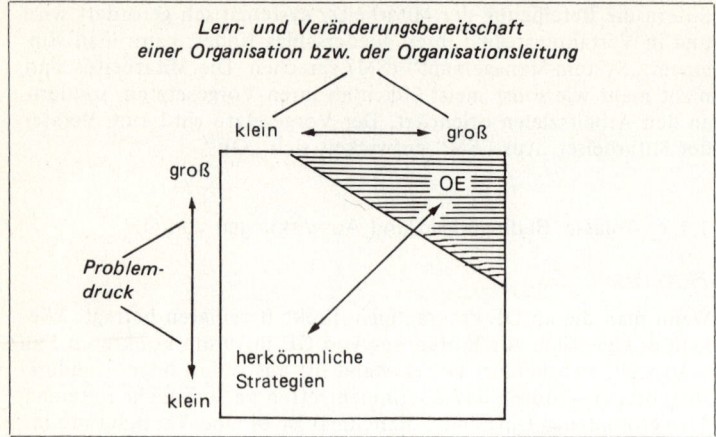

Abb. 26 Zusammenhang zwischen Problemdruck und Lern- und Veränderungsbereitschaft

rung). Andererseits wird selbst bei großer Lernbereitschaft der Organisationsleitung und geringem Problemdruck kaum ein OE-Prozeß in Gang kommen. Je größer der Problemdruck und je höher die Lern- und Veränderungsbereitschaft der Organisation(sleitung), um so größer sind die Chancen für OE.

Wenn man fragt, um welche Probleme es sich handelt, die Anlässe zur Einführung von OE sein können, so läßt sich in grober Vereinfachung feststellen:

● *Druck von außen*
   Umwelteinflüsse zwingen zum Handeln, z.B. eine erkennbare Umstrukturierung des Marktes, Absatzschwierigkeiten, eine bevorstehende Fusion mit einem anderen Unternehmen u.a.

● *Krise von innen*
   Probleme innerhalb der Organisation, welche die Effektivität oder einen geordneten Arbeitsablauf gefährden (z.B. betriebliche Organisations- und Kommunikationsprobleme, Qualitätsmängel, hohe Fluktuation oder Absentismus, Störungen und Arbeitskonflikte verschiedenster Art).

● *Änderungswünsche der Unternehmensspitze*
   Diese müssen nicht identisch sein mit den vorher genannten Anlässen „Druck von außen" oder „Krise von innen". Selbst wenn das Unternehmen floriert, können Zielkonflikte in der Geschäftsleitung ein auslösender Anlaß sein. Das Top-Management äußert den zwingenden Wunsch nach Änderung: „Hier muß etwas geschehen!" Oft ist es eine längst überfällige

Neuorientierung der Geschäftspolitik, eine strategische Planungsrunde, die Einführung neuer Führungsgrundsätze, eine Reorganisation im Unternehmen, also konkrete Ereignisse oder Probleme, die zum Anlaß für betriebliche Erneuerungsprozesse werden. Hier wird ein wichtiger Faktor deutlich, der uns später noch beschäftigen wird: hierarchische Macht als Änderungseinfluß.

Ausgangspunkt von OE sind immer gewichtige Probleme, und zwar: Organisations-, Kommunikations- und/oder Motivationsprobleme.

Und fast immer ist da, wie es so schön heißt, ein gewisser „Leidensdruck", d.h. der Wunsch, die Verhältnisse und die Verhaltensweisen zu ändern, auch wenn man ahnt, daß man selbst nicht ganz „ungeschoren" davonkommt.

2) Günstige Bedingungen

Damit OE in Gang kommt und durchgeführt werden kann, gibt es − außer den genannten Anlässen − bestimmte Bedingungen, die den Erfolg begünstigen. Wir geben hier − ohne Anspruch auf Vollständigkeit − eine stichwortartige Übersicht der von Beratern und Klienten im Erfahrungsaustausch gewonnenen Erkenntnisse:

- *Aufgeschlossenes Management*
  Wahrnehmung der Probleme und Wunsch nach Lösung durch einen „Promotor". Einer − mindestens einer − muß die Veränderung „wollen".
- *Autonome organisatorische Einheit*
  Relativ unabhängiges System oder Subsystem. Keine Eingriffe durch übergeordnete Instanzen.
- *Geeigneter Berater als Prozeßbegleiter*
  Der „richtige Berater als entscheidender Einflußfaktor für Problemdiagnose und das weitere Vorgehen (Art der Interventionen)
- *Kooperativer Führungsstil*
  Relativ gesunde Gesamtsituation der Organisation und eine intakte Infrastruktur sind wichtige Voraussetzungen (Häufiges Mißverständnis: „Wir haben keine Probleme!")
- *Kontinuität des Prozesses*
  Ständiges „am Ball bleiben" und wenig „Spielerwechsel". Prozeßorientiertes Vorgehen setzt „Kontinuität der Köpfe" voraus.
- *Lernbereitschaft der Beteiligten*
  Mitwirkung der Betroffenen an der Bearbeitung gemeinsamer Probleme erfordert − als Voraussetzung − Lernfähigkeit und eine gewisse Lernbereitschaft.
- *Kooperativer Betriebsrat*
  „Querschüsse" können Projekte zum Scheitern bringen. Gute interne Zusammenarbeit ist entscheidend. „Dulden" oder „Mitmachen". Kein „Klassenkampf"!

● *Positive Zwischenergebnisse*
„Nichts ist erfolgreicher als der Erfolg". Gelungene Konfliktbearbeitung und kleine Problemlösungen helfen weiter. Aus begrenzten Aktionen mit nachweisbarem Erfolg („Nutzen") wächst Akzeptanz.

Die Bedingungen, unter denen OE in der Praxis erfolgreich verlaufen ist, sind in den Studien von *Greiner* (1967), *Jones* (1969), *Buchanan* (1971) und *Gebert* (1974) eingehend untersucht worden. Besonders in der Sekundär-Analyse von OE-Schilderungen von *Gebert* (1974, S. 131 ff) sind eine Vielzahl von Bedingungen differenziert herausgearbeitet und quantifizierend beschrieben worden.

3) Schwierigkeiten, die den Erfolg in Frage stellen

Neben den Bedingungen, die OE begünstigen, gibt es auch ungünstige Bedingungen oder Umstände, an denen OE scheitern kann. Wir geben auch hier − ohne Anspruch auf Vollständigkeit − eine stichwortartige Übersicht der von Beratern und Klienten gewonnenen Erfahrungen:

● *Begrenztheit der OE-Projekte*
OE läuft nur in kleinen Organisationen, in Mittelbetrieben oder in Subsystemen großer Unternehmen.
● *Spannungen an den „Nahtstellen"*
Die im Betrieb bzw. im Subsystem entwickelten Normen und Verhaltensweisen kollidieren mit den Normen des organisatorischen Umfeldes, des hierarchischen Überbaus, der Nachbarbereiche, der Gesamtgesellschaft.
● *Mangelnde Kontinuität*
Unter dem Druck der (kurzfristigen) Tagesprobleme „versanden" die (langfristigen) Entwicklungsprozesse. Man hat „keine Zeit".
● *Nachlassen der Wirkung*
Auch bei erfolgreichen OE-Projekten verliert sich allmählich der positive Effekt, wenn nicht immer wieder nachgefaßt wird.
● *Wechsel der verantwortlichen Manager*
Organisatorische „Umstellungen" führen zu strukturellen Verunsicherungen. Der Betrieb fragt: „Wie denkt der Chef?" Das Einbeziehen neuer Personen in laufende Prozesse bereitet Schwierigkeiten.
● *Eingriffe von außen*
Willkürliche organisatorische Veränderungen „von oben" oder „von außen" (z.B. Fusionen) könen viel verderben. „Sind wir letztlich doch Opfer übergeordneter Planung?"
● *Kein Engagement des Top-Managements*
OE-Aktivitäten werden nach unten verlagert, dort „geduldet" und schließlich eingefroren („Die da oben machen nicht mit!").
● *Partizipation als Privileg der Elite*
OE ist gut für die, die „es sich leisten können", bleibt auf der Management-Ebene stecken, dringt nicht durch an die Basis.

● *Gleichgültigkeit der Mitarbeiter*
Nicht alle machen in gleicher Weise mit (und keiner hilft nach!). Einzelne Mitarbeiter entziehen sich der Mitwirkung, der Mitverantwortung, der Konfliktaustragung (passiver Widerstand). Wenn das nicht aufgearbeitet wird, verlieren andere (oder alle) die Lust.

● *Abhängigkeit vom Berater*
Der Berater steht nicht immer – wie gewünscht – zur Verfügung. Es gibt Kapazitäts- und Terminprobleme, manchmal auch – bei unterschiedlichen Auffassungen und Normen – Kompetenz-Probleme, sogar Konflikte zwischen Geschäftsleitung oder Betriebsrat mit dem Berater.

● *Unstimmigkeiten im Berater-Team*
OE-Berater (interne wie externe) sind auch Menschen! Transparenz ist schwierig. ,,Zusammenraufen" zwischen Berater-Kollegen: Gratwanderung zwischen Toleranz und Konfrontation, zwischen Kooperation und Konkurrenz. Unterschiedliche Normen und Vorgehensweisen führen zu Konflikten. Wichtig ist: ,,Lernen" (jeder vom anderen) und gemeinsames ,,Gestalten".

4) Auswirkungen von OE

Die Auswirkungen von OE-Programmen sind schwer zu greifen. Es gibt eine Reihe von Unternehmen, die OE betreiben und außerordentlich erfolgreich sind. Nur ist es schwierig nachzuweisen, ob und wieweit diese Erfolge eindeutig auf OE zurückzuführen sind oder vielmehr (stattdessen oder zusätzlich) auf andere Umstände und Umweltbedingungen: eine günstige Produktpalette, besondere Marktchancen, konjunkturelle Entwicklungen o.ä. Es gibt andere Firmen, die auch OE betreiben oder zumindest in Subsystemen neue Arbeitsformen praktizieren (z.B. die teilautonomen Gruppen bei Volvo und Saab-Scania in Schweden), und die, auch wenn die Auswirkungen der Projekte eindeutig erfolgreich sind, zeitweise keine Gewinne machen (was in der Wirtschaft als ein Maßstab des Erfolges angesehen wird). Man wird die ,,Mißerfolge" solcher Firmen nicht auf OE zurückführen können. Außerdem ist der wirtschaftliche Erfolg eine sehr variable Größe. Wer heute Gewinn macht, kann morgen in eine Verlustzone kommen und umgekehrt. Insofern sind umfassende Erfolgsnachweise schwierig.

Einfacher ist es, die Richtung zu bestimmen, in der OE-Programme Auswirkungen zeitigten. Und manchmal gelingt es sogar, Zusammenhänge zwischen dem Unternehmenserfolg, der Produktivität, dem Führungsstil, der Flexibilität der Organisation, den praktizierten Kooperationsformen und der Einstellung und Motivation der Organisationsmitglieder nachzuweisen.

Der Nutzeffekt von OE – auf einige wenige Parameter zusammengedrängt – scheint darin zu liegen, daß die in der Organisation beschäftigten Menschen

- lernen, wie man Probleme löst
  (Entwicklung von Kreativität),
- anders miteinander umgehen
  (Erhöhung der sozialen Sensibilität),
- kooperative Verhaltensweisen entwickeln
  (Intensivierung der Zusammenarbeit),
- engagierter und zufriedener arbeiten
  (verbesserte Motivation),
- konkrete Verbesserungen im Arbeitsablauf und in den Ergebnissen erzielen
  (größere Effektivität).

Prototypisch läßt sich der Effekt am Beispiel eines OE-Projekts
in einem Produktionsbetrieb nachweisen, das an anderer Stelle beschrieben ist (*Becker* 1980). Andere OE-Projekte hatten ähnliche
Auswirkungen.

Auswirkungen der Organisationsentwicklung
(Tabellarische Übersicht)

Sachlich-organisatorisch:

- *Bessere Ablauforganisation*
  Der Arbeitsablauf funktioniert besser. Die Arbeit bringt mehr
  Erfolg. Weniger „Störungen".
- *Mehr Transparenz*
  Wir haben mehr „Durchblick". Es gibt keine „Unterseeboot-
  Fertigung" mehr. Wie wissen, wie es um einen Auftrag steht und
  „wie weit" er jeweils ist.
- *Personelle Umstellungen*
  Die Mitarbeiter sitzen an den richtigen Stellen, ohne daß des-
  wegen „Blut geflossen" ist (Kündigungen, unerwünschte „Um-
  setzungen"). Die Beteiligten und deren Kooperationspartner
  sind zufrieden.
- *Klare Verhältnisse*
  Man weiß, an wen man sich halten kann. Funktionierende Ver-
  tretung in den Arbeitsaufgaben. Keine „Ausreden" oder „falsche
  Versprechungen". Realistische Terminvorgaben.
- *Mehr Flexibilität*
  Die Anpassungs- und Umstellungsfähigkeit ist gestiegen. Man
  reagiert nicht nur „gezwungenermaßen" auf neue Anforderungen
  und äußere Veränderungen. Informationsfluß verbessert. Schnel-
  lere Entscheidungsfindung.

Menschlich-persönlich:

- *Weniger Hektik*
  Das Arbeitsklima ist entspannt und verbessert. Weniger „Streß"
  bei der Arbeit.
- *Gleichberechtigung*
  Alle sitzen „in einem Boot". Kein Status-Denken, kein Funktions-
  Fetischismus. Kein Ressort-Partikularismus. Bessere Zusammenar-
  beit. „Man ist beteiligt!"
- *Mehr Engagement*
  Identifikation mit der Aufgabe und mit dem Arbeitsablauf, den
  man z.T. selbst mit beeinflußt hat. Mehr Mitverantwortung. Mo-
  tivation und Autonomie sind gestiegen. Bereitschaft auch zur
  Übernahme von Sonderaufgaben (Früher: „Das ist nicht mein Bier").
- *Offenheit und Vertrauen*
  Man spricht mehr miteinander und sagt, was man denkt. Mißver-
  ständnisse werden leichter geklärt. Kein Verschweigen und kein
  „Schwarzer-Peter"-Spiel. Gegenseitiges Verständnis. Regel: Zu-
  hören! – Nicht unterbrechen! – Nachfragen! – Nicht rechtfer-
  tigen!
- *Teamarbeit*
  Gut entwickelte Infrastruktur der Kommunikation. Gemeinsame
  Besprechungen verschiedener Bereiche. Institutionalisierte Team-
  Sitzungen auf verschiedenen Ebenen. Gute Erfahrungen und Er-
  folge mit Projektgruppenarbeit (auch bei hierarchisch gemischten
  Gruppen).
- *Problembewußtsein*
  Es gibt nicht weniger Probleme als früher. Aber: Schwierigkeiten
  und Probleme kommen „auf den Tisch", werden klar angespro-
  chen – ohne Suche nach Sündenböcken. „Pannen" werden ge-
  klärt – für das künftige Vorgehen. Fragen: Was ist passiert?
  Woran liegt es? Was können wir tun? Wie können wir so etwas
  in Zukunft vermeiden? In vielen Einzelfragen konkrete neue Lösungen. Manche „Störungen" sind beseitigt.
- *Lernbereitschaft*
  Die Lernfähigkeit und die Lernbereitschaft sind gewachsen. „Ei-
  genmeldung" zu Trainingsmaßnahmen. Förderung der Mitarbeiter durch die verantwortlichen Vorgesetzten (Personalentwicklung). Aufgeschlossenheit für neue Projekte.

1.1.3 Strategien zur Einführung in die Hierarchie

In fast allen Organisationen ist eine Hierarchie vorhanden. Diese ist keinesfalls zu ignorieren, sondern strategisch zu berücksichtigen. Zur Einführung von Entwicklungsprozessen bieten sich folgende Vorgehensweisen an (*Glasl* und *de la Houssage*, 1975):

1) Start an der Spitze

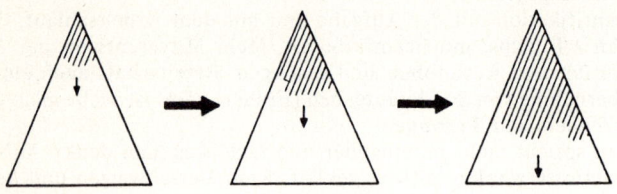

top-down-Strategie („Spitze-abwärts-Strategie")

Vorteil: gute Steuerung des Prozesses ist möglich.

Gefahr: die unteren hierarchischen Ebenen werden nicht eingeschlossen, es bildet sich Mißtrauen, das den folgenden Prozeß behindert, u.U. blockiert.

2) Start an der Basis

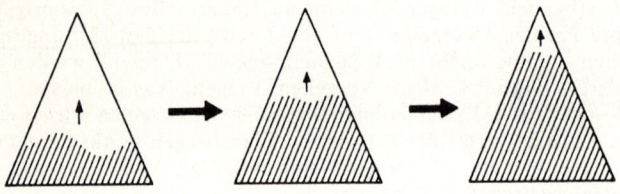

basis-upwards-Strategie („Basis-aufwärts-Strategie")

Vorteil: Bedürfnisse und Erwartungen der unteren hierarchischen Ebenen werden berücksichtigt.

Gefahr: die unteren Ebenen sind nicht in der Lage, ihre Erwartungen und Bedürfnissen den vor-gesetzten Ebenen angemessen zu erläutern und sie für ihre Anliegen zu gewinnen.

Praxis: kaum angewandt (Sonderfall: Quality Circle, Lernstatt).

3) Start an Spitze und Basis

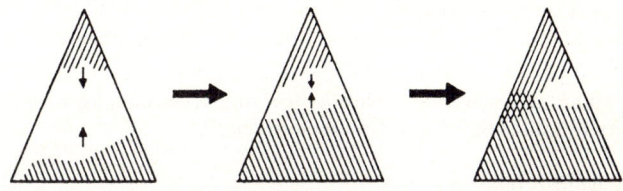

bi-polare-Strategie („Sandwich-Strategie")

Vorteil: schnelles Verbreiten des OE-Gedankengutes.

Gefahr: Diskrepanz zwischen oberen und unteren Ebenen in den Erwartungen an OE führt zu Mißverständnissen, Konflikten und Blockierungen, Sperren im Mittelbau.

4) Start im Mittelbau

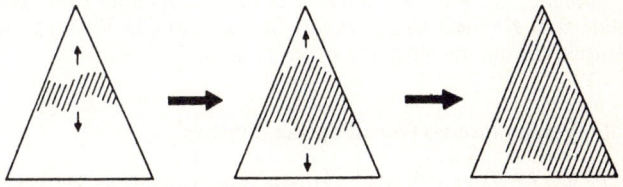

Keil-Strategie („Mittelbau-Strategie")

Vorteil: eine breite und qualifizierte Mitarbeiterschicht wird mit den OE-Gedanken vertraut gemacht. Auch nach einem Wechsel der Führungsspitze kann mit einem Überleben der OE-Gedanken gerechnet werden.

Gefahr: zu wenig Zivilcourage der Informierten und Eingeweihten für eine Weiterverbreitung der OE-Gedanken, vor allem nach oben.

5) Start in vielen Bereichen

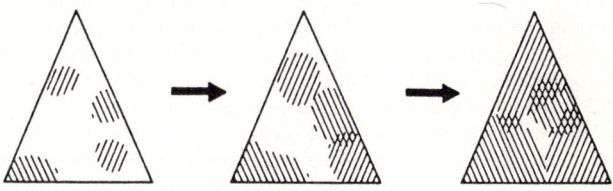

Multiple Nucleus-Strategie (Vielfach-Strategie")

Vorteil: (falls nur begrenzte Aktionen geplant) geringe Unruhe
und wenig Mißtrauen.
Unterschiedliche Themen und Probleme können behandelt werden.

Gefahr: ungenügende Koordination und Abstimmung verhindern
das Einmünden in eine Gesamtstrategie.

6) Misch-Strategie

In der Praxis wird häufig folgendes kombiniertes Vorgehen gewählt:

– Vorbereitungs-Phase
  Entweder „Start an Spitze und Basis" oder „Start in vielen Be-
  reichen".
  In dieser Phase werden Projekte mit „geringer Intensität" durch-
  geführt.
– Intensiv-Phase
  Strategie „Start an der Spitze"; es muß dabei aber sichergestellt
  sein, daß die betroffenen Mitarbeiter sinnvoll an Planung und
  Durchführung der Projekte beteiligt werden.

1.1.4 Problemlösungs-Workshops als Einstieg

Immer wieder zeigt sich, daß aktuelle oder zukünftige Unterneh-
mensprobleme nicht durch konventionelle Beratung oder durch Beteiligung von Führungskräften an entsprechenden Seminaren gelöst
werden können. Das gilt nicht nur für Probleme, die für das Gesamt-
unternehmen bedeutsam oder überlebenswichtig sind; das gilt auch
für Probleme an der Basis. In fast allen Betrieben gibt es Vorgänge,
die Anlaß zu Verärgerungen der Beteiligten geben: Termine werden
nicht gehalten, die Qualität läßt zu wünschen übrig, Aufträge gehen
verloren, weil die benötigten Informationen nicht an die richtigen
Stellen gelangen. Es kommt vor, daß scheinbar unlösbare Probleme
den Arbeitsablauf behindern, daß die Zusammenarbeit zwischen verschiedenen Abteilungen Schwierigkeiten macht, daß bestimmte Ar-
beitsverfahren geändert, daß Betriebe umgestellt oder Abteilungen
reorganisiert werden müssen. Da ist mit bloßen Anweisungen, Orga-
nisationsrichtlinien oder Arbeitsbesprechungen nicht viel geholfen.
Auch eine Beratung durch externe Spezialisten führt hier nicht weiter. Und ein Training reicht auch nicht.
    Die beste Möglichkeit, hier weiterzukommen, besteht in der Be-
arbeitung der anstehenden Aufgaben und Probleme durch die direkt
Betroffenen in einem gemeinsamen Workshop.

Was ist ein Workshop?

Die Bezeichnung stammt aus dem Englischen und bedeutet soviel wie „Werkstatt". Wir assoziieren mit dem Wort eher eine handwerkliche Stätte (Produktions- oder Reparatur-Werkstatt oder Lehrwerkstatt). Gemeint ist jedoch eine „Denkstätte", eine Plattform zum Entwickeln und Erproben neuer Ideen und Modelle für die gemeinsame Arbeit, eine Veranstaltung zur Lösung konkreter Probleme mit Hilfe der Beteiligten. Ein Workshop ist eine intensive Informations- und Lern-Veranstaltung von ein- oder mehrtägiger Dauer mit einer klaren Zielvorgabe und kompetenten (nicht nur fachkundigen) Teilnehmern, eine innerbetriebliche Arbeitstagung, meist geleitet von einem oder mehreren externen Beratern oder Moderatoren.

Der Workshop ist ein ideales Instrument, um in einem Unternehmen komplexe Problemstellungen auf kooperativer Basis zu lösen. Das Teilnehmer-Team — meist 12 bis 15 Personen — bringt in den Workshop die Erfahrungen und Kenntnisse über Probleme, Umstände und Ressourcen ein, der externe Berater das methodologische Knowhow und das für Veränderungen erforderliche Wissen. Durch das arbeitsteilige Zusammenwirken aller Beteiligten in kleinen Gruppen und in einer kommunikativen Lern- und Arbeitsatmosphäre entstehen meistens überzeugende realisierbare Lösungen.

Kurtz (1981) definiert den Workshop als Instrument zur OE folgendermaßen:

„Ein Workshop ist eine von einer Organisationseinheit/Projektgruppe gewünschte Veranstaltung zur Lösung von aktuellen, praktischen Problemen mit Hilfe eines Beraters. Die Mitglieder sind Inhaltsexperten und Problemverantwortliche. Der Berater ist Experte für Veränderungswissen. Die Dauer des Workshops ist abhängig von der Lösung des Problems. Der Erfolg wird bestimmt durch die Umsetzung von Problemlösungen in die Praxis."

Ein Workshop unterscheidet sich von anderen Veranstaltungen — Arbeitsbesprechungen, Seminaren, Konferenzen, Kolloquien oder Tagungen — u.a. durch Ziel, Methodik, Design, Beraterverhalten, Zeitperspektive und die Auswirkungen.

Unsere Erfahrung ist die, daß *ein* Workshop zur Problembearbeitung und Problemlösung im Rahmen der OE in der Regel nicht ausreicht, daß es vielmehr einer ganzen Reihe ähnlich strukturierter Veranstaltungen bedarf. Das Projekt beginnt meist mit einer „Klausur", die normalerweise außerhalb der Firma durchgeführt wird. Es setzt sich fort in praktischer Arbeit vor Ort oder in betrieblichen Projektgruppen. Diese haben die Aufgabe, Abläufe zu untersuchen, Vorgänge zu analysieren oder alternative Lösungsvorschläge vorzubereiten, bevor in einem zweiten und dritten Workshop, später womöglich in kurzen Meetings im Betrieb über die Lösungen beraten, Beschlüsse gefaßt und die Durchführung reflektiert wird.

Entscheidend ist nämlich, daß durch den Workshop oder weitere ähnliche Veranstaltungen eine die Kommunikation fördernde Beziehung zwischen den Beteiligten aufgebaut wird. Dazu gehört Anteilnahme und Aufgeschlossenheit, eine offene, dem Partner zugewandte Haltung, Interesse für die Sache, um die es geht, und die Einhaltung bestimmter Spielregeln, die der freien und konstruktiven Erörterung von Problemen dienlich sind.

Eine solche Vorgehensweise, die im Workshop auch das Lern- und Arbeitsklima bestimmt, konkretisiert sich durch das Einleiten und Entwickeln von Teamarbeit.

Praktisch bedeutet dies: Eine Führungskraft oder mehrere Führungskräfte gehen mit ihren ihnen direkt unterstellten Mitarbeitern in Klausur, wobei es — nach einer Bestandsaufnahme — um die gemeinsame Erarbeitung einer differenzierten ,,Diagnose" und, nach eingehender Erörterung der Ursachen und der möglichen Maßnahmen, um die gemeinsame Erarbeitung einer ,,Therapie" geht. Die Gruppe macht ihre eigene Arbeitssituation selbst zum Gegenstand der Projektarbeit. Die durch systematische Teamentwicklung verbesserte Kommunikation schafft die Rahmenbedingungen für die fruchtbare Bearbeitung der speziellen Probleme der jeweiligen Organisationseinheit.

Ausgangspunkt solcher Teamentwicklungsprogramme, die mit einem Workshop beginnen, sind in der Regel zwei Fragen:

— Was läuft bei uns nicht richtig?
Was stört oder ärgert Sie bei der Arbeit?

— Was läuft bei uns gut?
Was macht Spaß, was freut Sie bei der Arbeit?

Diese Fragen — hier nur als Beispiel — werden zunächst in Einzelarbeit — manchmal sogar meditativ — bearbeitet; die Ergebnisse finden auf den bekannten Metaplan-Karten ihren Niederschlag (z.B. ,,Schwierigkeiten" auf rote Karten, ,,Erfolgserlebnisse" auf grüne Karten schreiben). Die Karten werden auf Stellwänden angeheftet und dadurch, obschon anonym, doch öffentlich. Danach werden die Probleme gemeinsam diskutiert. Es werden kleine Gruppen gebildet, um bestimmte Probleme weiter zu klären und zu konkretisieren, Beispiele zu nennen und Erfahrungen mitzuteilen.

Gelegentlich wird dieser erste Schritt als Phase der ,,Bildgestaltung" bezeichnet, weil sich alle Beteiligten von den anliegenden Problemen eine Anschauung verschaffen und ein Bild machen sollen. Erst danach wird mit der eigentlichen ,,Problem-Inventur" begon-

nen, wobei sich herausstellt, daß viele der genannten Schwierigkeiten sich berühren oder sogar von allen Beteiligten ähnlich erlebt werden.

Fast immer sind es zwischenmenschliche und organisatorische
Fragen, die als Störgrößen angeführt werden. Oft sind es auch Konflikte zwischen einzelnen Mitarbeitern, die mit ihren funktionalen
Interessen zusammenhängen oder auf selektiver Wahrnehmung beruhen.

Bei der Benennung heikler Fragen, die das Verhalten der Teilnehmer und ihre eigene Verantwortung berühren, werden zwei Schwierigkeiten sichtbar:

Es besteht die Gefahr der Verdrängung und die Gefahr der Projektion: Eigene Probleme werden entweder gar nicht aufgedeckt
(Bei uns ist alles in Ordnung!) oder die Probleme werden auf den
Vorgesetzten, die Kollegen, andere Abteilungen, die Organisation
usw. abgeschoben (Fehler machen nur die anderen!).

Außerdem werden oft nicht die eigentlichen Probleme benannt,
sondern nur Folgeprobleme, also Schwierigkeiten, die als Folgen un-
gelöster Grundkonflikte oder als Folgen eigener, aber ungeeigneter
Lösungsversuche aufgetreten sind.

Das Vordringen zu den eigentlichen Problemen setzt eine ent-
spannte, offene und tolerante Atmosphäre voraus.

Kritik, Zeitdruck und ,,Killer-Phrasen'' sind verpönt.

Wichtig ist auch, daß bei der Problembeschreibung keine Ursachen
oder mögliche Lösungen mit ,,eingepackt'' werden. Es ist nämlich
gar nicht leicht, ein Problem so zu formulieren, daß in der Formulierung noch keine Lösung vorweggenommen ist.

Neuberger (1981, S. 16) gibt hierzu ein sprechendes Beispiel:

Ein qualifizierter Mitarbeiter wird von seinem Vorgesetzten ,,vorübergehend''
auf einem Arbeitsplatz eingesetzt, der ihn weit unterfordert. Nach einigen
Monaten beginnt der Mitarbeiter zu fehlen, arbeitet provozierend langsam und
steckt mit seinem Stänkern die Kollegen an. Was ist das Problem? Das Problem ist nicht: ,,Wie bringt der Vorgesetzte den Mitarbeiter wieder auf Vor-
dermann?'' oder ,,Ein unzufriedener Mitarbeiter zeigt renitentes Verhalten''
oder ,,Ein nichteingehaltenes Versprechen eines Vorgesetzten führt zu uner-
wünschtem Verhalten'' – denn alle diese Definitionen enthalten Ursachen oder
Lösungen. Eine mögliche Problemformulierung wäre: ,,In einer Abteilung
zeigt ein Mitarbeiter auffallendes abweichendes Verhalten.''

Es fällt den meisten Menschen außerordentlich schwer, Tatsachen
und Deutungen auseinander zu halten. Wir neigen bei Situationsbe-
schreibungen unwillkürlich dazu, unsere Sicht der Dinge zu verab-
solutieren. Dabei verstellt man sich durch eine Deutung, die zumeist
eine einseitige und falsche Deutung ist, von vornherein den Weg zur

Lösung. Von *Albert Einstein* stammt der Ausspruch: Ist ein Problem erst einmal klar erkannt, so ist der Weg zu seiner Lösung eine Selbstverständlichkeit! Insofern ist die Problemdefinition — mehr noch als die Problemlösung — ein kreativer Akt.

In den meisten Fällen beginnt der Workshop mit einer solchen Problem-Inventur. Sie liefert das Rohmaterial, an dem im Workshop gearbeitet wird. Davon werden die wichtigsten und konkret bearbeitbaren Probleme ausgewählt und Nebenprobleme oder solche, die aus verschiedenen Gründen nicht bearbeitbar sind, beiseite gelassen.

Kriterien für die Auswahl der zu bearbeitenden Probleme können sein

— Bedeutung (Wichtigkeit) des Problems,
— Verständlichkeit (Konkretheit) des Problems,
— Bearbeitbarkeit (mögliche Lösbarkeit) des Problems.

Bei der Problemlösung in Arbeitsgruppen, wie sie in solchen Workshops praktiziert wird, zeigt sich eines immer wieder:' Es können nur solche Probleme erfolgreich angegangen werden, bei denen die Betroffenen oder repräsentativen Vertreter der betroffenen Bereiche selbst anwesend sind oder hinzugezogen werden können. Die Problembearbeitung erweist sich als schwierig oder als nicht möglich, wenn — durch die Zusammensetzung des Teilnehmerkreises bedingt — die zuständigen Partner fehlen.

Deshalb sind vorab — vor Beginn eines Projekts und vor der Durchführung eines Workshops — immer folgende Kernfragen zu stellen:

1) *Was — genau — ist das Problem?*
   Diese Frage ist nach zwei Richtungen hin wichtig:
   a) Was stört? Wo liegen Schwierigkeiten?
   b) Was ist das Ziel? Was will ich erreichen?

2) *Wer ist von dem Problem betroffen?*
   Diese Frage ist nach drei Richtungen hin wichtig:
   a) Wer ist vom Problem (als erlebte Soll-Ist-Abweichung) direkt betroffen?
   b) Wer ist an den möglichen Ursachen für das Problem beteiligt?
   c) Wer ist von den Auswirkungen des Problems betroffen?

Von den Fragen 1 und 2 wiederum hängt eine dritte Frage ab, die möglichst schon zu Anfang bedacht werden sollte:

3) *Wen braucht man zur Lösung des Problems?*
   Diese Frage ist ebenfalls nach drei Richtungen hin wichtig:
   a) um eine brauchbare Lösung zu erarbeiten,
   b) um die erarbeitete Lösung in der Praxis durchzusetzen,
   c) um die realisierte Lösung nachträglich überprüfen zu können.

Die Problembearbeitung in Workshops vollzieht sich nach den gleichen Schritten, welche die Vorgehensweise von OE bestimmen und in Teil A eingehend beschrieben sind. In Abb. 27 ist das übliche Ablaufschema dargestellt.

---

1. PROBLEMBESTANDSAUFNAHME

   Situationsbeschreibung   „Symptome"

   Frage: *Wie ist es?*
              Beobachtungen, Erfahrungen, Gefühle bezüglich:
              Schwachstellen, Konfliktherde (konkrete Feststellungen, praktische Beispiele)

2. PROBLEMANALYSE und ZIELKLÄRUNG

   Situationsanalyse   „Diagnose"

   Frage: *Warum ist es so?* und: *Wie soll es sein?*
              Untersuchung der Ursachen, Zusammenhänge,
              Wechselwirkungen, Ziele
              Kräftefeld der Einflußbedingungen

3. PROBLEMLÖSUNGSANSÄTZE

   Handlungsstrategie   „Therapie"

   Frage: *Was können wir tun?*
              Erörterung von Lösungsmöglichkeiten, Alternativen, Beurteilung, Entscheidung

4. MASSNAHMENPLANUNG

   Aktionsplan   „Aktion"

   Frage: *Was tun wir wirklich?*
              Konkrete Durchführungsbeschlüsse
              Absicherung der geplanten Maßnahmen

Abb. 27 Schritte der Problembearbeitung

1.2 Problemlösung in komplexen Systemen

1.2.1 Über den Umgang mit Komplexität

Probleme, die beim Zusammenwirken von Menschen in der Gesellschaft und in Organisationen auftreten, sind in der Regel komplex.

Es gibt vielfältige und widerspruchsvolle Bedingungen und Einflußgrößen. Die Ursachen für die Probleme, die als Soll-Ist-Abweichungen
deutlich werden und Änderungen erforderlich machen, sind ungleich-
artig. Die vielfachen Abhängigkeiten sind schwer durchschaubar. Diese Schwierigkeiten sind heute für viele Menschen, die in Organisationen tätig sind oder mit Veränderungen in Organisationen zu tun
haben, unmittelbar erlebbar.

Das mag auch ein Grund dafür sein, daß viele Menschen sich den
institutionellen Zwängen und organisatorischen Bedingungen hilflos
ausgeliefert fühlen. Das Gefühl der Ohnmacht ist eine für diese Situation typische Grunderfahrung. Aus dieser Erfahrung wächst der
Wunsch nach einfachen Erklärungen. Der Mensch ist aufgrund seiner Erfahrungen daran gewöhnt, daß jede Wirkung eine Ursache hat.
Das der naiven Alltagswirklichkeit zugrunde liegende Erklärungssche-
ma sieht so aus, daß von einem Problem oder einem Phänomen, das
als Wirkung erlebt wird, auf eine diesem zugrundeliegende Ursache
geschlossen wird (Abb. 28).

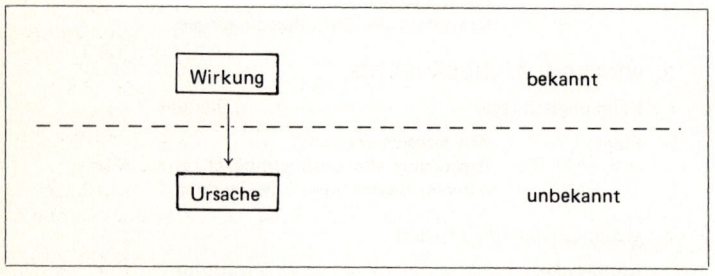

Abb. 28 Monokausales Erklärungsmodell (Wenn — dann — Beziehung)

Bei technischen Problemen trifft dieser Zusammenhang auch
meist zu. Beispiel: Wenn ein Auto plötzlich stehen bleibt, kann es
am leeren Tank oder an der defekten Zündung liegen. Es kommt
selten vor, daß das Versagen zugleich auf mehrere Ursachen zurückzuführen ist.

Bei zwischenmenschlichen Problemen, auch bei Kommunikations-
und Organisationsproblemen ist das anders. Da ist es die Regel, daß
nicht ein Faktor, sondern mehrere Faktoren zugleich beim Zustandekommen eines Problems ursächlich beteiligt sind. Der Mensch
neigt aber dazu, sich mit vorschnellen Erklärungen zu begnügen und

das Problem auf einen einzigen, ihm plausibel erscheinenden Faktor
zurückzuführen. Bei zwischenmenschlichen Problemen werden oft
charakterologische Erklärungen herangezogen, z.B.: „Der Schüler A
ist ‚faul‘, der Mitarbeiter B ist ‚einfach unfähig‘, der Kollege C ist
‚ja nur neidisch‘, der Vorgesetzte D ein ‚Opportunist‘ etc."

Solche Erklärungen, abgesehen davon, daß sie häufig falsch sind,
geben die Ursache-Wirkungs-Zusammenhänge nur unvollständig wider
und lassen andere wirksame Bedingungen völlig außer acht.

Die Klärung der Problem-Ursachen wird zusätzlich erschwert,
wenn weltanschaulich begründete Theorien eine plausibel erschei-
nende Erklärung liefern. Da ist dann schnell von „Ausbeutung" die
Rede, und daran ist dann „die Gesellschaft" schuld: Das Problem
ist „ein Ausdruck des kapitalistischen Systems". Oder: Der Charak-
ter bestimmt das Verhalten. Oder: Geld regiert die Welt. Der Mar-
xismus mit seiner Klassenkampf-Theorie, die Psychoanalyse mit der
Libido-Theorie — das alles sind solche monokausalen Erklärungsansätze, die als Allerwelts-Schlüssel herhalten müssen, um komplexe
Probleme durchschaubar zu machen.

Die Reduktion von Komplexität ist dem Menschen ein wichtiges
Anliegen, weil dadurch die unerklärliche Welt „verstehbarer" wird,
indem die Wirklichkeit strukturiert wird und eine innere Ordnung
erhält. Es fällt uns Menschen offenbar leichter, für schwierige und
komplexe Probleme überhaupt eine Erklärung (sogar eine falsche)
zu haben als gar keine.

Überspitzt formuliert — als vorläufiges Fazit: Es gibt zwei Möglichkeiten, komplexe Probleme mit Sicherheit *nicht* zu lösen:

Die eine Möglichkeit liegt darin, daß man die Problematik auf
einen Grund reduziert, also eine einzige Ursache als entscheidend
herausstellt.

Die zweite Möglichkeit liegt darin, daß man sich als Erklärung
für ein Problem ausgerechnet solche Systemelemente aus dem Pro-
blemkomplex heraussucht, die man selbst *nicht* beeinflussen kann.

Als positiver Umkehrschluß ist aus diesen Erkenntnissen folgendes abzuleiten:

Bei der Analyse komplexer Probleme, mit denen wir es bei der
OE zu tun haben, kommt es darauf an:

● die Komplexität des Problems zu erkennen,
● in einem Funktionsmodell alle Faktoren darzustellen, die bei
  dem Problem eine Rolle spielen können,
● zu untersuchen, welche Faktoren aus dem Faktorensyndrom im
  jeweiligen Fall wichtig und beeinflußbar sind.

Ein heuristisch brauchbares Erklärungsmodell sähe demnach folgendermaßen aus (Abb. 29):

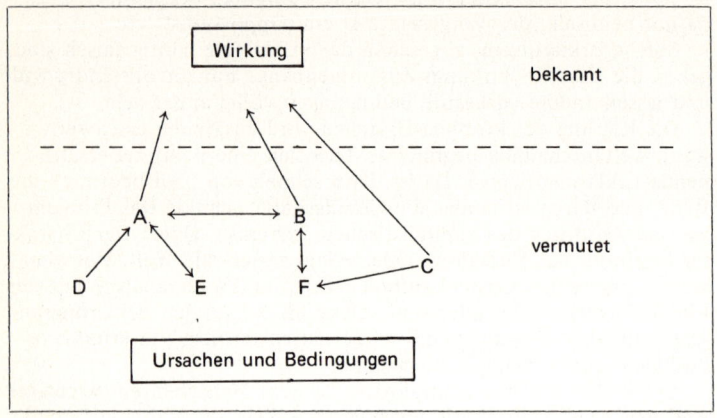

Abb. 29   Multikausales Erklärungsmodell

Bei dem als Wirkung erlebten Problem, das in seinen Erschei-
nungsformen und Folgen bekannt ist, sind die Faktoren A und B als
wahrscheinliche Ursachen anzusehen und C als eine zusätzliche,
scheinbar nebensächliche Bedingung, die allerdings auch auf den Faktor F einen gewissen Einfluß ausübt. Außerdem sind die Faktoren
A und B nicht unabhängig voneinander; sie stehen miteinander in
Wechselwirkung. Sie sind zugleich Wirkungen von weiteren, tiefer
liegenden Faktoren D, E und F, von denen einige noch durch Rück-
wirkungen von A und B beeinflußt werden. Es wird kaum möglich
sein, alle Faktoren zu analysieren und zu bearbeiten. Einige Faktoren sind vielleicht überhaupt nicht zu verändern. Wenn man sich
bei der Lösung des als wichtig erkannten Problems nur auf wenige
Ursachen und Bedingungen konzentriert, muß man bedenken, daß
die anderen, nicht bearbeiteten Faktoren trotzdem wirksam sind.
Sie können sogar − gerade durch die Beeinflussung eines einzigen
anderen Faktors − ihren Stellenwert im Gesamtsystem verändern
(*Luhmann* 1975; *Pfeiffer* 1978).
Wie schlecht wir Menschen im allgemeinen gerüstet sind, komplexe Systeme zu durchschauen und zu beherrschen, hat *Dörner*
(1981 ,und 1983) in einem Projekt untersucht, in dem Versuchsper-

sonen angehalten wurden, die Entwicklung einer mitteleuropäischen
Kleinstadt namens „Lohhausen" als „Bürgermeister" zu beeinflussen, wobei man sich des Computers als Simulator für die Realität
bediente. Die Versuchspersonen konnten die Produktions- und Ab-
satzpolitik einer Fabrik beeinflussen, Steuersätze ändern, Arbeits-
plätze schaffen, Arztpraxen einrichten und verpachten, Wohnungs-
bau betreiben, für Freizeiteinrichtungen sorgen usw.

Dörner hat eine Reihe von Primärfehlern aufgezeigt, d.h. Fehler
im Umgang mit komplexen Systemen, die fast alle Versuchspersonen machten. Dazu gehören z.B. (*Dörner* 1981, S. 166 ff.):

a) die mangelhafte Berücksichtigung von zeitlichen Abläufen:

Zunächst interessiert die meisten Leute in solchen komplexen Aufgaben nicht,
welche Trends und Entwicklungstendenzen vorhanden sind, sondern es interessiert sie der „status quo". Es interessiert sie also z.B. nicht, wie sich das
Stadtvermögen in den letzten Jahren entwickelt hat, sondern wieviel Geld
sich im Augenblick in der Stadtkasse befindet. Diese Information ist aber
ohne Kenntnis der Entwicklungstendenzen und ihrer Determinanten fast be-
deutungslos.

b) Schwierigkeiten beim Umgang mit exponentiellen Entwicklungen:

Exponentielle Verläufe sind aus bestimmten Gründen bei allen Systemen,
in denen Wachstum oder Verfall auftritt, von großer Bedeutung. Menschen
haben überhaupt kein intuitives Verhältnis zu exponentiell ablaufenden Prozessen. Dabei sind sie von solchen umgeben. Die durchschnittliche Einkom-
mensentwicklung in den letzten 25 Jahren in der Bundesrepublik war z.B.
– in DM-Beträgen ausgedrückt – annähernd exponentiell, die Zunahme des
Erdölverbrauchs seit 1980 desgleichen, die Abnahme des Fischbestandes der
Nordsee z.B. von 1880 bis 1900 ebenfalls usw. Die Dynamik und fast explo-
sive Beschleunigung, die Exponentialverläufe zeigen, werden vollständig fehl-
eingeschätzt.

c) Denken in Kausalketten statt in Kausalnetzen:

Ein dritter, ganz allgemeiner Fehler ist die Tendenz zum Denken in Kausalketten, nicht in Kausalnetzen. Nicht an den Umgang mit Komplexität ge-
wöhnte Versuchspersonen sehen bei der Planung von Maßnahmen gewöhnlich
nur den angezielten Haupteffekt der Maßnahme, nicht die auftretenden Nebeneffekte. Sie sehen nicht, daß es in z.B. ökonomischen Systemen unmöglich ist, nur *eine* Sache zu tun.

Besonders an den Verhaltensweisen der „schlechten" Versuchspersonen zeigt *Dörner,* wie kurzschlüssig und unkritisch, ja verant-
wortungslos bei der Steuerung komplexer dynamischer Systeme vorgegangen wird. Es zeigen sich Tendenzen zur Abschiebung der Verantwortung und zur Exkulpation bei gleichzeitiger Verminderung
der Handlungs- und Entscheidungsbereitschaft. Da liegt der Schluß
nahe, daß – gerade in solchen für den einzelnen unüberschaubaren

Situationen − „eine erhöhte Bereitschaft zur Unterordnung unter die Führerschaft von Personen oder Institutionen besteht, die behaupten oder glaubhaft machen, daß sie über die richtigen Handlungskonzepte verfügen". (*Dörner* 1981, S. 177).

Unsere Kritik an der *Dörner*schen Untersuchung richtet sich nicht gegen seine Beobachtungen und seine Schlußfolgerungen, sondern vielmehr gegen die Versuchsanordnung. Offenbar sind alle Versuchspersonen mit einer für sie fremden Aufgabe − dem „Regieren" einer Stadt − konfrontiert worden, einer Aufgabe, für die sie vermutlich nicht ausgebildet waren, und die sie zudem noch im Wechselspiel mit Kennziffern eines Computers, nicht − wie es in der Wirklichkeit geschieht − in der Zusammenarbeit und in Auseinandersetzung mit anderen lebendigen Menschen bewältigen mußten, z.B. in Zusammenarbeit mit den Stadträten, dem Baudezernenten, dem Fabrikanten, dem Stadtkämmerer, den Kreis- und Landtagsabgeordneten etc. Eine allgemeine Erfahrung ist die, daß gerade Entscheidungen im Umgang mit sehr komplexen Systemen in der Regel *nicht* als Einzelentscheidungen gefällt werden müssen, noch dazu von inkompetenten Personen.

Die Erfahrung jedoch, daß Handeln in komplexen Systemen ohne hinreichende Erfahrung und Unterstützung durch kompetente Experten schwierig und auch belastend ist, können wir nur unterstreichen. Jeder Manager, speziell in Krisensituationen − also vor schwierigen, unvorhersehbaren Konstellationen, die existenzbedrohend und mit hohem Risiko verbunden sind − kann ein Lied davon singen.

Die nicht einkalkulierten Nebenwirkungen

So lange alles funktioniert, besteht kein Anlaß, die üblichen Arbeitsabläufe zu ändern. In der Praxis ergeben sich jedoch oft schwierige Situationen, die besondere Maßnahmen erfordern. Bestimmte Aktionen können ganz bestimmte Wirkungen, aber auch unbeabsichtigte und unvorhergesehene Nebenwirkungen haben, und diese können wiederum Prozesse mit Folgewirkungen auslösen. Die Menge von Beziehungen zwischen den verschiedenen Elementen eines dynamischen Systems bilden ein Netzwerk. Man kann, was die Beeinflußbarkeit eines Systems angeht, zwischen „aktiven" und „passiven" Elementen unterscheiden (*Dörner* 1983).

Aktive Elemente beeinflussen das Gesamtsystem; es erhält dadurch eine Eigendynamik. In einem neu erbauten Stadtteil z.B. wären die Einwohner die aktiven Elemente. Passive Elemente sind solche, die nur aufgrund von äußeren Einwirkungen ihren Zustand verändern, z.B. die Wohngebäude, die Straßen, Spielplätze, Verkehrsverbindungen etc. Sie sind deshalb jedoch nicht weniger wirksam.

Als strukturierende Bedingungen haben sie eine prägende Kraft, z.B. Hochhäuser mit vielen isolierenden Wohnungen, Produktionsanlagen einer Fabrik, Verkehrsampeln an Straßenkreuzungen, die ,,Mauer" als Grenze der DDR etc.

Die Beeinflussung bestimmter Elemente kann dem Akteur möglich oder unmöglich sein. Es kann aber auch so sein, daß er erst andere Elemente bzw. andere Akteure beeinflussen muß, um die gewünschten Elemente verändern zu können (mittelbare/unmittelbare Beeinflussung). So kann es z.B. notwendig sein, erst die Stadtverwaltung oder die Erbauer des Wohnviertels zu beeinflussen, daß die Räumlichkeiten entsprechend den Wünschen und Interessen der Bewohner benutzt werden können. Ein Stadtteil kann aufblühen oder verkommen, je nachdem, wie die handelnden Kräfte wirksam sind.

Der Zusammenhang zwischen Problemen und anderen damit zusammenhängenden Teilproblemen ist nicht neu, nur sind solche Vernetzungen heutzutage viel häufiger als früher. Dies liegt daran, daß sich die verschiedenen Teilsysteme, die die Lebensräume der Menschen darstellen, immer mehr miteinander verflechten. Autarke Lebensbereiche existieren kaum noch, wie z.B. ein mittelalterliches Dorf, das durchaus in der Lage war, sich selbst zu versorgen. Die Verflechtungen sind auch nicht mehr nur national, sondern sie werden immer internationaler. So ist es z.B. nicht gleichgültig, was in Nahost geschieht; der Einfluß der Geschehnisse dort macht sich unmittelbar hier bemerkbar, z.B. in Energiekrisen.

Die eigentliche Problematik besteht nun darin, in solche Systeme einzudringen, um die Folgen der Problemlösungen abschätzen zu könen, denn die vernetzten, eigendynamischen Realitätsausschnitte sind in ihren Elementen nur ungenau, zum Teil sogar überhaupt nicht bekannt. Ein einfaches lineares Problem-Ursachen-Wirkungs-Denken hilft nicht weiter. Zur Erklärung müssen multikausale Zusammenhänge erstellt werden, die über die Grenzen der Einzelwissenschaften hinausgehen. ,,Komplexe Probleme zu lösen heißt, die Erkenntnisse mehrerer Disziplinen zu verwenden, denen ganz unterschiedliche Paradigmen zugrunde liegen" (*Kirsch, W.,* und *Trux, W.,* 1979). *Kirsch* spricht vom ,,Multi-Paradigma-Problem".

Bedingungen für den Umgang mit Komplexität

Die erste und wichtigste Bedingung für die Bewältigung komplexer Probleme sind die *Kenntnisse und Erfahrungen,* welche die Akteure mit dem zu beeinflussenden Phänomen haben. Wer eine Sache, um die es geht, oder das System, das es zu beeinflussen gilt, in den entscheidenden Wirkkräften überhaupt nicht kennt, kann es auch nicht sinnvoll beeinflussen. Hieraus erklären sich vielleicht auch manche Fehler früherer Entwicklungshilfe für unterentwickelte Länder.

Die zweite Bedingung für die Bewältigung komplexer Systeme sind *klare Zielvorstellungen*. Wer nicht weiß, was er erreichen will, läßt sich durch die wechselnden Umstände leiten. Er wird von Nebenwirkungen leicht irritiert, wird unsicher, womöglich auch unkritisch neuen Einflußgrößen gegenüber und läßt sich vielleicht sogar, ohne daß er es weiß, von anderen Akteuren dirigieren. Das schließt selbstverständlich nicht aus, daß die Akteure durch zunehmende Einsicht in die Zusammenhänge und die möglichen Folgen bestimmter Aktionen auch ihre Zielsetzungen ändern.

Die dritte Bedingung für die Bewältigung komplexer Probleme ist die *Begrenzung auf einen beeinflußbaren Realitätsbereich*. Es ist naheliegend und wird jedem, der sich mit der Entwicklung komplexer Systeme beschäftigt, immer wieder deutlich, daß in der Realität beinah alles mit allem zusammenhängt. Man stellt plötzlich fest, daß ein scheinbar individuelles Problem, z.B. die Konzentrationsschwäche eines Mitarbeiters, zugleich auch ein Problem der Gruppe oder der Abteilung ist, in der der Betroffene tätig ist. Womöglich ist das Problem auch arbeitsorganisatorisch bedingt.

Es kommt also bei der Bearbeitung komplexer Probleme vor allem darauf an, den Realitätsbereich zu begrenzen, d.h. *den* Systembereich auszuwählen, den man beeinflussen kann und beeinflussen möchte.

Bei der Auswahl des zu beeinflussenden Problembereiches darf man jedoch nicht nur den erkennbaren Problemträger – den *vermeintlichen* Problemträger – betrachten, man muß vielmehr immer den übergeordneten Systembereich berücksichtigen, in den der Problemträger eingebettet ist. Wenn es z.B. in einem Unternehmen zwischen bestimmten Abteilungen andauernd zu Reibereien kommt, wird man den Realitätsbereich nicht auf die Problemträger selbst, also auf die beteiligten Gruppen, beschränken dürfen. Man muß vielmehr den Bezugsrahmen, in dem beide Abteilungen agieren, also den Gesamtbetrieb, den Chef und die Kollegen der streitenden Abteilungsleiter, auch die Funktionszusammenhänge und die Arbeitsabläufe mitberücksichtigen. Durch eine genaue Beschreibung der beobachtbaren Phänomene und durch systematische Sammlung und Auswertung aller relevanten Informationen werden die Zusammenhänge und die wirklichen Ursachen für die Schwierigkeiten deutlich. In der Regel werden hierbei auch die Bedingungen erkennbar, die man teilweise beeinflussen oder nicht beeinflussen oder nur indirekt beeinflussen kann, um die Probleme zu lösen.

Bei der Beschreibung des zu bearbeitenden Realitätsbereiches ist es außerordentlich nützlich, die Vielzahl der Variablen und ihre Beziehungen zueinander in einem Strukturschema darzustellen. Eine Möglichkeit hierzu bietet die Kräftefeld-Analyse.

Die vierte Bedingung für die Bewältigung komplexer Probleme ist die *Kooperation zwischen verschiedenen Akteuren,* die — das ist wichtig — in unterschiedlicher Weise von den Problemen betroffen sind. Der einzelne, so kompetent er auch sein mag, ist kaum in der Lage, die Zusammenhänge und die vielfachen Wechselwirkungen in einem komplexen dynamischen System zu überschauen und die Auswirkungen bestimmter Eingriffe (und die unbeabsichtigten Nebenwirkungen!) abzuschätzen und bei seinen Entscheidungen einzukalkulieren.

Diese Schwierigkeit, die den handelnden Personen durchaus bewußt ist, löst Ängste aus und verstärkt die ohnehin schon vorhandene Unsicherheit („Streß"). In dieser Situation ist die Kommunikation mit anderen Menschen nicht nur in sachlicher Hinsicht hilfreich, sondern auch in emotionaler Hinsicht entlastend (*Becker* 1982).

Die offene Aussprache über die Probleme und die kooperative Problembearbeitung in einer Gruppe mildert den Entscheidungsdruck und die mit schwierigen Entscheidungen verbundene Unsicherheit. Das gemeinsame Bemühen um konstruktive Lösungen, der Meinungs- und Gedankenaustausch und die methodische „Aufbereitung" der Probleme erleichtert die Entscheidungsfindung (*Franke* 1975).

Wichtig ist dabei weniger die Mitwirkung weiterer „Experten", sondern vielmehr die Mitwirkung eines oder mehrerer Akteure, die *nicht* in das System eingebunden und in die Probleme verstrickt sind, sondern als Außenstehende die „Betriebsblindheit" überwinden und den Problemlösungs*prozeß* organisieren helfen. Diese Außenorientierung kann den sachkundigen Akteuren, die manchmal „problemgeblendet" und in den Stricken ihrer eigenen (nicht immer hilfreichen) Erfahrung gefangen sind, neue Einsichten vermitteln. Sie vergrößert den „Öffnungswinkel" und bringt neue Anregungen, auch Ermutigung gerade in scheinbar ausweglosen Situationen.

Wir fassen zusammen:
Die wichtigsten Bedingungen für die Bewältigung komplexer Probleme sind:

1) möglichst umfassende Kenntnisse und Erfahrungen über die Funktionsweise des Systems und seiner Elemente, d.h. Kompetenz und Interesse für den Problembereich, um den es geht.
2) klare Zielvorstellungen von dem, was erreicht werden soll. Hierdurch wird in einer unklaren Situation bei erlebbaren Schwierigkeiten die eigentliche Problematik als eine Abweichung des Ist-Zustandes vom Soll-Zustand überhaupt erst erkennbar.

3) die Eingrenzung der Probleme und die Beschränkung auf einen beeinflußbaren Realitätsbereich. Die Probleme müssen ,,bearbeitbar" gemacht werden.
4) die Zusammenarbeit mit anderen sachkundigen Akteuren, welche die Probleme aus einer anderen Sicht betrachten, möglichst auch mit Außenstehenden, die Distanz zu den Problemen haben und methodisch bei der Problembearbeitung mitwirken können, indem sie den Problemlösungsprozeß organisieren helfen.

Diese Erkenntnisse, stark vereinfacht, berühren sich in ihrem Sinngehalt mit einem Ausspruch, der verschiedenen berühmten Männern in den Mund gelegt wird und auf *Christoph Friedrich Oettinger* (1702–1782) zurückgeht:

,,Gott gebe mir den Mut, die Dinge zu verändern, die ich ändern kann – und die Gelassenheit, die Dinge zu ertragen, die ich nicht ändern kann – und die Weisheit, das eine vom anderen zu unterscheiden."

1.2.2 Ein Schlüssel zur OE: Zusammenarbeit

Wenn man nach einem Schlüsselbegriff für OE fragt und hehre Ziele wie ,,Humanität" und Effektivität" einmal beiseite läßt, so stößt man auf den zentralen Begriff: Zusammenarbeit.

Natürlich hat es Zusammenarbeit immer gegeben, aber sie war noch nie so problematisch wie heute. Das hängt damit zusammen, daß die Betriebe größer, die Aufgaben komplexer und die Menschen anspruchsvoller geworden sind. Vieles, was das Zusammenwirken der Menschen angeht, regelt sich heute nicht mehr von selbst.

Das Kernproblem im Zusammenspiel der Kräfte im Betrieb sind ,,Interaktionsprobleme": Interessengegensätze, Machtansprüche, Mißverständnisse und Meinungsverschiedenheiten, kurz: Schwierigkeiten in der gegenseitigen Verständigung. Hierbei ist nicht zu verkennen, daß auch die Meinungsbildung und die Entscheidung über technische und arbeitsorganisatorische Fragen letzten Endes Kommunikations- und Kooperationsprobleme sind.

Die geradezu verblüffende Erkenntnis ist die, daß etwas, das man bisher als Nebensache oder als eine banale Selbstverständlichkeit betrachtet hat: die ,,Interaktion", daß eben diese Nebensache durch ihre vielfältigen Auswirkungen zur Hauptsache werden kann. Bisher wurden Kommunikation und Kooperation meist als ein lästiges, aber notwendiges Mittel zum Zweck betrachtet, als ein Mittel, um die betrieblichen Ziele zu erreichen. Wir müssen erkennen, daß eben dieses Mittel plötzlich zum Zweck wird. Angesichts der Komplexität betrieblicher Probleme stellen wir fest, daß die Effektivität eines Unternehmens vor allem von der Form der Zusammenarbeit und der Entscheidungsbildung bestimmt wird. Die Erkenntnisse der modernen Verhaltenswissenschaften lassen den Schluß zu, daß sachbezogene Probleme durch intensive Kommunikation in kleinen Gruppen leichter lösbar werden. Und umgekehrt: Durch den Problemlösungsprozeß wird die Kommunikation intensiviert und die Motivation und die Arbeitszufriedenheit der beteiligten Menschen gesteigert. Kommunikation und Kooperation („Interaktion") stellen das Bindeglied dar zwischen dem Individuum, der Gruppe (oder einer Abteilung) und der Organisation.

Hier setzt die OE an, die in ihrem Zielbündel sowohl die Effizienz einer Organisation als Ganzes als auch die Wirksamkeit und Entfaltung der beteiligten Menschen erhöhen will, indem sie — das ist das Wesentliche — die Interaktionsprozesse kultiviert (Abläufe, Strukturen, Beziehungen, Einstellungen und Verhaltensweisen).

Zwischen der Wirksamkeit der Organisation und der Wirksamkeit der Menschen bestehen wechselseitige Abhängigkeiten. Die OE postuliert, daß sowohl die Organisation als auch die in ihr tätigen Menschen unter dem Zwang zur Zusammenarbeit zumindest durch zwei variable Größen beeinflußt werden: durch die technisch-organisatorischen Bedingungen und durch die Art der Kooperation und Kommunikation.

Schaubildlich läßt sich der Zusammenhang folgendermaßen darstellen (Abb. 30):

Ebene	Ziel/Zweck	Mittel
Organisation	Effektivität	Produktivität und Flexibilität
Gruppe	Kooperation	gute Kommunikation und gute organisatorische Bedingungen
Individuum	Motivation	indiv. Kompetenz und Arbeitszufriedenheit

Abb. 30 Wirkzusammenhänge zwischen Zweck und Mittel bei OE

Wenn man sich die Wirkzusammenhänge klar zu machen versucht, wird deutlich, daß jedes Ziel — auf der individuellen, der kollektiven und der organisatorischen Ebene — zugleich Teilziel und Mittel zum Zweck im Hinblick auf die anderen Teilziele ist.

Mit anderen Worten:

Das Ziel „Effektivität", das für die Organisation als Ganzes bestimmend sein soll, wird zum Teilziel und zum Mittel für andere Ziele, die für die Individuen und für die Gruppen wichtig sind. Wenn eine Organisation nicht „effektiv" ist, also mit schlechten Ergebnissen arbeitet, wirkt sich das auch nachteilig auf die Motivation und die Kooperation der beteiligten Menschen aus. Das Teilziel „Effektivität" (1) wird zu einer wichtigen Voraussetzung für die Teilziele „Kooperation" (2) und „Motivation" (3).

Das Ziel „Kooperation", das für die Beziehungen zwischen Individuen und Gruppen bestimmend ist und ebenso auf organisatorischen Bedingungen wie auf Kommunikation beruht, wird zum Teilziel und zum Mittel für andere Ziele, die sowohl für das einzelne Individuum wie für die Organisation als Ganzes wichtig sind. Wenn die Zusammenarbeit schlecht ist, wirkt sich dies nachteilig sowohl auf die Effizienz der Organisation als auch auf die Motivation der beteiligten Menschen aus. Das Teilziel „Kooperation" (2) wird zur Voraussetzung für die Teilziele „Effektivität" (1) und „Motivation" (3).

Das Ziel „Motivation", das für das Individuum bestimmend ist und zugleich individuelle Kompetenz und Arbeitszufriedenheit bedeutet, wird zum Teilziel und zum Mittel für andere Ziele, die wiederum den Gruppenbeziehungen und der Organisation als Ganzes dienlich sind. Wenn die Motivation der Organisationsmitglieder schlecht ist, wirkt sich dies auf die Kooperation und die Effektivität in gleicher Weise nachteilig aus. Das Teilziel „Motivation" (3) wird zur Voraussetzung für die Teilziele „Kooperation" (2) und „Effektivität" (1).

Die OE setzt dort an, wo in der Zusammenarbeit Störungen auftreten, wo die Kommunikation und die Kooperation verbessert werden sollen. Sie darf die organisatorischen Bedingungen, die die Zusammenarbeit regeln, dabei nicht unbeachtet lassen. Die OE richtet ihr Augenmerk vorwiegend auf die Entwicklung kooperationsfördernder Strukturen — z.B. durch Gruppenarbeit — und auf die Entwicklung kooperationsfördernder Einstellungen — z.B. durch Schaffung eines Klimas des Vertrauens und der Offenheit, eines Klimas gegenseitigen Verständnisses. Das schließt Spannungen und Konflikte nicht aus. Im Gegenteil: Konflikte können nur dann sachlich ausgetragen, analysiert und gelöst werden, wenn eine Vertrauensgrundlage vorhanden ist, die in übergeordneten *gemeinsamen* Zielen, in der Er-

- **Gruppengröße und -zusammensetzung**
  - in der Praxis „ideal": 5—8
  - gemeinsames Ziel (Interesse an „Resultaten")
  - organisatorische Einheit (Interdependenz der Aufgaben)

- **Kontinuität der Arbeits- und Entscheidungsprozesse**
  - regelmäßige Treffen: „Jour fix" (ideal: 1 x pro Woche)
  - Termin „tabu" (Anwesenheit obligatorisch)
  - keine Stellvertreter (in „policy meetings")

- **Balance von Information, Meinungs- und Entscheidungsbildung**
  - klar unterscheiden
  - zeitlich trennen
  - wissen, was man tut

- **Balance von Tagesgeschäft und Grundsatzfragen**
  - klar· unterscheiden
  - zeitlich trennen
  - wissen, was man tut

- **Regelmäßige, gemeinsame kritische Auswertung**
  Teamentwicklung durch institutionalisierte „Manöverkritik":
  - Inhaltliche „Zwischenbilanz": Was haben wir erreicht?
  - Persönliches „Feedback": Wie ist es gelaufen?

Abb. 31 Grundvoraussetzungen für effektive Teamarbeit

---

1) *Ergebnisse: Was hat's gebracht?*
   Inhaltliche „Zwischenbilanz":
   - Was haben wir erreicht — was nicht?
   - Bin ich mit dem Resultat zufrieden/unzufrieden?
   - Haben wir unsere gemeinsame Zeit optimal genutzt?

2) *Prozeß: Wie ist es gelaufen?*
   Persönliches „Feedback":
   - Was fand ich gut, was fand ich weniger gut?
   - Was hat mir das Mitdenken/Mitarbeiten erleichtert?
   - Was hat mich gestört, evtl. behindert oder „blockiert"?

Unterschwellige emotionale Vorgänge sind oft das wichtigste, aber meistens „tabu"

Problem Nr. 1: Die „Selbstwahrnehmung" des einzelnen:
                „Wie fühle ich mich?"
Problem Nr. 2: Offenheit und Vertrauen in der Gruppe:
                „Was kann ich offen sagen — was nicht?"

Teamentwicklung ist ein gemeinsamer Lernprozeß!

Abb. 32 Gemeinsame kritische Auswertung („Manöverkritik")

Zur Vorbereitung der Sitzung/Tagung

— Ist unser Team richtig zusammengesetzt?
— Sind alle Teammitglieder anwesend?
— Waren die Ziele für heute allen klar?
— Sind alle gut vorbereitet?
— Gibt es ,,Unverdautes'' aus dem letzten Treffen?
— Sind in der Zwischenzeit wichtige Veränderungen eingetreten?

Zum Verlauf der Sitzung/Tagung

— Haben wir uns mit dem ,,Wichtigen'' befaßt?
— Sind wir beim Thema geblieben oder ,,gesprungen''?
— Haben wir Info/Meinungs-/Entscheidungsbildung sauber getrennt?
— Haben wir Tagesgeschäft und Strategiefragen sauber getrennt?
— Wie war die individuelle Beteiligung, das persönliche Engagement?
— Haben wir wirklich diskutiert — oder nur ,,Statements'' abgegeben?
— Haben wir einander zugehört? Wurde nachgefragt? Wurde geklärt?
— Waren wir ,,offen'' und ,,hart'' genug in der Auseinandersetzung?
— Sind alle zum Zuge gekommen? Sind alle Meinungen und Argumente klar?
— Sind die vorhandenen Interessen- und Meinungsunterschiede offengelegt worden?
— Haben wir die Zeit gut genutzt? Bin ich mit dem Resultat zufrieden?
— Wie beurteile ich meine eigenen Beiträge zur gemeinsamen Arbeit?
— Was hat mir das Mitdenken/Mitarbeiten erleichtert?
— Was hat mich gestört, evtl. behindert oder gar innerlich ,,blockiert''?
— Wie beurteile ich die Beiträge der anderen?
— Was fand ich bei den einzelnen Teamkollegen gut, was weniger?
— Wie war das Gesprächsklima? Wurde auch mal gelacht?
— Wie ist mir zumute? Bin ich entspannt? Bin ich ,,gestreßt''?
— Freue ich rnich auf das nächste Treffen?

Zum weiteren Vorgehen

— Wie steht es um die ,,Entscheidungsreife'' in den einzelnen Fragen?
— Was haben wir erreicht? Was bleibt offen?
— Wo stehen wir im Prozeß? Welches sind die nächsten Prioritäten?
— Ist allen klar, wie es weitergeht? Welches sind die nächsten Schritte?
— Wer tut was bis wann?

Abb. 33 Check-Liste für die Durchführung von Besprechungen im Team

kenntnis des ,,Aufeinander-angewiesen-seins'' und im wirklichen Bemühen um eine für beide Seiten vertretbare Lösung ihren Ausdruck findet. Diese Erkenntnis hat beispielsweise auch im deutschen Betriebsverfassungsgesetz von 1972 ihren Niederschlag gefunden: Unter-

nehmensleitung und Betriebsrat sind trotz ihrer teilweise gegensätz-
lichen Interessenrichtungen zur vertrauensvollen Zusammenarbeit verpflichtet.

In vielen Organisationen werden heute spezielle Kommunikations-
und Kooperationstrainings durchgeführt, um offensichtliche Defizite
der herkömmlichen „Führung" auszugleichen und die hierarchiefreie
Zusammenarbeit zu fördern. Die Mitwirkung von Moderatoren bei
der Anleitung zur Teamarbeit ist nicht einmal mehr auf Projekte der
OE beschränkt. Vieles spricht dafür, daß der Vorgesetzte der Zukunft
— neben der Zuständigkeit für seine Fachaufgaben — zum Experten
für Zusammenarbeit wird und damit zum Promotor der OE im eigenen Bereich. Es gilt, entgegen der Auffassung „ Nur einer gewinnt,
der andere verliert", wie sie in den Null-Summen-Spielen ihren Ausdruck findet, die „Jeder-gewinnt-Methode" zu praktizieren, wie sie
z.B. in der „Manager-Konferenz" von *Gordon* (1979) favorisiert wird.

Um einige Anhaltspunkte dafür zu geben, was für die Entwicklung
von Teamarbeit wichtig ist, sind in den Abbildungen 31–33 stich-
wortartig einige Regeln und Richt-Fragen wiedergegeben, die von
Lauterburg und *Becker* im März 1981 als Arbeitsunterlagen für ein
OE-Seminar in einem großen Konzern verwendet wurden (Fried.
Krupp GmbH 1981).

1.2.3 Effizienz und Macht in Organisationen

Bei Veränderungsbemühungen in Organisationen und Institutionen
stößt man unausweichlich auf die Frage nach der Effizienz, und
irgendwann und irgendwie stellt sich auch die Frage nach den Macht-
verhältnissen. *Glasl* (1983) hält die Frage nach der Macht für die
Gretchenfrage der OE.

Merkwürdigerweise wird nie nach den Zusammenhängen von
Macht und Effizienz gefragt, sondern in ideologischer Verengung
ausschließlich danach, ob und wie weit die durch OE intendierte
Partizipation die Machtverhältnisse im Unternehmen wirklich verändert oder sie vielmehr — gerade durch die partizipierenden Organisationsmitglieder — stabilisiert und verstärkt. Letzeres wird durch
den Hinweis bekräftigt, daß der OE-Berater schließlich nur mit dem
Einverständnis und im Auftrag der Unternehmensleitung tätig sein
könne. Hier wird der Vorwurf erhoben, daß OE die wirklichen
Machtverhältnisse im Unternehmen nur verschleiere, und daß die
„Ausbeutung" der Ohnmächtigen durch die Mächtigen nun nicht
mehr durch „Zuckerbrot und Peitsche", sondern durch vielfach ver-
feinerte psychologische Methoden betrieben würde, durch eine Strategie, die auf eine „Selbstausbeutung der Arbeitnehmer" hinauslaufe.

(*Kubicek, Leuck, Wächter* 1980, *Bartölke* 1980, *Kubicek* u. *Breisig* 1981, *Kappler* 1980).

Diese Frage soll uns hier nicht beschäftigen. Sie ist, nicht zuletzt durch *Glasl* (1983), eingehend diskutiert und beantwortet worden.

Ziel unserer eigenen Überlegungen ist es, zu klären, was „Effizienz" oder „Effektivität" und was „Macht" in Organisationen bedeuten und von welchen Kriterien und welchen Bedingungen sie abhängen. Es soll untersucht werden, ob es Zusammenhänge gibt zwischen Effizienz und Macht und welcher Art diese sind. Es wird danach gefragt, ob und in welcher Weise die Effizienz und die Machtverhältnisse durch OE beeinflußt werden.

Die Frage nach der Effizienz

Wenn man Manager in Organisationen nach dem eigentlichen Ziel ihrer Tätigkeit fragt, erhält man — grob verkürzt — zur Antwort, daß das Ziel ihrer Tätigkeit darin liege, die „Effizienz" der Organisation zu sichern. Effizienz wird dann erklärt als „Wirksamkeit", als „Leistungsfähigkeit", als das „Erreichen guter Ergebnisse".

Die Termini Effizienz („efficiency") und Effektivität („effectiveness") haben ihren Ursprung in der lateinischen Sprache, sind aber als feste Begriffe erst in den letzten Jahrzehnten aus dem angelsächsischen Sprachbereich ins Deutsche übernommen worden. Sie werden hier wie dort nicht einheitlich verwendet, können aber — wegen der uneinheitlichen Bedeutungsdifferenzierung bei verschiedenen Autoren — durchaus als synonym aufgefaßt werden, und bedeuten soviel wie „Wirksamkeit" und „Grad der Zielerreichung".

In privatwirtschaftlichen Unternehmen wird Effizienz oder Effektivität meist verstanden als das Verhältnis von Aufwand und Ertrag, also als Wirtschaftlichkeit, als Rentabilität oder auch als Produktivität. Oberstes Ziel ist fast immer die Erwirtschaftung eines Gewinns. Unter solchen Gesichtspunkten ist die Deutsche Bundesbahn, die — im Gegensatz zur Bundespost — keine Gewinne erwirtschaftet, sondern Verluste macht, nicht effizient. Wenn man hingegen den ihr zugeschriebenen Zweck betrachtet, nämlich die „Gewährleistung einer sicheren und schnellen Beförderung von Menschen und Gütern zu verschiedenen, teils weit auseinanderliegenden Orten" — dann kann man ihr, im Hinblick auf dieses Ziel, die Effektivität nicht absprechen. Auch Krankenanstalten, Schulen und andere Institutionen sind, unter Wirtschaftlichkeitsgesichtspunkten betrachtet, meist nicht effizient. Die Effizienz richtet sich hier nach anderen Zielkriterien. Der Begriff „Wirksamkeit" verlangt also immer einen Zielbezug.

Die Zielkriterien sind in Abhängigkeit von Branche, Art und Gesellschaftsform der Organisationen sehr unterschiedlich.

Wenn von Effizienz gesprochen wird, muß immer offengelegt werden, in bezug auf welche Zielkriterien die jeweilige Effizienzaussage getroffen wird. Das ist schon allein wegen möglicher konkurrierender Zielbeziehungen erforderlich.

Die Beurteilung wird zusätzlich dadurch erschwert, daß

— verschiedene (u.U. gleich maßgebliche) Personen unterschiedliche Ziele und Gewichtungen angeben, an denen die Effizienz gemessen werden soll;

— die Zielkriterien verschiedener Organisationsbereiche oder -ebenen mit denen der Gesamtorganisation nicht immer übereinstimmen („Verselbständigung von Teilbereichen", „Fliehkräfte der Organisation");

— die offiziellen Ziele und die tatsächlichen Ziele auseinanderklaffen oder sich über einen längeren Zeitraum verändern;

— wesentliche Zielkriterien, die indirekt wirksam sind (z.B. Personalbeschaffung und Personalentwicklung, Motivation der Mitarbeiter), leicht übersehen werden.

Es gibt eine Vielzahl unterschiedlicher Effizienzkonzepte. Mehrere synoptische Darstellungen belegen diese Aussage (*Steers* 1975; *Gibson* u.a. 1973; *Macharzina* u. *Oechsler* 1979; *Grochla* u. *Welge* 1975; *Redel* 1982).

Um wenigstens einen Anhalt für ein Effizienzkonzept zu geben, das einigermaßen plausibel erscheint, beziehen wir uns auf *Redel* (1982), der — in Anlehnung an *Berthel* (1973), *Bleicher* u. *Meyer* (1976) und *Luhmann* (1973) — das Überleben bzw. die Bestandserhaltung als letztes Ziel einer Organisation ansieht. Das Erreichen dieses Hauptzieles macht die Erfüllung bestimmter Sach-, Sozial- und Formalziele notwendig, deren inhaltliche und zeitliche Konkretisierung vom Umweltpotential und den jeweiligen betrieblichen Ressourcen auszugehen hat. Die organisatorische Strukturierung soll einen Beitrag zur Erfüllung der Sach-, Sozial- und Formalziele leisten, in dem die zur Zielerfüllung notwendigen Systemprozesse (Input, Transformation, Output) produktiv und relativ stabil gestaltet werden. Hieraus werden die organisatorischen Ziele abgeleitet: Produktivität (Ausbringung/Kosten), Anpassungsfähigkeit (Realitäts- und Zukunftsorientierung) und Zufriedenheit (Bedürfnisbefriedigung und Motivation der Organisationsmitglieder).

Hieraus werden wiederum, da es bei Effizienzaussagen in der Regel um die Funktionsfähigkeit im System geht (organisatorische Mikrosicht), die Zielkriterien aufgegliedert in:

a) Qualität und Quantität der Aufgabenerfüllung,

b) Kosten der Aufgabenerfüllung,

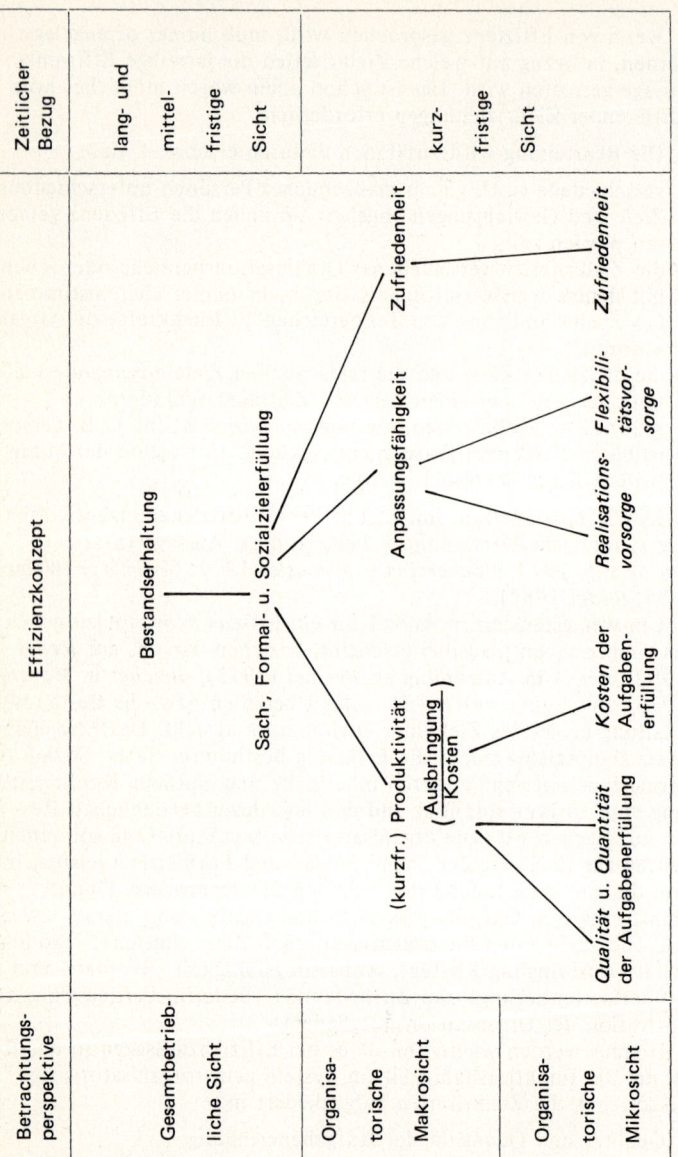

Abb. 34 Untersuchungszielbezogenes Effizienzkonzept (*Redel* 1982, S. 52)

Pugh/Hickson/ Hinings/Turner	Duncan	Kieser/Kubicek	Kubicek	Hill/Fehlbaum/Ulrich
1 Gründungsmodus u. Entwicklungsgeschichte	1 Interne Umwelt	1 Dimensionen der internen Situation	1 Systemeigenschaften	1 Aufgabenconstraints
2 Eigentumsverhältnisse	11 Personale Komponente	11 Gegenwartsbezogene Faktoren	11 Betriebsgröße	11 Ausprägungen
3 Betriebsgröße	12 'Functional and staff units'-Komponente (u.a. Interdependenzen bei der Aufgabenerfüllung, Stab-Linien-Konflikte)	111 Leistungsprogramm	12 Technologie	111 Hohes Routinisierungspotential
4 Leistungsprogramm u. -politik	13 'Level'-Komponente (u.a. Sach- u. Formalziele)	112 Größe	13 Angebotsprogramm	112 Niedriges Routinisierungspotential
5 Fertigungstechnologie	2 Externe Umwelt	113 Fertigungstechnologie	14 Rechtsform	12 Einflußfaktoren
6 Räumliche Dezentralisation	21 Kunden-Komponente	114 Informationstechnologie	15 Eigentumsverhältnisse	121 Umwelt
7 Abhängigkeit	22 Lieferanten-Komponente	115 Rechtsform u. Eigentumsverhältnisse	16 Geographische Streuung	122 Technologie
	23 Wettbewerber-Komponente	12 Vergangenheitsbezogene Faktoren	2 Eigenschaften relevanter Umweltsegmente	2 Personenconstraints
	24 Sozio-politische Komponente	121 Alter der Organisation	21 Konkurrenzintensität	21 Ausprägungen
	25 Technologische Komponente	122 Art der Gründung	22 Technologische Dynamik	211 Hohes Problemlösungspotential
		123 Entwicklungsstadium der Organisation	23 Rechtliche u. politische Bedingungen	212 Niedriges Problemlösungspotential
		2 Dimensionen der externen Situation	24 Kulturelle Bedingungen	22 Einflußfaktoren
		21 Aufgabenspezifische Umwelt	3 Personale Eigenschaften	221 Berufscharakteristika
		211 Konkurrenzverhältnisse	31 Ausbildungsstand	222 Sozio-kultureller Hintergrund
		212 Kundenstruktur	32 Karriereorientierung	
		213 Technologische Dynamik	33 Alter	
		22 Globale Umwelt	34 Soziale Herkunft	
		221 Gesellschaftliche Bedingungen	25 Bedürfnisse	
		222 Kulturelle Bedingungen		

Abb. 35 Zusammenstellung ausgewählter Situationskonzepte (Redel 1982, S. 55)

c) Realisationsvorsorge (Zuverlässigkeit der Organisationsmitglieder, sowohl im Hinblick auf das für die Arbeitsausführung nötige Wissen und Können als auch im Hinblick auf die erforderliche Akzeptanz),

d) Flexibilitätsvorsorge (Früherkennung von Problemen und Bereitschaft zu Veränderungen),

e) Zufriedenheit der Organisationsmitglieder (Erfüllung der Bedürfnisse, Strukturierung der Zusammenarbeit usw.)

Die Komponenten dieses Effizienzkonzepts sind in Abb. 34 zusammenfassend dargestellt (*Redel* 1982, S. 45—52).

Auf die situativen Bedingungen, von denen die Realisierung der genannten Formalziele abhängt (z.B. Größe der Organisation, Technologie, Umwelt, Management), soll hier nicht näher eingegangen werden. Die Vielfalt der Einflußfaktoren ist aus der Synopse ausgewählter Situationskonzepte ersichtlich (Abb. 35).

Alles in allem stellt sich Effizienz als eine schwer zu bestimmende Integrationsleistung·dar im Hinblick auf den ökonomischen und erfolgreichen Einsatz der verfügbaren Mittel, um die für den Fortbestand und die Weiterentwicklung einer Organisation wichtigen Ziele zu erreichen.

Die Frage nach der Macht

Vorab einige Definitionen:

„Macht bedeutet die Chance, innerhalb einer sozialen Beziehung den eigenen Willen auch gegen Widerstreben durchzusetzen, gleichviel, worauf diese Chance beruht." (*Weber* 1922).

„Jede Anstrengung im sozialen Bereich, die keine Wirkung erzielt, ist Machtlosigkeit. Sie ist nur Anstrengung. Macht ist, was sie ausrichtet. – Der Maßstab der Macht ist Erfolg." (*Peabody* 1973).

„A hat in dem Maße Macht über B, in dem er B dazu bringen kann, etwas zu tun, was B sonst nicht tun würde." (*Dahl* 1957).

Nach dieser letzten Definition faßt *Rüttinger* (1981, S. 249) die wesentlichen Aspekte des Machtbegriffs wie folgt zusammen:

„– Macht ist nicht Eigenschaft einer Person, sondern Merkmal einer Beziehung zwischen mindestens zwei Personen. Eine isolierte Person kann keine Macht ausüben.

– Macht ist nicht eine absolute Größe. Sie bezieht sich immer auf die Beeinflussungsmöglichkeiten einer Person relativ zu den Widerstandsmöglichkeiten (der Gegenmacht) einer anderen Person."

Nach den zugrundeliegenden Mitteln läßt sich soziale Macht folgendermaßen klassifizieren: Macht auf der Grundlage von Belohnung, Zwang, Sympathie, normativer Legimation, Identifikation, Exper-

tentum und Information (*Raven* u. *Kruglanski* (1970), *Tannenbaum*
u.a. (1974), *Zündorf* und *Grunt* (1980).

„Die vertikale Beziehung Vorgesetzter — Mitarbeiter ist zwar eine
sehr wichtige Machtbeziehung, doch ist sie nur eine neben vielen
anderen Einflußbeziehungen, die sich in einem Betrieb vorfinden
lassen: die Beziehungen zwischen Kollegen einer Arbeitsgruppe („informeller Führer"), informelle Abhängigkeiten und Loyalitäten zu
Betriebsangehörigen außerhalb der Arbeitsgruppe, Beziehungen zwischen Gruppen und Abteilungen (z.B. Produktion — Marketing oder
Betriebsrat — Geschäftsführung) . . ." (*Rüttinger* 1981, S. 250).

Die *Art der Machtausübung* hängt ab von der handelnden Person,
von der Situation und von den zur Verfügung stehenden Mitteln,
den Techniken der Machtausübung, mit denen die Person die Durchsetzung ihrer Forderungen zu erreichen versucht. Dabei kommt der
Intentionalität und der Motivation, von der Macht Gebrauch zu
machen, ebensoviel Bedeutung zu wie der Geschicklichkeit, die
Machtmittel wirksam einzusetzen.

Es kommt hier darauf an, die beschriebenen Phänomene der
Wirksamkeit von Macht in ihrer Bedeutung für die Zusammenarbeit
in Betrieben und Institutionen transparent zu machen. Die bisher
dargestellten Erkenntnisse sollen deshalb durch einige Thesen verdeutlicht und ergänzt werden:

1) These: Soziale Macht ist im Zusammenleben der Menschen (in
   Organisationen) überall — bemerkt oder unbemerkt — wirksam.

   Macht ist ein alltägliches soziales Phänomen, durchaus nicht immer ein
   ausdrücklich geltendgemachter Einfluß. Schon bei kleinen Sachauseinan-
   dersetzungen zwischen verschiedenen Menschen spielen neben den Sach-
   fragen eben auch Machtfragen eine wichtige Rolle.

2) These: Soziale Macht ist keine einseitige Einflußbeziehung, sondern immer eine Beziehung der Beiderseitigkeit.

   Das Gegenteil von Macht ist nicht Ohnmacht, sondern Abhängigkeit. Dem-
   jenigen, der Macht ausübt, entspricht immer jemand, der Macht akzeptiert. Wenn jemand da ist, der führt, muß auch jemand da sein, der sich
   führen läßt. Wenn jemand etwas verfügt, muß ein anderer da sein, der sich
   dem fügt. *Glasl* (1983, S. 44) stellt fest: „Weil Macht eine reziproke Beziehung ist, kann sie vom ‚Machthaber' wie vom ‚Machtunterworfenen' her
   verändert werden."

3) These: Soziale Macht ist an sich nichts Negatives.

   Machtausübung ist notwendig für ein geregeltes gesellschaftliches Miteinander und für die Zusammenarbeit im Betrieb. Viele Menschen schätzen
   die Abhängigkeit und „klare Verhältnisse". Sie brauchen eine gewisse Anlehnung und Ausrichtung auf Mächtige. Das Eingebettetsein in klare
   Machtstrukturen gibt Verhaltenssicherheit. Man weiß, woran man ist.

4) These: Soziale Macht ist für die Mächtigen meist mit Vorteilen, für die Abhängigen meist mit Nachteilen verbunden.

Machtausübung kann als angenehm (in der Regel: für die Mächtigen) oder als unangenehm (in der Regel: für die Abhängigen) erlebt werden. Macht ist dann „effizient", wenn sie von beiden Seiten als angenehm oder als für beide Seiten vorteilhaft − oft auch als selbstverständlich − erlebt wird.

Ist eine Person oder eine Gruppe im Besitz großer Macht, z.B. die Geschäftsleitung, so erhöhen sich die Möglichkeiten dieser Gruppe, das zu bekommen, was sie will. Dies führt zu folgenden Reaktionen:
− Mitglieder mächtiger Gruppen sind meist zufrieden.
− Sie planen mehr und haben mehr Freiheiten, Aktivitäten anzuregen, ohne sich mit anderen abzusprechen.
− Sie ergreifen eher die Initiative, auch was andere betrifft, und beeinflussen damit auch das Wohlbefinden anderer in hohem Maße.

Personen oder Gruppen mit wenig Macht haben viele Nachteile. Sie sind zwar nicht so exponiert, aber doch oft frustriert, weil Abhängigkeiten von mächtigeren Personen oder Gruppen bestehen, die nicht immer das billigen, was die weniger mächtige Gruppe eigentlich möchte.

5) These: Soziale Macht ist relativ stabil.

Macht ist in der Regel persongebunden, aber zusätzlich auch strukturell bedingt. Durch die üblichen Aktivitäten, gleichbleibende Positionen der Akteure und in ähnlicher Weise sich wiederholende Prozesse − Interaktionsmuster und Arbeitsabläufe − werden die Machtverhältnisse ständig bestätigt und perpetuiert.

Die mächtige Gruppe wird selten ihre Situation verändern. Sie erlebt sich meist positiv und ist frei von Frustrationen. Nur wenn die Gruppenmitglieder glauben, daß ein Gewinnzuwachs möglich ist, steigt die Bereitschaft, Macht mit anderen zu teilen. Wird befürchtet, daß durch die neuen Machtverhältnisse Demütigungen oder Frustrationen zu erwarten sind, leisten die Mächtigen Widerstand und wenden dabei die verschiedensten Verteidigungsmechanismen an, z.B. „Blindheit" gegenüber den Unzufriedenen, die etwas ändern wollen; Unterdrückung, Aggression oder Scheinkooperation, Abschieben der Verantwortung usw. (vergl. *Deutsch* 1976, S. 90).

6) These: Soziale Macht ist veränderbar. Um Veränderungen zu realisieren, müssen in der Regel vielerlei Umstände zusammenkommen.

Anlässe und Bedingungen, die Veränderungen auslösen oder bewirken, können sein: offensichtlicher Machtmißbrauch oder durch ein Übermaß an Macht („Zwangsmacht") entstandene Konflikte oder Machtverschiebungen (oft: „hinter den Kulissen").

Bloße Ablehnung der Zwangsmacht und der dadurch beeinträchtigten Lebens- und/oder Arbeitsumstände mit all ihren unerfreulichen Folgen (für die Betroffenen) und Nebenwirkungen (auch für nicht direkt Betroffene) reicht in der Regel für eine Veränderung nicht aus, sofern nicht ein „Einfluß von außen" hinzukommt.

Ein wichtiger Anlaß für Veränderungen der Machtverhältnisse ist die zutagetretende Unwirksamkeit von Macht, die durch Veränderungen der Umwelt-Konstellation oder durch spürbar werdende Abhängigkeit der Mächtigen von anderen (noch mächtigeren) Instanzen bedingt sein kann.

Beziehungen zwischen Macht und Effizienz

Wenn man Effizienz und Macht im Zusammenhang sieht, erhält die Frage nach der Macht ein anderes Gesicht,

Wer einen Betrieb (eine Gruppe, eine Abteilung, eine Partei) effizient macht, hat Macht.

Macht hat etwas mit „Machen" zu tun. Das zeigt sich auch, wenn man das Wort nach seinem Ursprung befragt.

Das Wort kommt vom althochdeutschen „mugan" und hat die indogermanische Wurzel „magh"; das heißt „Können" oder „Vermögen". Macht ist das Vermögen einer Person oder einer Gruppe, etwas zu erreichen, d.h. ihre Ziele gegen Widerstände durchzusetzen. Insofern hat der Begriff „Macht", wertfrei betrachtet, auch etwas mit Effizienz zu tun. „Maßstab der Macht", sagt *Peabody* (1973), „ist der Erfolg".

Effizientes Handeln verschafft Macht. Und diese Macht wiederum, auch die geschickte Handhabung der Machtmittel, ermöglicht effizientes Handeln. Dies Handeln wiederum, soweit es effizient ist, verstärkt oder erweitert die Macht. Die Macht stabilisiert sich.

Hierin liegt die eigentliche Problematik: Etablierte Macht bedarf des Effizienz-Nachweises nicht mehr.

Da die Macht, wie bereits dargestellt, dem Machtausübenden eine Reihe von Vorteilen verschafft, weiß er diese Vorteile mehr und mehr zu schätzen und zu nutzen:

— Er kann im allgemeinen seine Wünsche besser befriedigen als andere (Macht der Person).
— Er kann den Widerstand einer anderen Person leichter überwinden (Macht der Beziehung).
— Er kann seine Umgebung besser beeinflussen (Macht der Situation). (*Deutsch* 1976, S. 84 f).

Hierbei sind zwei Charakteristika der etablierten Macht noch näher zu beschreiben:

1) Die Macht hält meist am Bestehenden fest. Es ist schwierig, Innovationen durchzusetzen.
2) Die Macht scheut das offene Austragen von Konflikten und die sanktionsfreie Zusammenarbeit.

Diese Art der Machtausübung mag für den Mächtigen vorteilhaft sein. Sie kann aber nachteilig sein für die hiervon betroffenen Organisationsmitglieder. Und sie kann auch nachteilig sein für das wirkungsvolle Erreichen der Organisationsziele.

Macht, die nicht effizient eingesetzt ist, verursacht Kosten. Die Stärke der durch die Macht verhinderten Effizienz bestimmt ihren Preis.

Die Ineffizienz der Machtausübung wird an zwei neuralgischen Punkten besonders deutlich, nämlich:

1) Wenn sich die Ziele der Organisation − manchmal unmerklich − verändern oder die Umwelt Veränderungen erkennen läßt, auf die die Organisation flexibel reagieren muß. Da kann es passieren, daß die vorherrschenden Machtstrukturen und die davon geprägten Verhaltensmuster in der Organisation eine erfolgreiche Anpassung an die neue Situation erschweren oder verhindern.

2) Wenn die Organisationsmitglieder die Macht nicht mehr akzeptieren und auf die von den Machthabern vertretenen Forderungen mit Abneigung und Abwehr reagieren. Die Abneigung wird um so größer, je mehr die Macht ihre Forderungen mit Zwang durchzusetzen versucht. Die Schwierigkeiten wachsen in dem Maße, als die Organisation nicht in der Lage ist, die Machtstrukturen und die durch sie geprägten Verhaltensweisen der Organisationsmitglieder zu ändern.

Hier setzt die OE ein mit ihren auf offene Information und fruchtbare Zusammenarbeit ausgerichteten Zielen.

Die OE will Transparenz in allen Bereichen, in den Beziehungen der Menschen, in den Zielen und Arbeitsabläufen.

Wenn Arbeitsprozesse effektiv gestaltet sein sollen, müssen Entscheidungen an den Stellen höchster Kompetenz und Informationsdichte getroffen werden. Das bedeutet fast immer, daß viele Entscheidungen dicht an der Basis getroffen werden können und daß sie dort − entsprechende Rückkopplungen nach oben vorausgesetzt − viel effektiver getroffen werden können.

Wenn OE betrieben wird, werden auch die Machthaber sensibel für notwendige Veränderungen. Die Analyse der bestehenden Zustände − auch Mißstände − und die gemeinsame Arbeit an den erkannten Problemen, vor allem die Art des Umgangs miteinander bei der Lösung der Probleme − das alles verändert allmählich die gültigen Normen und Werte.

Hierzu ein Beispiel:

Ein älterer Prokurist, der in der Firma als „mächtig" und ziemlich „autoritär" angesehen wurde, hatte im Laufe eines längeren OE-Prozesses an verschiedenen Workshops zur Lösung von aktuellen Problemen teilgenommen. Dabei waren neben den „sachlichen Fragen" auch Fragen der Zusammenarbeit behandelt worden. Das hatte − angeregt durch einige Feed-back-Übungen − zu intensiven Beziehungsklärungen unter allen Beteiligten geführt.

Die Art des Umgangs miteinander hatte sich geändert: er war freier, offener, lockerer geworden. Die Atmosphäre hatte sich entspannt. Dieses „Klima" wurde bei der Arbeit in der Firma beibehalten, es gab weniger Hektik. Es gab konstruktive Aussprachen, wenn gelegentlich Schwierigkeiten auftraten.

Als der eingangs erwähnte Prokurist später einmal auf die im „Training" gemachten Erfahrungen angesprochen wurde, meinte er: „Die Sacharbeit war gut. Die Problemlösungen haben viel gebracht. Auf die psychologischen ‚Mätzchen' hätte man verzichten können. Bei uns weiß doch sowieso jeder, was er vom anderen zu halten hat. Ich jedenfalls", – so betonte er abschließend – „habe mich nicht geändert".

Von den Mitarbeitern war wiederholt das Gegenteil bekundet worden. Da hieß es: „Das gemeinsame Training hat Wunder gewirkt. Unser Boß ist überhaupt nicht wiederzuerkennen. Früher gab es nur kurze Anweisungen, Aufträge, Rückfragen und Zurechtweisungen, wenn etwas nicht stimmte. Heute fragt der uns, wenn etwas Neues anliegt, zuerst um unsere Meinung. Es gibt – früher undenkbar – regelmäßige gemeinsame Besprechungen. Wenn ein Problem anliegt, gibt es keine Scheu mehr, dies offen zur Sprache zu bringen. Die früher üblichen Zurechtweisungen, das Verteilen des „Schwarzen Peter" hat aufgehört."

Die situativen Umstände, auch das emanzipatorische Verhalten der Mitarbeiter hatten den „Boß" dazu gebracht, sich umzustellen. Die Mitarbeiter hatten ihren Machtspielraum ausgeweitet auf der Grundlage von Information und Kompetenz, nicht zuletzt durch ein verändertes Sozialverhalten. Und der Vorgesetzte hatte erlebt (auch wenn es ihm nicht klar bewußt war), daß autoritäres Verhalten unerwünscht und auch unnötig war.

Ähnliche Beispiele gibt es genug. *Greiner* (1970) hat 18 OE-Projekte in amerikanischen Firmen im Hinblick auf die entscheidenden Änderungseinflüsse untersucht und stellt fest: „In den Erfolgsfällen entschieden sich die Unternehmen ausnahmslos für ein Verfahren der Machtteilung, das heißt, die Spitze bezog die Mitarbeiter direkt in die Entscheidungsfindung ein. . ." (*Greiner,* zitiert nach Manager-Magazin, 4/82; S. 144).

Eine Umverteilung der Macht durch OE erfolgt, wenn es erforderlich ist, allmählich und indirekt im Laufe eines längeren Prozesses, in dem die Beteiligten lernen, was alles machbar und wünschenswert ist und wie man je nach Ziel und Situation Machtstrukturen flexibel benützt.

Das setzt allerdings bei den Organisationsmitgliedern ein hohes Engagement voraus, ein Engagement, das nicht durch autoritative Fremdbestimmung zu erreichen ist, sondern nur durch eine kontinuierliche Qualifizierung, welche die Mündigkeit und die Bereitschaft zum Mitgestalten erhöht und zur Realisierung kooperativer Arbeitsbeziehungen beiträgt.

Hieraus läßt sich die Erkenntnis ableiten, daß die Effizienz einer Organisation nicht nur am Ergebnis, sondern auch an den *Prozessen* gemessen werden muß, die zur Erkennung und zur Lösung von Problemen beitragen. Es sind Prozesse, die auf mehr Partizipation und mehr Selbstentfaltung der Organisationsmitglieder hinauslaufen, auf mehr „Bewußtheit" und Selbstbewußtsein, auf mehr Selbstbestimmung statt der früher praktizierten Fremdbestimmung. Durch die Veränderung der Wertvorstellungen verändern sich die Machtbeziehungen: Die früher übliche Befehls- und Gehorsamshaltung wird durch kritisches Engagement ersetzt. Es verändern sich aber auch die Vorstellungen über das, was Effizienz bedeutet.

In dieser Sicht läßt sich OE sogar erklären als eine Umstrukturierung und Umverteilung von Macht im Sinne kompetenter Wirksamkeit möglichst vieler Organisationsmitglieder („Ent-Hierarchisierung") und als eine Art Umwertung oder Ausweitung des Effizienz-Begriffs, wobei unter „Effektivität" nicht mehr nur die Optimierung der Kosten-Nutzen-Relation (im Sinne eines wirtschaftlichen Rentabilitäts-Denkens) zu verstehen ist, sondern auch die Erschließung humaner Ressourcen im Hinblick auf die „Gesundheit" einer Organisation und der in ihr tätigen Menschen.

1.2.4 Konflikte und Konfliktbewältigung

In den meisten Fällen wird das Wort Konflikt mit negativen Erfahrungen in Verbindung gesetzt. Konflikte sind unangenehm, führen zu Spannungen zwischen Personen oder zwischen Gruppen. Niederlagen können auch objektiv schädliche Auswirkungen haben. Organisatorische Maßnahmen sind deshalb oft darauf gerichtet, Konfliktmöglichkeiten einzuengen und negative Auswirkungen von Konflikten durch Verfahrensregeln möglichst zu begrenzen. Dazu gehören z.B. klare Aufgabenbereiche und Kompetenzen, Personalleitlinien etc. (*Rosenstiel* 1980).

Obwohl Konflikte zwischen Menschen wegen der höchst unterschiedlichen persönlichen Interessen unvermeidlich sind, ist es üblich, daß man Auseinandersetzungen aus dem Wege geht, um die damit verbundenen unangenehmen emotionalen Auswirkungen zu vermeiden. Eine andere Form, Konflikte zu umgehen, besteht darin, daß man die eigenen Interessen und Wünsche nur indirekt oder über Dritte ausdrückt. Oft wird der Konflikt auch verdeckt („Im Grunde genommen sind wir uns doch einig.") oder tabuisiert („Es hat gar keinen Zweck, darüber zu reden."). Es ist also keineswegs selbstverständlich, daß Konflikte konstruktiv gelöst werden.

Andererseits ist leicht einzusehen, daß durch nicht bearbeitete Konflikte die Probleme nicht gelöst werden und die Spannungen zwischen Personen erhalten bleiben. Es ändert sich nämlich nichts. Deshalb muß ein Konflikt so gestaltet werden, daß positive Wirkungen möglich werden. Dies läßt sich nur durch eine konstruktive Prozeßgestaltung erreichen. Ist dies der Fall, eröffnen sich zahlreiche Möglichkeiten, um Veränderungen in Gang zu setzen (Abb. 36).

Das Schaubild macht die zentrale Bedeutung der Konfliktaustragung deutlich: Wenn Veränderungen erzielt werden sollen, so dürfen Konflikte nicht verdrängt, verleugnet oder tabuisiert werden. Sie müssen „ausgetragen", d.h. gemeinsam bearbeitet werden.

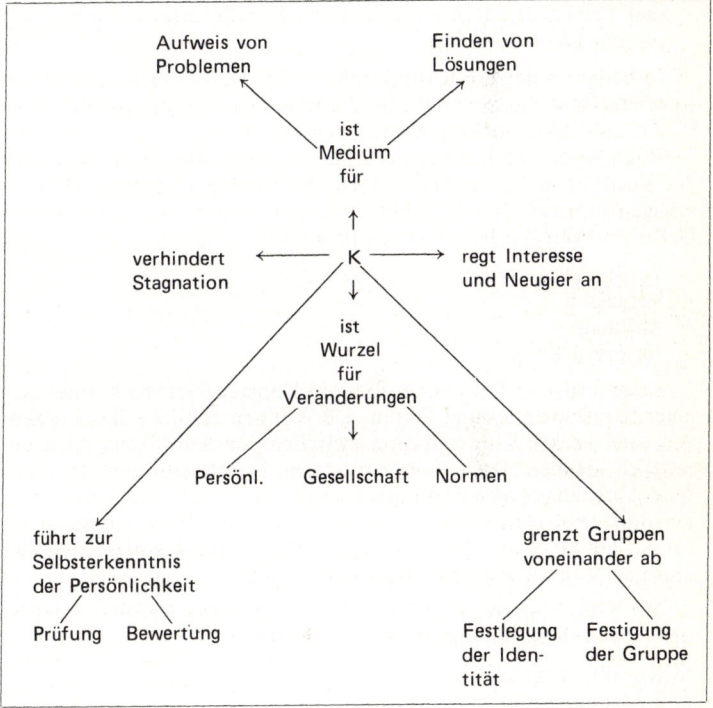

Abb. 36 Produktive Auswirkung von Konflikten (*Deutsch* 1976, S. 17)

Auslöser von Konflikten

Ein interindividueller Konflikt kann 3 generelle Ursachen haben:

a) Streitpunkte können auf objektiven Begebenheiten beruhen. Sie sind insofern Ausdruck von Konkurrenz und Unvereinbarkeit der Zielerreichung.

b) Eine zweite Konfliktquelle ist mit der Wahrnehmung verbunden. Die subjektive Wahrnehmung kann selbst Ursache für Konflikte sein. Dies ist beispielsweise der Fall bei Mißverständnissen, wenn Tatbestände und Ereignisse als konkurrierend wahrgenommen werden, ohne daß dies objektiv der Fall ist.

c) Die dritte Quelle des Konflikts sind die Emotionen und die Beziehungen zwischen den Beteiligten. Sie können, ohne daß objektive Streitpunkte existieren müssen, auf Grund von Spannungen und Feindseligkeiten als spezifische Konfliktursache zu einem gefühlten Konflikt führen.

Je bedeutsamer die Konfliktinhalte für das Individuum sind, um so größer sind die Spannungen, die sich zwischen den Beteiligten aufbauen und das Konfliktpotential kennzeichnen.

Auch wenn das Konfliktpotential voll wirksam ist, braucht sich der Konflikt nicht zu entladen. Die Konfliktverarbeitung erfolgt sozusagen indirekt. Der Konflikt wird „verleugnet" oder „umgeleitet". Dabei sind verschiedene Formen möglich:

– Verdrängung
– Vergessen
– Abschalten
– Unterdrückung.

Auch situative Umstände (externe Konstellationen) können zu einer Konfliktumleitung führen, z.B. können zeitliche Beschränkungen eine direkte Konfrontation zwischen den Konfliktparteien unmöglich machen. Dazu kommen interne Konstellationen, die das offene Abreagieren von Spannungen verhindern, z.B. Gruppennormen, persönliche Rollenvorstellungen und bestimmte Wahrnehmungsstrukturen. Wie ein Konflikt ausgetragen wird, hängt davon ab, wie der einzelne Mensch gewohnt ist, mit Konflikten umzugehen.

Mit 3 Formen der Konflikthandhabung (*Esser* 1975) werden wir uns ausführlicher beschäftigen:

1. Konfliktvermeidung
2. Gewinner-Verlierer-Situation
3. Probleme lösen.

1. Konfliktvermeidung
Man kann auf verschiedene Weise Konflikte vermeiden, z.B. indem man den Konflikt leugnet, sich zurückzieht, die Kommunikation und Interaktion einschränkt. Dies kann soweit gehen, daß man bis zu einer Verliererposition nachgibt.

2. Gewinner-Verlierer-Situation
Die eine Partei strebt den Sieg und die Niederlage der anderen Partei an. Diese Auseinandersetzungsform kann von der reinen Machtausübung bis hin zur sehr sublimen Form der Beeinflussung gehen. In allen Fällen soll die eigene Meinung vom Gesprächspartner voll übernommen werden.

Bei solchen Versuchen, den anderen zu überzeugen oder zu überreden, besteht die Gefahr, daß sich das Konfliktpotential ausweitet und daß sich die Konfliktbeziehung intensiviert. Niemand will gern verlieren.

Der potentielle Verlierer ist nur in geringem Maße motiviert, Lösungsvorschläge anzunehmen. Zur Durchsetzung muß in hohem Maße Zwang angewendet werden. Dadurch entsteht Furcht. Diese bringt zwar Gehorsam und Unterordnung, verhindert aber die Entwicklung von Kooperation und Rücksichtnahme. Wenn der „Machthaber" nicht aufpaßt, verhält sich der Unterlegene so, wie er es für richtig hält.

Gordon (1977) forderte die Teilnehmer eines Kursus auf, sich zu erinnern und aufzuschreiben, wie sich die Anwendung von Macht auf sie auswirkte:

Gefühle	*Verarbeitungsmechanismen*
Unmut, Ärger, Feindseligkeit	Rebellieren, Widerstand leisten, trotzen
Frustration	Sich rächen, zurückschlagen
Haß	Sich wehren, kämpfen
Verlegenheit	Lügen, verheimlichen, Gefühle verbergen
Unwürdigkeit	Andere beschuldigen, petzen
Furcht, Angst, Unsicherheit	Schummeln, abschreiben
Unglücklichsein	Andere tyrannisieren, schikanieren, herumkommandieren
Bitterkeit, Rachsucht	Unbedingt gewinnen wollen; es hassen, zu verlieren
Machtlosigkeit, Unbeweglichkeit	Sich organisieren, Bündnisse schließen
Eigensinn, Trotz	Sich unterordnen, nachgeben, des Lehrers „Liebling" werden

Gefühle	*Verarbeitungsmechanismen*
Konkurrenzdenken	Für „gutes Wetter" sorgen, schmeicheln
Erniedrigung, Apathie	Nicht aus der Reihe tanzen, kein Risiko eingehen, nichts Neues ausprobieren, sich zurückziehen, phantasieren, regredieren, weglaufen

Dies bedeutet nicht, daß generell Anweisungen, Anordnungen oder Befehle solch negative Folgen haben müssen. Es gibt eine Vielzahl von Situationen, wo dieses Verhalten notwendig ist, z.B. in Notsituationen.

3. Probleme lösen

Die Probleme werden gemeinsam herausgearbeitet. Es werden gemeinsam Wege zur Problemlösung gesucht und festgelegt.

Annahmen: Die gemeinsame Erörterung der Probleme und das gemeinsame Suchen nach Lösungen motivieren den Gesprächspartner, mitzuarbeiten und eigene Initiativen zu ergreifen.

Kennzeichen des Ablaufs: Der Gesprächspartner redet unter Umständen mehr. Man selbst fragt viel, fördert die Aussprache über Probleme und deren Ursachen. Man versucht gemeinsam, Lösungsansätze und Wege zu finden.

Mögliche Folgen: Durch Diskussion werden neue Ideen und gemeinsame Ansichten, Interessen entwickelt. Der Gesprächspartner wird selbst motiviert, mitzuarbeiten. Selbständigkeit und Verantwortlichkeit werden gefördert.

Gefahren: Der Gesprächspartner hat keine Ideen. Oder: Seine Vorstellungen entsprechen nicht der eigenen Meinung.

Ein solcher Problemlösungsprozeß kann nach den bereits dargestellten Phasen ablaufen:

— Problemdarstellung, Finden von gemeinsamen Problemdefinitionen
— Ursachen, gemeinsame Suche nach den vermuteten Ursachen für die Probleme
— Lösungsmöglichkeiten, gemeinsames Entwickeln von Lösungsansätzen
— Bewertung und Auswahl der Lösungsalternativen.

Nach *Zöchbauer* und *Hoekstra* (1974, S. 45ff.) gibt es in jedem Konflikt, unter Beachtung der zwischen den Konfliktparteien bestehenden Divergenzen eine Inhalts- und eine Beziehungskomponente, die sich gegenseitig beeinflussen:

Inhaltskonflikte beruhen auf Interessengegensätzen und sich widersprechenden Zielsetzungen der Konfliktpartner. Sie sind überwiegend rational bestimmt.

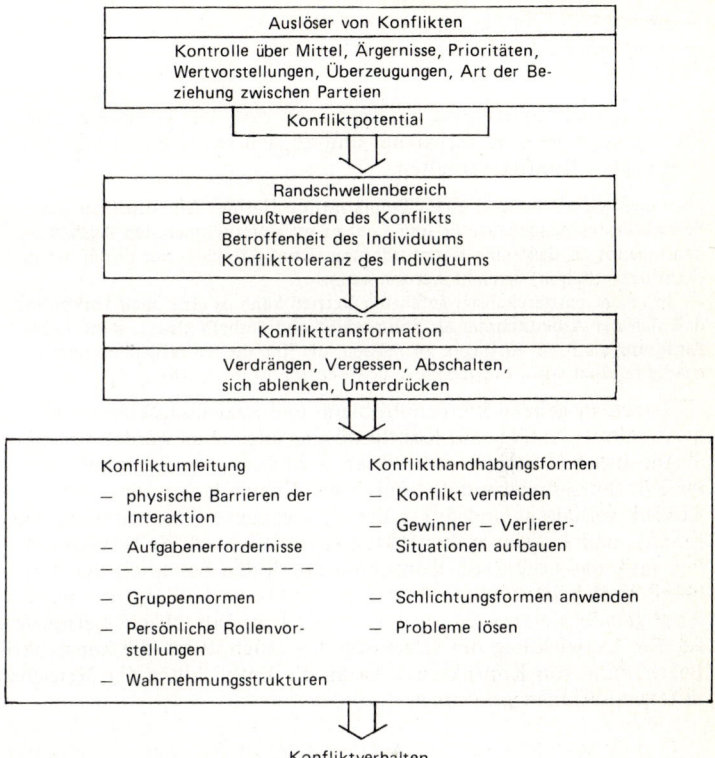

Auslöser von Konflikten

Kontrolle über Mittel, Ärgernisse, Prioritäten, Wertvorstellungen, Überzeugungen, Art der Beziehung zwischen Parteien

Konfliktpotential

Randschwellenbereich

Bewußtwerden des Konflikts
Betroffenheit des Individuums
Konflikttoleranz des Individuums

Konflikttransformation

Verdrängen, Vergessen, Abschalten,
sich ablenken, Unterdrücken

Konfliktumleitung	Konflikthandhabungsformen
— physische Barrieren der Interaktion	— Konflikt vermeiden
— Aufgabenerfordernisse	— Gewinner — Verlierer-Situationen aufbauen
— Gruppennormen	— Schlichtungsformen anwenden
— Persönliche Rollenvorstellungen	— Probleme lösen
— Wahrnehmungsstrukturen	

Konfliktverhalten

Abb. 37 Schema von Konfliktverläufen

Beziehungskonflikte liegen z.B. in mangelnder Akzeptanz zwischen beiden Konfliktparteien (Wirksamkeit von Feindbildern, böswillige Unterstellungen etc.). Sie sind vorwiegend emotional bedingt.

Emotionale Konflikte können in der Regel nicht rational und rationale Konflikte nicht emotional gelöst werden. Hat ein Konflikt beide Komponenten, dann muß zuerst der emotionale Konflikt bereinigt werden, bevor eine rationale Lösung möglich wird.

Nach *Zöchbauer* und *Hoekstra* (1974) wird das Konfliktverhalten einer Person oder Gruppe durch drei Komponenten bestimmt, nämlich durch ihre Einstellung

- zur Sache (Konfliktinhalt)
- zum anderen (Konfliktpartner)
- zu sich selbst.

Je nach der Einstellung des Menschen bzw. der Gruppe zum Konfliktinhalt, zum Konfliktpartner und zu sich selbst ergibt sich ein spezifisches Konfliktverhalten.

„Nehmen wir als Beispiel einen Lohnkonflikt. Hat der Arbeitnehmer das Selbstbild des Ausgebeuteten und sieht er im Unternehmen den Ausbeuter, dann glaubt er, daß seine Lohnforderung (Konfliktinhalt) nur durch Streik (Konfliktverhalten) erreicht werden kann.
In einem patriarchalisch geführten Betrieb kann es aber auch vorkommen, daß sich der Arbeitnehmer als Sohn erlebt und deshalb glaubt, seine Lohnforderung als Bitte vortragen zu müssen, die ihm die Vaterfigur eventuell gnädig erfüllen wird." (*Zöchbauer* u. *Hoekstra* 1974, S. 46).

Davon ausgehend können Problem- und Beziehungsklärung als konstruktive Ansätze zur Konfliktlösung angesehen werden.
Die Bearbeitung von Konflikten wird durch die Kenntnis bestimmter Konfliktlösungsmodelle, durch das Kennenlernen des eigenen Konfliktverhaltens und durch die differenzierte Wahrnehmung von Inhalts- und Beziehungskonflikten sehr erleichtert. Selbstverständlich muß das Lösen von Konflikten durch den beschriebenen Problemlösungsprozeß trainiert und im konkreten Fall erprobt werden. Aber gerade hieran wird wiederum deutlich, daß OE ein Lernprozeß ist. Die Entwicklung der Organisation — auch durch die konstruktive Bearbeitung von Konflikten — ist an die Entwicklung der Menschen in Organisationen gekoppelt.

1.3 Anwendungsformen im betrieblichen Bereich

1.3.1 Qualitätszirkel

Die Idee der „quality circle" stammt aus den USA und ist von den Japanern in den 60er Jahren für die Praxis erfolgreich adaptiert und konsequent umgesetzt worden.
Das Konzept der Qualitätszirkel hat deutliche Bezüge zur OE. Es ist als eine OE-Strategie zu betrachten, die im Betrieb direkt „vor Ort" ansetzt („Basis-aufwärts-Strategie"): eine spezielle Kleingruppen-Aktivität, bei der Gruppen von 6 bis 8 Mitarbeitern einer Produktionseinheit Vorschläge zur Verbesserung der Produktivität erarbeiten.
Allerdings geht das Konzept von Voraussetzungen aus, die bei uns nicht ohne weiteres vorhanden sind. Die Japaner haben einen

sehr viel stärkeren Bezug zu ihrer Arbeit. Sie sind bestrebt, ihre Fähigkeiten und Fertigkeiten in die Dienste der Firma zu stellen. Hinzu kommt außerdem, daß sie gewohnt sind, in Gruppen zu arbeiten und kollektiv Entscheidungsprozesse zu vollziehen. Beides sind Voraussetzungen, die in dieser Form in unserer Kultur nicht ausgeprägt sind.

Engel (1981, S. 27) definiert Qualitätszirkel wie folgt:

„Ein Qualitätszirkel ist eine Gruppe von Mitarbeitern der Produktionslinien oder der Stabsbereiche, welche
– gleichartige Arbeiten verrichten – diese also genauestens in allen Einzelheiten kennen,
– sich freiwillig regelmäßig zusammenfinden,
– um als Gruppe
– Arbeitsprobleme, die sie hindern, effektiver, insbesondere auf dem Gebiet der Qualitätssicherung, zu bearbeiten,
– besprechen und
– realistische Lösungen entwickeln."

Das Grundkonzept der Qualitätszirkel, das sich von den „Zero Defect"-Programmen großer amerikanischer Firmen (Aero-Space u.a.) herleitet und in Japan so weite Verbreitung fand, ist mittlerweile auch in Deutschland erfolgreich eingeführt worden. Qualitätszirkel oder „Qualitätsgesprächskreise" oder „Mitarbeiterrunden", wie sie in einigen Firmen bezeichnet werden, können jedoch bei uns mit Aussicht auf Erfolg nur unter bestimmten Voraussetzungen eingeführt werden, nämlich wenn:

– das Management sich voll mit der Idee des Qualitätszirkels identifiziert,
– eine gut ausgebildete und motivierte Stammbelegschaft vorhanden ist,
– der Betriebsbereich an der Steigerung der Arbeits- oder Produktqualität stark interessiert ist,
– ein natürlicher Führer des in dem betreffenden Bereich arbeitenden Personals – zumindest anfangs – freiwillig die Leitung des Zirkels übernimmt,
– einige qualifizierte Mitarbeiter sich freiwillig als Mitglieder zu einem Zirkel zusammenfinden,
– die Zusammenkünfte (anders als in Japan) während der Arbeitszeit stattfinden und mit den nötigen Mitteln unterstützt werden,
– die Aufgabenstellung klar umrissen und die vom Zirkel erarbeiteten Vorschläge vom Management akzeptiert und anerkannt werden.

Die Arbeit der Qualitätszirkel vollzieht sich nach folgendem Schema:

– Die Treffen erfolgen je nach Dringlichkeit der anstehenden Probleme in regelmäßigen zeitlichen Abständen (z.B. einmal wöchentlich).
– Die zu bearbeitenden Probleme werden entweder von den Zirkel-Mitgliedern selbst identifiziert oder vom Management vorgegeben.

- Die ausgewählten Probleme, zumeist aus dem Bereich der Arbeits- und Produktqualität, werden eingehend diskutiert und analysiert.
- Die Zirkel-Mitglieder tragen alle relevanten Fakten zusammen, klären die Ursachen und Zusammenhänge und planen Lösungswege.
- Die erarbeiteten Vorschläge werden dem Management präsentiert. Das Management entscheidet über die Durchführung und schafft die Voraussetzungen für die Realisierung brauchbarer Vorschläge.
- Die Zirkel-Mitglieder erarbeiten Aktionspläne und setzen diese in die Praxis um.

Die Zirkel arbeiten innerhalb der formalen Organisationsstruktur. Für die erfolgreiche Arbeit der Zirkel ist ein entsprechendes Training unerläßlich. Der erste Schritt ist in aller Regel die Rekrutierung freiwilliger Zirkel-Leiter, eine gründliche Information für das Management und für alle Beteiligten.

Der Zirkel-Leiter erhält vor Aufnahme seiner Funktion ein gründliches Training im Hinblick auf

- Moderations- und Präsentationstechniken
- Analytische Problemlösungstechniken
- Kreativitätstechniken.

Er hat nicht nur die Aufgabe, den sich bildenden Zirkel zu leiten und die Teilnehmer zu motivieren; er muß den Zirkel-Mitgliedern auch die für eine erfolgreiche Mitwirkung erforderlichen methodischen Kenntnisse vermitteln.

Gerade in der Anlaufphase ist das Training dieser Arbeitstechniken besonders wichtig. Während der ersten Sitzungen eines Zirkels ist jeweils ein Teil der Stunde für das Erlernen bestimmter Methoden vorgesehen.

Es gibt eine Vielzahl methodischer Ansätze, die in Qualitätszirkeln mit dem Ziel der Produkt- und Qualitätsverbesserung angewandt werden (vergl. *Engel* 1981).

Den Ausgangspunkt bildet meist die Datensammlung, bei der verschiedene Check-Listen oder Formblätter verwendet werden (z.B. Aufzeichnungen über Ausschußquote, bestimmte Fehlerarten, Temperatur-Messungen, Öldruck-Anzeige etc.). Die Ergebnisse können in Diagrammen veranschaulicht werden. Die Datensammlung und -auswertung kann auch nach der Methode von *Kepner-Tregoe* erfolgen, die in Teil B., Kap. 2.4 beschrieben ist.

Ein für die Fehler-Analyse oft praktiziertes Verfahren ist die *Pareto*-Analyse, die Ende des vorigen Jahrhunderts von dem Italiener *V. Pareto* entwickelt wurde, um Schwerpunktfehler eines bestimmten Arbeitsbereichs zu ermitteln und zu beseitigen. Eine gute Beschreibung dieser Methode findet sich bei *Engel* (1981, S. 39 ff.).

Kennzeichnend für die Tätigkeit der Qualitätszirkel ist es, daß nur arbeitsbezogene Probleme bearbeitet werden. In der Hauptsache geht es darum, die Qualität der Produkte, u.U. auch die Verfahren zu ihrer Herstellung zu verbessern. Zwischenmenschliche Probleme werden in der Regel nicht bearbeitet. Hierin liegt eine gewisse Begrenztheit dieses strategischen Konzepts: Fragen der Zusammenarbeit, welche die sachliche Problemlösung erschweren können, bleiben ausgeklammert. In Japan wirkt sich diese Beschränkung auf sachliche Probleme deshalb nicht nachteilig aus, weil hier das Gruppendenken durch spezifische Sozialisationsprozesse zum selbstverständlichen Verhaltensrepertoire aller Beteiligten gehört. In Deutschland kann dieses Ausblenden zwischenmenschlicher Probleme – ähnlich wie die Einbeziehung des Linienvorgesetzten in die Zirkelarbeit – zu praktischen Schwierigkeiten führen. So kann es vorkommen, daß die anfänglich mit Begeisterung betriebene Zirkelarbeit allmählich versandet.

1.3.2 Lernstatt

Die Bezeichnung „Lernstatt" setzt sich aus den Begriffen „Lernen" und „Werkstatt" zusammen.

Das Konzept der Lernstatt hat sich in Deutschland·völlig unabhängig von der Qualitätszirkel-Bewegung entwickelt. Um 1972 hat BMW eine „Anlernwerkstatt" eingerichtet, eine Sprachschule für ausländische Mitarbeiter. Die Trainer brachten den Ausländern jedoch nicht nur Grundbegriffe der deutschen Sprache bei. Sie erklärten ihnen auch betriebliche Zusammenhänge. Gerade dies war für die deutschen Arbeitskollegen ein „Stein des Anstoßes", weil dies auch ihre eigenen Bedürfnisse berührte. Auch sie wollten über die Arbeitsabläufe, über die Produkte, deren Verwendung usw. Näheres wissen. Deshalb wurden Trainings für interessierte Arbeitsgruppen „vor Ort" eingeführt. Daraus ergab sich dann eine Gelegenheit für die Mitarbeiter, alle möglichen Fragen zu diskutieren, insbesondere solche, die sich auf den Arbeitsplatz und die Zusammenarbeit im Betrieb bezogen. Es gab auch Vorschläge, wie irgend etwas besser gemacht werden könnte. Die Aufbereitung der Erfahrungen mit solchen „Lerngruppen" führte folgerichtig zum Konzept der Lernstatt. Ähnliche Ansätze gab es bei Hoechst. Andere Unternehmen folgten.

Das Lernstattmodell umfaßt verschiedene organisatorische Einheiten, die bestimmte Funktionen ausführen. In der *Lernstattzentrale* sind Personen, die im Betrieb das System „Lernstatt" in Gang setzen. Zu den Aufgaben der Lernstattzentrale gehören die Koor-

dination, Planung und beratende Begleitung der einzelnen Lernstätten in den Betrieben. Ein wichtiger Aufgabenbereich ist die Ausbildung der *Moderatoren,* die aus den jeweiligen Betriebsbereichen kommen sollen. Die ausgebildeten Moderatoren werden durch die Zentrale während des Ablaufs einer Lernstattphase betreut. Besonders
bei Konfliktfällen soll die Zentrale Hilfestellungen geben. Damit überhaupt solche Lernstätten eingerichtet werden können, muß die Zentrale Informations- und Überzeugungsarbeit leisten. Sie erhält erst
ihre Legitimation, wenn sich ein *Produktionsbereich* für die Einrichtung von Lernstätten bereit erklärt.

Der eigentliche Ort des Geschehens ist die *Lerngruppe,* die sich
aus Mitarbeitern in einem betrieblichen Bereich zusammensetzt.
Auch der Moderator kommt in der Regel aus diesem Arbeitsbereich.
Die Einrichtung solcher Gruppen muß von den Vorgesetzten befür-
wortet und getragen werden. Der Vorgesetzte nimmt *nicht* an den
Zusammenkünften der Mitarbeiter (Lernstatt) teil, kann aber von
der Lerngruppe bei den von ihnen gestalteten Lernprozessen hinzugezogen werden. Es kann z.b. darum gehen, daß ein Betriebsleiter
der Mitarbeitergruppe spezifische Informationen über die Herstellung
und die Verwendung eines Produktes gibt. Der Vorgesetzte kann
auch bei einer Präsentation hinzugezogen werden, z.B. wenn es um
Vorschläge geht, die sich auf organisatorische Veränderungen, technische Verbesserungen o.ä. beziehen.

Die Lerngruppe ist keine ständige Einrichtung, sie löst sich dann
auf, wenn die Mitglieder ihren Lernbedarf abgedeckt haben. Im Lauf
der Zeit können sich dann immer wieder neue Lerngruppen bilden,
die entweder von den bisherigen Moderatoren oder von neu ausgebildeten Moderatoren betreut werden.

Die Arbeitsweise in der Lernstatt wird durch gleiche Prinzipien
gestaltet, wie es bei OE-Prozessen üblich ist. Ausgangspunkt sind
die Erfahrungen und Bedürfnisse der Teilnehmer, die durch Anwendung von Moderationstechniken erfragt und präzisiert werden. Das
Lernen selbst geschieht in Gruppen, in denen das vorhandene Wissen ausgetauscht und ergänzt wird. Wenn dies nicht ausreicht, werden andere Informationsquellen erschlossen (z.B. Mitwirkung der
Vorgesetzten oder spezieller Fachleute). Auf diese Weise soll das,
was erlebt und erfahren wird, verstandesmäßig verarbeitet werden.
Von den Erfahrungen der Teilnehmer ausgehend wird ein Lernprozeß eingeleitet, der vom Konkreten zum Abstrakten führt (Erfahrungsorientiertes Lernen). Auch die Gruppenbeziehungen bilden
einen wichtigen Bestandteil in diesem Lernprozeß. Störungen im
Gesprächsablauf sollen erkannt und bearbeitet werden.

Dementsprechend beinhaltet die Ausbildung der Moderatoren sowohl die methodische Kompetenz, nämlich: mit den Moderations-

techniken umzugehen und Lernabläufe zu strukturieren, als auch die
soziale Kompetenz, nämlich: Kommunikation und Kooperation in
den Gruppen zu entwickeln. Ausführlich wird das Lernstattmodell
bei *Riegger* (1983) beschrieben.

Die Organisation der Lernstatt ist in Abb. 38 zusammenfassend
dargestellt.

Abteilungs-/ Betriebs-/ Produktionsleiter	Moderatoren	Lernstattzentrale
— Unterstützung der Lernstattmodelle	— Organisation und Terminierung der Zusammenkünfte	— Initiierung von Lernstatt-Modellen und Lerngruppen im Betrieb
— Freistellung der Teilnehmer für die Zusammenkünfte	— Gestaltung des Lernprozesses	— Ausbildung der Moderatoren
— Fachberatung bei Bedarf	— Hinzuziehen betrieblicher Experten bei Bedarf	— Ablaufberatung der Lerngruppen und Supervision der Moderatoren

Lerngruppe Mitarbeiter des Betriebes
— Artikulation der Wünsche und Interessen
— Inhaltliche Ausgestaltung des Lernprozesses (Fragen, Vorschläge, Beziehungen)
— Präsentation der Ergebnisse

Abb. 38 Organisation der Lernstatt

1.3.3 Vorschlagsgruppe

Das betriebliche Vorschlagswesen wird seit Jahrzehnten in vielen Unternehmen praktiziert und ist zu einer stehenden Einrichtung geworden. Von der Möglichkeit, Verbesserungsvorschläge einzureichen, die – sofern sie sich als brauchbar erweisen und realisiert werden – entsprechend prämiert werden, machen viele Betriebsangehörige Gebrauch. Normalerweise handelt es sich um Einzelvorschläge. In den letzten Jahren nahm jedoch die Zahl der Gruppenvorschläge auffallend zu: Zwei oder drei Mitarbeiter machen gemeinsam einen Vorschlag und teilen sich die dafür gezahlte Prämie.

Trotzdem sind Quantität und Qualität der eingereichten Verbesserungsvorschläge in den meisten Organisationen wenig befriedigend. Es ist nicht zu verkennen, daß die Beteiligung am Vorschlagswesen durch einige psychologische Einflußfaktoren gebremst wird:

– durch die halbherzige Einstellung der Organisationsleitung zum Vorschlagswesen,
– durch Widerstände der Vorgesetzten gegen die Verbesserungsvorschläge, die ihren eigenen Bereich betreffen. Sie empfinden die Vorschläge häufig als Kritik an ihrer eigenen Kompetenz (Prestige-Verlust) oder halten sie für nicht erforderlich bzw. für nicht durchführbar,
– durch Hemmungen auf Seiten der Mitarbeiter, die fürchten, sich durch Verbesserungsvorschläge nur unbeliebt zu machen,
– durch Neid und Mißgunst von Seiten der Kollegen, die selbst nicht auf den Vorschlag gekommen sind oder dem Einreicher die Prämie nicht gönnen.

Außerdem sind die Verbesserungsvorschläge meist auf technische Veränderungen ausgerichtet und durch das der Prämierung zugrundeliegende Kosten-Nutzen-Denken einseitig auf den ökonomischen Aspekt fixiert.

Schließlich ist auch der bürokratisch vorgeschriebene Weg, Vorschläge einzureichen, für die Mitarbeiter wenig stimulierend.

Eine Möglichkeit, das Vorschlagswesen neu zu beleben oder sogar völlig umzugestalten, liegt darin, daß „*Innovationsgruppen*" gebildet werden. Die Idee, ein „Gruppenvorschlagswesen" ins Leben zu rufen, ist nicht neu (*Krafft* 1966, *Brinkmann* 1976, *Brinkmann* und *Rehn* 1978, *Oess* 1980). Auf Initiative der Organisationsleitung werden die Abteilungen und Betriebe angeregt, sich über die Arbeitsabläufe (nicht nur im eigenen Bereich) und über die Zusammenarbeit Gedanken zu machen: Nichts ist so vollkommen, daß sich nicht noch etwas verbessern ließe. Die „Vorschlagsgruppen" bestehen aus 3 bis 6 Teilnehmern und treffen sich in regelmäßigen Abständen während der

Arbeitszeit. Sie werden von einem Berater bzw. von einem Moderator — *Oess* spricht vom „Innovations-Manager" — angeleitet. Die Gruppen wählen sich selbst das zu bearbeitende Problemfeld. Sie nehmen sich bestimmte Bereiche oder schon erkannte Schwachstellen vor, bei denen Verbesserungen erwünscht und zu erwarten sind. Vom Moderator angeleitet, haben sie Gelegenheit, bestimmte Problemlösungs- und Kreativitätstechniken einzuüben und in kreativer Gruppenarbeit eigene Ideen zu entwickeln.

Schon das erste Treffen, das zunächst nur die Bereitschaft der Teilnehmer zur Mitarbeit wecken („Hoffnungen—Befürchtungen") und die Kontakte untereinander vertiefen soll, kann über den Erfolg des ganzen Projekts entscheiden. Die Klippe liegt darin, daß die Vorgehensweise teilweise im Gegensatz zum bisherigen Arbeitsstil der Teilnehmer steht, bei dem die Einzelarbeit im Vordergrund stand.

Die weiteren Gruppensitzungen finden dann nach einem festgelegten Zeitplan — in der Regel einmal wöchentlich — statt. Wenn das Ziel der Problembearbeitung es erfordert, können — je nach Bedarf — betriebliche Experten zur Beratung der Gruppe herangezogen werden.

Es gibt auch regelrechte „Brainstorming"-Runden. In einer späteren Phase diskutiert dann die Gruppe alle vorgebrachten Vorschläge und wählt diejenigen aus, die sie für brauchbar hält.

Die Tätigkeit der Vorschlagsgruppen ist eine Art Projektgruppenarbeit auf freiwilliger Basis. Die Maßnahme ist für den Betrieb, der die Vorschläge anreizt und sie auch verwertet, genauso von Vorteil wie für die beteiligten Betriebsangehörigen, die für die brauchbaren Vorschläge durch Geldprämien belohnt werden und die sich — ein zusätzlicher Gesichtspunkt — durch die Mitarbeit in den Vorschlagsgruppen selbst qualifizieren.

Wichtig ist, daß über diese Gruppenvorschläge vorher klare Regelungen vereinbart werden, da die Durchführung in vielen Punkten von den üblichen Richtlinien für das betriebliche Vorschlagswesen abweicht.

Der eigentliche Wert solcher Vorschlagsgruppen liegt aber nicht nur im Erarbeiten brauchbarer Ergebnisse. Er liegt darin, daß die Mitarbeiter stärker am betrieblichen Geschehen interessiert werden, daß ihre Kreaktivität geweckt und die Zusammenarbeit verbessert wird. Dadurch wird das Betriebsklima positiv beeinflußt.

Brinkmann und *Rehn* (1978, S. 8) haben die Vorteile der Vorschlagsgruppen folgendermaßen beschrieben:

„Die Idee kleiner Vorschlagsgruppen eröffnet den Beteiligten die Möglichkeit, durch spontane Kooperation, partnerschaftliche Koordination und durch ständige Kommunikation eine gemeinsame Bewußtseinsbildung einzuleiten. Jedes Gruppenmitglied erlebt intim, daß es nicht nur ein Befehlsempfänger ist oder sich einer vorgeprägten Rolle anzupassen hat, sondern daß es vielmehr innerhalb der Formalorganisation einen ‚Initiativspielraum' besitzt und eine echte Mitarbeiterfunktion wahrnimmt. Der damit verbundene Beziehungswandel zur eigenen Tätigkeit stärkt die Identifikation mit der Aufgabe und steigert die Freude an der Arbeit. Das Mitwirken in der Organisation setzt allerdings ein entsprechendes Mitwissen, Mitdenken und Mithandeln voraus."

1.3.4 Organisationsentwicklung als Krisenintervention

In einer Zeit, die durch anhaltend schlechte wirtschaftliche Rahmenbedingungen, geringes wirtschaftliches Wachstum, eine große Zahl von Firmenzusammenbrüchen und hohe Arbeitslosigkeit gekennzeichnet ist, mehren sich die Zweifel, ob OE überhaupt den Anforderungen von Krisensituationen standhalten kann.

Ist OE nicht eine „Schönwetter"-Strategie, ein Luxus, den sich nur fortschrittliche Unternehmen leisten können, denen es ohnehin gut geht? Inwiefern ist OE eine „Krisenintervention"?

Unter Organisatoren ist die Meinung verbreitet: OE ist schwierig, langwierig und teuer, also nichts für Krisenzeiten.

Demgegenüber steht die Erfahrungstatsache: Viele Firmen, die erfolgreich OE betreiben oder betrieben haben, begannen damit gerade in kritischen Situationen.

Wie erklärt sich dieser Widerspruch? Sind Krisen ein möglicher Anlaß für OE? Werden in Krisenzeiten nicht vorwiegend andere, mehr restriktive Strategien bevorzugt? Inwiefern kann OE helfen, Krisen zu bewältigen?

Was ist eine Krise?

Eine Krise ist eine unerwartete, existenzgefährdende und (scheinbar) ausweglose Situation. Sie stellt eine akute Bedrohung von Werten, Zielen und Ressourcen dar. Sie ist meist zurückzuführen auf unvorhergesehene oder unvorhersehbare Ereignisse, denen sich die Organisation – unter Zeitdruck – nicht anpassen kann. Krisen sind – im Gegensatz zu „Katastrophen" – keine Ereignisse, denen man einfach ausgeliefert ist. Sie sind aber – im Unterschied zu „Problemen" – Prozesse von existentieller Betroffenheit bei hoher Ungewißheit, die gerade dadurch charakterisiert sind, daß die gewohnten und bewährten Problemlösungen versagen. Krisen sind Entscheidungssituationen. (*Becker* 1982).

Was die Entstehung der Krisen angeht: Organisatorisch bedeutsam ist die mangelnde Identifizierung variabler Abhängigkeiten, eine Fehleinschätzung der Umstände und der eigenen Ressourcen.

Schließlich sind Krisen nicht nur Ausdruck widriger Umstände, sondern auch Ausdruck von Management-Fehlern, z.B. eine Folge versäumter Umstellungen — Umstellungen der Organisation, der Produktionspalette, der Fertigungsverfahren, der Markstrategie u.a. Insofern sind viele Unternehmen latent krisenanfällig.

Wie reagieren Unternehmen in Krisensituationen?

Die Informations- und Entscheidungsprozesse in Unternehmen sind ebenso wie die Beziehungen zwischen Organisation und Umwelt meist so geartet, daß akute oder potentielle Schwierigkeiten eher verleugnet als klar erkannt und aktiv aufgegriffen werden. Das Aufgreifen der Schwierigkeiten würde immer Veränderungen mit sich bringen. Und Veränderungen sind meist unerwünscht, auch wenn sie noch so notwendig und nützlich sind. Hierin liegt eine Wurzel des Übels: die „Krise vor der Krise".

Demgemäß wird auch der Eigenanteil an der Entstehung der Krise — falsche Planung oder Fehlentscheidungen — von den Verantwortlichen meist verkannt oder einfach verdrängt. In vielen Fällen wird die Unternehmensleitung ihre bisherige Praxis nicht überprüfen, sondern ihre Probleme in der Weise rationalisieren, daß eine andere Adresse dafür verantwortlich gemacht wird, etwa „die Billig-Import-Länder" oder „diese verdammte Regierung".

Ein anderes, nicht weniger typisches Verhalten zu Beginn der Krise ist hektische Betriebsamkeit. Die Betroffenen, durch die Schwierigkeiten der Problemlösung irritiert, verdoppeln ihre Anstrengungen. Sie sind — ihrer eigenen Überzeugung nach — auf dem richtigen Weg. Erstaunlich ist nur: Sie kommen nicht weiter! Eine Folge der ergebnislosen Bemühungen ist dann eine auffallende Lethargie, eine Art Lähmung der Antriebskräfte, begleitet von einem Gefühl der Ohnmacht und Resignation.

Die Unternehmen reagieren in Krisensituationen meist rigide und restriktiv. Die Kontrollvorschriften werden verschärft, bisher gewohnte Kompetenzen eingeschränkt. Die Organisationsmitglieder reagieren entsprechend ängstlich, absichernd, eingeengt und resistent. Jeder sucht seinen Arbeitsplatz zu sichern. Die Art, wie hier auf Krisen reagiert wird, ähnelt der seelischen Verarbeitung von Arbeitslosigkeit. Das vorherrschende Reaktionsmuster der Organisation ist eine vorweggenommene, eine antizipierte Arbeitslosigkeit. Wen wundert es da noch, wenn wirkliche Stillsetzungen ganzer Betriebe oder Betriebsteile folgen.

Die Schwierigkeiten der Neuorientierung

Kennzeichnend ist: Die gleichen Verhaltensmuster, welche die Krise erst auslösen und vertiefen, verhindern auch, daß die Krise bewältigt werden kann. Sie verstärken ihre Wirkung sogar noch, wenn das Krisengeschehen erst einmal abläuft.

So grotesk es ist: Alle möchten, daß sich die Situation verändert. Gleichzeitig möchten sie, daß sich *ihre* Situation nicht verändert (Furcht vor unbekannten Konsequenzen!); vor allem aber − ohne daß sie sich selbst verändern. Alle warten auf einen Ausweg, den es scheinbar nicht gibt. Die Lage kann pointiert durch die Formel beschrieben werden: Wie geht es weiter, wenn es nicht weiter geht?

Die Neuorientierung ist immer schwierig. Sie wird zusätzlich erschwert durch eine Erfahrungstatsache, die der Psychologe *Poppelreuter* schon vor vielen Jahren so ausgedrückt hat: *Die Fähigkeit des Menschen, Mängel zu ertragen, ist größer als seine Bereitschaft, Mängel abzustellen.*

Diese Feststellung gilt im großen wie im kleinen.

Hierzu ein Beispiel:

Wenn ein Haustürschloß klemmt, wackelt man mit dem Schlüssel hin und her und probiert so lange, bis die Tür sich öffnet, bemüht sich aber nicht, das Schloß reparieren zu lassen. Es gibt solche Schlösser, die jahrelang unrepariert bleiben.

Und es gibt Betriebe, die jahrelang funktionieren, obwohl man immer wieder einmal gemerkt hat, daß irgend etwas „klemmt", obwohl man erkannt hat, daß „eigentlich" vieles reorganisiert werden müßte. Nur: Eines Tages ist es dann zu spät. Das ist dann die Krise.

Die Schwierigkeit liegt darin, daß die meisten Organisationen von sich aus keine Bereitschaft zeigen, sich kritisch selbst zu überprüfen, vielleicht − da ja alles läuft − auch keinen Anreiz dazu haben. Viele Probleme, einmal bemerkt, werden nicht angegangen und nicht behoben, sondern einfach hingenommen und als Behinderungen mitgeschleppt. Man gewöhnt sich daran und glaubt schließlich noch, es müsse so sein.

Da hat die Krise auch noch was Gutes, und sei es nur dies: daß Schwierigkeiten deutlich werden − Schwierigkeiten, die es zu bewältigen gilt, Schwierigkeiten, die man eigentlich längst hätte bewältigen müssen. Erst wenn man unter dem Zwang einer kritischen Situation steht, ist man bereit, etwas zu verändern.

Hier liegt offenbar ein Dilemma: Veränderungen eines gewohnten Zustandes machen Schwierigkeiten. Aber: Schwierigkeiten führen erst zu wirklichen Veränderungen.

Hier liegt das eigentliche Problem. Und hier liegt zugleich ein An-satz zur Lösung.

Möglichkeiten der Veränderung

Eine Krise stellt, wenn die äußeren Zwänge als Herausforderung be-griffen werden, eine Chance für die Organisation und für die Verant-wortlichen dar und einen Ansatz für die notwendige, längst überfäl-lige Neuorientierung. Sie macht dadurch, daß die Situation geklärt und Probleme aufgedeckt und bearbeitbar werden, oft erst wirkliche Veränderungen möglich.

Die Chance liegt darin, daß das Verhalten und die Einstellung der Menschen in einer Organisation — insbesondere der Unternehmens-leitung — und ihre Beziehungen nach „innen" und „außen" ebenso in Frage gestellt und gefordert werden wie die Organisation mit all ihren Zielen, Strukturen und Arbeitsabläufen. Dadurch, daß sich die Unternehmensleitung den Problemen „stellt" und sie offen bespricht mit kompetenten Partnern — und kompetent sind viele, insbeson-dere die Mitarbeiter (die oft nur für inkompetent gehalten werden), schon dadurch verändert sich die Situation. Es kommt etwas in Be-wegung. Bildlich ausgedrückt: Durststrecken kann man nicht über-winden, indem man auf den nächsten Regen wartet, sondern da-durch, daß man nach neuen Quellen sucht.

Der Schlüssel liegt in einer Problemlösungs- und Veränderungs-strategie, welche die spürbaren oder absehbaren Schwierigkeiten be-wußt angeht: Was sind unsere Ziele? Was sind unsere Probleme? Was muß bei uns anders werden, damit wir in Zukunft unsere Ziele bes-ser erreichen als bisher? Beinahe ebenso wichtig wie das Ergebnis ist der Prozeß: die Art und Weise des Vorgehens, z.B. die problem-orientierte Gruppenarbeit, wobei neben den Sachproblemen oft auch Kommunikations- und Beziehungsprobleme bearbeitbar werden. Die Wahrnehmung der Organisation-Umwelt-Beziehungen wird sensibili-siert, d.h. die Wachheit und Wachsamkeit für die Anforderungen „von außen" werden ebenso erhöht wie die Fähigkeit zur Problem-bearbeitung „innerhalb" der Organisation.

Mit dem veränderten Informations- und Entscheidungsverhalten kommt es zu einem kritischen Überdenken und Neuformulieren der Ziele und zu neuen Strategien für eine erfolgreiche Umsetzung — mit Hilfe aller Beteiligten. Durch diese Neuorientierung nach außen und innen wird eine Veränderung der Verhältnisse ebenso möglich wie eine Veränderung des Verhaltens der Beschäftigten und ihrer Bezie-hungen zueinander. Im Ergebnis wird defensives Taktieren durch eine Offensivstrategie ersetzt, die alle Beteiligten einbezieht. Dadurch werden auch neue Impulse zur Überwindung der Krise ausgelöst.

Sechs Schritte sind in diesem Zusammenhang von Bedeutung (*Becker* 1982), die hier jedoch nicht näher erläutert werden können, sondern summarisch wiedergegeben werden sollen.

Der erste Schritt zur Überwindung der Krise ist dies: Problembewußtsein und die Bereitschaft zur Veränderung.

Der zweite Schritt heißt: Kommunikation, Gespräche mit anderen, Kontakte nach außen.

Der dritte Schritt: Situationsanalyse, illusionslose Klärung der bedrängenden und angstauslösenden Probleme und ihrer Ursachen.

Der vierte Schritt zur Überwindung der Krise ist: Gemeinsamkeit schaffen, d.h. Problembearbeitung und Teamentwicklung. Praktisch bedeutet das: Beteiligung aller, die konstruktiv etwas beitragen können.

Der fünfte Schritt: Strategisches Denken und elastisches Vorgehen. Voraussetzungen hierfür sind: kritische Selbst-Distanz und Phantasie, der Mut zum Andersdenken. Wirksame Krisen-Interventionen sind fast immer ungewöhnlich oder auf eine so verblüffende Weise gewöhnlich, daß gerade darin das Ungewöhnliche liegt.

Der sechste Schritt schließlich heißt: überzeugende Führung. Führung bedeutet, Ziele zu setzen und Wege zu weisen, d.h. ein klares Konzept zu vertreten und die Verantwortung dafür zu übernehmen, auch wenn die Durchsetzung dann Schwierigkeiten und Widerstände mit sich bringt. Von entscheidender Bedeutung ist hierbei die Frage, wie man Unannehmlichkeiten für die Betroffenen zwar nicht angenehm, aber doch annehmbar machen kann.

Fazit

Daß OE nicht mit „Krisenmanagement" gleichzusetzen ist, versteht sich von selbst. Dazu sind die Ausgangsbedingungen in den Unternehmen zu unterschiedlich. So sind auch ganz verschiedene Strategien üblich. Für ein umfassendes OE-Programm ist es in der Krise meist zu spät. Insofern ist OE keine typische „Krisenintervention". Trotzdem ist es bemerkenswert, daß eine konstruktive Verarbeitung der Krise konsequenterweise auf einen Prozeß hinausläuft, der mehr oder weniger mit den Prinzipien der OE übereinstimmt.

So kann durch OE nicht nur eine aktuelle Krise bewältigt und der Fortbestand des Unternehmens gesichert, sondern zugleich eine produktive Weiterentwicklung des Unternehmens ermöglicht werden.

2 Problembereiche, Analyse- und Interventionstechniken

2.1 Organisation und Umwelt

Bei der Betrachtung dieses Bereichs geht es im besonderen Maß um die Analyse der Organisation, die sich wegen ihrer Komplexität auf verschiedene Aspekte beziehen muß, z.B. die Umwelt, in der die Organisation operiert, die Verarbeitung der Umweltanforderungen, dem kollektiven sozialen System der Organisation etc. An diesen Analysen sind verschiedene Wissenschaften beteiligt. Hier muß insbesondere der Klient darauf achten, daß er durch die Wahl des Beraters nicht eine einseitige Sichtweise aufgedrängt bekommt, etwa die Analyse nur unter sozialpsychologischem Aspekt (*Klages* und *Schmidt* 1980).

Schließlich erfolgt die Problemdiagnose nicht voraussetzungslos, sondern wird durch die jeweiligen Sichtweisen mit ihren Erklärungssystemen gesteuert. Ein Organisator z.B. wird vor allem die Probleme in der Organisationsstruktur und in der Ablauforganisation bemerken und auch entsprechend analytisch erfassen. Nach der analytischen Phase des Diagnostizierens ergibt sich dann allerdings das Problem der Integration der Befunde: Wie sind die Abhängigkeiten zwischen den Problemen? Was ist relevant an dem Gefundenen?

Ein anderer Aspekt ist auch wesentlich bei dieser Betrachtung. Alle Maßnahmen werden sich in irgendeiner Weise wieder auf die Organisation auswirken; sei es, daß die Struktur und die Abläufe oder daß die gesamte Personalpolitik sich verändern sollen, vielleicht sogar beides zusammen. Bei der Umsetzung in die Praxis schließt sich der Betrachtungsprozeß wieder. Es werden dann auch nur Elemente verändert werden, die bei dem gesamten Prozeß jeweils mitberücksichtigt wurden.

Die verschiedenen Variablengruppen sollen in der folgenden Aufstellung dargestellt werden, auf die sich Analysen und Interventionen beziehen können (Abb. 39). Einige Verfahren der Erfassung solcher Variablen werden dann exemplarisch dargestellt.

Greift man den Aspekt auf, daß eine Organisation sich flexibel auf ihre Umwelt einstellen muß, so bedeutet dies zunächst, die wichtigsten Bereiche ihrer Umwelt zu analysieren. Dies kann man dann unter dem Aspekt der sich für die Organisation ergebenden Probleme tun, aber auch unter dem Aspekt der Chancen, die sich aus den Anforderungen der Umwelt ergeben.

Als Beispiel soll hier kurz ein Analyseergebnis skizziert werden, das sich auf eine spezifische Organisation (hier: Konsumindustrie)

Struktur der Organisation	Struktur des Arbeitsablaufs
— Aufgabenverteilung	— zeitlicher, logischer Zusammen-
— Aufgabeninhalte	hang der Arbeit
— Zentralisierungsgrad	— Hilfsmittel
— Stellen-/Abteilungs-	— Informationssystem
bildung	
Soziales System	Umwelt
— Führungssystem	— Stellung zur Konkurrenz
— Einstellung zur Organisa-	— Veränderung in den relevanten
tion	Umweltfaktoren
— Kommunikation zwischen/	— ökonomische Situations-
innerhalb von Abteilungen	variablen
— Art der Motivation	— Gesetzgebung
	— technische Gegebenheiten

Effektivität/Effizienz
der Organisation

— Qualität/Quantität der Leistung
— Rendite auf eingesetztes Kapital
— Fluktuations-/Krankheitsrate, etc.

Abb. 39 Variablen einer Organisation

bezieht. Je nach Industriezweig müssen also die relevanten Bereiche erst herausgefunden und entsprechend analysiert werden.

1) Ökonomische Bereiche

Probleme

Steigende Inflation

Weitere Konzentration im Handel

Langsames Wachsen des Umsatzes im eigenen Produktbereich

. . .

Gelegenheiten

Steigerung des frei verfügbaren Einkommens bei den Verbrauchern

Höherer Konsum bei Dienstleistungen

Ansteigen der staatlichen Ausgaben

. . .

2) Technische Bereiche

Probleme	Gelegenheiten
Kürzerer Lebenszyklus der Produkte	Zunahme der Automatisierung
Höhere Forschungskosten	Mehr Produkte für den Lebenskomfort
Ansteigen der Spezialisierung im Produktbereich	. . .

3) Soziale Bereiche

Probleme	Gelegenheiten
Höhere Ausbildung, kritischere Einstellung von Konsumenten und Beschäftigten	Gesundheitsbewußtsein
Familienplanung	Mehr Freizeit
Umweltschutz	Mehr weibliche Arbeitskräfte
	Anwachsen des persönlichen Pflegebedürfnisses
	. . .

4) Politische Bereiche

Probleme	Gelegenheiten
Größere staatliche Kontrolle des Geschäftslebens	Anwachsen der sozialen Sicherheit
Angst vor fremdem Besitztum, Einfluß	Staatliche Unterstützung der Industrie
Grenzen des Wachstums	Sicherung und Ausbau des Besitzstandes
	. . .

Auf die beiden Bereiche Struktur und Arbeitsabläufe soll hier nur kurz eingegangen werden. Die Organisationsfachleute benutzen die verschiedensten Methoden, um eine *Ist*-Analyse durchzuführen, z.B. Auswertung vorhandener Materialien (Organigramme, Stellenbeschreibungen, personalpolitische Richtlinien etc.), Befragungen (z.B. Einzelheiten zu aufgabenspezifischen Bedingungen, Regelungen bei Projektabläufen etc.), Beobachtungen (ausgeführte Tätigkeiten an einer Arbeitsstelle, Abläufe bei Konferenzen und Informationsvorgängen etc.) (*Hill* u.a. 1974).

Das Problem besteht darin, die Organisationsanalyse mit der OE zu verbinden. Eine Mitbeteiligung der Organisationsmitglieder ist

eine unverzichtbare Forderung, andererseits besteht meist in den Abteilungen nicht das notwendige Wissen. Dies könnte in Seminaren
natürlich vermittelt werden. Auf diese Weise können die Mitarbeiter
selbst bei der Analyse mitarbeiten, Probleme feststellen, Ursachen
zusammenstellen und die Probleme zueinander in Beziehung setzen,
um dann schließlich zu einer *Soll*-Konzeption zu kommen. In den
OE-Prozeß wird auf diese Weise entsprechendes Wissen miteingegeben
und genutzt (*Haidekker* und *Langosch* 1975).

Eine solche Überprüfung der Organisationsstruktur könnte dann in
einer Weise ablaufen, wie in Kapitel 2.1.2 geschildert wird.

Es lassen sich aber auch Verbindungen zwischen dem operierenden
System und seiner Umwelt analysieren.

Blake und *Mouton* (1969) haben ein entsprechendes Schema entwickelt, nach dem die Leistungen einer Organisation festgestellt werden, indem Bereiche der Organisation nach verschiedenen Richtungen
hin analysiert werden.

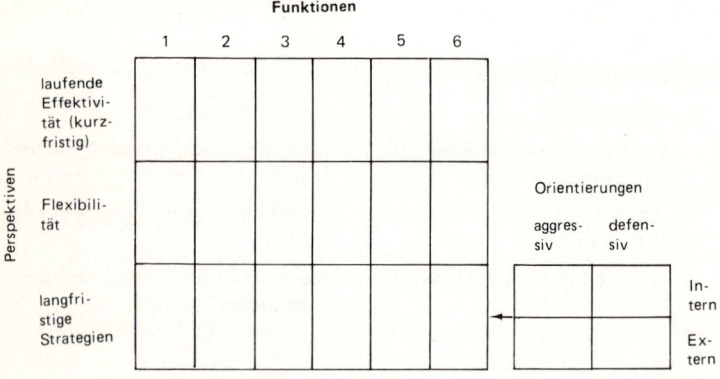

Unter Funktionen können verschiedene relevante Faktoren der
Organisation aufgeführt werden, die es unter bestimmten Gesichtspunkten zu analysieren gilt. Dabei ist es nicht notwendig, in einem
analytischen Bereich zu bleiben, verschiedene Faktoren können je nach
Wunsch einbezogen werden, z.B.:

Funktionen

1) Einsatz menschlicher Fähigkeiten
2) Kommerzieller Bereich
3) Produktion
4) Marketing
5) Forschung und Produktentwicklung
6) Zusammenarbeit

Jede Funktion innerhalb der Organisation kann nun unter verschiedenen Aspekten betrachtet werden. Auch hier kann natürlich ganz nach Aufgabenstellung variiert werden.

Perspektiven

Unter Perspektiven werden die Gesichtspunkte erfaßt, die sich mit dem Zeitablauf beschäftigen.

Laufende Effektivität: Darunter versteht man, wie gut laufende Arbeiten erledigt werden, welche Stärken oder Schwächen bei dem Führen der Geschäfte auftreten.

Flexibilität: Es berührt die Fähigkeit der Bereiche, wie sie mit unerwarteten Problemen kurzfristig fertig werden.

Langfristige Strategien: Es betrifft alle langfristigen Planungen, die es ermöglichen, daß das Geschäft profitabel wächst.

Die Perspektiven lassen sich dann noch weiter beschreiben, nämlich in der Weise, wie die Arbeiten ausgeführt werden. Das Tun kann sich dabei auf Abläufe innerhalb wie außerhalb der Organisation beziehen (intern/extern) und es kann in verschiedenen Formen ablaufen (aggressiv/defensiv). Unter ,,aggressiv" wird das Nutzen von Gelegenheiten verstanden, also das aktive Selbstgestalten, während ,,defensive" Aktionen mehr reaktive Verhaltensweisen beschreiben, z.B. Beseitigen von akuten Problemen, Eliminieren von Schwächen. Aus der Kombination lassen sich wieder vier Orientierungen bilden, mit denen man die Funktionsausübungen kennzeichnen kann:

Interne aggressive Aktionen
Günstige Gelegenheiten innerhalb der Organisation werden genutzt:
Menschen, Geld, Maschinen und Material.

Interne defensive Aktionen
Alles, was die Organisation behindert, wird zu beseitigen gesucht:
Schwächen im Verhalten, in der Leistung und in den Resultaten.

Externe aggressive Aktionen
Nutzung der Möglichkeiten, die sich in der Umgebung der Organisation ergeben.

Externe defensive Aktionen
Realistische Einschätzung und Beachtung der Aktionen der Konkurrenz, der Veränderungen im Markt oder der Lieferanten.

Bei der Analyse einer Organisation als soziales System geht es zu erkennen, wie die konkreten Situationen in einer Organisation erlebt werden. Meist versucht man, über Befragungen festzustellen, welcher Stil in einer Organisation vorherrscht. Dies kann in standardisierter Form vor sich gehen, indem zu verschiedenen Bereichen, z.B. Kommunikation, Kontakte, Führung etc. Statements (Behauptungen) vorgegeben werden, zu denen der Befragte Stellung nimmt (stimmt, stimmt nicht, bis hin zu Skalen, in denen die Meinung nuancierter ausgedrückt werden kann).

Bei solchen Befragungen ist zu beachten, daß die Organisation recht verschieden wahrgenommen werden kann (*Weinert* 1981, S. 175).

Likert (1967) bietet einen standardisierten Fragebogen an, mit dem man die Organisation insgesamt analysieren kann, und zwar nach den Bereichen: welcher Führungsstil praktiziert wird, wie motiviert wird, wie Entscheidungen getroffen und wie Kontrollen ausgeübt werden. Die Auswertung kann dann in Typologien eingeordnet werden. *Likert* unterscheidet zwischen vier verschiedenen Systemen:

1. System: autoritär – ausbeutend

Das Management-System unterstellt, daß Arbeit wie jeder andere Gegenstand ein Marktartikel ist, den man bezahlt und den man kaufen kann. Die Arbeit des Managers besteht aus Entscheiden, Dirigieren und Überwachen. Zur Motivierung wird Zwang ausgeübt, auf menschliche Gefühle und zwischenmenschliche Verbindungen wird überhaupt keine oder nur geringfügige Rücksicht genommen. Das Setzen von Zielen und das Treffen von Entscheidungen wird nur vom Top-Management ausgeführt.

2. System: autoritär – wohlwollend

In diesem System sind die organisatorischen Vorgaben ähnlich wie beim ersten. Nur auf die zwischenmenschlichen Beziehungen wird mehr Rücksicht genommen. Dies kann schon Wirkungen in der Art haben, wie Kommunikation in einer solchen Organisation abläuft. Wenn auch in der Hauptsache die Kommunikation von oben nach unten verläuft, so ist sie in der Regel weniger gestört und verzerrt im Vergleich zum ersten System.

3. System: beratende Mitwirkung

Dieses Management-System unterstellt nicht, daß die Arbeit nur ein Marktartikel ist. Der Manager hat Entscheidungen zu treffen, Richtlinien zu geben und die Arbeit zu überwachen, wobei Überwachung nicht als die wichtigste Funktion gesehen wird. Gelegentlich wird Zwang ausgeübt. Vorkommende menschliche Emotionen werden beachtet. Man versucht sie zu steuern, indem man den Angestellten durch Konsultation in die Arbeit einbezieht. Auch die allgemeine Unternehmenspolitik wird vom Top-Management festgelegt. Detaillierte Zielsetzungen werden auf niedrigeren Ebenen ausgearbeitet, die auch bei der Entscheidungsfindung konsultativ hinzugezogen werden.

4. System: Mitwirkung

Dieses Management-System unterstellt, daß die Angestellten ein wesentlicher Teil der Organisation sind. Der Personalaufwand ist mit hohen Kosten verbunden, wodurch eine gleiche Aufmerksamkeit und Sorgfalt wie gegenüber den Vermögenswerten begründet ist. Das Entscheiden wird als ein Prozeß, nicht als ein Privileg angesehen. Zielsetzung und Entscheidungsprozesse werden durch das Mitwirken aller festgelegt. Es werden zusammenhängende Gruppen gebildet, die durch die Manager mit verschiedenen Mitgliedschaften in diesen Gruppen koordiniert werden.

Die Auswertung einer solchen Befragung läßt dann die Sichtweisen der Mitarbeiter erkennen. Auf diese Weise können manche Probleme erklärt werden, da man einiges über die Folgen bestimmter Systeme ermittelt hat. Es kann aber dadurch auch überprüft werden, ob in der Organisation tatsächlich die gewünschte Form des Miteinanderarbeitens erreicht ist.

In der Praxis findet man standardisierte Befragungsinstrumente, die routinemäßig eingesetzt werden können, um Problembereiche möglichst schnell erfassen zu können. Der Nachteil liegt darin, daß nur vorgegebene Problembereiche erfaßt werden. Deshalb sollte man mit unstrukturierten Befragungen ergänzend Informationen einholen. Auch wenn dies methodisch nicht so befriedigend ist, bringt es doch den Vorteil, daß die unmittelbare Beteiligung der befragten Mitarbeiter spürbarer ist.

Für alle Befragungsarten gilt, daß sie nur dann wirksam werden können, wenn

— der Mitarbeiter über die Ergebnisse informiert wird,
— sichtbar werdende Probleme bearbeitet werden,
— das Verfahren kontinuierlich wiederholt wird.

In den folgenden Abschnitten werden einige Verfahren besprochen, die bestimmte Aspekte einer Analyse betonen oder die je nach Problemart flexibel eingesetzt werden können.

2.1.1 Die Kräftefeld-Analyse als Arbeitsinstrument der OE

Eine vorzügliche Methode zur Bearbeitung komplexer Probleme in Organisationen und zur Planung von Veränderungen ist die Kräftefeld-Analyse. Sie geht auf *Kurt Lewin* (1947 a und b) zurück, der sie aus seiner Feldtheorie entwickelte.

Jede Situation — auch soziale Verhaltensweisen — kann man als ein Feld sehen, das ein künstlich aufrecht erhaltenes Gleichgewicht (quasi stationary equilibrium) zwischen hindernden und fördernden Kräften darstellt. Nichts geschieht von allein oder ohne Auswirkung auf andere. Jede Veränderung im Feld geschieht durch bewegende Kräfte. Das Feld kann die Umwelt des einzelnen, eine Gruppe, eine Organisation, eine Gemeinde oder die Gesellschaft sein. Der Zustand einer Organisation wird aufgefaßt als das Resultat gegenläufiger Kräfte. Man weiß, daß auf Änderungen in einer Organisation häufig eine Reaktion in Richtung auf das frühere Muster erfolgt — eine Reaktion, die dann einsetzt, wenn der Änderungsdruck nachläßt. Will man ein Subsystem oder Teile von ihm ändern, dann muß man die relevanten Aspekte seines Umfeldes ebenfalls ändern. Je genauer man erkennt, welche Kräfte wirksam sind und wie sie wirken, desto besser wird man Veränderungen in der gewünschten Richtung in Gang setzen können.

Die Bedeutung der Kräftefeld-Analyse liegt darin, daß sie folgendes ermöglicht:

a) ein komplexes Problem zu analysieren,
b) Planungen zur Herbeiführung von Veränderungen vorzubereiten,
c) mögliche Schwierigkeiten und Rückschläge, die sich bei der Planung bestimmter Aktionen ergeben können, vorher zu erkennen und bei der Planung zu berücksichtigen.

Der Ansatz der Kräftefeld-Analyse ist überraschend einfach. Es kommt zunächst darauf an, das Problem, um das es geht, genau zu beschreiben und das Ziel zu definieren, das erreicht werden soll. Der eigentliche Lösungsweg liegt dann in der Beantwortung und Bearbeitung von den drei Fragen:

1) Welche hemmenden Kräfte gibt es?
   z.B. für die Entwicklung des Unternehmens in den nächsten 10 Jahren
   a) intern   b) extern

2) Welche fördernden Kräfte gibt es?
   a) intern   b) extern

3) Was haben Sie für Vorschläge,
   a) um die hemmenden Kräfte abzubauen?
      und
   b) um die fördernden Kräfte zu verstärken?

Das ist im Grunde alles. Das Entscheidende dieser Methode liegt natürlich in der Art der Durchführung.

Die Kräftefeld-Analyse wird in der Regel in Gruppen von 5 bis 6 Teilnehmern durchgeführt. Bei größeren Gruppen empfiehlt es sich, Kleingruppen zu bilden und die Ergebnisse nachher im Plenum zu diskutieren.

Die Kräftefeld-Analyse vollzieht sich in folgenden Schritten:

1) Die Gruppe beschreibt das Problem, um das es geht.
   Kernfrage: Uns stört, daß ...

2) Die Gruppe definiert das Ziel, um das es geht.
   Kernfrage: Was wollen wir erreichen?

3) a) Die Gruppe nennt alle hemmenden Kräfte, die auf die zu verändernde Situation einwirken und verhindern, daß das Ziel erreicht wird.
   b) Die Gruppe nennt alle fördernden Kräfte, die auf die zu verändernde Situation einwirken und es ermöglichen oder erleichtern, daß das Ziel erreicht wird.

4) Die Gruppe gewichtet die einzelnen Kräfte, wobei hemmende und fördernde Kräfte, die häufig in Wechselwirkung stehen, einander gegenübergestellt werden. Die Gewichtung wird durch Beispiele und Argumente belegt und dann in einer Rangreihe dokumentiert.

5) Die Gruppe entwickelt Vorschläge zur Veränderung der Situation im Hinblick auf das gesteckte Ziel.
   Kernfrage: Wie können wir erreichen, daß ...

   Dabei werden die Kräfte ausgewählt und gründlich untersucht, die verändert, d.h. reduziert oder verstärkt werden sollen. Es wird überlegt, wie die fördernden Kräfte verstärkt, unterstützt und zur Wirkung gebracht werden können. Es kommt aber auch − und vor allem − darauf an, zu überlegen, wie die hemmenden Kräfte abgeschwächt oder beseitigt werden können. Wichtig ist hierbei die Frage, welche Kräfte direkt und welche indirekt beeinflußt werden können und wie die Beeinflussung vor sich gehen soll. Wichtig ist auch die Frage, welche Wechselwirkungen zwischen den sich verstärkenden Antriebskräften und den antagonistisch wirkenden Hemmkräften bestehen.

6) Die Gruppe entwickelt einen Handlungsplan und eine Strategie des Vorgehens. Dabei werden konkrete Maßnahmen vereinbart.
   Kernfrage: *Wer tut was, wann, warum und mit wem,*
   um die gewünschten Veränderungen herbeizuführen? Anschließend werden noch einmal die durch das sich ergebende Kräftespiel voraussehbaren Schwierigkeiten besprochen und wie man mit ihnen umgeht. Schließlich wird ein Termin vereinbart, an dem eine Überprüfung der geplanten Aktionen und eine Auswertung des gesamten Prozesses erfolgen soll.

Das prinzipielle Vorgehen bei der Kräftefeld-Analyse haben wir etwas vereinfacht in einem Schema dargestellt (Abb. 40).

Zur Veranschaulichung wird ein Beispiel für eine Kräftefeld-Analyse zur Klärung von Schwierigkeiten bei den Besprechungen einer Arbeitsgruppe stichwortartig verkürzt wiedergegeben.

---

1. *Problem beschreiben*

   Uns stört, daß . . .

2. *Ziel definieren*

   Wie können wir erreichen, daß . . .

3. *Einflußkräfte und Bedingungen auflisten*

Was hemmt . . .	Was fördert . . .
1.	1. . . . .
2.	2. . . . .
3.	3. . . . .
. . . .	. . . .

4. *Einflußkräfte gewichten und analysieren*

Der am meisten hemmende Faktor ist	Der am meisten fördernde Faktor ist . . . .

5. *Vorschläge zur Veränderung*

um die hemmenden Faktoren zu beseitigen oder abzuschwächen	um die fördernden Faktoren zu verstärken und zu unterstützen

6. *Aktionsplan erstellen*

   Konkrete Maßnahmen vereinbaren:
   Wer tut *was wann* und *mit wem* . . .
   um die gewünschten Veränderungen zu bewirken

Abb. 40 Kräftefeld-Analyse

Beispiel

Ein Expertenteam von 6 Leuten klagt darüber, daß „Vieles unter uns so eingefahren ist. Immer wieder die gleichen Klischees, Vorurteile und Mißverständnisse. Entscheidungsprozesse dauern zu lang.

Oft ist unklar, wer überhaupt hinter den getroffenen Entscheidungen steht."

1) Problem definieren

Alles was stört, wird genannt und aufgelistet (Brainstorming). Die störenden Verhaltensweisen werden in Dreiergruppen analysiert. Schließlich stellt sich heraus, was die vorherrschenden Verhaltensnormen sind: „Wir sprechen Konflikte nicht offen aus" und „Wir wollen alle unterschiedliches".

2) Ziel formulieren

Offene Konfliktbearbeitung
Interessen- und Beziehungsklärung

3) Kräftefeld analysieren

Das Schema wird angezeichnet und auf Zuruf werden die Spalten beschrieben

Hindernde Kräfte	Helfende Kräfte
1. Mangelndes Vertrauen	1. Erklärter Wille, effektiver zu arbeiten
2. Angst vor Ärger	2. Unbehagen mit der gegebenen Situation
3. Harmoniebedürfnis (keinen Streit kriegen)	3. Wunsch nach Klärung der Probleme (Was will eigentlich der andere? Was will ich?)
4. Angst vor Trennung oder davor, isoliert zu werden	4. Zeitdruck Die Tagesordnung der Sitzungen könnte schneller abgehandelt werden, wenn die Konflikte bearbeitet wären
5. Unausgesprochene Machtansprüche	
6. Zeitdruck	
7. Unklarheiten über Einzelfragen	
usw.	usw.

4) Einflußkräfte gewichten und analysieren

Die gewichtigsten Faktoren: „Angst" und „Machtansprüche".
Die Ängste und Ansprüche werden analysiert. Es ergeben sich neue Fakten:

– die Rollen und Interessen sind unklar
– Entscheidungsprozesse laufen nicht durchsichtig ab
– viele Phantasien in der Gruppe über die Einstellung anderer

— verschiedene Erwartungen (nie ausgesprochen) wurden enttäuscht
usw.

5) Vorschläge zur Veränderung

Die wirklichen Interessen der Beteiligten werden offen ausgesprochen.
Die übereinstimmenden Ziele haben Priorität.

Phantasien übereinander werden an Ort und Stelle mit der Realität konfrontiert (Abziehbilder der Wirklichkeit!).

Rolle des Vorsitzenden und einzelner Mitglieder werden diskutiert und genauer beschrieben.

Die Art des Zustandekommens der Tagesordnung für jede Zusammenkunft wird vereinbart.

Über die Abhandlung der Tagesordnungspunkte und über die Entscheidungsprozesse in der Gruppe werden klare Absprachen getroffen.

Am Ende jeder Sitzung werden 30 Minuten für einen Feedback-Prozeß und eine Auswertung eingeplant, die von einem anderen Gruppenmitglied (nicht vom Vorsitzenden) moderiert wird.

6) Aktionsplan erstellen

Maßnahmen werden konkretisiert:
    Wer macht was wann und mit wem . . .
Soweit dies Beispiel.

Die Kräftefeld-Analyse eignet sich für eine Vielzahl von Problemen,
soweit sie sozialpsychologisch relevant sind:

— für individuelle Probleme
— für die Zusammenarbeit mit anderen
— für Gruppen oder Abteilungen
— für Probleme zwischen Gruppen
— für Unternehmen und Institutionen
— für Organisation und Umwelt.

Abschließend sollen noch einige Hinweise für die Anwendung
der Kräftefeld-Analyse zur Klärung der Organisation-Umwelt-Beziehungen gegeben werden:

Die Geschäftsführung eines großen Unternehmens ruft einen Kreis
ausgewählter Führungskräfte zusammen, um — ausgehend von aktuellen Problemen des Unternehmens — Anhaltspunkte für eine Unternehmensstrategie zu erarbeiten. Die Planungsklausur wird von
vornherein in zwei Teile gegliedert. Im ersten, mehr analytischen
Teil geht es um eine Diagnose der Unternehmenssituation, im zweiten, mehr synthetischen Teil um die Therapie, d.h. um die Planung
der erforderlichen Maßnahmen.

Einleitend gibt es einige Vorbemerkungen:
„Wenn Sie anschließend zu einigen Problemen unseres Unternehmens Stellung nehmen, dann

— vergegenwärtigen Sie sich die Situation unseres Unternehmens zum jetzigen Zeitpunkt und fragen Sie sich nach
— den unternehmenspolitischen Grundsätzen und den langfristigen Unternehmenszielen, nach Absatzplanung, Produktionsplanung, Forschungs- und Entwicklungsplanung, Beschaffungsplanung, Organisationsplanung, Personalplanung, Kostenplanung, Erfolgsplanung, Finanz- und Investitionsplanung (d.h. soweit diese Grundsätze, Ziele und Pläne formuliert wurden und Ihnen bekannt sind),
— betrachten Sie die Probleme im Hinblick auf die gegenwärtigen und zukünftig zu erwartenden Veränderungen innerhalb und außerhalb unseres Unternehmens, mit denen wir Ihrer Meinung nach während der kommenden zehn Jahre zu rechnen haben.

Auf dem Analyse-Bogen, der an alle verteilt wird, sind zwei Rubriken vorgesehen, eine linke Seite mit der Überschrift: „Wesentliche externe Antriebskräfte“, und eine rechte Seite mit der Überschrift: „Wesentliche externe hemmende Kräfte“.
Diese sind, so wird gesagt, in der Reihenfolge ihrer Bedeutung aufzuführen, und zwar zunächst durch ein Stichwort zu kennzeichnen, dann in einem zusammenhängenden Satz zu beschreiben und schließlich, wenn nötig, noch zu erläutern.

Zusätzlich wird folgende Instruktion gegeben:
Führen Sie auf der linken Seite Ihres Doppelbogens die fünf wichtigsten externen Antriebskräfte auf, welche die Entwicklung unseres Unternehmens in den nächsten zehn Jahren begünstigen.
Unter externen Antriebskräften versteht man alle Umweltfaktoren (soziale, politische, technologische und wirtschaftliche), die unser Unternehmen stimulieren und ihm Möglichkeiten geben, sich zu höherer Wirksamkeit (Existenzsicherung, Wachstum, Rentabilität) zu entwickeln.

Außerdem:
Führen Sie auf der rechten Seite Ihres Doppelbogens die fünf kritischsten externen hemmenden Kräfte auf, die Ihrer Meinung nach unser Unternehmen an der Erreichung seiner Ziele (Behauptung, Wachstum, Rentabilität) behindern könnten.
Es wird den Teilnehmern genügend Zeit gelassen, die Fragen zu beantworten.
Anschließend wird ein zweiter Doppelbogen verteilt, und es wird nach den internen fördernden und hemmenden Kräften gefragt.

Welches sind – so lautet die Instruktion – die fünf wichtigsten internen Antriebskräfte, die unser Unternehmen bei der Erreichung seiner Ziele (Behauptung, Wachstum und Rentabilität) in den nächsten zehn Jahren unterstützen werden?

Unter internen Antriebskräften verstehen wir alle internen Faktoren (Verhaltensweisen von Führungskräften und Mitarbeitern, Leistungs- und know-how-Potential, Unternehmenspolitik, Verfahrensweisen, finanzielle Mittel usw. im Unternehmen), die unser Unternehmen stimulieren und ihm Möglichkeiten zur Behauptung, zum Wachstum und zur Rentabilität geben werden.

Führen Sie auf der linken Seite des Doppelbogens der Reihe nach die wirksamen internen Antriebskräfte auf.

Auf der rechten Seite des Doppelbogens sind die internen hemmenden Kräfte zu beschreiben. Die entsprechende Frage lautet:

Welches sind die fünf kritischsten internen hemmenden Kräfte, die Ihrer Meinung nach unser Unternehmen an der Erreichung seiner Ziele (Behauptung, Wachstum und Rentabilität) in den nächsten zehn Jahren hindern könnten?

Unter internen hemmenden Kräften verstehen wir alle internen Faktoren (Verhaltensweisen von Führungskräften und Mitarbeitern, Leistungs- und know-how-Defizit, Unternehmenspolitik, Verfahrensweisen, finanzielle Mittel, usw.), welche die Entwicklung unseres Unternehmens behindern könnten.

Nachdem alle Fragebogen ausgefüllt worden sind, folgt der zweite Teil der Kräftefeld-Analyse: die Therapie bzw. die Erarbeitung der erforderlichen Maßnahmen.

Die Instruktion hierzu lautet wie folgt.

Empfehlungen für dringende Maßnahmen:

Zu einer Verstärkung der positiven Wirkung der Antriebskräfte und zur Ausschaltung oder Verringerung der negativen Wirkungen der hemmenden Kräfte müssen gewisse dringende Maßnahmen ergriffen oder Verfahrensweisen geändert oder übernommen werden. Führen Sie die Ihrer Meinung nach geeignetsten Maßnahmen in der Reihenfolge ihrer Dringlichkeit auf.

Zwei Beispiele aus der Stellungnahme europäischer und amerikanischer Unternehmen zu diesen Fragen zeigen, worauf es ankommt:

Antriebskraft Nr.	Dringende Maßnahmen
1 Dynamische Führung	*Beschreibung:* Zur Verstärkung eines Impulses dynamischer Führung sollte die Führungsspitze systematischer für das Wachstum eines künftigen Weltmarkts planen, unter Einschluß von Beteiligungen an nationalen Unternehmen und Firmenkauf.

Hemmende Kraft Nr.	Dringende Maßnahmen
1 *zu viele unrentable Produkte*	*Beschreibung:* Zur Verringerung der hemmenden Vielfalt unrentabler Produkte sollte die Führungsspitze nicht aus Sentimalität an Produkten festhalten, die Verluste bringen; vielmehr sind unrentable Produkte aufzugeben und das Marketing auf weltweit rentable Produkte zu konzentrieren.

Wiederum sind auf der linken Seite eines Doppelbogens die Maßnahmen aufzulisten, die zu einer Steigerung der angeführten Antriebskräfte führen, auf der rechten Seite die Maßnahmen, die zu einer Ausschaltung bzw. Verringerung der Auswirkungen von hemmenden Kräften führen.

Auf die Auswertung der Fragebogen und die Diskussion der Ergebnisse, die schließlich zur Planung konkreter Maßnahmen führt, kann hier nicht weiter eingegangen werden.

2.1.2 Überprüfung der Organisationsstruktur

Im folgenden wird ein Verfahren geschildert, wie die betroffenen Manager selbst die Probleme ihrer Arbeit analysieren und auf Strukturen zurückführen können, die sie dann in Richtung auf effizientere Arbeitsabläufe verändern können.

Das vorgestellte Verfahren richtet sich auf eine Veränderung der Führungsstruktur eines Unternehmens, wobei vorausgesetzt wird

- daß die befragten Manager an einer Optimierung der Arbeitsabläufe interessiert sind,
- daß sie über Grundkenntnisse der betriebswirtschaftlichen Organisationslehre verfügen
- daß sie bereit sind, in einem kooperativen Prozeß die Probleme zu lösen.

Der Leitfaden gliedert sich in verschiedene Fragen, die zunächst individuell von den betroffenen Führungskräften beantwortet werden. Danach werden Arbeitsgruppen gebildet, in denen die betroffenen Abteilungen repräsentiert sind. Diese erhalten bestimmte Aufgabenstellungen zur Bearbeitung und Zusammenfassung der individuellen Ergebnisse und Vorschläge. Die in den Arbeitsgruppen erarbeiteten Vorschläge werden dann in einer Gesamtkonferenz präsentiert und durchdiskutiert. Dabei werden die brauchbaren Vorschläge zur weiteren Bearbeitung ausgewählt. Die weitere Bearbeitung erfolgt wiederum in Arbeitsgruppen in der Weise, daß die ausgewählten Vorschläge eingehend erörtert und konkretisiert werden. Die von den Gruppen angefertigten Ausarbeitungen werden dann der Gesamtkonferenz präsentiert.

Danach erfolgt eine vorläufige Festlegung der neuen Organisationsstruktur. Diese wird anschließend in den neu gebildeten Arbeitsgruppen überprüft. Die Arbeitsgruppen sind so zusammengesetzt, daß sie der gewünschten neuen Struktur entsprechen. Erst danach werden die gesammelten Erfahrungen ausgewertet und die Ergebnisse als endgültige Vorschläge der Geschäftsleitung präsentiert.

Auf den folgenden Seiten wird das Verfahren in Form einer Handlungsanleitung wiedergegeben.

Ziel

Mit diesem Verfahren soll die zur Zeit bestehende Organisationsstruktur überprüft werden. Das Ziel ist eine größere Effektivität.

Durchführung

Dieses Verfahren wird von Managern, die innerhalb des Unternehmens führende Positionen einnehmen, wie folgt durchgeführt:

1) Die Organisationsstruktur wird von jedem Manager zunächst individuell überprüft (Vorarbeit).
2) Alle Änderungsvorschläge werden anschließend in einer Konferenz gemeinsam diskutiert.

Die Vorteile des Verfahrens:

1) Die Überprüfung wird von solchen Personen durchgeführt, die mit der Organisationsstruktur am besten vertraut sind.
2) Verbesserungsvorschläge werden von denjenigen leichter akzeptiert, die sie selbst entwickelt haben.
3) Lösungen werden nicht von außerhalb aufgezwungen.

Der Erfolg dieses Verfahrens hängt vor allem von der Bereitschaft der Manager ab, ungeachtet ihres persönlichen Status objektiv zu urteilen und Vorhandenes in Frage zu stellen.

Vorarbeiten

Sie bestehen darin, die Fragen 1 bis 5 einzeln zu beantworten.

1) Welches sind nach Ihrer Meinung die Hauptschwächen in der jetzigen Organisationsstruktur? Führen Sie diese bitte auf.

. . . .

. . . .

2) a) Welche Änderungen schlagen Sie vor?

. . . .

. . . .

b) Stellen Sie durch ein Ablaufdiagramm die Struktur dar, die sich aus Ihren Vorschlägen ergeben würde.

. . . .

. . . .

3) a) Welche der unter 1 aufgeführten Probleme würden durch Ihren Vorschlag gelöst werden? Führen Sie aus, wie diese Probleme gelöst würden, wenn dies nicht unmittelbar einsehbar ist.

. . . .

. . . .

b) Welche neuen Probleme könnten sich durch die neue Struktur ergeben? Wie würden Sie diese lösen?

. . . .

. . . .

4) a) Welche Konsequenzen hätte Ihr Vorschlag für das Management, das Nachwuchs-Management und für die übrige Belegschaft?

. . . .

. . . .

b) Welche Kosten würden dadurch entstehen?

. . . .

. . . .

5) a) Welche Position erwarten Sie für sich selbst von der neuen Organisationsstruktur?

. . . .

. . . .

b) Glauben Sie, daß sich Ihr Status erniedrigt oder erhöht? Auch wenn Ihnen diese Frage zu direkt erscheint, versuchen Sie bitte, sie trotzdem ehrlich zu beantworten. Berücksichtigen Sie dabei, daß „Status" mehr beinhaltet als den Titel, und daß jede organisatorische Veränderung den Status niemals völlig unberücksichtigt bleiben läßt.

. . . .
. . . .

Konferenz

Nach den Vorarbeiten erfolgt die Besprechung der einzelnen Punkte gemeinsam in einer Konferenz.

Die Gruppe sollte aus nicht mehr als sechs Mitarbeitern bestehen, die die verschiedenen Abteilungen repräsentieren. Es können mehrere Arbeitsgruppen nebeneinander gebildet werden.

Aufgaben der Arbeitsgruppen

— Überprüfung der Probleme/Vorschläge
— Entscheidung für 1 bis 2 Änderungen
— Auflisten der Vor- und Nachteile der Vorschläge im Vergleich zur vorhandenen Organisationsstruktur (insbesondere Auswirkungen auf Personal- und Finanzstruktur)
— Ausführung des einzelnen Mitarbeiters über seine Rolle in der neuen Organisationsstruktur.

Aufgaben der Gesamtkonferenz

— Die Ergebnisse der einzelnen Arbeitsgruppen werden präsentiert
— Vom Plenum werden höchstens 3 Änderungsvorschläge zur weiteren Bearbeitung ausgewählt
— Anschließend stellt jeder für sich die Auswirkungen für seinen Tätigkeitsbereich zusammen.

Aufgaben der Arbeitsgruppen

— Zusammenstellen der Auswirkungen auf die Arbeitsgruppe, auch ob dadurch ein objektives Urteilen beeinträchtigt wird (eigene Betroffenheit)
— Auflisten aller Vor- und Nachteile der Änderungsvorschläge unter Berücksichtigung von Kosten und Effizienz der Operationen.

Nachdem das Plenum die Änderungsvorschläge angenommen hat, beraten die neu gebildeten Gruppen über die Auswirkungen für ihre Abteilung. Aus den Konferenzteilnehmern werden Mitglieder für die *Präsentation bei der Geschäftsleitung* ausgewählt.

2.1.3 Beurteilung der Wirksamkeit von Organisationen

Eine Organisation wird durch viele Menschen gestaltet, die sich recht unterschiedlich verhalten. Aber einige Verhaltensweisen treten allgemein auf und charakterisieren die Organisation. Wenn die Frage nach der Art und Weise des Zusammenarbeitens in einer Organisation beantwortet werden soll, geht es um die Identifizierung solcher kollektiven Verhaltensweisen. Dies soll durch den vorliegenden Fragebogen ermöglicht werden, wobei auch der Zustand der Organisation mit den Vorstellungen einer idealen Organisation verglichen werden soll.

Vorgehensweise:

1) Beschreibung der idealen Organisation (Soll-Zustand)

Verschiedene Aspekte von Verhaltensweisen in Organisationen sind in dem Fragebogen vorgegeben. Innerhalb jeden Aspekts stehen verschiedene Verhaltensmöglichkeiten zur Auswahl. Wählen Sie die Verhaltensweise, die Ihrer Ansicht nach am besten eine ideal funktionierende Organisation beschreibt. *Machen Sie ein Kreuz* in der linken Spalte unter ,,ideal".

2) Beschreibung des augenblicklichen Zustandes (Ist-Zustand)

Gehen Sie nun in gleicher Weise vor. Wählen Sie aber nun die Beschreibung, die am besten den heutigen Zustand der Organisation beschreibt. *Machen Sie ein Kreuz* in der rechten Spalte unter ,,aktuell".

Beziehen Sie möglichst die ganze Organisation in dieser Beurteilung mit ein, also beziehen Sie alle Erfahrungen innerhalb der Organisation mit ein.

3) Identifizierung der sieben wichtigsten Probleme innerhalb der Organisation

Stellen Sie nach den Beschreibungen der Organisation die sieben bedeutsamsten Beschreibungen zusammen, die die Probleme in der Organisation darstellen (*Soll – Ist*-Vergleich). Die Lösung dieser Probleme würde die Wirksamkeit der Organisation entscheidend erhöhen und andere damit zusammenhängende Probleme lösen helfen.

1) Veränderung der Organisation

ideal   aktuell

_____ a) Problemlösungen werden vor allem auf ihre   _____
            Verwendbarkeit hin überprüft, um eine ge-
            sicherte Entwicklung zu gewährleisten.

_____ b) Realistische, anwendbare Lösungen führen   _____
            zu einer schrittweisen, systematischen Ver-
            änderung.

_____ c) Lösungsvorschläge tendieren mehr zu einer   _____
            Verbesserung des Betriebsklimas als zu einer
            Steigerung der ökonomischen Leistung.

_____ d) Es werden kaum Anstrengungen für Verän-   _____
            derungen gemacht. Problemlösungen werden
            weitgehend durch spezifische Umstände be-
            stimmt. Man drückt sich vor Entscheidungen.

_____ e) Lösungen werden auf ihren wirtschaftlichen   _____
            Fortschritt hin überprüft. Auf die Sicherheit
            und das Wohlergehen der Mitarbeiter wird
            nicht oder kaum geachtet.

2) Entscheidungsprozesse

_____ a) Bei Entscheidungen bezieht man die Vor-   _____
            stellungen der Mitarbeiter mit ein.

_____ b) Entscheidungen sollen nur dem Gesichts-   _____
            punkt genügen, sicher über die Runden zu
            kommen.

_____ c) Bei Entscheidungen wird besonders auf das   _____
            gute Betriebsklima geachtet.

_____ d) Mitbeteiligung an Entscheidungen wird   _____
            als echte Bestätigung von den Mitarbeitern
            empfunden.

_____ e) Entscheidungen werden auch durchgesetzt,   _____
            wenn das gute Betriebsklima gefährdet wird.

3)   Profitbewußtsein

_____ a) Das Ziel ist die wirtschaftliche Leistung.   _____

_____ b) Profitdenken ist bei den Mitarbeitern ein   _____
            fester Bestandteil.

_____ c) Profitdenken ist bei den Mitarbeitern kaum   _____
            vorhanden.

_____ d) Gewinn nimmt den zweiten Platz ein, wich-   _____
            tiger ist das Wohlergehen der Mitarbeiter.

ideal   aktuell

_____   e) Profitdenken und die Erfüllung menschlicher   _____
               Bedürfnisse sind ausbalanciert.

4) Autorität

_____   a) Der Vorgesetzte gibt die Anweisungen, die   _____
               Mitarbeiter führen sie aus.
_____   b) Bei Entscheidungen wird deutlich, daß die   _____
               Richtlinien an höherer Stelle gesetzt werden.
_____   c) Der Vorgesetzte beachtet bei Entscheidun-   _____
               gen, daß die Fähigkeiten seiner Mitarbeiter
               genutzt werden.
_____   d) Es wird so lange daran gearbeitet, bis jeder   _____
               mit der Lösung zufrieden ist.
_____   e) Es wird so vorgegangen, daß möglichst keine   _____
               Schwierigkeiten auftreten.

5) Kontrolle

_____   a) Es werden genaueste Untersuchungen darüber   _____
               angestellt, wie die Dinge laufen. Perfektion
               wird angestrebt, um vor allem Leistungen zu
               erzielen.
_____   b) Das Kontrollsystem zeigt Stärken wie   _____
               Schwächen auf. Von den Mitarbeitern wird
               gute Arbeit erwartet.
_____   c) Eigenverantwortung wird erzeugt durch Unter-   _____
               stützung, Vertrauen und Zustimmung.
_____   d) Die Mitarbeiter werden danach beurteilt, was   _____
               sie machen und wie genau sie dabei die Er-
               wartungen treffen.
_____   e) Die Mitarbeiter werden allein gelassen.   _____

6) Organisationsstruktur

_____   a) Die Organisation ist durch einen klaren Auf-   _____
               bau der Autorität, Verantwortlichkeit und
               der Anordnungsbefugnisse gekennzeichnet.
_____   b) Ordnungsstrukturen fehlen völlig.   _____
_____   c) Grundlage der Organisation sind harmonische   _____
               Beziehungen und das Vermeiden von Kon-
               flikten.

ideal   aktuell

_____ d) Die Organisation ist auf ihre Aufgaben bezo-   _____
gen, funktionale Aufgabenbewältigungen
durch Arbeitsgruppen haben Vorrang.

_____ e) Die Organisation ist aufgabenbezogen, wich-   _____
tige Interessen und Notwendigkeiten werden
mitberücksichtigt.

7) Beziehung zwischen Stab und Linie

_____ a) Jeder macht seine Arbeit für sich, ohne daß   _____
man von den Arbeitstätigkeiten der anderen
viel weiß.

_____ b) Es werden gute zwischenmenschliche Bezie-   _____
hungen gepflegt. Probleme sind dabei neben-
sächlich.

_____ c) Probleme werden gemeinsam analysiert, man   _____
versucht ein möglichst wirkungsvolles Team
aufzubauen.

_____ d) Die Beziehung ist durch Konkurrenzdenken   _____
gekennzeichnet.

_____ e) Beide Seiten gehen aufeinander zu, damit die   _____
Zusammenarbeit besser läuft.

8) Koordination

_____ a) Koordination ist ein fester Bestandteil in   _____
der Organisation.

_____ b) Man achtet möglichst auf die anderen.   _____

_____ c) Meinungsaustausch dient vor allem der   _____
Pflege zwischenmenschlicher Beziehungen.

_____ d) Jeder macht seine Arbeit, ohne auf die   _____
Koordination zu achten.

_____ e) Koordination wird als vielseitiges Instrument   _____
genutzt, um die gemeinsamen Anstrengungen
zu erhöhen.

9) Einstellungen

_____ a) Dies ist ein Unternehmen, Personalentschei-   _____
dungen sind unter wirtschaftlichen Gesichts-
punkten zu fällen.

_____ b) Ausruhen auf dem Job wird geduldet.   _____

_____ c) Mitarbeiter haben ein Recht auf Sicherheit   _____
und Zufriedenheit.

ideal   aktuell

_____ d) Die Arbeit kann ohne das Schädigen von   _____
          anderen ausgeführt werden.
_____ e) Eine Organisation setzt ihre Mitarbeiter   _____
          voll und produktiv ein, dies erhöht den wirt-
          schaftlichen wie persönlichen Nutzen.

10) Kostenbewußtsein

_____ a) Die Mitarbeiter sind voll bei der Kostenkon-   _____
          trolle beteiligt.
_____ b) Kosten müssen niedrig gehalten werden, es   _____
          muß bei allem gespart werden.
_____ c) Kostenprobleme gehen mich nichts an.   _____
_____ d) Die Kosten hoch zu lassen, ist besser als   _____
          sich Ärger mit den Mitarbeitern einzuhan-
          deln.
_____ e) Kompromisse werden gefunden, die die   _____
          Mitarbeiter trotz wirtschaftlichen Drucks
          nicht zu sehr einschränken.

11) Planung

_____ a) Planungen werden ohne Beteiligung der Mit-   _____
          arbeiter durchgeführt. Die Mitarbeiter wer-
          den auch nicht darüber informiert.
_____ b) Planungen verringern die Probleme und sorgen _____
          für sichere Abläufe.
_____ c) Planungen berücksichtigen die Bequemlich-   _____
          keit der Mitarbeiter. Sie drücken das aus,
          was die Mitarbeiter zu tun gewillt sind.
_____ d) Es wird kaum geplant, die Organisation   _____
          reagiert nur auf bestehenden Druck.
_____ e) Planungen entstehen durch enge Zusammen-   _____
          arbeit. Ziele und Rahmendaten werden unter
          Mitwirkung aller festgelegt und so auch von
          allen getragen.

12) Arbeitstreffen

_____ a) Verhandlungen zielen auf Kompromisse, wo-   _____
          bei sich verschiedene Meinungen einander
          annähern.
_____ b) Die Entscheidungen entstehen aufgrund einer   _____
          Gewinner/Verlierer-Situation.

ideal   aktuell

_____ c) Es herrscht eine freundliche Atmosphäre,   _____
            aber es kommt wenig dabei heraus.

_____ d) Treffen sind Routine und entsprechend   _____
            leblos.

_____ e) Intensive und harte Auseinandersetzungen füh-_____
            ren zu abgesicherten und wirkungsvollen Ent-
            scheidungen.

13) Kommunikation

_____ a) Die Hauptquelle für die Kommunikation ist   _____
            das informelle System, – bei Kaffee und
            Kuchen.

_____ b) Kommunikation läuft hauptsächlich in Form   _____
            von Anordnungen ab, die entsprechend Tat-
            sachen schaffen.

_____ c) Die Mitarbeiter werden nicht nur informiert,   _____
            sondern nehmen auch Stellung, die berück-
            sichtigt wird.

_____ d) Es wird kaum miteinander gesprochen.   _____

_____ e) Es gibt so etwas wie eine systematische   _____
            Kommunikation, es fließen aber nur un-
            wichtige Informationen.

14) Kreativität

_____ a) Die Regel lautet: Nur keine Veränderung.   _____

_____ b) Viele kreative Ideen werden darauf verwen-   _____
            det, das System zu unterlaufen und Autori-
            tät zu untergraben.

_____ c) Die besten Fortschritte werden bei der Ar-   _____
            beitszufriedenheit und persönlichem Wohl-
            ergehen gemacht.

_____ d) Kreativität kommt durch Routine und Tages-_____
            politik nicht zum Zuge.

_____ e) Es wird in vernünftiger Weise mit neuen Ideen_____
            und Verfahren experimentiert; Kreativität
            wird gefördert.

15) Konflikte

_____ a) Konflikte werden gründlich untersucht, um   _____
            die dahinter liegenden Ursachen zu erfassen.

ideal   aktuell

_____ b) Bei Konflikten führen Verhandlungen zu   _____
              fairen und soliden Lösungen, die möglichst
              vielen gerecht werden.

_____ c) Man bemüht sich, bei Konflikten zu be-   _____
              schwichtigen und die Leute wieder zusam-
              menzubringen.

_____ d) Konflikte werden in der Hoffnung ignoriert,   _____
              daß sie sich von selbst erledigen.

_____ e) Macht wird eingesetzt, um Konflikte und   _____
              konfliktträchtige Ansichten zu unterdrücken.

16) Gefühle

_____ a) Positive Gefühle werden ausgedrückt, andere   _____
              aber kontrolliert, um Störungen zu vermeiden.

_____ b) Gefühle werden in der Regel gut kontrolliert. _____
              Manchmal gibt es allerdings Schwierigkeiten,
              sie unter Kontrolle zu halten.

_____ c) Gefühle werden ausgedrückt, aber so, daß   _____
              Widerstände vermieden werden. Dadurch
              werden die Bemühungen zur gegenseitigen
              Verständigung gefördert.

_____ d) Aggressive Ausbrüche sind Bestandteile, eigene _____
              Positionen durchzusetzen.

_____ e) Gefühle kommen erst gar nicht auf, weil sie   _____
              im Arbeitsprozeß nicht zugelassen werden.

17) Überzeugungen

_____ a) Die Mitarbeiter setzen ihre Ansichten nach   _____
              dem Motto durch: Wo gehobelt wird, fallen
              Späne.

_____ b) Ansichten werden offen und überzeugend dar-   _____
              gestellt. Die Mitarbeiter greifen neue über-
              zeugende Ansichten auf und ändern auch ihre
              Ansichten.

_____ c) Ansichten zu äußern wird vermieden. Man   _____
              schlängelt sich durch, statt neue Ideen zu
              äußern.

_____ d) Man bemüht sich nur soweit, bis halbwegs   _____
              überzeugende Lösungen gefunden worden
              sind.

_____ e) Die Mitarbeiter geben eher dem Druck von   _____
              oben nach als Konflikte zu riskieren.

ideal   aktuell

18) Verbundenheit mit der Organisation

_____ a) Die Mitarbeiter fühlen sich nur mit Angele-   _____
genheiten außerhalb der Organisation ver-
bunden.

_____ b) Man fühlt sich mit den Kollegen verbunden,   _____
nicht so sehr mit der Organisation.

_____ c) Man fühlt sich der Arbeit verpflichtet, will   _____
professionelle Leistungen bringen.

_____ d) Jeder hat ein allgemeines Interesse an der Or-   _____
ganisation und fühlt sich mit ihr verbunden.
Jeder bringt seine Leistungen mit ein, damit
die Ziele erreicht werden.

_____ e) Mitarbeiter reagieren auf Forderungen, die von_____
der Organisation gesetzt werden, weniger aus
innerer Überzeugung.

19) Arbeitsmoral

_____ a) Bezahlung und andere Vergünstigungen   _____
machen den Arbeitsplatz attraktiv, was den
Druck ausgleicht, der nun mal auf Mitarbeiter
ausgeübt werden muß.

_____ b) Es wird im ausreichenden Maß Leistung er-   _____
bracht, man läßt den Mitarbeitern auch den
Spaß.

_____ c) Eine grundliegende Befriedigung der Mitarbei-   _____
ter liegt darin, hervorragende Leistungen zu
erbringen.

_____ d) Man ist mehr oder weniger gleichgültig.   _____

_____ e) Mitarbeiter werden dafür bezahlt, daß sie   _____
ihre Arbeit machen.

20) Organisationsstil

_____ a) Man sucht Leistung und Betriebsfrieden aus-   _____
zubalancieren. Man ist fair, aber auch konse-
quent.

_____ b) Es werden hohe Anforderungen gesetzt. Wer   _____
nicht mithalten kann, muß gehen.

_____ c) Zufriedene Mitarbeiter arbeiten auch gut.   _____

_____ d) Mitarbeitern gibt man Anweisungen, alles   _____
andere kann man vergessen.

ideal   aktuell

_____ e) Mitarbeiter leisten dann etwas, wenn sie mit- _____
         gestalten können.

Identifizieren Sie die 7 wichtigsten Vorgaben, bei deren Umgestaltung sich die Organisation stark verbessern würde. Stellen Sie
eine Rangreihe auf:

1. Stelle _____

2. Stelle _____

3. Stelle _____

usw.

2.1.4 Interview-Leitfaden zur Organisationsanalyse

Ein bedeutender Faktor bei der Ingangsetzung des OE-Prozesses ist
die Phase der Voruntersuchung. Hier gilt es, die Komponenten
Mensch und System zu betrachten, zu analysieren und die vorhandenen Ungleichgewichte und Spannungen festzustellen. Eine entscheidende Rolle spielt dabei die Formulierung der Fragestellungen,
die zu den Ursachen der Probleme hinführen soll.

Der zu erarbeitende Fragenkatalog wird allen Systemmitgliedern
in gleicher Weise vorgelegt und mit ihnen durchgearbeitet. Er sollte
sowohl Fragen zur Person als auch zum Klima und zum System be-
inhalten. Diese sollten gegenseitig gekoppelt werden, so daß die Aussagen abgeglichen werden können und damit auch eine gewisse
Sachlichkeitskontrolle stattfinden kann.

Die Analyse sollte 4 Aspekte berücksichtigen, die für den OE-
Prozeß wichtig scheinen:

1) Zielsetzung der Organisation(seinheit)
2) Verhaltensweisen und Führungsstile in der Organisation(seinheit)
3) Ist- und Soll-Zustand der Organisation(seinheit)
4) Leistungen der Organisation(seinheit).

Unter Berücksichtigung dieser Komponenten können die folgenden Fragestellungen (sachliche und Hintergrundfragen) als Beispiele
angesehen werden. Die offene Gestaltung des Fragebogens ermöglicht es, sehr viel flexibler auf die jeweiligen Probleme einer Organisation einzugehen. In der Praxis muß ein solcher Fragebogen auf
die konkreten Probleme einer Organisation ausgerichtet sein.

Frage 1

Welches Ziel verfolgen Sie mit Ihrer Abteilung/an Ihrem Arbeitsplatz?
Welche Aufgaben nehmen Sie dazu im einzelnen wahr? Wo haben
Sie sich Arbeitsschwerpunkte gesetzt?

Sinn der Fragen:
- Sammlung von Hinweisen und Fakten für die Analyse der Aufgabenverteilung und -abgrenzung
- Aussagen über das Vorhandensein von Zielsetzungen sowie deren Erreichungsgrad
- Übereinstimmung mit den Systemzielen
- Abgleich zwischen offizieller Aufgabenstellung und individuellen Inhalten des Arbeitsplatzes.

Frage 2

Wer sind Ihre häufigsten/wichtigsten Gesprächspartner innerhalb
Ihrer Organisationseinheit und was ist jeweils der Anlaß?

Sinn der Frage:
- Feststellen der formellen und informellen Beziehungen
- Erkennen von Kommunikationsschwerpunkten und der Opinion-leader
- Feststellen der Art der Beziehungen, wie z.B. einseitig/gegenseitig, aufgabenbezogen/persönlich

Frage 3

Wie läuft in Ihrer Organisationseinheit/bei Ihnen der Prozeß der Informationsauswahl, -bearbeitung und -weitergabe ab? Was ist der
Anlaß?

Sinn der Fragen:
- Sammlung von Hinweisen und Fakten für die Analyse der Aufgabenverteilung und der Abläufe
- Fakten über Art und Ablauf der Entscheidungsfindung
- Aussagen über die Art der ausgeübten Tätigkeit in bezug auf ein Agieren und/oder Reagieren
- Feststellen der vorhandenen Beziehungssysteme

Frage 4

Wie erfolgt die Abstimmung mit den vor- und nachgelagerten oder
gleichartigen Stellen des Systems?

Sinn der Frage:
- Sammlung von Fakten und Hinweisen für die Analyse der Aufgabenverteilung und -abgrenzung
- Fakten über Art und Ablauf der Entscheidungsfindung
- Aussagen über die Koordination der Durchführung.

Frage 5
Nennen Sie die häufigsten/wichtigsten Gesprächspartner außerhalb
Ihrer Organisationseinheit und was ist jeweils der Anlaß?

Sinn der Frage:
– Feststellen der formellen und informellen Beziehungen außerhalb der Or-
  ganisationseinheit (systemintern und -extern)
– Erkennen von Kommunikationsschwerpunkten
– Feststellen der Art der Beziehungen, wie z.B. einseitig/gegenseitig, auf-
  gabenbezogen/persönlich

Frage 6
Entspricht die derzeitige Struktur Ihrer Organisationseinheit sowohl
den internen als auch den externen Anforderungen?

Sinn der Frage:
– Hinweise auf die Leistungsfähigkeit der Organisationseinheit
– Kritik (positiv/negativ) an Aufgabenabgrenzung und Entscheidungsfindung
– Aussagen zum Organisationsklima
– Aussagen zur Kongruenz der Zielsetzungen

Frage 7
Wenn Sie die Möglichkeit hätten, Ihre Organisationseinheit neu zu
gestalten, was würden Sie vom Bisherigen übernehmen und was gerne
neu einführen?

Sinn der Frage:
– Aussagen des Befragten zum derzeitigen Zustand
– Abfragen vorhandener Ideen bezogen auf eigenen Arbeitsplatz/Organisa-
  tionseinheit

Frage 8
Wie, glauben Sie, ist das Image Ihrer Organisationseinheit und worauf ist dies zurückzuführen?

Sinn der Frage:
– Hinweise auf Leistungsbereitschaft der Organisationseinheit
– Aussagen zur Kooperationsbereitschaft und Informationsoffenheit
– Hinweise und Fakten zum Organisationsklima und zur Motivation
– Hinweise auf Schwachstellen und Problemfelder

Frage 9
Wie würden Sie spontan in wenigen Schlagworten den Alltag Ihrer
Organisationseinheit beschreiben?

Sinn der Frage:
– Hinweise auf Unbehagen, persönliche Konflikte, Führungsverhalten
– Aussagen zu versteckten Schwachstellen.

Zur Auswertung:

Die Aussagen werden nach dem Interview auf Kärtchen übertragen und strukturiert. Daraus läßt sich im nächsten Schritt eine Problemlandkarte entwickeln.

2.2 Gruppen in Organisationen

Organisationen bestehen aus Gruppen. Diese Feststellung mag befremden, wenn man davon ausgeht, daß Unternehmen und Institutionen, die handelsrechtlich als „juristische Personen" betrachtet werden, auch von Personen, von Individuen, vertreten und betrieben werden. Schließlich − kann man einwenden − stellt eine Organisation, wenn Mitarbeiter benötigt werden, keine Gruppen, sondern Individuen ein. Andererseits ist es (gerade auch bei neuen Mitarbeitern) offensichtlich, daß ein Individuum allein und auf sich gestellt, in Organisationen wenig bewirken kann und daß die „Belegschaft", wie die Gesamtheit der Organisationsmitglieder oft genannt wird, sich aufgliedert in funktionsfähige Einheiten, in Arbeitsgruppen (z.B. Geschäftsführung, Einkauf, Verkauf, Produktion), die dann − speziell in größeren Organisationen − als Abteilungen, Bereiche und Betriebe ausdifferenziert und arbeitsteilig weiter untergliedert werden.

Vroom (1969) definiert die Organisation als Gesamtheit vieler Arbeitsgruppen, die aus je einem Vorgesetzten und seinen unmittelbar Unterstellten bestehen. Nach *Schein* (1965) bildet die Organisation in sich Kräfte aus, die auf die Bildung verschiedener kleiner funktionsfähiger Arbeitsgruppen hindrängen. Das besondere Kennzeichen solcher Gruppen ist die Abhängigkeit vom Organisationsplan, der entsprechend den Organisationszielen geregelte „formelle Kontrolle" vorschreibt, d.h. einen Zwang zur Interaktion mit sich bringt.

Von der formellen Seite her können die Interaktionen über drei unterschiedliche organisatorische Prinzipien geregelt werden:

Das einfachste und verbreitetste Organisationsprinzip, das *Lineare System,* gliedert die Organisation in hierarchische Gruppen in Form einer Pyramide. Da hierbei der „Dienstweg" immer über den Vorgesetzten läuft und dieser mit zuviel Einzelfragen belastet wird, empfahl *Taylor* das *Funktionale System,* das Mehrfachunterstellungen vorsieht. Entsprechend ihrer fachlichen Spezialkompetenz haben verschiedene Vorgesetzte direkte Weisungsbefugnis gegenüber einer nachgeordneten Stelle. Ein Nachteil dieses Systems liegt in unklaren Autoritätsverhältnissen und den schwer abgrenzbaren Zuständigkeiten. Das *Stabliniensystem* ist als Kompromiß zwischen dem linearen und dem funktionalen System zu verstehen: Die Linien-Instanzen erhalten Stäbe zugeordnet, die nur Beratungsaufgaben, aber keine Weisungsbefugnis haben.

Diese klassischen Organisationsprinzipien wurden in vielfältiger Weise abgewandelt und weiterentwickelt (z.B. Matrix-Organisation). Auch *Likerts* Modell der überlappenden Arbeitsgruppen (1961) ist in diesem Zusammenhang zu erwähnen: Jeder Vorgesetzte einer Arbeitsgruppe ist zugleich Mitarbeiter einer hierarchisch höheren Gruppe; dadurch werden neben den hierarchisch strukturierten Gruppenbeziehungen die Querverbindungen zwischen verschiedenen Gruppen erleichtert. Außerdem gibt es in den meisten Betrieben neben den funktional und hierarchisch geordneten Arbeitsgruppen, die dem Organisationsplan entsprechen, auch Gruppen, die nur vorübergehend − aus speziellem Anlaß − gebildet worden sind, um bestimmte Aufgaben zu erledigen, z.B. Ausschüsse, Projektgruppen, Task-Forces usw.

Daß neben den formellen Gruppenstrukturen, die durch den Organisationsplan vorgegeben sind, auch informelle Beziehungen eine wichtige Rolle spielen, ist durch die Hawthorne-Untersuchungen (*Roethlisberger* und *Dickson* 1939) erstmals in den Blick gerückt worden. Formale Gruppen sind schließlich, wenn man die sozialpsychologischen Realitäten, die wirklichen Machtstrukturen, Rollenverteilung, Gruppennormen, Kommunikationsprozesse usw. unberücksichtigt läßt, nur papierne „Plankonstrukte" (*Irle* 1963). Die Abweichungen zwischen den formellen und den informellen Strukturen sind außerordentlich aufschlußreich für die Funktionalität oder Dysfunktionalität einer Organisation (*Rosenstiel* 1980).

Franke (1980) weist darauf hin, daß die informellen Beziehungen der Belegschaftsmitglieder gewissermaßen als Quer- und Diagonalverbindungen den Betrieb in kommunikativer wie in emotionaler Hinsicht zusammenhalten und ihm eine gewisse Elastizität geben.

„Wo gute informelle Beziehungen bestehen, hilft man sich gegenseitig, obgleich es formell nicht vorgeschrieben ist. . . . Immer wieder kann man in der Praxis feststellen, daß durch informelle Beziehungen formelle Mängel ausgeglichen werden. . . . Denkt man sich aus einem Betrieb konsequent alle informellen Beziehungen weg, bleibt ein praktisch kaum noch arbeitsfähiges organisatorisches Gerüst übrig." (*Franke* 1980, S. 71).

Eine wesentliche Aufgabe der OE liegt gerade in der flexiblen und dynamischen Angleichung zwischen dem formellen System und den informellen Beziehungen.

„Ergeben sich unerwünschte Abweichungen zwischen Organisationsplan und faktischen Gruppenbeziehungen, so kann man den Plan der Realität anpassen oder die Realität an den Plan annähern. Auf diese Weise könnten etwa zu große Gruppen aufgeteilt und damit homogener gestaltet werden. Umgekehrt könnten organisatorische Vorbedingungen geschaffen werden, die dem Zerfall sozialer Einheiten entgegenwirken, die als funktionstüchtig angesehen werden" (*Wiswede* 1981, S. 186).

Der Weg hierzu liegt hauptsächlich in der Förderung der Zusammenarbeit in und zwischen Gruppen. Er führt über die Verbesserung der Infrastruktur der betrieblichen Kommunikation. Hierbei wird in der Regel die Aufgabenstellung einer Gruppe als unabhängige Variable, das Gruppenverhalten und das Verhalten zwischen Gruppen als abhängige Variable angesehen.

Als Gruppe bezeichnen wir eine überschaubare Anzahl von Menschen (in der Regel nicht mehr als 12 Personen), die über längere Zeit miteinander in Interaktion stehen, wobei die Mitglieder sich als zusammengehörig erleben (Wir-Gefühl), gemeinsame Ziele, Aufgaben oder Interessen haben, gemeinsame Normen entwickeln und in der Interaktion untereinander eine bestimmte Machtstruktur und eine Rollenverteilung aufweisen, die sich auch in den affektiven Bindungen (Sympathie, Antipathie) und in den Kommunikationsmerkmalen äußert (*Homans* 1960, *Rosenstiel* 1978 u.a.).

Probleme und Phasen der Gruppenentwicklung

Wirklich leistungsfähig ist eine Gruppe nur dann, wenn es keine oder nur wenig interne Spannungen zwischen den Gruppenmitgliedern gibt, wenn die gegenseitigen Beziehungen geklärt sind und die Interaktionen zum Instrument der Aufgabenbewältigung geworden sind. Dann können auch interne „Störungen" sachlich aufgegriffen und Unstimmigkeiten zur Sprache gebracht werden. Emotionale Reaktionen rufen keine Krisen mehr hervor. Die Aktionen der Gruppe beschränken sich nicht auf ihren Zusammenhalt, sondern werden in den Dienst der gemeinsamen Sache gestellt.

Der Weg dahin, die Entwicklung zu einer reifen und leistungsfähigen Gruppe, ist jedoch mit vielen Schwierigkeiten verbunden.

Wichtig ist zunächst die Erkenntnis, daß sich jede Gruppe auf zwei Ebenen entwickelt, nämlich im Bereich der Arbeit an der vorgegebenen Aufgabe und im Bereich der sozialen Beziehungen.

Der erste Bereich: die Arbeit an einer gestellten Aufgabe, z.B. die Vorbereitung einer Verkaufskampagne, ist für die meisten Menschen klar und einsehbar. Gleichzeitig müssen die Teilnehmer einer Gruppe aber auch miteinander umgehen und miteinander auskommen. Sie müssen sich bei der Lösung der Sachaufgaben irgendwie beteiligen, sich durchsetzen oder sich zurückhalten, aufeinander reagieren, ihre Ansichten, Fähigkeiten und Bedürfnisse miteinander in Einklang bringen. Dieser zweite Bereich: die Gestaltung der inter-

personellen Beziehungen, vollzieht sich meist unterschwellig, wird
von den Teilnehmern weniger ausdrücklich wahrgenommen und selten als besondere Aufgabe erkannt. Dabei liegen gerade hier die Fuß-
angeln auf dem Weg zur Entwicklung einer reifen Gruppe.

Zu den Hauptproblemen der Gruppenarbeit, ganz besonders bei
einer neu zusammengetretenen Gruppe, gehört die innere Unsicherheit, die die Gruppenmitglieder hemmt, aktiv zu werden. Ursachen
dieser Unsicherheit sind das Problem der Machtverteilung und das
Problem der Vertraulichkeit zwischen den einzelnen Gruppenmitgliedern. In der Regel wird zunächst die „Macht"-Frage und danach
das „Vertraulichkeits"-Problem gelöst (*Bennis* und *Sheppard* 1956).

Beim Problem der Macht kommt es zu einer Konfrontation zwischen Unabhängigkeit (Ringen um Einfluß, Durchsetzung) und Abhängigkeit (Anpassung, Zugehörigkeit, Paarbildung), beim Problem
der Vertraulichkeit zu einer Konfrontation zwischen Persönlichem
(Nähe, Intimität) und Unpersönlichem (Distanz, Sachlichkeit).

Die Art, wie Macht und Vertraulichkeit in einer Gruppe geregelt
werden, ist für die Arbeitsfähigkeit und Arbeitsleistung einer Gruppe
von zentraler Bedeutung. Ist die Machtstruktur einer Gruppe personell fixiert, so hängt die Leistung weitgehend von den machtbesit-
zenden Personen ab. Besser wäre eine aufgabenorientierte Machtverteilung, die sich entsprechend der Aufgabenart und der Situation
je nach den Fähigkeiten und Bedürfnissen der Gruppenmitglieder
ändern kann.

Auch die persönliche Distanz bzw. Nähe zueinander ist von zentraler Bedeutung. Das Vorhandensein eines Vertrauensverhältnisses
ist für eine offene Austragung eines Konfliktes notwendig, aber dies
muß nicht bis in die intimen Bereiche einer Person gehen. Wie persönlich oder distanziert man in der Gruppe miteinander umgehen
möchte, ist abhängig von den Aufgaben und den Wünschen der beteiligten Personen. Die Meinungen und Vorstellungen werden auch
hierüber auseinandergehen, deshalb besteht eine Notwendigkeit zur
Regelung.

Die Entwicklung zur „reifen Gruppe" verläuft nie gradlinig und
ungestört. In der Auseinandersetzung um die Sache (Zielerreichung)
und die soziale Struktur der Gruppe (Zusammenhalt) kommt es immer wieder zu Krisen, die den Bestand der Gruppe gefährden können.
Diese Krisen – auch das Pendeln zwischen Sachlichkeit und Emotio-
nalität – sind keineswegs „pathologisch", also nicht als Symptome
einer kranken Gruppe und als Ausdruck von Ineffizienz anzusehen,
sondern als notwendige, unvermeidliche Entwicklungserscheinungen.

Vopel (1976, S. 83) unterscheidet (in Anlehnung an Beobachtungen von *Bennis, Bion, Gibb, Mills, Rogers* u.a.) vier typische Phasen
der Gruppenentwicklung:

Stufe 1:   Orientierung
Stufe 2:   Konfrontation und Konflikt
Stufe 3:   Konsensus, Kooperation, Kompromiß
Stufe 4:   Integration von persönlichen Bedürfnissen und Anforde-
            rungen der Gruppenaufgabe.

Gerade in der letzten Phase ist es für die Gruppe wichtig, ein Bewußtsein für Inhalt, Interaktion und Prozedur eines Gruppenprozesses zu entwickeln (vergl. Teil B, Kap. 2.3) und allmählich zu lernen,
wie Gruppensituationen diagnostiziert und analysiert werden können.
Das periodische Auswerten des Gruppenprozesses kann zu einer Stan-
dard-Prozedur werden („Manöver-Kritik"). Durch das Bewußtsein der
individuellen Ergänzungsbedürftigkeit, des „Aufeinander-Angewiesen-
Seins" wird es möglich, die Verhaltensmuster der Teilnehmer situationsspezifisch zu verändern. Das eigene Verhalten kann zur Diskussion gestellt und Gruppenprobleme besprechbar gemacht werden.
Die Spannung der unterschiedlichen Standpunkte kann in einer ge-
steigerten Gruppenleistung fruchtbar gemacht werden. Mit Hilfe der
Auswertung des Gruppenprozesses unter dem Grundsatz der gegenseitigen Unterstützung wird ein kontinuierlicher Reifeprozeß der
Gruppe und ihrer Mitglieder in Gang gesetzt, der auch den Sacher-
gebnissen zugute kommt. Einige Hinweise zur Gruppenentwicklung
sind in Kap. 2.2.2 dieses Abschnitts dargestellt.
    Zu den Charakteristika einer reifen Gruppe zählen *Krech, Crutch-
field* und *Ballachey* (1962):

Atmosphäre:	Formlos, entspannt.
Diskussion:	Aufgabenzentriert. Ein großer Teil der Grup-penmitglieder ist beteiligt.
Aufgabe:	Von allen gut verstanden und akzeptiert.
Verhalten:	Die Gruppenmitglieder hören einander zu und haben keine Angst, sich lächerlich zu machen, auch bei noch so extremen Ideen.
Unstimmigkeiten:	Werden weder unterdrückt noch überspielt. Die Gründe werden sorgfältig geprüft.
Entscheidungen:	Werden so getroffen, daß jeder einverstanden ist. Abstimmung ist selten, Majorität als Basis für weiteres Handeln wird nicht akzeptiert.
Kritik:	Häufig und offen, kaum persönliche Attacken.
Initiator (Trainer):	Dominiert nicht, noch wird es von ihm verlangt; denn die Gruppe handelt selbstbewußt.

Man kann aber selbst von einer reifen Gruppe keine Effektivität
erwarten,
– wenn kein gemeinsames Gruppenziel besteht bzw. wenn ein Ziel
nicht eindeutig definiert wurde,

- wenn der Gruppe zu geringe Informationen und Hilfsmittel zur Verfügung stehen, wenn die Aufgabe ihre Fähigkeiten überfordert oder wenn ein wichtiger Spezialist fehlt,
- wenn von ihr eine originelle Lösung verlangt wird. Gruppen neigen zu ,,vernünftigen" Lösungen, die sich dem Mittelwert annähern; dafür sorgen Gruppenziel und Konformität.

Die Gruppe wird im OE-Prozeß als die bedeutendste Einheit angesehen. Sie arbeitet an sich selbst, überprüft ihre Beziehungen zu anderen Gruppen, nimmt Einfluß auf kollektiv zu verfolgende Veränderungen, auf das Individuum und auf die Organisation. Dies betrifft vor allem die Arbeitsgruppe, aber auch Gruppen, die nur zeitlich begrenzt existieren, z.B. Ausschüsse, Projektgruppen usw.

Bei allen Bemühungen zur Förderung der Gruppenarbeit und der Teamentwicklung darf jedoch nicht übersehen werden, daß die Gruppenarbeit in ihren Konsequenzen für die Organisation auch negative Auswirkungen haben kann. Eine Gruppe kann, bedingt durch die Konzentration auf bestimmte Ziele, bestimmte Methoden oder bestimme Lösungsvorschläge und mitbedingt durch die Gruppensolidarität, auch blind werden gegenüber Situationsveränderungen oder unkritisch gegenüber bestimmten Risiken, die mit den eigenen Handlungsentwürfen verbunden sind. Man spricht vom ,,group-thinking"-Zwang. Das zur Zeit von *John F. Kennedy* während der Kuba-Krise 1962 von einer Beratergruppe geplante und dann mißglückte Landemanöver von ,,Exil-Kubanern" in der Schweinebucht ist ein Beispiel für die Tendenz, daß in einer geschlossenen Gruppe die eigene Sachkompetenz überschätzt und das mit bestimmten Maßnahmen verbundene Risiko unterschätzt wird (risky shift).

Auch im Betrieb besteht stets die Gefahr, daß gut funktionierende Gruppen sich verselbständigen, die eigenen Wertmaßstäbe für die allein maßgebenden ansehen und daß dadurch die Zusammenarbeit mit anderen Betriebsbereichen erschwert wird. Es kommt zu Interessen-Kollisionen und zu Gruppenrivalitäten. Die Förderung der Zusammenarbeit in Gruppen muß also stets im Hinblick auf übergeordnete Ziele kontrolliert und durch die Förderung der Zusammenarbeit zwischen Gruppen ergänzt werden.

Zusammenarbeit zwischen Gruppen

Empirische Untersuchungen zeigen, daß Gruppen oder Abteilungen eines Betriebes mäßig miteinander integriert sind und zum Teil unterschiedliche Ziele verfolgen (*Wiswede* 1981). Das bezieht sich sowohl auf die strukturelle Integration (Deckungsgleichheit der Gruppenstruktur mit der formalen Organisationsstruktur) als auch auf die normative Integration (Kongruenz von Gruppennormen mit den Erwartungen und Zielen des Gesamtsystems).

Schon die Bildung formaler Arbeitseinheiten mit abgegrenzten Funktionen impliziert die Gefahr des „Ressort-Egoismus". Es ist allgemein zu beobachten, daß mit der Zugehörigkeit zu einem bestimmten Bereich und mit zunehmender Bejahung der Gruppe, der man angehört, die Tendenz verbunden ist, den eigenen Tätigkeitsbereich auf- und den fremden abzuwerten (*Franke* 1980).

So besteht in Organisationen stets die Möglichkeit von Konflikten zwischen verschiedenen Gruppen. Solche Konflikte sind weitgehend bedingt durch die funktional unterschiedlichen, z.T. gegenläufigen Interessen, z.B.

— zwischen Stab und Linie
— zwischen Verkauf und Produktion
— zwischen Schlossern und Elektrikern
— zwischen Kaufleuten und Technikern
— zwischen Arbeitern und Angestellten
— zwischen Arbeitgebern (Unternehmensleitung) und Arbeitnehmern (Betriebsrat).

In gewisser Weise sind solche Konflikte sogar als sachlich notwendig und fruchtbar anzusehen, insofern als divergierende Funktionen in einem labilen Gleichgewicht, in der Balance gehalten werden, was in organisatorischer Hinsicht, vom übergeordneten Ziel her gesehen, auf eine Optimierungsleistung hinausläuft. Man kann den Konflikt sogar, wie *March* und *Simon* (1958, S. 115), als Auslöser eines Suchverhaltens auffassen, mit dessen Hilfe die Lösung neuer Probleme gefunden werden soll. In diesem Sinne wäre Konkurrenz als eine Art unterentwickelte Kooperation zu betrachten.

Unter solchen Gesichtspunkten kann es nicht nur Aufgabe der OE sein, die Gruppenarbeit zu fördern und Arbeitsgruppen zu entwickeln. Ebenso wichtig — und für die Effektivität der Organisation oft entscheidend — ist die Zusammenarbeit funktional verschiedener Gruppen unter einer übergeordneten gemeinsamen Zielsetzung. Der Intergruppen-Entwicklung und der Bearbeitung von Problemen zwischen Gruppen kommt deshalb erhöhte Bedeutung zu. Auf entsprechende Interventionen wird in Kapitel 2.2.3 näher eingegangen.

2.2.1 Hinweise zur Gesprächsführung in Gruppen

Wenn es um die Lösung von Problemen in Gruppen geht, kann man beobachten, wie durcheinander diskutiert wird. Oft wird schon die Problemstellung nicht klar umrissen oder von den Beteiligten sehr unterschiedlich aufgefaßt. Einzelne Gruppenmitglieder sind stark, andere fast überhaupt nicht beteiligt. Am Ende einer längeren Diskussion, manchmal sogar nach mehreren Sitzungen, stellt man fest, daß wichtige Informationen zu Anfang gar nicht erfragt oder entscheidende Kriterien, die zur Lösung des Problems hätten beitragen können, nicht berücksichtigt worden sind. Um für das praktische Vorgehen eine Hilfe anzubieten, sollen hier die Phasen des Problemlösungsweges dargestellt werden, wie sie insbesondere von den Vertretern des NPI (Niederländisches Pädagogisches Institut) entwickelt wurden. Es handelt sich um eine Methode zur Strukturierung der Gruppendiskussion für die Bearbeitung von Sachproblemen verschiedenster Art.

Gesprächsverlauf und Gesprächsordnung (Prozedur)

Obwohl der Gesprächsverlauf in den verschiedensten Formen erscheinen kann, gibt es eine Grundform für jede Gesprächsgruppe, die sich die Lösung eines Problems als Aufgabe gestellt hat. Der Weg zu diesem Ziel gliedert sich in folgende Hauptphasen:

1: Gruppenbildung

Die Gruppe muß sich als Einheit empfinden können, um fruchtbar miteinander zu arbeiten. Die sachliche Grundlage dazu wird geschaffen, wenn erst eine *gemeinsame Zielvorstellung* erarbeitet worden ist. Das geschieht durch Beantwortung folgender *Fragen:*

a) Was ist genau unser Problem?
b) Hat es Sinn (ist es erwünscht, wichtig, notwendig), das Problem lösen zu wollen?
c) Sind wir alle bereit (gewillt), an der Lösung mitzuhelfen?
d) Können wir (im Prinzip) das Problem lösen? (Auftrag, Kompetenz, Fähigkeit dieser Gruppe).
e) Was wollen (können) wir in diesem Gespräch erreichen?
f) Wie wollen wir vorgehen?

Die eigentliche Arbeit am Problem erfolgt dann in drei Phasen, an die sich eine Rückschau zur Absicherung der Ergebnisse anschließt.

2: Vorstellungsbildung

Es wird versucht, sich ein Bild von der Situation zu machen, in der das Problem auftaucht. Alle *Informationen,* über die die Mitglieder verfügen, werden gesammelt und geordnet (Daten, Beispiele, Aspekte, Erfahrungen *von allen).* Es sollen keine Vermutungen, Deutungen, Lösungsvorschläge geäußert werden (keine Vorurteile!).

Fragen:

a) Wie und in welchem Zusammenhang ist das Problem entstanden?
b) Welche Informationen sind vorhanden oder müssen noch gesucht werden?

c) Welche Umstände und welche Aspekte sind zu beachten?
d) Haben alle Mitglieder jetzt eine deutliche Vorstellung, ein klares Bild, um was es sich handelt?

3: Urteilsbildung

Alle Informationen werden geordnet und auf ihren Wert geprüft. Es geht um die Klärung der Probleme im Hinblick auf Zusammenhänge, Bedingungen und mögliche Ursachen, oder, wenn bestimmte Maßnahmen zu planen sind, um die Erörterung von Lösungsmöglichkeiten.

Fragen:

a) Welche Informationen sind wichtig, welche weniger wichtig?
b) Wie lassen sich die Fakten und Beobachtungen verdichten?
c) Wie kann man auslösende Bedingungen ermitteln?
d) Welche Kriterien sind bei der Analyse zu beachten?
e) Haben die Mitglieder alle Argumente, Anhaltspunkte und Vermutungen austauschen und abwägen können?
f) Was sind die eigentlichen Ursachen der Probleme?
g) Welche Ideen zur Realisierung der Maßnahmen gibt es?

4: Entschlußbildung

Fragen:

a) Welche Lösungsmöglichkeiten gibt es?
b) Welche Vorteile, Nachteile, Konsequenzen haben diese?
c) Gibt es noch andere Alternativen?
d) Für welchen Lösungsvorschlag soll sich die Gruppe entscheiden?
e) Wird der Entschluß von allen Gruppenmitgliedern bejaht?
f) Wie läßt sich der Vorschlag realisieren?
g) Handlungsplan: Wer tut was, wie, wann womit?
h) Wie sind die Ergebnisse abzusichern?

5: Auswertung

Fragen:

a) Was haben wir erreicht? (Ergebnisse)
b) Wie sind wir vorgegangen, und wie ist es gelaufen? (Prozeß)
c) Was können (müssen) wir ändern?
d) Was haben wir gelernt?

2.2.2 Bearbeitung von Problemen in Gruppen
Methoden zur Team-Entwicklung

Gruppen können in Organisationen verschiedene Funktionen inne-
haben. Meist handelt es sich um formale Arbeitsgruppen, die Aufgaben zu erfüllen und Leistungen zu erbringen haben. Es können
aber auch Gruppen sein, die nur für eine bestimmte Zeit eingerichtet wurden, um bestimmte Aufgaben (z.B. Ausschüsse) oder Projekte
(Projektgruppen) zu erledigen.

Im Laufe der Zeit pendelt sich die Gruppenleistung auf einem relativ konstanten Niveau ein. Allerdings entspricht dieses gruppen-
spezifische Leistungsniveau nicht einem stabilen Gleichgewicht; es
kann sich durch den Einfluß einer Reihe von Variablen verändern:
durch individuelle und situative Faktoren.

Folgende Variablen können positiven oder negativen Einfluß auf
die Gruppenleistung haben:

– Fähigkeiten und Kenntnisse der einzelnen Gruppenmitglieder
– Motivation und Einstellung der Gruppenmitglieder, z.B. Einstellung zur Arbeit, Leistungsmotivation usw.
– Emotionaler Zustand der Gruppenmitglieder, z.B. Interesse, Desinteresse, Unzufriedenheit usw.
– Zwischenmenschliche Beziehungen zwischen den Gruppenmitgliedern, z.B. Konkurrenz-Gefühle, Kooperationsbereitschaft, Inter-
  gruppen-Konflikte u.ä.
– Äußere Bedingungen (vorgegebene Arbeitsaufgabe, räumliche und
  zeitliche Umstände, Einfluß von übergeordneten Vorgesetzten
  usw.),

wobei die situativen Randbedingungen und die personellen Voraussetzungen sich wechselseitig beeinflussen und sowohl hemmenden wie auch fördernden Einfluß auf die Gruppenleistung haben.

Eine gut eingespielte Gruppe bezeichnet man als Team. Bei der
Teamentwicklung geht es um die Motivationslage und die Einstellung
der Individuen in der Gruppe sowie um die Beziehungen untereinander.

Für die Team-Entwicklung lassen sich folgende Ziele aufstellen:

– Klärung der Aufgabe des Teams und seiner Rolle innerhalb der
  Organisation,
– Verbesserung der Zusammenarbeit mit anderen Arbeitsgruppen
  innerhalb der Organisation,
– Analyse und Verstehen der in der Gruppe ablaufenden Prozesse,
  z.B. der Wechselwirkung zwischen Sach- und Beziehungsproblemen,

- Entwickeln von ,,Spielregeln" und Verfahren zur besseren Bewältigung von Problemen auf der Sach- und der Beziehungsebene,
- Bewußtmachen der gegenseitigen Abhängigkeit der Gruppenmitglieder und Stärkung des gegenseitigen Beistands,
- Entwickeln der Kommunikation zwischen den Gruppenmitgliedern,
um die Effektivität zu erhöhen,
- Entwickeln und Einüben von Regeln zu konstruktiver Bearbeitung
von Konflikten,
- Verteilen und Akzeptieren der Rolle eines jeden Gruppenmitglieds.

Im folgenden werden beispielhaft einige Analyse- und Interventionstechniken dargestellt, durch die eine Gruppe sich entwickeln
und die Effizienz ihrer Arbeit systematisch verbessern kann. Die Beachtung der für die OE wichtigen Prinzipien und Methoden setzen
wir dabei voraus.

Als Auswahl werden folgende Maßnahmen kurz beschrieben:

1) Problem-Inventur
2) Überprüfung der Gruppeneffektivität
3) Blitzlicht
4) Stimmungsbarometer
5) Befindlichkeitsfragebogen
6) Fragebogen zur Teamentwicklung
7) Interaktionsspiele und gruppendynamische Übungen
8) Feedback
9) Konfliktgespräche in Gruppen
10) Rollenverhandeln
11) Vereinbarung gemeinsamer Spielregeln.

1) Problem-Inventur

Eine gebräuchliche Art, vorhandene Probleme zu ermitteln, besteht
darin, daß die Gruppenmitglieder zunächst individuell und unbeeinflußt die von ihnen wahrgenommenen Probleme aufschreiben, und
zwar jedes Problem auf eine eigene Karte (Kartenabfrage). Diese
Karten werden anschließend gesammelt und auf einer Stellwand für
alle sichtbar angeheftet. Dabei werden die Karten bereits nach Problemfeldern geordnet und nach Möglichkeit durch ein Stichwort zusammengefaßt.

Die so aufgelisteten Probleme oder Problemfelder werden dann
durch die Gruppenmitglieder bewertet, indem jeder Teilnehmer eine
Anzahl Klebepunkte, die ihm zur Verfügung gestellt werden, an die
Probleme klebt, die ihm wichtig erscheinen. Die Bearbeitung der Probleme erfolgt dann nach Auszählen aller Punkte in der Reihenfolge
der gemeinsam festgelegten Priorität.

Inhaltlich kann es sich bei den von der Gruppe benannten Problemen um verschiedene Bereiche handeln, z.B.:

- kritische Vorfälle: Reklamationen, Unfälle, Fluktuation, Fehlzeiten,
- Spannungen in Gruppen: Streitereien und Beschwerden, Ineffektivität,
- negative Veränderungen in der Produktivität: Ausschuß, Qualitätsverschlechterung, Absinken der Produktionszahlen.

2) Überprüfung der Gruppeneffektivität

Die Gruppe stellt bei einem Treffen fest, in welche Richtung sie geht und wie erfolgreich sie ist. Das Vorgehen wird durch folgende Schritte gekennzeichnet:

1) Individuelle Vorarbeit besteht in der Beantwortung folgender Fragen:
   - Was hindert die Gruppe daran, so wirkungsvoll zu sein, wie sie es sich wünscht?
   - Was hindert Sie persönlich daran, so wirkungsvoll zu sein, wie Sie es gern möchten?
   - Was gefällt Ihnen an Ihrer Gruppe so, daß Sie es erhalten möchten?
   - Was möchten Sie ändern, um die Funktionsweise der Gruppe zu verbessern?
2) Die individuellen Antworten werden zusammengetragen und visualisiert.
3) Durch Gewichtung der Antworten werden Schwerpunkte gebildet, die dann weiter bearbeitet werden können.
4) Dann tritt man in den Problemlösungsprozeß ein, der in die Entwicklung eines Veränderungs- oder Handlungsplanes einmünden kann: genaue Beschreibung der Aufgaben, der dazu benötigten Zeit und der dafür verantwortlichen Person (Wer tut was, wann bzw. bis wann).
5) In einem späteren Treffen wird überprüft, wie weit die beschlossenen Maßnahmen realisiert worden sind.

Wichtig ist bei diesem Verfahren, daß nicht nur die Sach-, sondern auch die Beziehungsebene in den Diagnose- und Problemlösungsprozeß einbezogen wird.

3) Blitzlicht

Dies ist eine gute Methode, den augenblicklichen Stimmungszustand, eventuelle Störungen und die Motivation in einer Gruppe zu erfassen und alle Gruppenmitglieder gleicherweise zu beteiligen.

Jeder Teilnehmer sagt der Reihe nach in wenigen Sätzen, wie er sich in diesem Augenblick fühlt, was er denkt und was er gern machen möchte.

Auswertungsgesichtspunkte sind dann:

– Gibt es Störungen, die zu besprechen sind?
– Sind Bedürfnisse nicht berücksichtigt worden?
– Soll in der Gruppe etwas geändert werden?

Oft wird durch ein Blitzlicht eine Diskussion ausgelöst, die alle in gleicher Weise interessiert. So kann ein „Toter Punkt" überwunden und die vielleicht ermüdete oder auseinanderdriftende Gruppe wieder in Schwung gebracht und zentriert werden.

4) Stimmungsbarometer

Gibt es Schwierigkeiten in der Gruppe, Gefühle verbal auszudrücken, und will man sich mit einer schnellen „Temperaturmessung" begnügen, wird gelegentlich folgendes Mittel angewandt:

Auf einer übersichtlichen Skala, die der vergrößerten Abbildung eines Thermometers ähnlich sieht, wird von jedem Teilnehmer der Gruppe nach einer Arbeitseinheit durch einen beliebig zu placierenden Klebepunkt sichtbar gemacht, wie seine Stimmung war, nämlich tief (gelangweilt, schlechtlaunig, „sauer") oder hoch (heiter, schwungvoll, engagiert). Durch die Verteilung der Stimmungspunkte wird deutlich, wie die Gruppenatmosphäre ist und welchen Schwankungen das Gruppenklima unterliegt. Die Stimmungsschwankungen lassen sich über mehrere Arbeitseinheiten in Form einer „Fieberkurve" graphisch verfolgen.

Eine Variante des Stimmungsbarometers stellt ein Koordinatenkreuz das, das auf der Abszisse die Funktion „Leistung", auf der Ordinate die Funktion „Spaß" darstellt, zwei Komponenten, die bei vielen Gruppenarbeiten eine Rolle spielen, sich aber gegenseitig nicht ausschließen. Auch bei dieser Variante erhalten die Gruppenmitglieder Klebepunkte, die sie in der vorgegebenen Matrix – ihren Eindrücken entsprechend – placieren können.

5) Befindlichkeitsfragebogen

Um den Stimmungszustand der Mitglieder einer Gruppe genauer zu ermitteln und besprechbar zu machen, kann mit einer Vorgabe gearbeitet werden, z.B. Polaritätsprofil (Abb. 41).

Gruppe . . . .   Datum . . . .

Ich fühle mich heute in der Gruppe:

	deut-lich	mittel	eher	eher	mittel	deut-lich	
1. unterlegen							überlegen
2. selbst-kontrolliert							impulsiv
3. resigniert							hoffnungsvoll
4. nachdenklich							lebhaft
5. kämpferisch							fliehend
6. geschützt							ausgeliefert
7. zurückhaltend							draufgängerisch
8. behaglich							unbehaglich
9. fremd							vertraut
10. pudelwohl							elend
11. verwirrt							durchblickend
12. unverstanden							verstanden
13. souverän							kindlich-hilflos
14. verunsichert							selbstsicher
15. spontan							zögernd

Abb. 41 Befindlichkeitsfragebogen

6) Fragebogen zur Team-Entwicklung

Es sind die verschiedensten Fragebögen üblich, die meist auf die Beantwortung folgender Fragen hinzielen:

---

1. Ausmaß des gegenseitigen Vertrauens

Großes gegen-
seitiges
Mißtrauen

Großes gegen-
seitiges Vertrauen

2. Art der Kommunikation

vorsichtig,
verdeckt

frei und
offen

3. Ausmaß der gegenseitigen Unterstützung

jeder für
sich

Hilfsbereitschaft
auf allen Seiten

4. Klarheit der Gruppenziele

unklar,
unverstanden

klar,
verständlich

5. Reaktion auf Konflikte innerhalb der Gruppe

Konflikte werden
ignoriert, unter-
drückt

Konflikte werden
offen und frei-
mütig besprochen

6. Nutzung der Fähigkeiten der Gruppenangehörigen

Fähigkeiten wer-
den genutzt

Fähigkeiten
liegen brach

7. Art der Kontrolle

Kontrolle von
außen

Selbstkontrolle

8. Arbeitsatmosphäre

unfrei,
Konformitäts-
zwang

frei, kollegial,
Rücksicht auf
Individualität

Abb. 42 Fragebogen zur Team-Entwicklung (*McGregor* 1967, S. 172)

- Wie fühle ich mich in dieser Gruppe?
- Wie weit sind mir die Ziele und Aufgaben klar?
- Bin ich bereit, die Arbeit konstruktiv zu unterstützen?
- Glaube ich, daß die anderen mitmachen?
- Sind alle bereit, offen zu sagen, was sie denken?
- Bekam ich Hilfe, wie ich sie gebraucht hätte?

Die Bogen werden meist anonym ausgefüllt, ausgewertet und in ein Ablaufdiagramm eingetragen. Durch die offene Darstellung der Ergebnisse wird das Gruppenklima für alle transparent.

Eine Variante bietet der Fragebogen auf S. 250, der – wiederholt angewandt – den Fortschritt in den Gruppenbeziehungen besonders deutlich macht. (Abb. 42).

7) Interaktionsspiele und gruppendynamische Übungen

Bei der Zusammenarbeit in Gruppen ergeben sich oft Schwierigkeiten derart, daß ein Gruppenmitglied bestimmte Informationen zurückhält, oder Erklärungen gibt anstatt Fakten zu nennen, oder daß Wahrnehmungs- und Beziehungsprobleme die sachliche Arbeit behindern. Hier können gezielte Interventionen eingesetzt werden, die vom Berater und Moderator gesteuert werden: bestimmte Interaktionsspiele, gruppendynamische Übungen oder auch Methoden wie die Themenzentrierte Interaktion (TZI), Rollenspiele, Psychodrama usw. Es gibt eine Vielzahl solcher Übungen wie ,,Kontrollierter Dialog", ,,Quadrat-Übung", ,,Kooperation in Gruppen" usw. Solche Übungen können als Lernschritte für die verschiedensten Problembereiche angewandt werden: als ,,Eisbrecher" in der Anfangsphase einer Gruppenarbeit, zur Erschließung von unterdrückten Konflikten, zur Einleitung einer kreativen Phase, zur Stimulation von Wettbewerb, zur Erleichterung von Entscheidungsprozessen, zum Umgang mit Macht und Status. Eine gute Übersicht über Interaktionsspiele und gruppendynamische Übungen gibt *Weber* (1981).

Interaktionsspiele reproduzieren auf vereinfachende Weise die Struktur wirklicher Lebens- und Gruppensituationen. Sie können als ,,Augenöffner" wirken oder wie eine Lupe bzw. wie ein Brennglas bestimmte Probleme deutlich werden lassen.

8) Feedback

Ein wichtiges Mittel, die Gruppenmitglieder zu veranlassen, sensibler aufeinander zu achten und sich mit den Verhaltensweisen der anderen Gruppenmitglieder ebenso wie mit dem eigenen Verhalten auseinanderzusetzen, liegt darin, nach Ablauf von Gruppenprozessen die eigenen Wahrnehmungen zur Sprache zu bringen. Feedback ist die Widerspiegelung des wahrgenommenen Verhaltens an denjenigen, der dieses Verhalten gezeigt hat.

Die mit Feedback bezeichneten Vorgänge können als Schlüssel für soziale Lernprozesse angesehen werden (*Bradford* u.a. 1972, S. 45). Die Regeln nach denen Feedback ablaufen sollte, sind u.a. bei *Schwäbisch* und *Siems* (1974, S. 68 ff.) eingehend beschrieben.

In der Praxis hat es sich bewährt, darauf hinzuweisen, daß derjenige, der Feedback zu bekommen wünscht, es aufgeschlossen und offen entgegennehmen soll, und zwar möglichst ohne selbst Stellung zu nehmen; er soll sich nicht verteidigen, nicht rechtfertigen und braucht sein Verhalten auch nicht zu erklären.

Die Bedingungen, nach denen Feedback gegeben werden soll, lassen sich in drei K's zusammenfassen:

Feedback soll sein

● *konkret*
Die wahrgenommenen Verhaltensweisen müssen konkret beschrieben werden, so wie sie wahrgenommen wurden. Sie sollen nicht interpretiert, verallgemeinert (Eigenschaften!) oder bewertet werden.

● *kurz*
Feedback sollte sich auf wenige wichtige Eindrücke beschränken, die unmittelbar Erlebtes knapp und präzise wiedergeben. („So und so hat das auf mich gewirkt.").

● *konstruktiv*
Feedback soll nur gegeben werden, wenn es erwünscht ist. Negatives Feedback wird ungern angenommen oder nur dann, wenn es mit positivem Feedback in einem ausgewogenen Verhältnis steht. Kurz: Man kann Kritik nur vertragen, wenn man auch Kredit hat. Eine in der Praxis bewährte Regel lautet: Einem negativen Punkt sollten mindestens zwei positive gegenüberstehen.

9) Konfliktgespräche in Gruppen

Bei der Zusammenarbeit in Gruppen kommt es immer wieder zu Meinungsverschiedenheiten und zu Interessenkollisionen. Die Konflikte in der Gruppe können so stark werden, daß die Gruppe zerbricht oder einzelne Mitglieder ausscheren. Andererseits sind die Möglichkeiten, Konflikte kooperativ zu lösen, größer, als gewöhnlich angenommen wird. Schwierigkeiten liegen meist darin, daß ein Gruppenmitglied versucht, dem anderen seine Wünsche „auszureden", anstatt den Versuch zu machen, den anderen zu verstehen. Es kommt deshalb bei Konfliktgesprächen vor allem darauf an, daß vorhandene Verschiedenheiten akzeptiert werden und daß Verständnis für die unterschiedlichen Interessen vermittelt wird, bis diese völlig transparent sind. Erst dann, wenn alle Gruppenmitglieder das Gefühl haben, daß die anderen verstehen, was sie eigentlich wollen, sollte an mögliche Lösungen gedacht werden. *Schwäbisch* und *Siems* (1974, S. 136 f.) schlagen für das Konfliktgespräch folgende Vorgehensweise vor:

1. Anmeldungen der Störungen

Ein Gruppenmitglied spricht davon, was es in der Gruppe stört. Es soll dabei seine Gefühle direkt ausdrücken und den anderen Gruppenmitgliedern keinen Vorwurf und kein schlechtes Gewissen für seine Störung machen.

2. Summierung der verschiedenen Meinungen zu dem Punkt

Die anderen Gruppenmitglieder stellen nun ihre Meinungen dar. Dabei sollen alle diese verschiedenen Einstellungen zu dem Konfliktpunkt additiv nebeneinandergestellt werden, das heißt mit der Haltung: „Du bist der Meinung, *und* ich bin dieser Meinung." Die Gruppenmitglieder sollten darauf achten, daß sie nicht das Spiel spielen: „Meine Meinung ist besser als deine."

3. Herausarbeiten der Hintergrundsbedürfnisse

Das Gruppenmitglied, das zunächst seine Störung geäußert hat, erhält die Gelegenheit, seine Bedürfnisse weiter zu klären und alle seine Gefühle zu äußern, die mit dem Punkt zusammenhängen. Auch die anderen Gruppenmitglieder sollten ihre Hintergrundsbedürfnisse klären können. Wichtig ist dabei, daß zunächst nicht an Lösungen gedacht wird und es in dieser Phase nur darum geht, erst einmal zu hören und zu verstehen, was denn die verschiedenen Motive und Interessen sind. . . .

4. Formulierung von Wünschen

Alle Gruppenmitglieder formulieren ihre Störungen und ihren Ärger in Wünsche um. Diese Wünsche müssen ganz konkret sein, so daß die anderen auch Stellung dazu nehmen können. Auf den Wunsch: „Ich wünsche mir, daß du netter zu mir wirst", kann man zum Beispiel schwerer reagieren als auf den Wunsch: „Ich wünsche mir, daß du nicht mehr ironisch lachst, wenn ich etwas erzähle."

5. Brainstorming über mögliche Lösungen

Alle Gruppenmitglieder nehmen an einem Brainstorming teil, bei dem alle möglichen Lösungsmöglichkeiten aneinandergereiht werden, ohne daß sie auf ihre Praktizierbarkeit untersucht werden. Es soll also kein Vorschlag kritisiert werden, und es sollen so viele Vorschläge wie möglich aufgezählt werden. Diese können lustig sein oder unsinnig; dadurch wird die Phantasie angeregt.

6. Bemühung, eine Lösung zu finden, die alle zufriedenstellt

Die Gruppe bemüht sich, sich auf eine Lösung zu einigen, die alle oder die meisten Gruppenmitglieder befriedigt. Die Wahrscheinlichkeit für ‚gute' Lösungen ist jetzt recht groß, da die Gruppenmitglieder sich verstanden fühlen und im Laufe des Konfliktgesprächs gemerkt haben, daß die anderen ihre Interessen wichtig nehmen und darüber nachdenken. Sie sind deswegen auch selbst bereit, sich auf Kompromisse zu einigen – zumal jetzt die sachlichen Gesichtspunkte realistischer aufgenommen werden können.

10) Rollenverhandeln

Zur Klärung der gegenseitigen Verhaltenserwartungen und zur Überbrückung der Interessengegensätze bietet sich folgende Vorgehensweise an:
   Ein Gruppenmitglied wird in den Mittelpunkt der Diskussion gestellt, um seine Rolle transparent zu machen und ihre Verzahnung
mit den Rollen der anderen zu verdeutlichen.

Man geht in folgender Weise vor:

- Die Zentralperson beschreibt ihre Tätigkeit aus eigener Sicht.
- Dann beschreiben die anderen Gruppenmitglieder der Reihe nach,
  wie sie die Tätigkeit der Zentralperson sehen und welche Aufgaben diese auszuführen hat.
- Danach gibt die Zentralperson an, was sie von den anderen Gruppenmitgliedern an Zuarbeit benötigt, um die eigene Arbeit gut
  leisten zu können.
- Anschließend geben alle Gruppenmitglieder der Reihe nach an,
  was sie an Zuarbeiten von der Zentralperson benötigen, um ihre
  Arbeit gut durchführen zu können.

Dieses Verfahren kann der Reihe nach bei jedem Gruppenmitglied
durchgeführt werden. Die Ergebnisse können auch schriftlich festge-
halten und evtl. in die Arbeitsplatzbeschreibungen eingearbeitet werden. Wichtiger ist jedoch, daß jedem Gruppenmitglied klar wird, daß
eine effiziente Arbeitsleistung nur in einem Miteinander möglich ist.
Natürlich sind gegenseitige Zugeständnisse notwendig.
   Bei einem anderen, ähnlichen Verfahren füllt jedes Mitglied der
Gruppe einen Bogen aus, auf dem folgende Fragen vorgegeben sind:

- Was soll der andere mehr oder besser tun?
- Was soll der andere weniger oder nicht mehr tun?
- Was soll der andere unverändert tun?

Auf diese Weise erfährt jedes Gruppenmitglied, wie die anderen
seine Arbeitsaufgabe sehen und was sie von ihm erwarten. Jeder
kann für seine Position auf einem Flip-Chart die Antworten auf diese
Fragen zusammenstellen. Die Fremdbeschreibungen des eigenen Arbeitsfeldes werden gegenseitig präsentiert, diskutiert und ggf. ergänzt.
Davon ausgehend können verbleibende Unterschiede in den Auffassungen ausdiskutiert und Präzisierungen in den Tätigkeitsfeldern vorgenommen werden. Dies kann dann in das nächste Verfahren einmünden.

11) Vereinbarung gemeinsamer Spielregeln

Zwischen Menschen gibt es „Spielregeln", die das Miteinander gestalten. Meist sind diese Spielregeln uns gar nicht bewußt, sie sind Selbstverständlichkeiten, die nicht hinterfragt werden. Durch die vorgenannten Verfahren werden solche Spielregeln offen dargelegt und können nach einer Diskussion in veränderter Form festgelegt werden. Es geht hier um das Aushandeln und Festlegen von Regeln der Zusammenarbeit. Unterschiedliche Erwartungen werden ausdiskutiert, aufeinander abgestimmt und schließlich in einem Kontrakt festgelegt. Solche Kontrakte können nur in gegenseitigem Einvernehmen geschlossen werden. Jeder Mitarbeiter muß die Gelegenheit haben, auch „nein" sagen zu können. Ein solcher Kontrakt soll enthalten:

− die jeweilige Rolle und die Rollenerwartungen,
− die Verantwortlichkeiten für bestimmte Tätigkeiten und
− die Konsequenzen bei Nichteinhaltung der Regeln.

Es ist zweckmäßig, solche „Kontrakte" nach bestimmten Zeitabständen zu überprüfen, um sicherzustellen, daß die Spielregeln wirklich eingehalten oder im Hinblick auf neue Situationen abgewandelt werden.

2.2.3 Bearbeitung von Problemen zwischen Gruppen
Methoden zur Intergruppen-Entwicklung

Je nach Ausgangslage der zwischen verschiedenen Gruppen (Abteilungen, Betrieben) bestehenden Spannungen und Konflikte bieten sich verschiedene Strategien und Interventionen an, z.B.:

1) Intergruppen-Entwicklung
2) Konfrontationstreffen
3) Dritt-Partei-Schlichtung
4) Kooperations-Kontrakt.

1) Intergruppen-Entwicklung

Blake und *Mouton* (1962) entwickelten ein Konzept, um Spannungen zwischen Gruppen (z.B. Unternehmern und Gewerkschaften) abzubauen.

1) Sie machten die Mitglieder der Gruppen mit dem Phänomen der Gruppenkonkurrenz vertraut.
2) Innerhalb der Gruppen wird über Einstellungen und Wahrnehmungen diskutiert, die sich auf die eigene und auf die andere Gruppe beziehen.

3) Die Repräsentanten der beiden Gruppen treffen sich, wobei Mitglieder ohne Eingriffsrecht der beiden Gruppen teilnehmen. Thema des Treffens: Beschreibung des Eigen- und Fremdbildes.
4) In der eigenen Gruppe werden die Diskrepanzen zwischen Eigenbild und dem der von der anderen Gruppe entworfenen Bild besprochen. Es wird versucht, die Unterschiede zu verstehen.
5) Treffen der Repräsentanten. Gegenstand des Gespräches: Korrektur der Wahrnehmungsverzerrungen und Herausarbeiten der unterschiedlichen Positionen.
6) Danach beginnt die eigentliche Verhandlung
   − gemeinsame Feststellung der Probleme
   − Lösung der Probleme.

Kommt es nicht zu einer gemeinsamen Lösung, erhalten die Repräsentanten und ihre Gruppen die Aufgabe, eine Liste möglicher Lösungen aufzustellen. Dadurch soll die Polarisierung auf jeweils eine Position vermieden werden.

Ziele dieses Vorgehens:

− Abbau emotionaler Spannungen zwischen den Gruppen
− Abbau der Wahrnehmungsverzerrungen
− Klarstellung der Positionen
− Gleichzeitige Entwicklung der Gruppen und der Repräsentanten.

Weitere Intergruppenaktivitäten kann man bei *Pfeiffer* und *Jones* (1977−1979) finden.

2) Das Konfrontationstreffen

Nach *Beckhard* (1975) sollte ein solches Treffen dann durchgeführt werden, wenn ein Bedürfnis zur Untersuchung der eigenen Arbeitsweise besteht, insbesondere dann, wenn nur wenig Zeit vorhanden ist und Veränderungen schnell stattfinden sollen. Hierzu ist allerdings die Unterstützung des Top-Managements notwendig. Es muß an der Lösung der bestehenden Probleme interessiert sein, um die Realisierung der erarbeiteten Lösungen zu gewährleisten. Diese beiden Punkte sind wichtig, weil sonst bei negativen Erfahrungen kaum Interesse für eine ernsthafte Bearbeitung der Probleme erreicht werden kann.

Das Konfrontationstreffen läuft in sieben Phasen ab:

Phase 1: Klima schaffen.
Phase 2: Informations-Sammlung.
Phase 3: Informations-Weitergabe.
Phase 4: Setzen von Prioritäten, Planung von Gruppenaktionen.
Phase 5: Gemeinsame Aktionsplanung.

Phase 6: Nachfolge-Treffen des Top-Managements
Phase 7: Erfolgskontrolle.

Phase 1: Klima schaffen: In dieser Phase geht es hauptsächlich um
die Eröffnung des Treffens. Wichtig ist hierbei, daß das Top-Management bei dieser ersten Erörterung der Probleme beteiligt wird. Der
Berater erfragt die Ziele, Erwartungen und Hintergründe aller am
Problem beteiligten Gruppen. Ziel dieser Phase ist eş, alle Teilnehmer für die Problemlösung zu motivieren. Manchmal erweist es sich
als zweckmäßig, daß der Berater dem Teilnehmerkreis schon einige
Informationen vermittelt über Interaktionsprozesse, Kooperation
und Möglichkeiten zur Konfliktlösung. Entscheidend ist, daß ein
gutes Arbeitsklima entsteht.

Phase 2: Informations-Sammlung: Die Teilnehmer werden in kleine
Gruppen aufgeteilt, die *nicht* den Funktionsgruppen entsprechen sollen, die auch im Alltag zusammenarbeiten. Es soll vielmehr darauf
geachtet werden, daß in jeder Gruppe Vertreter verschiedener Funk-
tionsbereiche mitwirken, damit unterschiedliche Meinungen zum Zuge
kommen. Für die Kommunikation zwischen den Mitgliedern ist es
wesentlich, daß kein Vorgesetzter in den Gruppen ist, der die Informationen womöglich filtert oder stark beeinflussen könnte.
  Die gebildeten Gruppen beschreiben und definieren die Probleme. Dabei können auch die vermuteten Ursachen für die Probleme erörtert werden. Neben den Schwierigkeiten können auch
Idealvorstellungen entwickelt werden.

Phase 3: Informations-Weitergabe: Die Ergebnisse der Arbeitsgruppen werden in einer Plenumsveranstaltung untereinander ausgetauscht.
Dazu präsentiert ein Vertreter jeder Gruppe die Arbeitsergebnisse
und stellt sie zur Diskussion. Die wesentlichen Ergebnisse müssen
visualisiert werden (Flip-chart, Stellwände usw.), damit alle voll informiert sind. Dann werden die verschiedenen Probleme der Reihe
nach diskutiert. Der Berater moderiert dabei so, daß nach Möglichkeit im Teilnehmerkreis eine einheitliche Meinung über die bestehenden Probleme zustandekommt.

Phase 4: Setzen von Prioritäten, Planung von Gruppenaktionen: In
dieser Phase werden neue Gruppen gebildet, die nun den jeweiligen
Funktionsbereichen entsprechen und ihre Vorgesetzten dabei haben.

Drei Aufgaben sind zu bearbeiten:

1. Auswahl der wichtigsten Probleme, die den eigenen Bereich betreffen. Diese Probleme werden bearbeitet; es werden Lösungsvorschläge entwickelt.

2. Auswahl der Probleme, die man aus eigener Kraft nicht lösen kann, die vielmehr dem Top-Management vorgetragen werden müssen.
3. Planung des Transfers, speziell der Weitergabe der erarbeiteten Ergebnisse an die eigenen Mitarbeiter.

Phase 5: Gemeinsame Aktionsplanung: Die Gruppen treffen sich wieder im Plenum. Jede Gruppe präsentiert die

— Überlegungen zur Lösung der Probleme im eigenen Bereich,
— die Liste der Probleme, die das Top-Management angeht,
— die Pläne für die Informationsweitergabe an die eigenen Mitarbeiter.

Die anschließende Diskussion dient der Abstimmung der erarbeiteten Aktionspläne zwischen den verschiedenen Bereichen. Das Top-Management nimmt zu den Vorschlägen Stellung und schlägt notfalls einige Änderungen vor. Beispielsweise können Projektgruppen gebildet werden, die bestimmte Probleme weiterbearbeiten.

Phase 6: Nachfolge-Treffen des Top-Management: Die Geschäftsleitung trifft sich, um die Ergebnisse noch einmal zu sichten und entsprechende eigene Maßnahmen zu planen, die die Aktionen der Mitarbeiter erleichtern oder unterstützen. Außerdem werden Zusammenhänge zwischen verschiedenen Änderungsschritten geklärt, um eine Gesamtbewegung des Systems zu gewährleisten, die zur Erhöhung der Effizienz führt. Die Ergebnisse des Nachfolge-Treffens gibt das Top-Management an alle beteiligten Funktionsgruppen weiter.

Phase 7: Erfolgskontrolle: Nach einigen Wochen (Monaten) werden in einer Plenums-Sitzung die bisher vorliegenden Ergebnisse und die bisherigen Erfahrungen referiert. Dabei werden auch eventuell noch bestehende Probleme dargestellt und Lösungsmöglichkeiten erörtert. In der Regel werden auch weiterführende Maßnahmen beraten und beschlossen.

Wichtig sind auch die *Nebeneffekte* eines solchen Konfrontationstreffens. Durch die gemeinsame Arbeit in Gruppen werden informelle Beziehungen aufgebaut, die das Arbeiten in und zwischen Gruppen erleichtern. Dadurch können langfristige Wirkungen erzielt werden, die der Gesamtorganisation zugute kommen.

3) Dritt-Partei-Schlichtung

Bei auftretenden Konflikten in und zwischen Gruppen besteht immer die Gefahr, daß sie eskalieren und außer Kontrolle geraten. Um das zu verhindern, ist es erforderlich, daß ein „neutraler Dritter" für die Lösung der Konflikte eingeschaltet wird.

Nach dem deutschen Betriebsverfassungsgesetz von 1972 (§ 76 und § 108) ist ausdrücklich eine „Einigungsstelle" vorgesehen, die bei Meinungsverschiedenheiten zwischen der Geschäftsleitung eines Unternehmens und dem Betriebsrat dann in Anspruch genommen werden muß, wenn die Vertragsparteien sich nicht einigen können. Auch bei Tarifverhandlungen, in der Auseinandersetzung zwischen den Gewerkschaften und den Arbeitgeberverbänden, wird oft eine Schlichtungsstelle in Anspruch genommen, um einen Arbeitskampf zu beenden und die gesellschaftlichen Auswirkungen des Konflikts zu begrenzen.

Kennzeichnend für die Dritt-Partei-Schlichtung ist immer, daß der Prozeß der Konfliktbearbeitung über den Berater läuft und durch ihn strukturiert wird. Der Berater führt die Kontrahenten zunächst zu einer offenen Konfrontation. Das hat den Vorteil, daß die Ausgangslage klar wird und die Unterschiede (Forderungen, Meinungen, Interessen, Gefühle) der Konfliktparteien deutlich herausgestellt werden. Erst danach kann der Berater seine eigentliche Funktion — die Vermittlung zwischen den widerstreitenden Parteien — wahrnehmen.

Im einzelnen sieht der Ablauf etwa folgendermaßen aus (vergl. *Walton* 1969, S. 116 ff.):

a) Datensammlung
Der Berater sammelt bereits vorher in Form von getrennten Interviews Informationen über die Streitpunkte beider Parteien. Dadurch können von ihm hilfreiche Beziehungen zu jeder der beiden Parteien (nicht zwischen den streitenden Parteien) aufgebaut werden. Gleichzeitig erzeugt der Berater ein situatives Machtgleichgewicht.

b) Gestaltung der Vermittlungsverhandlung
Der Schlichter vereinbart ein Treffen zwischen den Konfliktparteien, das möglichst an einem neutralen Ort stattfinden soll. Dabei legt er eine Tagesordnung und das Vorgehen fest. Auch der Teilnehmerkreis wird genau fixiert.

c) Interventionen zu gemeinsamen Aussprachen
Bei dem vereinbarten Treffen strukturiert der Berater den Ablauf so, daß der Dialog zwischen den Konfliktparteien erleichtert wird. Der Berater beeinflußt die Auswahl der Probleme und die Reihenfolge. Er achtet darauf, daß bestimmte „Spielregeln" eingehalten werden, z.B. Einander ausreden lassen, keine persönlichen Angriffe, keine beleidigenden Äußerungen etc. Der Schlichter sorgt dafür, daß emotionale Spannungen zwischen den Konfliktparteien abgebaut werden. Das führt dazu, daß die sachlichen Differenzen nüchtern dargestellt und präzisiert werden. Dadurch wird die Bedeutung bestimmter Forderungen und ihrer möglichen Auswirkungen den Parteien klar bewußt. So wird eine Ausgangsbasis dafür geschaffen,

Kompromisse zu finden, und zwar zunächst für die Problempunkte, bei denen eine Annäherung sichtbar geworden ist. Hierdurch entsteht ein Prozeß, in dem nach und nach auch differierende Punkte konstruktiv diskutiert werden können. Die positive Erfahrung, daß man sich über bestimmte Punkte bereits einig ist, begünstigt die weitere Verhandlung. Für den Schlichter kommt alles darauf an, die ursprüngliche Gewinner-Verlierer-Situation durch das Aushandeln von Kompromissen allmählich in eine Gewinner-Gewinner-Situation zu überführen. Jede Partei erfährt, daß sie durch ihr Nachgeben auch Vorteile erhält.

d) Planung weiterer Treffen
Nicht immer führt das erste Treffen schon zu endgültigen Lösungen. Oft sind weitere Treffen erforderlich. Die gemeinsame Planung des nächsten Treffens und das Festlegen der Themen können ein weiterer Schritt zur Lösung der Probleme sein.

4) Kooperations-Kontrakt
Viele Spannungen und Konflikte zwischen Gruppen sind dadurch bedingt, daß die Funktionen, die Zuständigkeiten und die gegenseitigen Verpflichtungen nicht klar definiert sind oder sich unterschiedliche Auffassungen darüber verfestigt haben, wie man die ,,gemeinsamen" Ziele am besten erreichen kann. Emotionalisiert werden die unterschiedlichen Auffassungen dadurch, daß mit diesen Divergenzen unausweichlich bestimmte Macht- und Interessenfragen verbunden sind.

Die Vorgehensweise, solche Probleme zu lösen, ist analog der Verfahrensweise, die bei der Klärung von individuellen Rollen in Gruppen angewandt wird: dem ,,Rollenverhandeln" (vergl. Kap. 2.2.2, Pkt. 10).

Auch beim Koordinieren von abteilungsspezifischen Aufgaben, Rechten und Pflichten, wie sie die hier beschriebene Intergruppen-Intervention vorsieht, werden zunächst die eigenen Vorstellungen jeder Gruppe über sich und die andere Gruppe herausgearbeitet. Dies bezieht sich jeweils auf konkrete Tätigkeiten und Verantwortlichkeiten, die für die Zielerreichung wichtig sind. Es geht also um die Abklärung der gegenseitigen Verhaltenserwartungen. Es ist zu beschreiben, wie bestimmte Leistungen und Bearbeitungsabläufe, die für die eine wie für die andere Seite wichtig sind, gestaltet sein sollen. Dabei sollten die emotionalen Beziehungen zwischen den Abteilungen und einzelnen Personen so weit wie möglich ausgeklammert bleiben. Die Ergebnisse des Klärungsprozesses müssen von beiden Seiten präzisiert und schriftlich fixiert werden.

Die aufgelisteten Erwartungen und Forderungen werden dann verglichen und auf Übereinstimmung und Abweichungen überprüft. Über die Abweichungen muß so lange verhandelt werden, bis eine Übereinkunft erzielt worden ist. Dieser Verhandlungsprozeß ist äußerst konfliktreich und muß von einem Berater begleitet werden, damit ein Abgleiten in eine Gewinner-Verlierer-Situation verhindert wird.

Das Ergebnis dieser Verhandlung wird in einer vertragsähnlichen Form, dem Kooperations-Kontrakt, schriftlich festgelegt, damit beide Gruppen auf die neuen Formen der Zusammenarbeit verpflichtet werden und daran gebunden sind. Außerdem wird dadurch eine Überprüfung der Erfahrungen mit den neuen Abläufen und Verhaltensweisen ermöglicht.

Nach einer vorher vereinbarten Zeit der Erprobung treffen sich beide Gruppen erneut, um zu untersuchen, wie weit die ausgehandelten Vereinbarungen sich bewährt haben oder modifiziert werden müssen.

2.3 Individuen in Organisationen

Es gibt keinen Betrieb, der ohne das koordinierte Zusammenwirken von Menschen funktionieren würde. Andererseits scheint auch der einzelne Mensch, das Individuum, auf die Einbindung in leistungsorientierte Organisationen als zweckrationale Subsysteme unserer Gesellschaft angewiesen zu sein.

„In Organisationen sind Leistungen möglich, die ein unorganisiertes Zusammenwirken von Menschen nicht zu erbringen vermag. Diese Überlegenheit von Organisationen beruht auf Arbeitsteilung und Einsatz von Koordinationsmechanismen; komplexe Aufgaben werden in Teilaufgaben aufgespalten, die von Individuen bewältigt werden können. Und der Vollzug der Teilaufgaben wird so gesteuert, daß sich die individuellen Leistungen zu einer komplexen Gesamtleistung zusammenfügen. . . . Diese Effizienz wird durch eine Trennung von organisatorischem Zweck (Organisationsziele) und Motiv des Individuums erkauft: Individuen müssen in Organisationen Handlungen verrichten, die ihren ‚eigentlichen‘ Motiven nicht oder nur zum Teil entsprechen. . .“ (*Kieser* 1980, S. 864).

Aus dieser offen zutage tretenden Diskrepanz zwischen organisatorischen Zwecken und individuellen Zielen ergeben sich eine Reihe von Problemen für die Beziehung zwischen Individuum und Organisation. Andererseits ist nicht zu übersehen, daß es in unserer Gesellschaft eine Vielzahl von „Überbrückungsmechanismen“ gibt, die für eine Vermittlung zwischen den sehr verschiedenartigen Arbeitsaufgaben in allen möglichen Organisationen und den ebenso verschiedenartigen Motiven, Interessen und Befähigungen aller möglichen Menschen sorgen. Die Einbindung in mögliche Arbeitszusammenhänge wird dem Individuum von klein auf durch Schule und Elternhaus, durch Ausbildung und Berufserziehung vermittelt und durch die unmerkliche Sozialisation erleichtert: durch Orientierung an bestimmten soziokulturellen Werten, Normen und Prinzipien (z.B. Leistungsdenken, Gelderwerb, zweckrationales Handeln, Abhängigkeit von Hierarchie, Begabungsvorteilen, Funktionsnutzen usw.). Im konkreten Fall, bei der Einbindung in eine ganz bestimmte Organisation, ist es die Entsprechung zwischen den Anforderungen des Arbeitsplatzes und den eigenen Leistungsmöglichkeiten (Fähigkeiten, Fertigkeiten, Kenntnissen, Interessen) im Sinne der Eignung. Bei der Einbindung in eine Abteilung, eine Gruppe sind es die Sozialbeziehungen zu den Arbeitskollegen, zum Vorgesetzten, zur „Betriebsgemeinschaft", die, sofern sie zufriedenstellend verlaufen und mit den ungeschriebenen Gesetzen des Betriebes konvergieren, zur „Verkopplung von Organisation und Individuum" (*Türk* 1982) beitragen.

Die spezifische Beziehung, die eine Person aufgrund ihrer Einstellung und ihrer Situation in einer konkreten Organisation aufbaut, hat *Türk* (1981) eingehend untersucht und in einer Übersicht zusammengestellt (Abb. 43).

Viele Probleme der Beziehungen zwischen Individuum und Organisationsstruktur können besser verstanden werden, wenn man die Verhaltenserwartungen der Organisation an die Individuen als „Stelleninhaber" oder „Funktionsträger" im Sinne sozialer Rollen interpretiert (*Wiswede* 1977, *Kieser* u. *Kubicek* 1978, *Sievers* 1980). Die Rolle ist gewissermaßen das Bindeglied zwischen Individuum und Organisation.

„Für die Organisation hat dies den Vorteil, daß nur Teile der Erwartungen an Organisationsmitglieder formalisiert werden müssen: Wie ein Buchhalter sich zu verhalten hat, ist den für eine solche Stelle sich bewerbenden Personen schon weitgehend klar." (*Kieser* 1980, S. 868).

Aber auch für das Individuum ermöglichen Rollen eine Distanzierung: Das Individuum kann auf die Rollenhaftigkeit seines Verhaltens verweisen und die Ich-Identität auch aufrechterhalten, wenn die Rollenanforderungen seinem Selbstbild widersprechen (*Türk* 1976, *Kieser* 1980).

Was die Motivations-Problematik angeht, die sich aus den Beziehungen zwischen Individuum und Organisation ergeben, so sieht der Ist-Zustand in der Regel so aus:

Das Individuum bedient sich der betrieblichen Möglichkeiten, um seine eigenen Ziele zu erreichen (Einkommen, Weiterkommen, soziale Sicherheit) ebenso wie der Betrieb sich des Individuums zur

	instrumentalische Einbindung	bürokratische Einbindung	professionalistische Einbindung	organisationspolitische Einbindung
Orientierungsobjekte	positive oder negative Sanktionen, z.B. Einkommen, Freizeit	Organisationszwecke, Verfahren	Berufsstandards, „Berufsethos"	organisationale Ziele und Werte
Erfolgsdefinition	über Grad des Erreichens von Gratifikationen bzw. Vermeiden von Deprivationen	über Erreichung von Bestands- und Funktionsinteressen	über berufliche Vervollkommung und Leistung	über Verwirklichung organisationaler Ziele und Werte
affektive Bindung a.d. Betrieb	eher neutral bis negativ	eher positiv	eher neutral bis positiv	positiv
Zeitperspektive	eher kurz	eher kurz	eher lang	eher lang
normative Verhaltenskontrolle	durch Regeln und Sanktionen	durch Organisationsloyalität	durch Berufskollegen als Normsender und Erfolgskontrolleure	durch Internalisierung von Leitideen
Autoritätsgrundlage	Verfügungsmacht über Sanktionsmittel	Amtsposition	Expertenschaft	Identifikation oder Charisma
Einflußmittel	sekundäre bzw. extrinsische Sanktionsmittel	verfahrensbezogene Sanktionen, wie Titel, Laufbahn, formelle Belobigung, Disziplinarmaßnahmen	Anerkennung von Arbeitserfolg, Gewährung von Freiräumen	Partizipation, individuelle Zurechnung von Zielerreichung

Abb. 43 Verhaltenskorrelate organisationaler Einbindungsmuster (*Türk* 1981, S. 285)

Erfüllung seiner betrieblichen Ziele bedient. Eine unmittelbare Ziel- und Interessen-Kopplung wird dabei kaum erreicht. Die Überlappung ist gering — nur jeweils mittelbar und äußerlich. Es gibt nur ein geringes beiderseitiges Engagement.

Eine vollständige Interessen-Identität zwischen Individuum und Organisation wird nie erreichbar sein und ist wohl auch nicht wünschenswert. Bei der Erfüllung der Bedürfnisse des Individuums spielt nicht nur die „Arbeit" eine Rolle. Bei vielen Menschen liegt die Erfüllung außerhalb der Arbeit — in ihrer Familie zum Beispiel (*Gross* 1971, S. 277). Selbstverwirklichung kann auch durch „kreativen" Konsum und aktive Freizeitgestaltung erreicht werden (*Naase* 1978, S. 78).

Trotzdem ist die Arbeit für die meisten Menschen — wie die Erfahrungen mit Arbeitenden, aber auch Erfahrungen mit Arbeitslosen zeigen — die Hauptquelle ihrer Zufriedenheit und Unzufriedenheit (*Groskurth* 1979, *Jahoda* 1983). Aus diesem Grund kommt allen Bemühungen, die Anforderungen der Organisation mit den Bedürfnissen und Interessen des Individuums in Einklang zu bringen, besondere Bedeutung zu.

Je weniger eine Organisation die Bedürfnisse und Interessen ihrer Mitglieder befriedigt, desto häufiger treten Konflikte zwischen den Organisationsmitgliedern und der Organisation auf. Und je weniger die Bedürfnisse und Interessen der Organisationsmitglieder mit den Anforderungen und Normen der Organisation korrespondieren, desto größer ist das Ausmaß des Konfliktes zwischen Organisationsmitgliedern und der Organisation (*Naase* 1978, S. 78 f.).

Das Kernproblem ist aber nicht so sehr der Konfliktfall. Das Problem liegt vielmehr in der Gleichgültigkeit vieler Organisationsmitglieder, nämlich darin, daß sie sich für die betrieblichen Zielsetzungen überhaupt nicht oder nur wenig interessieren. Andererseits interessiert sich aber „der Betrieb" auch nicht für das Individuum. Gerade diesen Aspekt des gegenseitigen menschlichen und sachlichen Interesses füreinander rückt die OE in den Vordergrund.

Neben den „Karriere"-Wünschen, neben Lohn und Gehalt und guten Beziehungen zu Vorgesetzten und Arbeitskollegen, die von der Organisation durch eine individuelle Einsatzplanung zu beeinflussen sind, spielen die vielfältigen, hier nicht zu behandelnden Möglichkeiten der Arbeitsgestaltung (job design) eine große Rolle zur Verbesserung der Arbeitssituation des Individuums in der Organisation. Die Methoden des gezielten Arbeitsplatzwechsels (job rotation), der Ausweitung des Aufgabenbereichs (job enlargement) und die Anreicherung der Aufgaben mit Entscheidungsbefugnissen (job enrichment) sind von der Arbeitswissenschaft hinreichend beschrieben (*Rühl* 1973, *Ulich* 1979 u.a.) und in Projekten zur Humanisierung des Arbeitslebens planmäßig gefördert worden.

Trotzdem hat man den Eindruck, daß alle Maßnahmen auf diesem Gebiet nur statisches Stückwerk bleiben, wenn sie nicht mit innovativen Prozessen, welche zugleich die Lernbereitschaft und die Kooperationsfähigkeit der Organisationsmitglieder fördern, kombiniert sind. Es ist sogar eine offene Frage, ob das, was hier für den Menschen getan wird und aus Sicht der Ergonomie-Abteilungen auch berechtigt erscheint, von den durch diese Maßnahmen Betroffenen auch wirklich gewünscht wird. Auch hier liegt das Kernproblem darin, daß die Beschäftigten zunächst am betrieblichen Geschehen und an ihrer eigenen Weiterentwicklung interessiert werden müssen.

Unsere These: Auch Maßnahmen des job design kommen für die Organisation ebenso wie für das Individuum nur dann voll zur Wirkung, wenn sie eingebettet sind in einen Prozeß der OE.

Praktisch bedeutet das — im Hinblick auf das Individuum:

— Intensive Bemühungen um Information, Mitwirkung und Mitbeteiligung der Mitarbeiter, insbesondere durch Förderung der Gruppenarbeit.

— Bemühungen um eignungsgemäßen Arbeitseinsatz, der sich von der Rekrutierung und Selektion über Einsatz, Einführung und Unterweisung bis zu einer kontinuierlichen Personalentwicklung erstreckt.

— Permanente Qualifizierung der Mitarbeiter nicht nur in fachlicher Hinsicht, sondern auch im Hinblick auf das Erlernen bestimmter Arbeits- und Kommunikationstechniken (z.B. Methoden zur Problemlösung und zur Förderung der sozialen Kompetenz, Zusammenarbeit in Gruppen usw.).

— Unterstützung des Individuums bei der Lebens- und Laufbahnplanung, und Beratung bei persönlichen Problemen und bei der Realisierung notwendiger Veränderungen.

Einige Methoden und Maßnahmen, die den einzelnen Mitarbeiter direkt betreffen, werden in den folgenden Kapiteln ansatzweise beschrieben. Selbstverständlich lassen auch die Interventionen, die bei den Eingriffsbereichen „Organisation" und „Gruppen" dargestellt sind, das Individuum nicht unbeeinflußt.

Individuelle Förderungsmaßnahmen werden heute schon in vielen fortschrittlichen Unternehmen betrieben. Sie haben jedoch im Kontext eines umfassenden OE-Programms einen anderen Stellenwert. So kann es nicht verwundern, daß den gruppenorientierten Analysen und Interventionen auch im Rahmen dieses Buches mehr Raum gegeben ist als den ausschließlich auf das Individuum ausgerichteten Maßnahmen.

2.3.1 Permanente Qualifizierung der Mitarbeiter

Wenn man OE als Lernprozeß von Organisationen betrachtet, setzt dies lernende Organisationsmitglieder voraus. Dies Lernen der Organisationsmitglieder muß jedoch von der Organisation ermöglicht und organisiert werden. Die Lernprozesse müssen auch weit über das hinausgehen, was herkömmlich an Ausbildungsmaßnahmen oder Fortbildungsmaßnahmen in Organisationen geboten wird. Durch die Institutionalisierung solcher Lernprozesse soll ein kooperatives System entstehen, in dem die Autonomie und Integrität der Individuen gewährleistet bleibt (*Beckhard* 1972).

Betrachtet man dieses Ziel unter inhaltlichen Aspekten, so werden bestimmte Themenbereiche für eine OE relevant, die es in Lernprozessen aufzugreifen gilt.

Die Organisationsmitglieder sollen befähigt werden

1) ihr Fachgebiet zu beherrschen, also funktionsbezogene Kenntnisse und Fertigkeiten anzuwenden, die zur Lösung der aktuellen und zukünftigen Aufgaben erforderlich sind (Fach-Kompetenz),
2) Probleme zu erkennen, zu bearbeiten und die erarbeiteten Lösungen in die Praxis umzusetzen (Methoden-Kompetenz),
3) besser miteinander zu kommunizieren, zu kooperieren und Konflikte konstruktiv zu lösen (Sozialkompetenz).

Wir können den fachlichen Bereich, auf den sich die traditionellen Schulungsmaßnahmen in Betrieben und Institutionen konzentrieren, hier vernachlässigen. Dafür erhalten − im Hinblick auf OE − die beiden letzten Bereiche um so größeres Gewicht:

− In sachlich-methodischer Hinsicht müssen die Mitglieder einer Organisation trainiert werden, Probleme darzustellen und systematisch an einer Lösung der Probleme mitzuarbeiten. Die Systematik des Problemlösens soll dabei helfen, Zielsetzungen, Auffassungen, Interpretationen usw. transparent zu machen. Deshalb müssen die Mitarbeiter mit Methoden der Informationsbeschaffung, der Problemanalyse und Entscheidungsfindung und mit Interpretationsmodellen vertraut gemacht werden. Darüber hinaus geht es um die Erschließung des kreativen Potentials der Individuen, damit brauchbare Lösungsansätze gefunden werden. Das Einüben von kreativen Techniken kann dabei eine wesentliche Hilfe sein.

− Im Hinblick auf eine bessere Kommunikation und Kooperation ist es erforderlich, daß Individuen sowie Gruppen Meinungen und ihre Gefühle darstellen und offen austauschen können. Dies stellt die Basis für eine systematische Bearbeitung von zwischenmenschlichen und sachlichen Problemen dar. Mit dem Aussprechen einer

Unzufriedenheit, die dann weiter durch ein Gespräch präzisiert wird, entsteht meist erst eine Situation, welche die Erfassung und Klärung des dahinter stehenden Problems möglich macht. Es geht hier nicht um die Schaffung eines konfliktfreien Arbeitens – dies ist nicht möglich –, sondern darum, Konflikte faßbar, für alle transparent und damit auch lösbar zu machen. Gefühle darstellen und Feedback geben können, kann gelernt und geübt werden durch gruppendynamische Trainingsformen. Darüber hinaus müssen auch Kenntnisse über Konflikte und ihre Verläufe erarbeitet und konfliktlösende Vorgehensweisen eingeübt werden. Hierin liegt die besondere Bedeutung von spezifischen Verhaltenstrainings.

Solche Fähigkeiten und Fertigkeiten müssen gelernt und geübt werden. Meist kann nicht davon ausgegangen werden, daß gerade diese Kompetenzen von den Mitarbeitern in Organisationen eingebracht werden.

Auf die Durchführung von Schulungs- und Trainingsmaßnahmen kann hier nicht näher eingegangen werden. Hier sollen nur die für alle Fälle wichtigen Schritte zur Entwicklung und Realisierung solcher Qualifizierungsprozesse vergegenwärtigt werden.

Ausgangspunkt sind immer Probleme der Praxis, die (besser) gelöst werden sollen. Dazu müssen vorab die Erfahrungen und Bedürfnisse der möglichen Teilnehmer geklärt werden. Es müssen operationale Lernziele festgelegt, die Lerngruppe abgegrenzt und analysiert und der Lernstoff strukturiert werden. Wesentlich ist daher die methodische Aufbereitung (Lernablauf, Zeitplanung, Lehr- und Lernmittel, Medien). Schließlich muß der Lernerfolg ermittelt und der Transfer gesichert werden.

Es geht dabei jeweils um folgende Fragen:

1) *Wofür* – *Wozu* soll gelernt werden?
2) *Wer* soll zur Erreichung dieses Zieles lernen?
3) *Was* soll er lernen, um das Ziel zu erreichen?
4) *Wie* soll das Lernen organisiert werden?
5) *Womit* – *Wodurch* soll gelernt werden?
6) *Wodurch* soll festgestellt werden, *Wieviel* gelernt wurde?
7) *Woran* kann der Nutzen nachgewiesen werden?

Wichtig ist in diesem Zusammenhang noch der Hinweis, daß bei allen Qualifizierungsmaßnahmen das Individuum nicht nur als Einzelperson, sondern immer im Zusammenhang mit der Personengruppe gesehen werden muß, mit der es in Beziehung steht. Als Wirkung von Trainingsmaßnahmen ist also nicht nur die Funktionstüchtigkeit des einzelnen, sondern zugleich auch die Funktionsfähigkeit der organisatorischen Einheit zu sehen, in der und für die das Individuum tätig ist.

Praktisch bedeutet das, daß schon für die Erhebung des Trainings-
bedarfs Instrumentarien zu entwickeln sind, die nicht nur auf die
Einzelperson, sondern auf die Beziehungen der Einzelpersonen zur
Organisation und zu den Organisationszielen ausgerichtet sind. Beispielsweise sollten die Mitarbeiter nicht „an sich" besser kooperieren
können, sondern „in der eigenen Abteilung" oder „mit anderen Bereichen". Dazu müssen sie möglicherweise auch über die Fachaufgaben
dieser Nachbarbereiche besser informiert werden. Insofern erhält auch
die bisher nur spezialistisch ausgerichtete Fachkompetenz rückbezüg-
lich, unter dem Blickpunkt erhöhter Methodenkompetenz und besserer Sozialkompetenz, ein anderes Gesicht. Die Lernziele sind jeweils
in Abhängigkeit voneinander zu sehen. So ist es durchaus denkbar,
daß künftig zwei verschiedene Bereiche mit Hilfe von aktiven Lehr-
und Lernmethoden in die Lage versetzt werden, sich gegenseitig über
ihr Fachgebiet zu informieren (z.B. technisches Wissen für Kaufleute,
kaufmännisches Wissen für Ingenieure) und damit gleichzeitig die
Intergruppenbeziehung zu verbessern, Vorurteile abzubauen und die
Kooperation zu fördern.

Insofern hat die Trainingsarbeit für OE eine echte Methodenfunk-
tion. Sie ist oder kann sein

● Vorfeldarbeit zur OE,
● Initialzündung für OE,
● integrierende Kraft bei OE.

Aber: Training ist dann mehr als nur Training. Es ist dann nicht
mehr:

− Fachtraining, das Fachkompetenz vermittelt,
− Methodentraining, das Methodenkompetenz vermittelt,
− Verhaltenstraining, das Sozialkompetenz vermittelt,

sondern alles zugleich und noch mehr, nämlich angewandtes Pro-
blemlösungstraining, das für alle Beteiligten − für Individuen, Gruppen und Organisation − in gleicher Weise nützlich ist.

2.3.2 Organisationsinterne Einsatzplanung

In allen Organisationen werden Personen eingestellt, ausgebildet und
ihren Fähigkeiten entsprechend an bestimmten „Arbeitsplätzen" eingesetzt; da „sitzen" sie dann und erledigen die anfallenden Arbeiten.
Wir müssen davon ausgehen, daß diese Methode des „geregelten Ar-
beitseinsatzes" doch mit vielerlei Zufälligkeiten, Willkür und Halb-
herzigkeiten verbunden ist, mit einem allmählichen „Sich-begnügen"
auf beiden Seiten, auf Seiten des Individuums ebenso wie auf der

Seite der Organisation. Die Unzufriedenheit mit dem Betrieb, das „Leiden an der Arbeit" ist zwar außerordentlich unterschiedlich, aber — zumindest in der Industrie — noch weit verbreitet. Ausgesprochene „Freude an der Arbeit" ist demgegenüber eher die Ausnahme als die Regel.

Bei der OE kommt es darauf an, eine „Feinabstimmung" zwischen Mensch und Organisation schon im Prozeß der Einstellung eines Mitarbeiters, also möglichst früh, zu erreichen. Das Augenmerk der Organisation darf nicht nur auf die „Zwangslage" gerichtet sein, offene Stellen möglichst „irgendwie" zu besetzen (Zufälligkeit des Bedarfs und des Angebots!). Es kommt vielmehr schon bei der Stellenausschreibung und erst recht bei der Rekrutierung von Bewerbern für diese Stellen darauf an, möglichst solche Individuen — und *nur* solche Individuen — zu finden, die für die zu besetzenden Positionen die erforderlichen Fähigkeiten und Kenntnisse, aber auch ein echtes Interesse und die nötige Lernbereitschaft mitbringen. Über die fachliche Eignung hinaus ist es wichtig, zu erkunden, ob der neue Mitarbeiter in den Betrieb „paßt", ob er mit den anderen Mitarbeitern zusammenarbeiten und seine Leistungsfähigkeit voll einbringen kann.

Für jedes Individuum ist der Eintritt in eine ihm fremde Organisation ein einschneidendes Erlebnis. Der neue Mitarbeiter hat eine Reihe von Erwartungen, die er zu verwirklichen hofft. Wird er eine ihm zusagende Arbeit erhalten? Was verdient er? Findet er sympathische Arbeitskollegen? Wird er sich mit dem Vorgesetzten verstehen? Gibt es Aufstiegsmöglichkeiten? Wird er (wenn nötig) eine nahe gelegene Wohnung finden?

Oft hat der Bewerber eine vertraute Umgebung verlassen, um sich zu verbessern oder um ungünstigen Verhältnissen aus dem Wege zu gehen. Die neuen Arbeitsbedingungen sind für ihn meist ungewohnt. Ganz natürlich entsteht ein Gefühl der Unsicherheit.

Auf der anderen Seite ergeben sich auch für den Betrieb mehrere Fragen: Wo kann der neue Mitarbeiter sinnvoll eingesetzt werden? Über welche beruflichen Kenntnisse und Erfahrungen verfügt er? Kann er später eine höherwertige Arbeit übernehmen?

Es ergeben sich somit Ungewißheiten über den Erfolg der Einstellung. Ein Mitarbeiter, der schon nach kurzer Zeit wieder ausscheidet, verursacht dem Betrieb erhebliche Kosten. Er hat selbst auch Unannehmlichkeiten. Ein Mitarbeiter jedoch, der bleibt, obwohl ihm die Arbeit nicht paßt und ihm der Betrieb nicht gefällt, ist für den Betrieb eine noch größere Belastung.

Am Anfang einer Einstellung besteht also auf beiden Seiten das Bedürfnis nach Information:

- Der Betrieb will die Befähigung und Fertigkeiten, die Erfahrungen und Kenntnisse des Neuen kennenlernen.
- Der Neue möchte etwas über die Arbeit und den Betrieb, über die Verdienst- und Aufstiegsmöglichkeiten wissen.

Die Klärung dieser Fragen ist für beide Teile von Vorteil:

- Der Betrieb erfährt, was zu tun ist, um den Neuen richtig einzusetzen und ihn sobald wie möglich zu einem voll leistungsfähigen Mitarbeiter zu machen.
- Dem neuen Mitarbeiter wird durch die Darstellung der Arbeitsbedingungen eine Vorstellung davon gegeben, was er erwarten kann.

Zur Klärung der gegenseitigen Erwartungen gibt es — schon von Anfang an — keinen anderen Weg als den der möglichst offenen und ehrlichen Information, und zwar der „Information auf Gegenseitigkeit". Ein jeder soll wissen, woran er ist.

Die Organisation muß sich intensiv mit dem einzelnen Mitarbeiter, und der einzelne ebenso intensiv mit der Organisation auseinandersetzen, der er dann angehört.

Unter solchen Umständen wäre es falsch, die Einstellung und Eingliederung neuer Mitarbeiter — und später die Förderung der Mitarbeiter — dem Zufall oder der Bereitwilligkeit einzelner Vorgesetzter zu überlassen. Es ist notwendig, planvoll und systematisch vorzugehen. Dabei stellen sich — unter organisationspsychologischer Akzentuierung — eine Reihe von Aufgaben, die durch die Stichworte: Bedarfsklärung, Rekrutierung, Einstellung, Einführung, Ausbildung, Fortbildung und Förderung nur grob umschrieben sind.

Die organisationsinterne Einsatzplanung, die schon die Eignungsfeststellung im Sinne einer individuellen Beratung handhabt und spätere Beurteilungen als Gelegenheiten zur „Manöverkritik" und zur weiteren Persönlichkeitsentwicklung ansieht, kann hier nicht im Detail beschrieben werden. Sie stellt sich — im Gegensatz zur herkömmlichen Personalverwaltung — idealtypisch dar als eine „mitmenschliche Personalberatung", deren Vertreter sich dem Leitbild der OE verpflichtet fühlen. Sie trägt der Arbeitszufriedenheit und der Leistungsentfaltung der Mitarbeiter in gleicher Weise Rechnung wie den Zielen und Erfordernissen der Organisation.

Ausschnittsweise soll hier eine Teilaufgabe der Einsatzplanung, die *individuelle Laufbahnberatung,* kurz beschrieben werden.

Die individuelle Förderung eines Mitarbeiters durch die Organisation muß von folgenden Fragen ausgehen:

1) Welche Aufgaben hat der Mitarbeiter zur Zeit und wie nimmt er sie wahr? Wie hat sich der Mitarbeiter bisher entwickelt? Wie sieht er seinen eigenen Standort? Welche Fähigkeiten bringt er

mit und wie kann er sie nutzen? Wo und auf welche Weise möchte er künftig tätig sein?

2) Welche Perspektiven kann ihm das Unternehmen bieten? Welche Anforderungen müssen jetzt und in Zukunft erfüllt werden, und wie können daraus — für beide Seiten — akzeptable Zielsetzungen entstehen?

3) Wie kann das Unternehmen, speziell die Einsatzplanung, im Sinne der OE dazu beitragen, den Mitarbeiter lernbereit und die Organisation (Gruppe, Abteilung, Betrieb) lern- und anpassungsfähig zu halten?

Wichtige Anhaltspunkte für die Beratung und Förderung bieten regelmäßige Gespräche und Befragungen der Mitarbeiter durch legitimierte Beauftragte der Organisation. Diese Gespräche müssen von jeglichen Sanktionen oder Disziplinierungsversuchen frei gehalten werden. Es kommt darauf an, ein klares Bild über die Wünsche und Interessen des einzelnen Mitarbeiters, aber auch über den Grad der Zufriedenheit oder Unzufriedenheit mit seiner derzeitigen Arbeitssituation zu erhalten.

Die Lokalisierung von ,,Störungen" in der Beziehung von Individuum und Organisation kann durch einen Fragenkatalog erfolgen, wie er z.B. von *Zaleznik, Dalton* und *Barnes* (1970) erarbeitet wurde.

Ermittlung des Zufriedenheitsgrads mit der Laufbahnsituation im Unternehmen

a) Wenn Sie die Entwicklungsmöglichkeiten Ihrer Laufbahnsituation hinsichtlich Ihres Potentials und Ihrer Fähigkeiten mit denen anderer vergleichen, inwieweit stellen Sie diese Möglichkeiten zufrieden?

   - Ich bin sehr zufrieden mit meinen Möglichkeiten.
   - Ich bin einigermaßen zufrieden mit meinen Möglichkeiten.
   - Ich bin etwas unzufrieden mit meinen Möglichkeiten.
   - Ich bin sehr unzufrieden mit meinen Möglichkeiten.

b) Inwieweit entspricht Ihrer Meinung nach Ihr Gehalt der Ihnen übertragenen Verantwortung und den Aufgaben, die Ihre Position bereit hält?

   - In Anbetracht meiner Verantwortung und meiner Aufgaben glaube ich, daß mein Gehalt wesentlich höher sein sollte.
   - In Anbetracht meiner Verantwortung und meiner Aufgaben glaube ich, daß mein Gehalt etwas höher sein sollte.
   - In Anbetracht meiner Verantwortung und meiner Aufgaben glaube ich, daß mein Gehalt meiner Position entspricht.

- In Anbetracht meiner Verantwortung und meiner Aufgaben glaube ich, daß mein Gehalt etwas zu hoch ist.

c) Inwieweit sind Sie mit Ihrem derzeitigen Vorgesetzten zufrieden, wenn Sie Ihre allgemeinen Erfahrungen mit früheren Vorgesetzten vergleichen?

- Sehr zufrieden
- Einigermaßen zufrieden
- Etwas unzufrieden
- Sehr unzufrieden.

d) Inwieweit sind Sie mit Ihrem unmittelbaren Vorgesetzten hinsichtlich seines Fachwissens und seiner Fähigkeit, Vorschläge zu unterbreiten, Entscheidungen zu treffen, Stellungnahmen abzugeben usw., in Ihrem Arbeitsbereich zufrieden?

- Sehr zufrieden
- Einigermaßen zufrieden
- Etwas unzufrieden
- Sehr unzufrieden.

e) Inwieweit sind Sie mit den Führungseigenschaften Ihres unmittelbaren Vorgesetzten und den Anregungen, die er Ihnen bei Ihrer Arbeit gibt, zufrieden?

- Sehr zufrieden
- Einigermaßen zufrieden
- Etwas unzufrieden
- Sehr unzufrieden

f) Inwieweit sind Sie mit den charakterlichen Eigenschaften Ihres unmittelbaren Vorgesetzten wie Verständnis, Aufrichtigkeit und Entgegenkommen zufrieden?

- Sehr zufrieden
- Einigermaßen zufrieden
- Etwas unzufrieden
- Sehr unzufrieden

g) Inwieweit entsprechen diejenigen, mit denen Sie – abgesehen von Ihrem Vorgesetzten – regelmäßig und sehr eng zusammenarbeiten, Ihren Vorstellungen?

- Sie entsprechen fast völlig meinen Vorstellungen.
- Manchmal entsprechen sie nicht meinen Vorstellungen, aber generell bin ich mit ihnen zufrieden.
- In manchen wichtigen Dingen entsprechen sie nicht meinen Vorstellungen, und im allgemeinen verhalte ich mich neutral ihnen gegenüber.

   – In vielen wichtigen Dingen entsprechen sie nicht meinen Vorstellungen, und generell bin ich mit ihnen nicht zufrieden.

h) Inwieweit kann Ihnen nach Ihrer Meinung und Ihren Vorstellungen Ihre Position in dem Unternehmen, in dem Sie gegenwärtig beschäftigt sind, zukünftige Entwicklungsmöglichkeiten bieten?

   – Sie bietet mir meinen Vorstellungen entsprechende und darüber hinausgehende Möglichkeiten.
   – Die Möglichkeiten entsprechen nicht völlig meinen Vorstellungen, sind aber ausreichend, um mich zufriedenzustellen.
   – Die Möglichkeiten müßten etwas größer sein, um mich zufriedenzustellen.
   – Die Möglichkeiten müßten bedeutend größer sein, um mich zufriedenzustellen.

i) Falls Ihnen ein anderes Unternehmen eine Position zu Bedingungen anböte, die mit den jetzigen weitestgehend übereinstimmen, inwieweit würden Sie ernsthaft einen Wechsel in Betracht ziehen?

   – Ein derartiges Angebot wäre sehr interessant, und ich würde mir einen Wechsel bestimmt überlegen.
   – Ich wäre interessiert und würde einen Wechsel nicht ausschließen.
   – Ich wäre interessiert, glaube jedoch nicht, daß ich den Wechsel vornähme.
   – Das Angebot würde mich keineswegs interessieren.

k) Wenn Sie sich mit Kollegen und Bekannten und deren Laufbahnsituation vergleichen, inwieweit sind Sie mit Ihrer Situation zufrieden?

   – Sehr zufrieden
   – Einigermaßen zufrieden
   – Etwas unzufrieden
   – Sehr unzufrieden.

l) Am Anfang Ihres Berufslebens hatten Sie – vielleicht vage – Vorstellungen darüber, wie erfolgreich Sie bis zur heutigen Zeit sein würden. Wenn Sie diese Erwartungen mit Ihrer jetzigen Situation vergleichen, inwieweit sind Sie dann zufrieden?

   – Meine Karriere verlief weit besser, als ich erwartet hatte.
   – Meine Karriere verlief etwas besser, als ich erwartet hatte.
   – Meine Karriere verlief nicht genau so, wie ich es erwartet hatte, aber der Unterschied zwischen meinen Erwartungen und dem Erreichten ist gering.
   – Meine Karriere verlief nicht so, wie ich es erwartet hatte, und es besteht ein riesiger Unterschied zwischen meinen Erwartungen und dem Erreichten.

m) Inwieweit sind Sie mit der Sicherheit Ihres Arbeitsplatzes und Ihrer Arbeit im Unternehmen zufrieden (vorausgesetzt, Sie führen Ihre Aufgaben zufriedenstellend aus)?

- Sehr zufrieden
- Einigermaßen zufrieden
- Etwas unzufrieden
- Sehr unzufrieden

n) Inwieweit sind Sie mit dem Prestige Ihrer Abteilung gegenüber anderen Führungsfunktionen und Aufgabenbereichen im Unternehmen zufrieden?

- Sehr zufrieden
- Einigermaßen zufrieden
- Etwas unzufrieden
- Sehr unzufrieden

o) Inwieweit sind Sie mit Ihrer Abteilung als einem maßgebenden, erfolgreichen Bereich im Vergleich zu anderen Führungsfunktionen und Aufgabenbereichen in der Wirtschaft zufrieden?

- Sehr zufrieden
- Einigermaßen zufrieden
- Etwas unzufrieden
- Sehr unzufrieden

p) Inwieweit stellt Sie das Prestige zufrieden, das Ihre Arbeit im Unternehmen in Ihrer Umwelt, bei Freunden und Bekannten findet?

- Sehr zufrieden
- Einigermaßen zufrieden
- Etwas unzufrieden
- Sehr unzufrieden

r) Inwieweit sind Sie mit den Informationsquellen zufrieden, die Ihnen in Ihrer Abteilung geboten werden?

- Sehr zufrieden
- Einigermaßen zufrieden
- Etwas unzufrieden
- Sehr unzufrieden.

s) Inwieweit sind Sie mit den vorhandenen Möglichkeiten zufrieden, eigene Ideen zu verwirklichen und Eigeninitiative zu ergreifen?

- Sehr zufrieden
- Einigermaßen zufrieden

- Etwas unzufrieden
- Sehr unzufrieden

t) Inwieweit sind Sie mit den Möglichkeiten zufrieden, die Ihnen bei der Anwendung neuer Erkenntnisse und Durchsetzung neuer Richtungen in Ihrer Abteilung geboten werden?

- Sehr zufrieden
- Einigermaßen zufrieden
- Etwas unzufrieden
- Sehr unzufrieden

u) Inwieweit sind Sie mit der Anerkennung zufrieden, die Ihre Arbeit im Unternehmen erzielt?

- Sehr zufrieden
- Einigermaßen zufrieden
- Etwas unzufrieden
- Sehr unzufrieden.

Die einzelnen Fragen stehen jeweils für die Zufriedenheit mit unterschiedlichen Aspekten der Laufbahnsituation:

Frage b	– Zufriedenheit mit dem gegenwärtigen Einkommen
Fragen k und l	– Zufriedenheit mit der bisherigen Laufbahn
Fragen a, h, s, t, u	– Zufriedenheit mit der gegenwärtigen Tätigkeit (einschließlich der sich bietenden Entwicklungsmöglichkeiten)
Fragen n, o, p, r	– Zufriedenheit mit dem Unternehmen
Fragen c, d, e, f	– Zufriedenheit mit dem unmittelbaren Vorgesetzten
Fragen i und m	– Zufriedenheit mit den Aussichten auf eine sichere Zukunft im Unternehmen
Frage g	– Zufriedenheit mit den Mitarbeitern.

Bei der Auswertung einer solchen Befragung der Organisationsmitglieder ergeben sich nicht nur Ansätze zur Beratung des einzelnen, sondern auch Anhaltspunkte zur Verbesserung der organisatorischen Bedingungen. So kann die Unzufriedenheit eines Mitarbeiters mit der gegenwärtigen Tätigkeit eine Neustrukturierung des Arbeitsplatzes, eine Arbeitsplatzbereicherung oder die Schaffung eines neuen Arbeitsplatzes zur Folge haben – Interventionen, die sich auch aus der Befragung ausscheidender Mitarbeiter ergeben können.

2.3.3 Förderung der beruflichen Weiterentwicklung

Es gehört zu den Aufgaben der OE, die Organisationsmitglieder menschlich und beruflich zu fördern − auch über die Grenzen der eigenen Organisation hinaus, sogar um den Preis eines Wechsels in ein anderes Unternehmen.

Das Individuum soll sich klar werden über den eigenen beruflichen Standort, seine Interessen, seine Pläne − und Sehnsüchte − und sei-

---

Die Teilnehmer sammeln so viele Antworten zu den 7 Fragen, die unten genannt sind, wie möglich. Die Fragen beziehen sich auf die Einstellung der Teilnehmer zu Werten und auf die Möglichkeiten, die die Teilnehmer zur Verwirklichung dieser Werte haben. Ein praktisches Verfahren bei der Beantwortung besteht in folgendem:

1. Die Teilnehmer nehmen sich einige Zeit, um so viele Antworten niederzuschreiben, wie ihnen ein langes Nachdenken einfallen. Je spontaner die Teilnehmer reagieren, desto besser.
2. Die Teilnehmer vergleichen ihre Antworten mit denen der anderen Gruppenmitglieder. Vielleicht bekommen sie dadurch Anregungen zur Erweiterung ihrer eigenen Liste.
3. Die Teilnehmer benutzen die anderen Gruppenmitglieder als Berater, um sich eingehender mit der Aufgabe auseinanderzusetzen und ggf. neue Gesichtspunkte zu finden.

Dies sind die 7 Fragen:

1) Wann fühle ich mich im Beruf ganz glücklich? Welche Dinge, Ereignisse oder Tätigkeiten vermitteln mir das Gefühl, daß es sich wirklich lohnt, diesen Beruf auszuüben?
2) Was beherrsche ich wirklich? Welche Fähigkeiten habe ich bis zu einer gewissen Vollkommenheit ausgebildet? Was tue ich für meine eigene berufliche Entfaltung und Zufriedenheit?
3) Was muß ich in meiner gegenwärtigen Situation noch lernen, um meine Vorstellungen und Ansprüche zu verwirklichen?
4) Welche Wünsche sollte ich jetzt in Pläne umsetzen? Gibt es Träume, die ich früher als unrealistisch abgetan habe, die ich eigentlich wieder aufgreifen sollte?
5) Welche unterentwickelten oder falsch angewandten Mittel und Möglichkeiten habe ich? (Materialien, Talente, Verbindungen oder anderes).
6) Womit sollte ich jetzt gleich anfangen?
7) Womit sollte ich jetzt gleich aufhören?

Abb. 44 Berufliche Lebensbilanz

ne Entwicklungsmöglichkeiten. Hierzu gibt es eine Reihe von Übungen, die nicht so sehr auf die Organisation, als vielmehr auf das Individuum ausgerichtet sind und die teilweise wieder in Gruppen durchgeführt werden. Prototypisch soll hier eine Übung zur Laufbahnplanung wiedergegeben werden (Abb. 44) (*Pfeiffer* und *Jones* 1970, *Antons* 1974).

Literatur

Adam, J., E.R. Schmidt: Gemeindeberatung. Gelnhausen/Berlin/Freiburg 1977

Antons, K.: Praxis der Gruppendynamik. Göttingen 1974

Argyris, Ch.: Personality and organization. New York 1957

Argyris, Ch.: Understanding Organizational Behaviour. Homewood/Ill. 1960

Argyris, Ch.: Interpersonal competence and the organizational effectiveness. Homewood/Ill. 1962

Argyris, Ch.: Integrating the individual and the organization. New York 1964

Argyris, Ch.: Das Individuum und die Organisation: Einige Probleme gegenseitiger Anpassung. In: *Türk, K.* (Hrsg.): Organisationstheorie. Hamburg 1975, S. 215–233

Ashby, R.: An Introduction to Cybernetics. London 1956

Bales, R.F.: Interaction process analysis. A method of the study of small groups. Cambridge 1950

Bartölke, K., J. Rettenmeier, R.F. Wilfer: Veränderungen in der Arbeitssituation eines Betriebes der holzverarbeitenden Industrie unter Mitwirkung der Betroffenen. In: *Trebesch, K.* (Hrsg.): Organisationsentwicklung in Europa. Bd. 1 B., Bern/Stuttgart 1980, S. 187–232

Bass, B.M.: Organizational Psychology. Boston 1965

Becker, H.: Gruppendynamik und Arbeitsorganisation. Zeitschrift für Arbeitswissenschaft, 29, 1975/H. 3, S. 146–150

Becker, H.: Organisationsentwicklung und Gruppendynamik in der betrieblichen Praxis. Der Betriebswirt (DBw), Zeitschrift für angewandte Wirtschaftswissenschaften, 1977/H. 4, S. 93–99 u. 121–123

Becker, H.: Organisationsentwicklung, Zeitschrift für Arbeitswissenschaft, 31, 1977/H. 4, S. 203–208

Becker, H.: Organisationsentwicklung in der Praxis. In: *Neubauer, R., L.v. Rosenstiel* (Hrsg.): Handbuch der angewandten Psychologie. München 1980, S. 869–894

Becker, H.: Krisen als Herausforderung – Was nutzt Organisationsentwicklung? Zeitschrift für Organisation (ZFO) Heft 5–6/1982, S. 276–282

Beckhard, R.: Organisationsentwicklung, Strategien und Modelle. Bad Homburg v.d.H. 1972

Beckhard, R.: Die Konfrontationssitzung. In: *Bennis/Benne/Chin* (Hrsg.): Änderung des Sozialverhaltens. Stuttgart 1975, S. 402–412

Bennis, W.G.: Organisationsentwicklung. Ihr Wesen, ihr Ursprung, ihre Aussichten. Bad Homburg v.d.H. 1972

Bennis, W.G., K.D. Benne, R. Chin (Hrsg.): The Planning of Change. New York 1969, 2. Aufl., deutsch: Änderung des Sozialverhaltens. Stuttgart 1975

Bennis, W.G., M.A. Shepard: A theory of group development. Human Relations 9, 1956, S. 415–437

Berkel, K.: Wandel in der Einstellung zur Arbeit? Vorbereitende Überlegungen zur Erfassung des subjektiven Arbeitsverständnisses. Psychologie und Praxis. H. 4/1983, S. 150–159

Bernard, J.: The sociological study of conflict. In: International Sociological Association (Hrsg.): The nature of conflict. Paris 1957, S. 33–117

Bertalanffy, L.v.: General System Theory. In: *N.J. Demarath, R.A. Peterson* (Hrsg.): System, Change and Conflict. New York 1967

Berthel, J.: Zielorientierte Unternehmenssteuerung. Die Formulierung operationaler Zielsysteme. Stuttgart 1973

BJU, Bundesverband Junger Unternehmer (Hrsg.): Heute für morgen Initiative mobilisieren. Ein Leitfaden der Organisationsentwicklung. Bonn 1978

Blake, R.R., J.S. Mouton: Overevaluation of own group's product in intergroup competitions. Journal of Abnormal and Social Psychology, 1962, Vol. 64.3, S. 237–238

Blake, R.R., J.S. Mouton: Managing Intergroup Conflicts in Industry. Houston/Tex. 1965

Blake, R.R., J.S. Mouton: Verhaltenspsychologie im Betrieb. Düsseldorf/Wien 1968, 2. Aufl.

Blake, R.R., J.S. Mouton: Aufbau dynamischer Unternehmen mit Hilfe der Verhaltensgitter-Organisationsentwicklung. Bad Homburg v.d.H. 1972

Bleicher, K.: Die Entwicklung eines systemorientierten Organisations- und Führungsmodells der Unternehmung. Zeitschrift für Organisation (ZfO) 39/1970, S. 3–8, 59–63, 111–120, 166–176

Bleicher, K.: Unternehmensentwicklung und organisatorische Gestaltung. Stuttgart, New York 1979

Bleicher, K., E. Meyer: Führung in der Unternehmung. Reinbeck bei Hamburg 1976

Böhm, J.: Einführung in die Organisationsentwicklung. Heidelberg 1981

Bödiker, M.L., W. Lange: Gruppendynamische Trainingsformen. Hamburg 1975

Botkin, J.W., M. Elmandjra, M. Malitza: Das menschliche Dilemma. Zukunft und Lernen. Club ob Rome. Bericht über die achtziger Jahre. Hrsg.: *A. Peccei,* Wien/München/Zürich/Innsbruck

Bowers, D.G.: OD Techniques and their results in 23 organizations. The Michigan ICL Study. Journal of Applied Behavioral Science, Volume 9, Nr. 1, 1973

Bradford, L.P., J.R. Gibb, K.D. Benne (Hrsg.): T-Group theory and Laboratory method. Innovation in reeducation. New York 1964, deutsch: Gruppentraining. Stuttgart 1972

Brinkmann, E.: Innovationsgruppen beim Betrieblichen Vorschlagswesen. Personal – Mensch und Arbeit. H.1/1976, S. 52–55

Brinkmann, E., G. Rehn: Betriebliches Vorschlagswesen und Organisationsentwicklung. Personal – Mensch und Arbeit. H.1/1978, S. 6–9

Buchanan, P.C.: Crucial Issues in Organizational Development. In: *G.L. Lippitt, L.E. This, R.G. Bidwell:* Optimizing human resources: Reading in indidual and organization development. London 1971, S. 171–189

Cartwright, D.: Studies in social power. Ann Arbor 1959

Cartwright, D., A. Zander: Group Dynamics. London 1968

Cohn, R.: Von der Psychoanalyse zur themenzentrierten Interaktion. Stuttgart 1975

Collier, J.: United States Indian Administration as a Laboratory of Ethnic Relations. Social Research 12, 1945, S. 265 ff.

Cooper, M.R., B.S. Morgan, P.M. Foley, L.B. Kaplan: Mitarbeiter mit neuen Wertmaßstäben – mehr Unzufriedenheit am Arbeitsplatz. Harward Manager 1979, H. 3

Cremer, Ch., W. Haft, W. Klehm: Entwicklungslinien von Action-Research. In: *U. Hameyer, H. Haft* (Hrsg.): Handlungsorientierte Schulforschungsprojekte, Praxisberichte, Analysen, Kritik. Weinheim, Basel 1977, S. 171–198

Dahl, R.A.: The concept of power. Behavioral Science 2/1957, S. 201–215

Deutsch, M.: Konfliktregelung. München/Basel 1976, S. 84–91

Dewey, J.: How we think. Boston 1910. Neuauflage New York 1933

Dewey, J.: Problems of men. New York 1946

Dörner, D.: Über die Schwierigkeiten menschlichen Umgangs mit Komplexität. Psychologische Rundschau, 3/1981, S. 163–179

Dörner, D., H.W. Kreuzig, F. Reither, Th. Stäudel (Hrsg.): Lohhausen. Vom Umgang mit Unbestimmtheit und Komplexität. Bern/Stuttgart/Wien 1983

Dollase, R.: Soziometrische Techniken. Weinheim 1973

Doppler, K., B. Voigt: Gruppendynamik und der institutionelle Faktor. In: *C.H. Bachmann* (Hrsg.): Kritik der Gruppendynamik. Frankfurt 1981, S. 350–353

Dreger, W.: Systemtechnik. Eine neue Disziplin oder eine Systematisierung von Banalitäten? Siegener Hochschulblätter, 3/1980, H. 1, S. 37–54

Duncan, R.B.: Characteristics of Organizational Environments and Perceived Environmental Uncertainty. Administrative Science Quarterly 17/1972, S. 313–327

Engel, P.: Japanische Organisationsprinzipien. Verbesserung der Produktivität durch Qualitätszirkel. Zürich 1981

Esser: Individuelles Konfliktverhalten in Organisationen. Urban Taschenbücher Bd. 511, Stuttgart 1975

Etzioni, A.: A comparative analysis of complex organizations. New York 1975

Fiedler, F.E.: A theory of leader-ship effectiveness. New York 1967

Franke, H.: Das Lösen von Problemen in Gruppen. München 1975

Franke, J.: Sozialpsychologie des Betriebes. Stuttgart 1980

French, W.L., C.H. Bell: Organisationsentwicklung, Sozialwissenschaftliche Strategien zur Organisationsveränderung. Bern/Stuttgart 1977

French, W.L., Bell jr., H. Cecil: Organization development. Behavioral science interventions for organization improvement. Engelwood Cliffs (N.J.) 1973, S. 15

Fried. Krupp GmbH: Konzernseminar „Organisationsentwicklung" (3), Arbeitsmaterial, hrsg. v. Stabsabteilung Führungskräfte, Essen 1981

Friedländer, F., L.D. Brown: Organization Development. In: Annual Review of Psychology. Palo Alto, Vol. 25, 1974, S. 313–341

Fromm, E.: Haben oder Sein. Die seelischen Grundlagen einer neuen Gesellschaft. Stuttgart 1976

Fürstenberg, F.: Grundlagen der Betriebssoziologie. Köln/Opladen 1964

Gebert, D.: Organisationsentwicklung. Probleme des geplanten organisatorischen Wandels. Stuttgart 1974

Gebert, D.: Organisation und Umwelt. Stuttgart 1978

Gibson, J.L., J.M. Ivancevich, J.H.jr. Donnelly: Organizations. Structure, Processes, Behavior. Dallas/Texas, Georgetown/Ontario 1973

Glasl, F., L. de la Houssaye: Organisationsentwicklung. Das Modell des NPI und seine praktische Bewährung. Bern 1975

Glasl, F.: Wie geht Organisationsentwicklung mit Macht in Organisationen um? Organisationsentwicklung, Zeitschrift der GOE, 2/1983, S. 41–71

GOE e.V.: Leitbild und Grundsätze der Gesellschaft für Organisationsentwicklung. Langenfeld 1980

Goerke, W.: Organisationsentwicklung als ganzheitliche Innovationsstrategie. Berlin, New York 1981

Götzen, G., W. Kirsch: Problemfelder und Entwicklungstendenzen der Planungspraxis. Zeitschrift für betriebswirtschaftliche Forschung. 31. Jg., Nr. 3, 1979, S. 162–193

Gordon, Th.: Group-Centered Leadership. A Way of Releasing the Creative Potential of Groups. Boston 1955

Gordon, Th.: Manager-Konferenz. Effektives Führungstraining. Hamburg 1979

Greiner, L.E.: Organization Change and Development. Ph.D.-Dissertation, Harvard University 1965

Greiner, L.E.: Patterns of organizational change. Harvard Business Review 45, 1967/3., S. 119–130, zitiert nach Manager-Magazin (ohne Verfasser): Die Macht teilen. Manager-Magazin 4/1982, S. 141–146

Greiner, L., u.a.: Breakthrough in Organization Development. Harvard Business Review, Nov./Dez. 1974, S. 133–155

Grochla, E.: Grundlagen der organisatorischen Gestaltung. Stuttgart 1982

Grochla, E., M.K. Welge: Zur Problematik der Effizienzbestimmung von Organisationsstrukturen. Zeitschrift für betriebswirtschaftliche Forschung 27/1975, S. 273–289

Groskurth, P.: Arbeit und Persönlichkeit. Berufliche Sozialisation in der arbeitsteiligen Gesellschaft. Reinbeck bei Hamburg 1979

Gross, E.: Industrial problems. In: *E.O. Smigel* (Hrsg.): Handbook on the study of social problems. Chicago 1971, S. 254–290

Guilford, J.P.: Creativity. American Psychologist, 5, 1950. S. 444–454

Haidekker, D., I. Langosch: Betriebswirtschaftliche Organisationsentwicklung – Ansätze zur Integration betriebswirtschaftlicher und verhaltensorientierter Organisationsarbeit. Zeitschrift für Organisation, 6, 1975, S. 331–341

Harrison, R.: Rollenverhandeln – ein harter Ansatz zur Team-Entwicklung. In: *B. Sievers* (Hrsg.): Organisationsentwicklung als Problem. Stuttgart 1977, S. 116–133

Hemphill, J.K.: The leader and his group. In: *C.A. Gibb* (Hrsg.): Leadership. Harmondsworth 1969, S. 223–229

Herrmann, Th.: Einführung in die Psychologie. Bd. 5: Sprache. Frankfurt 1972

Herzberg, F.H.: Work and the nature of man. Cleveland 1966

Hill, W., R. Fehlbaum, P. Ulrich: Organisationslehre. Ziele, Instrumente und Bedingungen der Organisation sozialer Systeme. 2 Bde. Bern/Stuttgart 1974

Hillmann, G.: Zentralisierte Organisation und Gruppenprozesse. Gruppendynamik, 2, 1970, S. 134–263

Hoefert, H.-W.: Psychologische und soziologische Grundlagen der Organisation. Gießen 1976

Höhn, R.: Die innere Kündigung im Unternehmen – Ursachen, Folgen, Gegenmaßnahmen. Bad Harzburg 1983

Hoffmann, F., R. Bühner: Organisationsgestaltung. Probleme, Konzeptmerkmale und Ergebnisse. Wiesbaden 1976

Hoffstätter, P.: Lexikon der Psychologie. Frankfurt 1957

Homans, G.C.: Theorie der sozialen Gruppe. Köln/Opladen1960

Huse, E.F.: Organization Development and Change. St. Paul/New York/Boston 1975

Irle, M.: Soziale Systeme. Eine kritische Analyse der Theorie von formalen und informalen Organisationen. Göttingen 1963

Irle, M.: Macht und Entscheidungen in Organisationen. Studie gegen das Linien-Stab-System. Frankfurt/M. 1971

Jahoda, M.: Concurrent concepts of positive mental health. New York 1958

Jahoda, M.: Wieviel Arbeit braucht der Mensch? Arbeit und Arbeitslosigkeit im 20. Jahrhundert. Weinheim/Basel 1983

Jones, G.N.: Planned Organizational Change. London 1969

Kappler, E.: Wem nützt Organisationsentwicklung? Acht kritische Thesen und ihre Begründung. In: *U. Koch, H. Meuers, M. Schuck* (Hrsg.): Organisationsentwicklung in Theorie und Praxis. Frankfurt a.M. 1980, S. 214–226

Katz, D., R.L. Kahn: The social psychology of organizations. New York 1966

Kepner-Tregoe: Handbuch für praktische Ergebnisplanung. Kepner-Tregoe and Associates, Inc., Princeton/New Jersey 1967, deutsche Übersetzung (ohne Orts- und Verlagsangabe) 1969

Kepner-Tregoe: Rationales Management. Probleme lösen – Entscheidungen fällen. Augsburg 1971

Kieser, A.: Individuum und Organisation. In: *E. Grochla* (Hrsg.): Handwörterbuch der Organisation. Stuttgart 1980, 2. Aufl., S. 862–872

Kieser, A.: Der Einfluß der Umwelt auf die Organisationsstruktur. Zeitschrift für Organisation 43/1974, S. 302 ff.

Kieser, A., H. Kubicek: Organisation. Berlin, New York 1977

Kieser, A., H. Kubicek: Organisationstheorien. Bd. 2. Stuttgart 1978

Kirsch, W.: Die Handhabung von Entscheidungsproblemen. München 1978

Kirsch, W., M. Trux: Portfolio-Analyse und Strategische Frühaufklärung. 1. unveröffentl. Fassung, München 1979

Kirsch, W., W.-M. Esser, E. Gabele: Das Management des geplanten Wandels von Organisationen. Stuttgart 1979

Klages, H., R.W. Schmidt: Organisationsanalyse als Vorbedingung der Organisationsentwicklung. In: *K. Trebesch* (Hrsg.): Organisationsentwicklung in Europa. Bd. 1A, Bern/Stuttgart 1980

Komarnicki, J. (Hrsg.): Simulationstechnik. Düsseldorf 1980

Kopp, S.B.: Triffst Du Buddha unterwegs. Hamburg 1979

Krafft, W.: Das betriebliche Vorschlagswesen als Gruppenaufgabe und Gruppenproblem. Berlin 1966

Krech, D., R.S. Crutchfield, E.L. Ballachey: Individual in Society. New York 1962.

Krüger, W.: Grundlagen, Probleme und Instrumente der Konflikthandhabung in der Unternehmung. Berlin 1972

Kubicek, H.: Empirische Organisationsforschung. Konzeption und Methodik. Stuttgart 1975

Kubicek, H., H.G. Leuck, H. Wächter: Organisationsentwicklung: entwicklungsbedürftig und entwicklungsfähig. In: *Trebesch, K.* (Hrsg.): Organisationsentwicklung in Europa. Bd. 1A. Bern/Stuttgart 1980, S. 281–319

Kubicek, H., Th. Breisig: Hierarchie im Wandel? Angestellten-Magazin, hrsg. vom DGB, Oktober 1981

Kurtz, H.J.: Was ist ein Workshop? Ein Definitions- und Klassifikationsversuch. Personal – Mensch und Arbeit, H. 5/1981, S. 184–186

Laucken, U.: Naive Verhaltenstheorie. Stuttgart 1974

Laucken, U., A. Schick: Einführung in das Studium der Psychologie. Stuttgart 1978, 4. Aufl.

Lauterburg, Ch.: Vor dem Ende der Hierarchie. Modelle für eine bessere Arbeitswelt. Düsseldorf/Wien 1978

Lauterburg, Ch.: Organisationsentwicklung – Strategie der Evolution. Industrielle Organisation 1/1980, S. 1–4

Lawler, E.E.: Motivierung in Organisationen. Bern/Stuttgart 1977

Lawrence, P.R., J.W. Lorsch: Die Entwicklung von Organisationen. Diagnose und Auswirkungen. Bad Homburg v.d.H. 1972

Leavitt, H.J.: Grundlagen der Führungspsychologie. München 1974

Lewin, K.: A dynamic theory of personality. New York 1935

Lewin, K.: Action Research and Minority Problems. Journal of Social Issues 2, Nr. 4/1946, S. 34–46

Lewin, K.: Group Decision and Social Change. In: *T.H. Newcomb, E.L. Hartley* (Hrsg.): Readings in Social Psychology. New York 1947

Lewin, K.: Frontiers in Group Dynamics. Human Relations 1/1947 (a) S. 5–41 und (b) S. 143–153

Lewin, K.: Die Lösung sozialer Konflikte. Bad Nauheim 1953

Lewin, K.: Feldtheorie in den Sozialwissenschaften. Bern 1963

Lewin, K., R. Lippitt, R.K. White: Patterns of Aggressive Behavior in Experimentally Created „Social Climates", Journal of Social Psychology 1939, 10, S. 271–299

Lievegoed, B.C.J.: Organisationen im Wandel. Bern 1974

Likert, R.: New Patterns of Management. New York 1961

Likert, R.: The human organization. Its management and values. New York 1967

Likert, R.: New patterns of management. New York 1961. deutsch: Neue Ansätze der Unternehmensführung. Bern/Stuttgart 1972

Lindner, T.: Das monarchisch-aristokratische Organisationsmodell. Gruppendynamik, 1, 1971, S. 1–11

Lippitt, G.L.: Visualizing Change-Modell Building and the Change Process. University Associates 1973

Lippitt, R., G. Watson, B. Westley: The Dynamics of planned Change. New York 1958

Lippitt, R., G. Watson, B. Westley: The Phases of planned Change. Margulies/Raia 1972

Luhmann, N.: Funktionen und Folgen formaler Organisation. Berlin 1964

Luhmann, N.: Zweckbegriff und Systemrationalität. Über die Funktion von Zwecken in sozialen Systemen. Tübingen 1973

Luhmann, N.: Soziologische Aufklärung. Bd. 1 und 2. Opladen 1970/1975

Macharzina, K., W.A. Oechsler: Empirische Untersuchungen zur organisatorischen Effizienz. Arbeitspapier Nr. 4 des Instituts für Betriebswirtschaftslehre der Universität Hohenheim, Stuttgart 1979

March, J.G., H.A. Simon: Organizations. New York 1958, deutsch: Organisation und Individuum. Wiesbaden 1976

Maslow, A.H.: Motivation and Personality. New York 1954

Maslow, A.H.: Psychologie des Seins. Ein Entwurf. München 1973

Maurer, J.G. (Hrsg.): Reading in Organization Theory: Open-System Approaches. New York 1971

McGregor, D.: The Professional Manager. New York 1967

McGregor, D.: The Human Side of Enterpreise. New York 1960, deutsch: Der Mensch im Unternehmen. Düsseldorf 1970

Möller, Ch.: Technik der Lernplanung. Methoden und Probleme der Lernzielerstellung. Weinheim/Basel 1973, 4. Aufl.

Moreno, J.L.: Gruppenpsychotherapie und Psychodrama. Stuttgart 1959

Moreno, J.L.: Die Grundlage der Soziometrie. Köln 1967, 6. Aufl.

Moser, H.: Aktionsforschung als kritische Theorie der Sozialwissenschaften. München 1978

Naase, C.: Konflikte in Organisationen. Stuttgart 1978

Neuberger, O.: Theorien der Arbeitszufriedenheit. Stuttgart/Berlin/Köln/ Mainz 1974

Neuberger, O.: Miteinander arbeiten – miteinander reden! Vom Gespräch in unserer Arbeitswelt. Hrsg. vom Bayrischen Staatsministerium für Arbeit und Sozialordnung. München 1981

Oess, A.: Dynamisches Betriebliches Vorschlagswesen. In: *K. Trebesch* (Hrsg.): Organisationsentwicklung in Europa. Bd. 1 A: Konzeptionen, Bern/Stuttgart 1980, S. 755–769

Parsons, T.: The Social System. Glencoe/Ill. 1951

Pauls, W., H.-J. Walther: Gruppendynamik – ein Weg zur Demokratisierung? In: *A. Heigl-Evers* (Hrsg.): Die Psychologie des 20. Jahrhunderts, Bd. VIII – Lewin und die Folgen. Zürich 1979, S. 634–645

Peabody, G.L.: Umgang mit Macht in der Gemeinwesenarbeit. Gruppendynamik, 4/1973, S. 422–434

Perls, F.S.: Gestalt-Therapie in Aktion. Stuttgart 1974

Perls, F.S.: Grundlagen der Gestalt-Therapie, Einführung und Sitzungsprotokolle. München 1977

Pfeiffer, D.K.: Organisation als System. In: *K. Wöhler* (Hrsg.): Organisationsanalyse. Stuttgart 1978, S. 3–19

Pfeiffer, D.K.: Organisation und Umwelt. In: *P.G.v. Beckerath* u.a. (Hrsg.): Handwörterbuch der Betriebspsychologie und Betriebssoziologie. Stuttgart 1981, S. 287–289

Pfeiffer, D.K.: Systemtheorie. In: *P.G.v. Beckerath* u.a. (Hrsg.): Handwörterbuch der Betriebspsychologie und Betriebssoziologie. Stuttgart 1981, S. 348–350

Pfeiffer, J.W., J.E. Jones: A Handbook of Structural Experiences for Human Relations Training. Bde. I u. II. Iowa City/Iowa 1970

Pfeiffer, J.W., J.E. Jones: Arbeitsmaterial zur Gruppendynamik. Gelnhausen, Freiburg, Nürnberg, Bd. 1, 1974, Bd. 2, 1976, Bd. 3 u. Bd. 4, 1977, Bd. 5, 1978, Bd. 6, 1979

Poppelreuter, W.: Arbeitspsychologische Leitsätze für den Zeitnehmer. München 1929

Porter, L.W., E.E. Lawler, R.J. Hackman: Behavior in Organizations. New York 1975

Pugh, D.S., D.J. Hickson: The Context of Organization Structures. In: Administrative Science Quarterly 14/1969, S. 91–114

Rambaek, F.: Das Partizipationspotential. Diss. Berlin 1978

Raven, B.H., A.W. Kruglanski: Conflict and Power. In: *P. Swingle* (Hrsg.): The Structure of Conflict. New York 1970, S. 69–109

Reber, G. (Hrsg.): Macht in Organisationen. Stuttgart 1980

Redel, W.: Kollegienmanagement. Effizienzaussagen über Einsatz und interne Gestaltung betrieblicher Kollegien. Bern/Stuttgart 1982

REFA: Methodenlehre der Planung und Steuerung. Teil 1: Grundlagen 1974/75

Rehn, G.: Modelle der Organisationsentwicklung. Bern/Stuttgart 1979

Rieckmann, H.: Organisationsentwicklung einer Werksneugründung. Diss., Wuppertal 1981

Riegger, M.: Lernstatt erlebt – Praktische Erfahrungen mit Gruppeninitiativen am Arbeitsplatz. Ein Modell aus der Produktion. Essen 1983

Roethlisberger, F.J., W.J. Dickson: Management and the Worker. Cambridge/Mass. 1939

Rogers, C.R.: The Nondirective Method as a Technique for Social Research. American Journal of Sociology. 50/1945, S. 279–283

Rogers, C.R.: Die klientenbezogene Gesprächstherapie. München 1973

Rogers, C.R.: Encountergruppen. Das Erlebnis der menschlichen Begegnung. München 1974

Rogers, C.R.: Entwicklung der Persönlichkeit. Stuttgart 1976

Rohmert, W., F.J. Weg: Organisation teilautonomer Arbeitsgruppen. Betriebliche Projekte, Leitregeln und Gestaltung. Bd. I, München/Wien 1976

Rosenstiel, L.v.: Arbeitsgruppe. In: *A. Mayer*(Hrsg.): Organisationspsychologie. Stuttgart 1978

Rosenstiel, L.v.: Grundlagen der Organisationspsychologie. Stuttgart 1980

Rosenstiel, L.v.: Für die Menschen und für die Organisation. Blick durch die Wirtschaft. FAZ v. 14.1.1981

Rosenstiel, L.v.: Wertewandel und Organisationsentwicklung. Organisationsentwicklung, Zeitschrift der GOE, 1/83, S. 29–43

Rühl, G.: Untersuchungen zur Arbeitsstrukturierung. Industrial Engineering, 3, 1973, S. 147–197

Rüttinger, B.: Konflikt und Konfliktlösen. München 1977

Rüttinger, B.: Macht im Betrieb. In: *P.G.v. Beckerath* u.a. (Hrsg.): Handwörterbuch der Betriebspsychologie und Betriebssoziologie. Stuttgart, 1981, S. 249–252

Sader, M.: Psychologische Anmerkungen zur Theorie der Gruppendynamik. Gruppendynamik, 3/1972, S. 111–122

Sand, H.: Neue Methoden zum kreativen Denken und Arbeiten. Kissing 1979

Scharmann, Th.: Teamarbeit in der Unternehmung. Bern/Stuttgart 1972

Schein, E.H.: Arbeitsablauf-Beratung. Ihre Funktion in der Organisationsentwicklung. Bad Homburg v.d.H. 1972

Schein, E.H.: Organisationspsychologie. Wiesbaden 1980

Schein, E.H., W.G. Bennis: Personal and Organizational Change Through Group Methods. New York 1965

Schnelle, E.: Metaplanung – Zielsuche. Lernprozeß der Beteiligten und Betroffenen. Metaplan-Reihe Heft 1, Quickborn (o.J.)

Schnelle, E.: Metaplan – Gesprächstechnik. Kommunikations-Werkzeug für planende und lernende Gruppen. Metaplan-Reihe Heft 2, Quickborn (o.J.)

Schwäbisch, L., M. Siems: Anleitung zum sozialen Lernen für Paare, Gruppen und Erzieher. Hamburg 1974

Shinoda, Y.: Organisationentwicklung der Japaner. Industrielle Organisation. Zürich 10/1980, S. 453 ff.

Siemens AG (Hrsg.): Organisationsplanung, Planung durch Kooperation. Berlin/München 1974

Sievers, B. (Hrsg.): Organisationsentwicklung als Problem. Stuttgart 1977

Sievers, B.: Organisationsentwicklung. In: *E. Potthoff* (Hrsg.): RKW-Handbuch Fürhungstechnik und Organisation. Berlin 1978, S. 1–31

Sievers, B.: Das Phasenmodell der Organisationsentwicklung. Industrielle Organisation 49/1980, S. 5–8

Slesina, W., H. Krüger: Zur Theorie und Praxis der Organisationsentwicklung. Zeitschrift für Arbeitswissenschaft 32/1978, S. 165–185

Steers, R.M.: Problems in the Measurement of Organizational Effectiveness. Administrative Science Quarterly 20/1975, S. 546–558

Steinmann (1976) zitiert nach *H. Rieckmann:* Organisationsentwicklung einer Werksneugründung. Diss., Wuppertal 1981

Stufflebeam, D.L.: Evaluation als Entscheidungshilfe. In: *Ch. Wulf* Hrsg.): Evaluation. München 1972, S. 113–145

Tannenbaum, R., S.A. Davis: Values, man and organization. Industrial Management Review. Band 10, 1969, S. 67–86

Tannenbaum, A.S., B. Kavacic, M. Rosner, M. Vianello, G. Wiesner: Hierarchy in organizations: an international comparison. San Francisco, 1974

Tavistock-Institute: Characteristics of Sociotechnical Systems. Document 527, London 1959

Thompson, D.J.: Organizations in action. New York 1967

Todt, E. (Hrsg.): Motivation. Einführung in Probleme, Ergebnisse und Anwendungen. Heidelberg 1977

Trebesch, K.: 50 Definitionen der Organisationsentwicklung – und kein Ende? Organisationsentwicklung, Zeitschrift der GOE, 2/82, S. 37–62

Trist, E.L. et al. (Hrsg.): Organizational Choice. London, Travistock Publications 1963

Türk, K.: Soziologie der Organisation. Stuttgart 1978

Türk, K.: Organisation und Individuum. In: *Beckerath* u.a. (Hrsg.): Handwörterbuch der Betriebspsychologie und Betriebssoziologie. Stuttgart 1981, S. 283–286

Ulich, E.: Neue Formen der Arbeitsstrukturierung. Fortschrittliche Betriebsführung. 1974, 23, S. 187–196

Ulich, E.: Über mögliche Auswirkungen von Arbeitsstrukturierung auf Zufriedenheit und Beanspruchung. Fortschrittliche Betriebsführung und Industrial Engineering. 25, H. 6/1976, S. 343–345

Ulich, E.: Gestaltung der Arbeitstätigkeit und Führung von Mitarbeitern. In: *U. Schäkel, J. Scholz* (Hrsg.): Neue Wege der Leistungsgesellschaft. Essen 1982, S. 106–159

Vopel, K.W.: Handbuch für Gruppenleiter. Zur Theorie und Praxis der Interaktionsspiele. Hamburg 1976

Vroom, V.: Work and motivation. New York 1964

Walton, R.E.: Interpersonal Peacemaking. Confrontations and Third-Party Consultation. Reading/Mass. 1969

Walton, R.E.: Zwischenmenschliche Befriedigung. Bad Homburg v.d.H. 1972

Watson, G. (Hrsg.): Concepts for Social Change. Washington 1967

Watzlawick, P., J.H. Beavin, D.D. Jackson: Menschliche Kommunikation. Bern/Wien/Stuttgart 1974, 4. Aufl.

Watzlawick, P., J.H. Weakland, R. Fisch: Lösungen. Zur Theorie und Praxis menschlichen Wandels. Bern/Stuttgart/Wien 1974, 1. Nachdruck 1975

Weber, H.: Arbeitskatalog der Übungen und Spiele. Essen 1981

Weber, M.: Wirtschaft und Gesellschaft. Berlin 1922, 1970, 5. Aufl.

Weinert, A.B.: Lehrbuch der Organisationspsychologie. München, Wien, Baltimore 1981

Wertheimer, M.: Produktives Denken. Frankfurt 1957

Whyte, W.F., E.L. Hamilton: Action Research for Management. Homewood/Ill. 1964

Wiswede, G.: Rollentheorie. Stuttgart 1977

Wiswede, G.: Gruppe im Betrieb. In: *P.G.v. Beckerath* u.a. (Hrsg.): Handwörterbuch der Betriebspsychologie und Betriebssoziologie. Stuttgart 1981, S. 185–192

Wöhler, K. (Hrsg.): Organisationsanalyse. Stuttgart 1978

Zaleznik, A., G.W. Danton, L.B. Barnes: Orientation and Conflict in Career. Boston 1970

Ziegler, R.: Organisation. In: *R. König* (Hrsg.): Soziologie. Frankfurt 1967

Zöchbauer, F., H. Hoekstra: Kommunikationstraining. Heidelberg 1974

Zündorf, L., M. Grunt: Hierarchie in Wirtschaftsunternehmen. Frankfurt/New York 1980

Sachregister

Laufbahnberatung 270 ff. .
Lebensbilanz, berufliche 276
Leitbild (der OE) 19 ff., 92, 95
Leistungsfähigkeit, s. Effizienz
Lernen, s. Erfahrungslernen
Lerngruppe 198
Lernstatt 81, 197 ff.
Lineares System (der Organisation)
   236

Macht 80, 116, 177, 182 ff.
Management 34 ff., 77, 80, 148,
   168
Manipulation 33
Manöverkritik 57, 175, 240, 244
Marktsituation 6, 11, 52
Maßnahmen 82 ff., 98, 246 ff.
Matrix-Organisation 237
Menschenbild, s. Anthropologische
   Grundannahmen
Meta-Kommunikation 41 f., 58,
   128, 175
Metaplan-Technik, s. Moderation
Meta-Ziele 49
Methoden (der OE) 70 ff.
Misch-Strategie 158
Mitbestimmung, s. Beteiligung
Mitwirkung, s. Beteiligung
Moderation(stechnik) 56, 73, 130,
   159, 177, 196, 198
Motivation 9, 31, 107 f., 173 f., 262
Multiple-Nucleus-Strategie 157
Mutabor-Syndrom 28

NPI-Modell 59 f., 83, 243
Netzplantechnik 137
Nebenwirkungen 168 f.

Objektbereich (der OE) 76 f.
OE-Berater, s. Berater für OE
Organization Development (OD),
   s. Organisationsentwicklung
Organigramme 113, 209
Organisation 2, 50, 54, 76 ff., 208
–, formale 5, 113, 236 f.
–, informale 183, 212, 237 f., 258
Organisationsanalyse, Interview-
   Leitfaden 233 ff.

Organisationsberatung, s. Unterneh-
   mensberatung
Organisationsentwicklung (OE)
–, Definitionen 3 ff.
–, Entstehungsgeschichte 2 f.
Organisationskultur 4 f., 43, 52
Organisationslehre 70, 71, 107 f.
Organisationsplanung 148
Organisationsprinzipien 236 f.
Organisationsstruktur 52, 109, 227
–, Überprüfung 221 ff.
Organisationstypen 110 f., 212 f.
Organisationstheorien 107 f., 114 f.,
   161

Pareto-Analyse 196
Partizipation, s. Beteiligung
Personalauswahl 269
Persönlichkeitsentfaltung 16, 17, 46,
   81, 173
Personalentwicklung 81, 148
Phasen des Vorgehens (bei OE) 55,
   58 ff., 64, 66 f., 68 f.
Planung 37 f., 47 ff., 54, 55, 56 f.,
   229
Planungsmethoden 135 ff., 184, 187 ff.
Pragmatismus 19, 92
Prinzipien (der OE), s. Kriterien
Prioritäten 56, 71
Problemanalyse 55 f., 58, 134 f.
Problembearbeitung 158 f., 163, 171
Problembereiche 78 f.
Problembestandsaufnahme 56, 58,
   160, 162, 246 f.
Problembewußtsein 24, 26 f., 155
Problemdefinition 105 ff., 161 f.
Problemdruck 26 f., 150
Problemlandkarte 65
Problemlösungsansätze 56, 138 f.
Problemlösungsgruppe 200 ff.
Problem-Ursachen-Modelle 105
Produktivität. s. auch Effizienz 14 ff.,
   17, 94, 120, 178 ff.
Projektion 161
Prozeßanalyse 58, 71, 142
Prozeßorientierung 17, 18, 25, 47 ff.

Qualitätszirkel 81, 194 ff.
Qualifizierung 14 f., 266 ff.

Notizen

Notizen

Notizen